2023

달달달

외우는 물류관련법규

암기노트

물류관리사

SD에듀
(주)시대고시기획

∰ **필수 관계법령**을 최근 **10개년 기출지문**과 함께 달달달 **암기**할 수 있는 **휴대용** 암기노트입니다.

최신개정 법조문
법령별로 최신 개정사항을 완벽하게 반영하였습니다.

제36조 【적재물배상보험등 계약의 체결 의무】 ★★★

① 책임보험계약등 계약의 체결 의무 : 「보험업법」에 따른 보험회사(적재물배상책임 공제사업을 하는 자를 포함. 이하 "보험회사등"이라 함)는 적재물배상보험에 가입하여야 하는 자(이하 "보험등 의무가입자"라 함)가 적재물배상보험등에 가입하려고 하면 대통령령으로 정하는 사유가 있는 경우 외에는 적재물배상보험등의 계약(이하 "책임보험계약등"이라 함)의 체결을 거부할 수 없다.

② 책임보험계약등 다수 공동 계약 : 보험등 의무가입자가 적재물사고를 일으킬 개연성이 높은 경우 등 국토교통부령(규칙 제41조의14)으로 정하는 사유에 해당하면 ①에도 불구하고 다수의 보험회사등이 공동으로 책임보험계약등을 체결할 수 있다.

🐝 참고 BOX

책임보험계약등을 공동으로 체결할 수 있는 경우(규칙 제41조의14)

1. 운송사업자의 화물자동차 운전자가 그 운송사업자의 사업용 화물자동차를 운전하여 과거 2년 동안 다음 각 목의 어느 하나에 해당하는 사항을 2회 이상 위반한 경력이 있는 경우
   가. 「도로교통법」에 따른 무면허운전 등의 금지
   나. 「도로교통법」에 따른 술에 취한 상태에서의 (음주)운전금지
   다. 「도로교통법」에 따른 사고발생 시 조치의무
2. 보험회사가 「보험업법」에 따라 허가를 받거나 신고한 적재물배상보험요율과 책임준비금 산출기준에 따라 손해배상책임을 담보하는 것이 현저히 곤란하다고 판단한 경우

참고 BOX
보다 입체적인 학습이 가능하도록 법조문과 관계된 규칙 및 시행령을 함께 수록하였습니다.

기출 요약 보험회사가 「보험업법」에 따라 허가를 받거나 신고한 적재물배상보험요율과 책임준비금 산출기준에 따라 손해배상책임을 담보하는 것이 현저히 곤란하다고 판단한 경우에는 다수의 보험회사 등이 공동으로 책임보험계약 등을 체결할 수 있다. (O) [기출 20·19·16]

기출 요약 보험 등 의무가입자인 운송사업자의 화물자동차 운전자가 그 운송사업자의 사업용 화물자동차를 운전하여 과거 2년 동안 「도로교통법」 제44조 제1항에 따른 술에 취한 상태에서의 운전금지를 4회 위반한 경력이 있는 경우에는 보험회사 등은 계약의 체결 및 공동인수를 거부할 수 있다. (×) [기출 17·14]

기출 요약 운송사업자의 화물자동차 운전자가 그 운송사업자의 사업용 화물자동차를 운전하여 과거 2년 동안 「도로교통법」에 따른 위험방지 등의 조치의무를 2회 이상 위반한 경력이 있는 경우에는 보험회사 등은 계약의 체결 및 공동인수를 거부할 수 있다. (×) [기출 14]

제37조 【책임보험계약등의 해제】 ★★★

보험등 의무가입자 및 보험회사등은 다음 각 호의 어느 하나에 해당하는 경우 책임보험계약등의 전부 또는 일부를 해제하거나 해지하여서는 아니 된다.

1. 화물자동차 _____ 의 허가사항이 변경(_____ 만을 말함)된 경우
2. 화물자동차 운송사업(운송주선사업 및 운송가맹사업에서 준용하는 경우를 포함)을 _____ 하거나 _____ 한 경우
3. 화물자동차 _____ 의 허가가 취소되거나 감차 조치 명령을 받은 경우
   _____자동차 _____ 의 허가가 취소된 경우
   _____자동차 _____ 의 허가사항이 변경(_____ 만을 말함)된 경우

암기용 셀로판지
간편한 반복학습이 가능하도록 법조문의 핵심문구에 셀로판지 필터를 적용하였습니다.

법조항별
중요도 표시

제46조【원상회복의무】 ★☆☆

① **원상회복의무 및 면제** : 점용허가를 받은 자는 점용허가기간이 만료되거나 점용허가가 취소된 경우에는 점용허가된 철도 재산을 원상(原狀)으로 회복하여야 한다. 다만, 국토교통부장관은 원상으로 회복할 수 없거나 원상회복이 부적당하다고 인정하는 경우에는 원상회복의무를 면제할 수 있다.

② **의무 위반 시 조치** : 국토교통부장관은 점용허가를 받은 자가 ① 본문에 따른 원상회복을 하지 아니하는 경우에는「행정대집행법」에 따라 시설물을 철거하거나 그 밖에 필요한 조치를 할 수 있다.

③ **무상 국가귀속을 조건** : 국토교통부장관은 ① 단서에 따라 원상회복의무를 면제하는 경우에는 해당 철도 재산에 설치된 시설물 등의 **무상 국가귀속**을 조건으로 할 수 있다.

> 国유철도시설의 점용허가를 받은 자의 점용이 폐지된 경우 예외 없이 원상회복의무가 면제된다. (×)

> 점용허가를 받은 자가 점용허가의 기간만료에 따른 원상회복을 하지 아니하는 경우에는「민사집행법」에 따라 시설물을 철거할 수 있다. (×) [기출 18]

제46조의2【국가귀속 시설물의 사용허가기간 등에 관한 특례】

① **국가귀속 시설물의 사용허가** : 제46조 ③에 따라 국가귀속된 시설물을「국유재산법」에 따라 사용허가하려는 경우 그 허가의 기간은 같은 법 제35조에도 불구하고 10년 이내로 한다.

② **사용허가 기간의 갱신** : ①에 따른 허가기간이 끝난 시설물에 대해서 아니하는 범위에서 1회에 한하여 종전의 사용허가를 갱신할 수

주의

기출문제에 출제된 관련 법조문을 O/×형식으로 분석하여 실제 출제 경향을 파악해볼 수 있습니다.

③ **제3자에 의한 사용·수익** : ①에 따른 사용허가를 받은 자는 「국 ②에도 불구하고 그 사용허가의 용도나 목적에 위배되지 않는 범위에 의 승인을 받아 해당 시설물의 일부를 다른 사람에게 사용·수

출제 POINT | 빈칸 문제

⇢ 국토교통부장관은 국가가 소유·관리하는 철도시설에 건물이나 그 밖의 시설물을 설치하려는 자에게 (❶)으로 정하는 바에 따라 점용허가를 할 수 있다.

⇢ 점용허가된 철도시설의 가액은「국유재산법 시행령」을 준용하여 산출하되, 당해 철도시설의 가액은 산출 후 (❷)이내에 한하여 적용한다.

⇢ 점용허가로 인하여 발생한 권리와 의무를 이전하려는 경우에는 국토교통부장관의 (❸)를 받아야 한다.

⇢ 점용허가를 받은 자는 점용을 (❹)한 때에는 점용허가된 철도 재산을 원상(原狀)   복하여야 한다. 만약 점용허가를 받은 자가 이를 이행하지 아니하는 경우에는 국토교통부장관은   )에 따라 시설물을 철거하거나 그 밖에 필요한 조치를 할 수 있다.

⇢ 원상회복의무를 (❺)하는 경우에는 해당 철도 재산에 설치된 시설물 등의 할 수 있다.

❶ 대통령령 ❷ 3년 ❸ 인가 ❹ 폐지 ❺ 행정대집행법 ❻

출제POINT 빈칸문제

주요 주제별로 빈출되었던 법령 지문은 빈칸문제를 통해 반복적으로 암기할 수 있습니다.

물류관리사 소개 및 시험안내

자격제도의 개요

물류에 대한 사회적 인식의 제고와 함께 물류체계 개선을 위한 다각적인 대책이 강구되고 있는 시점에서 국가물류비 절감을 위해 H/W 측면의 물류시설 확충과 함께 이를 합리적으로 운영·관리할 물류 전문인력의 체계적 양성이 요구됨에 따라 물류 전문인력의 양성을 위하여 95년말 화물유통촉진법을 개정하여 물류관리사 자격제도를 도입 시행함

수행직무

○ 물류관리사는 물류에 관한 전문 지식을 가지고 화물의 수송·보관·하역·포장 등의 물류체계를 합리적으로 구축하거나 이에 대한 상담과 자문 업무를 담당한다.

○ 물류의 이동, 보관, 선적 등에 드는 시간, 노동력, 비용을 분석하고 분석결과를 바탕으로 기업의 물류관리 및 물류지원시스템이 가장 합리적이고 경제적으로 실행될 수 있는 방법을 설계하고 실행한다.

○ 하역, 포장, 보관, 수송, 유통가공 등 물류와 관련한 모든 시스템을 관리한다.

○ 지역별, 국가별 경제 및 물류산업의 동향을 조사·분석하고, 기업의 물류관리 합리화 방안 등 물류 산업과 기업 물류에 대한 연구를 한다.

○ 기업의 합리적 물류체계의 구축 및 물류비 절감 방안 등에 대한 자문 업무를 수행한다.

관련학과 및 관련자격

관련학과	무역학과, 물류시스템공학과, 유통경영과, 유통학과
관련자격	물류관리사, 유통관리사

자격종목

자격명	영문명	관련부처	시행기관
물류관리사	Certified Professional Logistician	국토교통부	한국산업인력공단

응시자격 및 결격사유

응시자격	응시자격 제한 없음
결격사유	부정행위로 인해 시험 무효처분을 받은 자는 3년간 물류관리사 시험에 응시할 수 없음

※ 결격사유에 해당하는 자는 시험 합격 여부와 관계없이 시험을 무효처리한다.

2023년 시험 일정

회 차	접수기간	시험일정	합격자 발표일
제27회	2023.6.5 ~ 6.9	2023.7.29	2023.8.30

합격기준

합격자 결정기준
매 과목(총 5과목) 100점을 만점으로 하여 매 과목 40점 이상, 전 과목 평균 60점 이상 득점한자

시험과목 및 방법

교시	시험과목	세부사항	문항수	시험시간	시험방법
1	물류관리론	물류관리론내의 「화물운송론」, 「보관하역론」 및 「국제물류론」은 제외	과목당 40문항 (총 120문항)	120분 (09:30~11:30)	객관식 5지선택형
	화물운송론	–			
	국제물류론	–			
2	보관하역론	–	과목당 40문항 (총 80문항)	80분 (12:00~13:20)	
	물류관련법규	「물류정책기본법」, 「물류시설의 개발 및 운영에 관한 법률」, 「화물자동차운수사업법」, 「항만운송사업법」, 「유통산업발전법」, 「철도사업법」, 「농수산물유통 및 가격안정에 관한 법률」 중 물류 관련 규정			

※ 물류관련법규는 시험 시행일 현재 시행 중인 법령을 기준으로 출제함(단, 공포만 되고 시행되지 않은 법령은 제외)

물류관리사 자격검정 5개년 현황

구 분	대 상	응 시(%)	합 격(%)
2018년 제22회	8,227	4,928(59.9%)	1,994(40.5%)
2019년 제23회	8,530	5,495(64.41%)	1,474(26.82%)
2020년 제24회	8,028	5,879(73.23%)	2,382(40.52%)
2021년 제25회	9,122	6,401(70.17%)	3,284(51.3%)
2022년 제26회	9,792	6,053(61.81%)	2,474(40.87%)

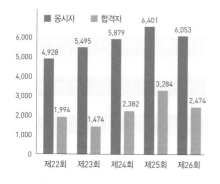

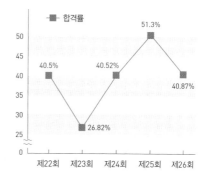

자격검정 현황 그래프

제5과목 물류관련법규

○ **각 영역별 출제빈도** : 화물자동차 운수사업법(10문제), 물류정책기본법(8문제), 물류시설의 개발 및 운영에 관한 법률(8문제), 유통산업발전법(5문제), 철도사업법(4문제), 항만운송사업법(3문제), 농수산물 유통 및 가격안정에 관한 법률(2문제) 순이다.

	출제영역		2018 (제22회)	2019 (제23회)	2020 (제24회)	2021 (제25회)	2022 (제26회)	총 계 (문항수)	회별출제 (평균)
20%	PART 1	물류정책기본법	8	8	8	8	8	40	8
20%	PART 2	물류시설법	8	8	8	8	8	40	8
25%	PART 3	화물자동차법	10	10	10	10	10	50	10
12.5%	PART 4	유통산업발전법	5	5	5	5	5	25	5
7.5%	PART 5	항만운송사업법	3	3	3	3	3	15	3
10%	PART 6	철도사업법	4	4	4	4	4	20	4
5%	PART 7	농수산물유통법	2	2	2	2	2	10	2
	합계(문항수)		40	40	40	40	40	200	40

(그래프 눈금: 30 25 20 15 10 5)

○ **최신 출제경향**

법규과목은 각 영역별로 출제비중이 정해져 있으며, 관련 시행령이나 시행규칙을 알아야 풀 수 있는 문제도 출제되는 편이기 때문에 수험생들이 가장 어려워하는 과목이다. 먼저 기출문제를 풀어보면서 어떤 방식으로 문제가 출제되는지 유형을 파악한 후에 세부적인 내용을 암기하는 방향으로 학습하는 것이 가장 효율적이다. 출제비중이 높은 물류정책기본법, 물류시설의 개발 및 운영에 관한 법률, 화물자동차 운수사업법 세 영역은 중점적으로 공부해야 하며, 나머지 영역은 기출문제를 중심으로 중요한 부분을 선별적으로 학습하여 시간을 절약하는 전략이 필요하다.

○ **합격전략**

5과목 물류관련법규는 수험생들이 제일 어려워하는 부분입니다. 법 관련용어들도 이해하기 생소하고 출제영역인 7개 법의 내용도 상당히 방대하기 때문입니다. 처음에 전체 법을 다 외우려고 공부를 시작했다가는 얼마 가지 않아 포기하기 쉽습니다.

❶ 이 과목은 기출문제를 바탕으로 출제경향이 어떤지 분석하고 파악한 후 주로 출제되는 분야를 우선적으로 학습하는 것이 좋습니다.

❷ 법에도 흐름이 있습니다. 물류정책기본법을 예로 들면 먼저 법이 생긴 목적이 있고 그 다음에 관련된 용어의 정의를 설명한 후, 물류정책의 기본 이념을 소개하고 물류정책을 수립할 시 필요한 물류현황조사, 물류계획 실행 시 관련 법 등 기본적인 개념에서부터 점점 체계적으로 확장된다는 것을 알 수 있습니다. 따라서 무조건 처음부터 외울 생각으로 접근하지 말고 먼저 법의 큰 제목을 보고 그 흐름을 파악한 후에 세부 사항에는 어떤 것이 있는지 이해하며 학습해야 합니다.

❸ 아무리 법 내용이 방대하다 하더라도 기본적으로 출제되는 부분이 있기 때문에 자주 출제되는 내용은 따로 정리하여 학습하는 것이 좋습니다.

❹ 자신만의 정리노트를 만들어 여러 번 반복하여 본다면 자신도 모르는 사이에 법 체계를 습득하게 될 것입니다. 급하게 몰아서 공부하기 보다는 나머지 네 과목을 공부하는 틈틈이 시간을 내어 이해하며 암기한다면, 분명히 좋은 결과가 있을 것입니다.

최신 개정법령 소개

물류관련법규의 종류

◉ 본 도서에 반영된 최신 개정법령은 아래와 같다.

구 분		법 령	시행일
1	물류정책기본법	물류정책기본법	2022. 12. 11.
		물류정책기본법 시행령	2021. 9. 24.
		물류정책기본법 시행규칙	2021. 8. 27.
2	물류시설법	물류시설의 개발 및 운영에 관한 법률	2022. 12. 11.
		물류시설의 개발 및 운영에 관한 법률 시행령	2022. 12. 11.
		물류시설의 개발 및 운영에 관한 법률 시행규칙	2022. 10. 20.
3	화물자동차법	화물자동차 운수사업법	2022. 6. 8.
		화물자동차 운수사업법 시행령	2022. 4. 14.
		화물자동차 운수사업법 시행규칙	2022. 9. 30.
4	유통산업발전법	유통산업발전법	2022. 7. 21.
		유통산업발전법 시행령	2021. 4. 8.
		유통산업발전법 시행규칙	2023. 2. 28.
5	항만운송사업법	항만운송사업법	2021. 1. 1.
		항만운송사업법 시행령	2023. 2. 16.
		항만운송사업법 시행규칙	2021. 11. 5.
6	철도사업법	철도사업법	2022. 11. 15.
		철도사업법 시행령	2021. 9. 24.
		철도사업법 시행규칙	2021. 8. 27.
7	농수산물유통법	농수산물 유통 및 가격안정에 관한 법률	2022. 1. 1.
		농수산물 유통 및 가격안정에 관한 법률 시행령	2021. 1. 5.
		농수산물 유통 및 가격안정에 관한 법률 시행규칙	2022. 1. 1.

개정법령 관련 대처법

❶ 최신 개정사항은 당해 연도 시험에 출제될 확률이 높으므로, 시험 시행일 전까지 최신 개정법령 및 개정 사항을 필히 확인해야 한다.

❷ 최신 개정법령은 법제처의 국가법령정보센터 홈페이지(www.law.go.kr) 등을 통해 확인이 가능하다.

❸ 도서 출간 이후의 최신 개정법령 및 개정사항에 대한 도서 업데이트(추록)는 시대에듀 홈페이지 및 서비스를 통해 제공받을 수 있다.

시대에듀 홈페이지	www.sdedu.co.kr 접속 후 개정법령 또는 도서업데이트 메뉴에서 확인

이 책의 목차

Subject
물류
관련법규

물류관리사

달달달

외우는 관련법규

암기노트

과락탈출 필수도서

PART 01

물류정책기본법

제1장 총 칙

제1조 【목적】 ★☆☆

이 법은 **물류체계**의 효율화, **물류산업**의 경쟁력 강화 및 물류의 선진화·국제화를 위하여 국내외 물류정책·계획의 수립·시행 및 지원에 관한 기본적인 사항을 정함으로써 국민경제의 발전에 이바지함을 목적으로 한다.

> **주의** 이 법은 유통산업의 효율적인 진흥과 균형 있는 발전을 도모하고 국민경제의 발전에 이바지함을 목적으로 한다. (×) [기출 14]

제2조 【정의】 ★★☆

① 이 법에서 사용하는 용어의 정의는 다음과 같다.

1. **물류(物流)** : 재화가 공급자로부터 조달·생산되어 수요자에게 전달되거나 소비자로부터 회수되어 폐기될 때까지 이루어지는 운송·**보관**·하역(荷役) 등과 이에 부가되어 가치를 창출하는 가공·조립·**분류**·수리·포장·**상표부착**·판매·정보통신 등을 말한다.

   > **주의** 체계 (×) 제조 (×) [기출 17·14]

2. **물류사업** : 화주(貨主)의 수요에 따라 **유상(有償)**으로 물류활동을 영위하는 것을 업(業)으로 하는 것으로 다음 각 목의 사업을 말한다.

   가. **화물운송업** : 자동차·철도차량·선박·항공기 또는 파이프라인 등의 운송수단을 통하여 화물을 운송하는 사업

   나. **물류시설운영업** : 물류터미널이나 창고 등의 물류시설을 운영하는 사업

   다. **물류서비스업** : 화물운송의 주선(周旋), 물류장비의 임대, 물류정보의 처리 또는 물류컨설팅 등의 업무를 하는 사업

   라. **종합물류서비스업** : 가목부터 다목까지의 물류사업을 종합적·복합적으로 영위하는 사업

3. **물류체계** : 효율적인 물류활동을 위하여 시설·장비·정보·조직 및 인력 등이 서로 유기적으로 기능을 발휘할 수 있도록 연계된 **집합체**를 말한다.

4. **물류시설** : 물류에 필요한 다음 각 목의 시설을 말한다.

   가. 화물의 운송·보관·하역을 위한 시설

   나. 화물의 운송·보관·하역 등에 부가되는 가공·조립·분류·수리·포장·상표부착·판매·정보통신 등을 위한 시설

다. 물류의 공동화·자동화 및 정보화를 위한 시설

라. 가목부터 다목까지의 시설이 모여 있는 물류터미널 및 물류단지

5. **물류공동화** : 물류기업이나 화주기업(貨主企業)들이 물류활동의 효율성을 높이기 위하여 물류에 필요한 시설·장비·인력·조직·정보망 등을 <u>공동으로 이용하는 것</u>을 말한다. 다만, 「독점규제 및 공정거래에 관한 법률」에서 정한 부당한 공동행위 및 사업자단체의 금지행위에 해당하는 경우(같은 법에 따른 **공정거래위원회**의 **인가**를 받은 경우는 **제외**)를 제외한다.

6. **물류표준** : 「산업표준화법」에 따른 한국산업표준 중 **물류활동**과 관련된 것을 말한다.

7. **물류표준화** : 원활한 물류를 위하여 다음 각 목의 사항을 **물류표준**으로 통일하고 단순화하는 것을 말한다.

가. 시설 및 장비의 종류·형상·치수 및 구조

나. 포장의 종류·형상·치수·구조 및 방법

다. 물류용어, 물류회계 및 물류 관련 전자문서 등 물류체계의 효율화에 필요한 사항

8. **단위물류정보망** : 기능별 또는 지역별로 관련 행정기관, 물류기업 및 그 거래처를 연결하는 일련의 물류정보체계를 말한다.

9. **제3자물류** : 화주가 그와 대통령령으로 정하는 특수관계에 있지 아니한 물류기업에 물류활동의 일부 또는 전부를 위탁하는 것을 말한다.

10. **국제물류주선업** : 타인의 수요에 따라 **자기**의 명의와 계산으로 타인의 물류시설·장비 등을 <u>이용</u>하여 수출입화물의 물류를 주선하는 사업을 말한다.

　주의 타인의 명의와 계산 (×) 소유하여 (×) [기출 17·14]

11. **물류관리사** : 물류관리에 관한 전문지식을 가진 자로서 물류관리사 자격을 취득한 자를 말한다.

12. **물류보안** : 공항·항만과 물류시설에 폭발물, 무기류 등 위해물품을 은닉·반입하는 행위와 물류에 필요한 시설·장비·인력·조직·정보망 및 화물 등에 위해를 가할 목적으로 행하여지는 불법행위를 사전에 방지하기 위한 조치를 말한다.

13. **국가물류정보화사업** : 국가, 지방자치단체 및 물류관련기관이 정보통신기술과 정보가공기술을 이용하여 물류관련 정보를 생산·수집·가공·축적·연계·활용하는 물류정보화사업을 말한다.

② ①의 제2호에 따른 각 물류사업의 구체적인 범위는 대통령령(영 별표 1)으로 정한다.

 참고 BOX

물류사업의 구체적 범위(영 별표1)

대분류	세분류 및 세세분류
화물운송업	• 육상화물운송업 : 화물자동차운송사업, 화물자동차운송가맹사업, 철도사업 • 해상화물운송업 : 외항정기화물운송사업, 외항부정기화물운송사업, 내항화물운송사업 • 항공화물운송업 : 정기항공운송사업, 부정기항공운송사업, 상업서류송달업 • 파이프라인운송 : 파이프라인운송업

물류시설 운영업	• 창고업(공동집배송센터운영업 포함) : 일반창고업, 냉장 및 냉동 창고업, 농·수산물 창고업, 위험물품보관업, 그 밖의 창고업 • 물류터미널운영업 : 복합물류터미널, 일반물류터미널, 해상터미널, 공항화물터미널, 화물차전용터미널, 컨테이너화물조작장(CFS), 컨테이너장치장(CY), 물류단지, 집배송단지 등 물류시설의 운영
물류 서비스업	• 화물취급업(하역업 포함) : 화물의 하역, 포장, 가공, 조립, 상표부착, 프로그램 설치, 품질검사 등 부가적인 물류업 • 화물주선업 : 국제물류주선업, 화물자동차운송주선사업 • 물류장비임대업 : 운송장비임대업, 산업용 기계·장비 임대업, 운반용기 임대업, 화물자동차임대업, 화물선박임대업, 화물항공기임대업, 운반·적치·하역장비 임대업, 컨테이너·파렛트 등 포장용기 임대업, 선박대여업 • 물류정보처리업 : 물류정보 데이터베이스 구축, 물류지원 소프트웨어 개발·운영, 물류 관련 전자문서 처리업 • 물류컨설팅업 : 물류 관련 업무프로세스 개선 관련 컨설팅, 자동창고, 물류자동화 설비 등 도입 관련 컨설팅, 물류 관련 정보시스템 도입 관련 컨설팅 • 해운부대사업 : 해운대리점업, 해운중개업, 선박관리업 • 항만운송관련업 : 항만용역업, 선용품공급업, 선박연료공급업, 선박수리업, 컨테이너수리업, 예선업 • 항만운송사업 : 항만하역사업, 검수사업, 감정사업, 검량사업
종합물류서비스업	• 종합물류서비스업 : 종합물류서비스업

제3조 【기본이념】 ☆☆☆

이 법에 따른 물류정책은 물류가 국가 경제활동의 중요한 원동력임을 인식하고, 신속·정확하면서도 편리하고 안전한 물류활동을 촉진하며, 정부의 물류 관련 정책이 서로 조화롭게 연계되도록 하여 물류산업이 체계적으로 발전하게 하는 것을 기본이념으로 한다.

제4조 【국가 및 지방자치단체의 책무】 ★★☆

① **국가**는 물류활동을 원활히 하고 물류체계의 효율성을 높이기 위하여 **국가 전체**의 물류와 관련된 정책 및 계획을 수립하고 시행하여야 한다.

② 국가는 물류산업이 건전하고 고르게 발전할 수 있도록 육성하여야 한다.

③ **지방자치단체**는 국가의 물류정책 및 계획과 **조화**를 이루면서 지역적 특성을 고려하여 지역물류에 관한 정책 및 계획을 수립하고 시행하여야 한다.

> 주의 지방자치단체는 물류활동을 원활히 하고 물류체계의 효율성을 높이기 위하여 국가 전체의 물류와 관련된 정책 및 계획을 수립하고 시행하여야 한다. (×)
>
> 주의 국가는 지역물류에 관한 정책 및 계획을 수립·시행하여야 한다. (×)
>
> 주의 지방자치단체는 물류산업이 건전하고 고르게 발전할 수 있도록 육성하여야 한다. (×)

제5조 【물류기업 및 화주의 책무】 ☆☆☆

물류기업 및 화주는 물류사업을 원활히 하고 물류체계의 효율성을 증진시키기 위하여 노력하고, 국가 또는 지방자치단체의 물류정책 및 계획의 수립·시행에 적극 협력하여야 한다.

제6조 【다른 법률과의 관계】 ★☆☆

① 물류에 관한 다른 법률을 제정하거나 개정하는 경우에는 「물류정책기본법」의 목적과 물류정책의 기본이념에 맞도록 하여야 한다.

② 「물류정책기본법」에 규정된 것 외의 물류시설의 개발 및 운영, 물류사업의 관리와 육성 등에 관하여는 따로 법률로 정한다.

> **주의** 물류에 관한 다른 법률을 제정하거나 개정하는 경우에는 「국토기본법」의 목적과 물류정책의 기본이 념에 맞도록 하여야 한다. (×)

출제 POINT | 빈칸 문제

··→ 물류정책기본법은 (❶)산업의 효율적인 진흥과 균형 있는 발전을 도모하고 국민경제의 발전에 이바지함을 목적으로 한다.

··→ 물류(物流)란 재화가 공급자로부터 조달·생산되어 수요자에게 전달되거나 소비자로부터 회수되어 폐기될 때까지 이루어지는 운송·보관·하역(荷役) 등과 이에 부가되어 가치를 창출하는 가공·조립·분류·수리·포장·상표부착·판매·정보통신 등의 (❷)을 말한다.

··→ 물류사업이란 (❸)의 수요에 따라 유상으로 물류활동을 영위하는 것을 업으로 하는 것을 말한다.

··→ 국제물류주선업이란 타인의 수요에 따라 (❹)의 명의와 계산으로 타인의 물류시설·장비 등을 이용하여 수출입화물의 물류를 주선하는 사업을 말한다.

··→ (❺)란 물류기업이나 화주기업들이 물류활동의 효율성을 높이기 위하여 물류에 필요한 시설·장비·인력·조직·정보망 등을 공동으로 이용하는 것을 말한다.

··→ 물류보안이란 공항·항만과 물류시설에 폭발물, 무기류 등 위해물품을 은닉·반입하는 행위와 물류에 필요한 시설·장비·인력·조직·정보망 및 화물 등에 위해를 가할 목적으로 행하여지는 (❻)를 사전에 방지하기 위한 조치를 말한다.

··→ (❼)는 지역물류에 관한 정책 및 계획을 수립하고 시행하여야 한다.

··→ 물류에 관한 다른 법률을 제정하거나 개정하는 경우에는 (❽)의 목적과 물류정책의 기본이념에 맞도록 하여야 한다.

❶ 물류 ❷ 경제활동 ❸ 화주 ❹ 자기 ❺ 물류공동화 ❻ 불법행위 ❼ 지방자치단체 ❽ 물류정책기본법 **정답**

제2장 물류정책의 종합·조정
제1절 물류현황조사

제7조【물류현황조사】★★☆

① 주체 및 협의 등 : **국토교통부장관** 또는 **해양수산부장관**은 물류에 관한 정책 또는 계획의 수립·변경을 위하여 필요하다고 판단될 때에는 **관계 행정기관의 장과 미리 협의한 후** 물동량의 발생현황과 이동경로, 물류시설·장비의 현황과 이용실태, 물류인력과 물류체계의 현황, 물류비, 물류산업과 국제물류의 현황 등에 관하여 조사할 수 있다. 이 경우「국가통합교통체계효율화법」에 따른 **국가교통조사와 중복되지 아니하도록** 하여야 한다.

> **주의** 물류현황조사는 국토교통부장관이 해양수산부장관과 공동으로 실시하여야 한다. (×)

> **주의** 물류현황조사는「국가통합교통체계효율화법」에 따른 국가교통조사와 중복되게 할 수 있다. (×)

> **주의** 국토교통부장관 또는 해양수산부장관은 물류에 관한 정책 또는 계획의 수립·변경을 위하여 필요하다고 판단될 때에는 물류관련 단체와 미리 협의한 후 물류현황 등에 관하여 조사하여야 한다. (×)

② 자료제출 또는 직접 조사 요청 등 : 국토교통부장관 또는 해양수산부장관은 다음 각 호의 자에게 ①의 조사(이하 "물류현황조사"라 함)에 필요한 자료의 제출을 요청하거나 그 일부에 대하여 **직접 조사**하도록 요청할 수 있다. 이 경우 협조를 요청받은 자는 **특별한 사정**이 없으면 요청에 **따라야 한다.**

1. 관계 중앙행정기관의 장
2. 특별시장·광역시장·특별자치시장·도지사 및 특별자치도지사(이하 "시·도지사"라 함)
3. 물류기업 및 이 법에 따라 지원을 받는 기업·단체 등

> **주의** 해양수산부장관이 시·도지사에게 물류현황조사에 필요한 자료의 제출을 요청한 경우 특별한 사정의 유무에 관계없이 반드시 이에 따라야 한다. (×)

③ 전문기관에 위탁 : 국토교통부장관 또는 해양수산부장관은 물류현황조사를 효율적으로 수행하기 위하여 필요한 경우에는 물류현황조사의 전부 또는 일부를 **전문기관으로** 하여금 수행하게 할 수 있다. 이 경우 물류현황조사를 수행하는 자는 **물류현황조사지침**에 따라 조사를 수행하여야 한다.

④ 조사결과의 활용 : 국토교통부장관 또는 해양수산부장관은 물류현황조사의 결과에 따라 물류비 등 물류지표를 설정하여 물류정책의 수립 및 평가에 활용할 수 있다.

제8조【물류현황조사지침】★☆☆

① 조사지침의 작성·통보 : **국토교통부장관**은 물류현황조사를 요청하는 경우에는 효율적인 물류현황조사를 위하여 조사의 시기, 종류 및 방법 등에 관하여 **대통령령(영 제4조)** 으로 정하는 바에 따라 조사지침을 작성하여 통보할 수 있다.

② 조사지침 작성의 협의 : 국토교통부장관은 ①의 지침을 작성하려는 경우에는 미리 **관계 중앙행정기관의 장과 협의하여야 한다.**

물류현황조사지침에 포함되어야 할 사항(영 제4조 제1항)

물류현황조사를 위한 조사지침에는 다음 각 호의 사항이 포함되어야 한다.
1. 조사의 종류 및 항목
2. 조사의 대상·방법 및 절차
3. 조사의 체계
4. 조사의 시기 및 지역
5. 조사결과의 집계·분석 및 관리
6. 그 밖에 효율적인 물류현황조사를 위하여 필요한 사항

주의 조사기관·조사자·조사경로 (×)

제9조【지역물류현황조사 등】★★★

① **주체 및 협의 등** : **시·도지사**는 **지역물류**에 관한 정책 또는 계획의 수립·변경을 위하여 필요한 경우에는 해당 행정구역의 물동량 현황과 이동경로, 물류시설·장비의 현황과 이용실태, 물류산업의 현황 등에 관하여 **조사할 수 있다**. 이 경우「국가통합교통체계효율화법」에 따른 국가교통조사와 중복되지 아니하도록 하여야 한다.

　　주의 국토교통부장관의 물류현황조사와 별도로 시·도지사가 지역물류현황조사를 실시할 수 없다. (×)

　　주의 시·도지사는 지역물류현황조사를 함에 있어서「국가통합교통체계효율화법」에 따른 국가교통조사와 중복되지 아니하도록 하여야 한다. (○)

② **자료제출 또는 직접 조사 요청 등** : 시·도지사는 관할 시·군 및 구(지방자치단체인 시·군 및 자치구를 말한다. 이하 "시·군·구"라 함)의 시장·군수 및 구청장, 물류기업 및 이 법에 따라 지원을 받는 기업·단체 등에게 지역물류현황조사에 필요한 자료를 제출하도록 요청하거나 그 일부에 대하여 직접 조사하도록 요청할 수 있다. 이 경우 협조를 요청받은 자는 특별한 사정이 없는 한 이에 따라야 한다.

③ **전문기관에 위탁** : **시·도지사**는 **지역물류현황조사**의 효율적인 수행을 위하여 필요한 경우에는 지역물류현황조사의 **전부 또는 일부**를 **전문기관**으로 하여금 수행하게 할 수 있다.

　　주의 전부 (×), 일부 (×)

　　주의 국토교통부장관 또는 해양수산부장관은 지역물류현황조사의 효율적인 수행을 위하여 필요한 경우에는 지역물류현황조사의 전부 또는 일부를 전문기관으로 하여금 수행하게 할 수 있다. (×)

④ **조사지침의 작성·통보** : **시·도지사**는 ②에 따라 지역물류현황조사를 요청하는 경우에는 효율적인 지역물류현황조사를 위하여 조사의 시기, 종류 및 방법 등에 관하여 해당 특별시·광역시·특별자치시·도 및 특별자치도(이하 "시·도"라 함)의 **조례로** 정하는 바에 따라 **조사지침을 작성하여 통보할 수 있다**.

　　주의 통보할 수 없다. (×) [기출 21]

　　주의 시장·군수·구청장은 지역물류현황조사를 요청하는 경우에는 효율적인 지역물류현황조사를 위하여 조사의 시기, 종류 및 방법 등에 관하여 해당 시·도의 규칙으로 정하는 바에 따라 조사현황 및 조사내용을 작성하여 통보할 수 있다. (×)

제10조 【물류개선조치의 요청】 ★☆☆

① **물류개선조치** : **국토교통부장관** 또는 **해양수산부장관**은 물류현황조사 등을 통하여 물류 수요가 특정 물류시설이나 특정 운송수단에 치우쳐 효율적인 물류체계 운용을 해치거나 관계 중앙행정기관의 장 또는 시·도지사의 물류 관련 정책 또는 계획이 **국가물류기본계획**에 위배된다고 판단될 때에는 해당 **중앙행정기관의 장이나 시·도지사**에게 이를 개선하기 위한 조치를 하도록 **요청**할 수 있다.

이 경우 국토교통부장관 또는 해양수산부장관은 미리 해당 중앙행정기관의 장 또는 시·도지사와 개선조치에 대하여 **협의**하여야 한다.

② **물류개선조치의 강구** : ①에 따라 개선조치를 요청받은 관계 중앙행정기관의 장이나 해당 시·도지사는 특별한 사유가 없는 한 이를 **개선하기 위한 조치를 강구**하여야 한다.

③ **개선조치요청에 대한 이의제기** : 관계 중앙행정기관의 장이나 시·도지사는 ①에 따른 개선조치의 요청에 **이의**가 있는 경우에는 **국가물류정책위원회에 조정**을 요청할 수 있다.

> **주의** 시·도지사는 국토교통부장관의 물류개선조치의 요청에 이의가 있는 경우에는 지역물류정책위원회에 조정을 요청할 수 있다. (×)

제2절 물류계획의 수립 및 시행

제11조 【국가물류기본계획의 수립】 ★★☆

① **국가물류기본계획수립의 주체와 기간** : **국토교통부장관** 및 **해양수산부장관**은 국가물류정책의 기본방향을 설정하는 10년 단위의 **국가물류기본계획**을 5년마다 **공동으로 수립**하여야 한다.

② **국가물류기본계획의 포함사항** : 국가물류기본계획에는 다음의 사항이 포함되어야 한다.

1. 국내외 물류환경의 변화와 전망
2. 국가물류정책의 목표와 전략 및 단계별 추진계획
2의2. 국가물류정보화사업에 관한 사항
3. 운송·보관·하역·포장 등 물류기능별 물류정책 및 도로·철도·해운·항공 등 운송수단별 물류정책의 종합·조정에 관한 사항
4. 물류시설·장비의 수급·배치 및 투자 우선순위에 관한 사항
5. 연계물류체계의 구축과 개선에 관한 사항
6. 물류 **표준화·공동화** 등 물류체계의 효율화에 관한 사항
6의2. 물류보안에 관한 사항
7. 물류산업의 경쟁력 강화에 관한 사항
8. 물류인력의 양성 및 물류기술의 개발에 관한 사항
9. **국제물류**의 촉진·지원에 관한 사항
9의2. **환경친화적 물류활동**의 촉진·지원에 관한 사항
10. 그 밖에 물류체계의 개선을 위하여 필요한 사항

> **주의** 지역물류산업의 경쟁력 강화에 관한 사항 (×) [기출 12]

③ 기초자료제출요청 : 국토교통부장관 및 해양수산부장관은 **다음 각 호의 자**에 대하여 국가물류기본계획의 수립·변경을 위한 관련 기초자료의 제출을 요청할 수 있다. 이 경우 협조를 요청받은 자는 특별한 사정이 없는 한 이에 따라야 한다.
1. 관계 중앙행정기관의 장
2. 시·도지사
3. 물류기업 및 「물류정책기본법」에 따라 지원을 받는 기업·단체 등

> **주의** 국토교통부장관 및 해양수산부장관은 「물류정책기본법」에 따라 지원을 받지 않는 비(非)물류기업에 대하여도 국가물류기본계획의 수립·변경을 위하여 필요한 경우 관련 기초자료의 제출을 요청하여야 한다. (×) [기출 14]

④ 기본계획의 수립 및 변경절차 : **국토교통부장관 및 해양수산부장관**은 국가물류기본계획을 **수립**하거나 대통령령(영 제5조)으로 정하는 **중요한 사항**을 **변경**하려는 경우에는 **관계 중앙행정기관의 장 및 시·도지사**와 협의한 후 국가물류정책위원회의 심의를 거쳐야 한다.

⑤ 기본계획 수립·변경의 고시 및 통보 : 국토교통부장관은 국가물류기본계획을 수립하거나 변경한 때에는 이를 관보에 고시하고, **관계 중앙행정기관의 장 및 시·도지사**에게 통보하여야 한다.

> **주의** 국토교통부장관은 국가물류기본계획을 수립하거나 변경한 때에는 관계 중앙행정기관의 장에게 통보하며, 관계 중앙행정기관의 장은 이를 시·도지사에게 통보하여야 한다. (×) [기출 20]

참고 BOX

국가물류기본계획의 중요한 사항의 변경(영 제5조)

국가물류정책위원회의 심의를 거쳐야 하는 "대통령령으로 정하는 중요한 사항"이란 다음의 어느 하나에 해당하는 사항을 말한다. 다만, 제2호부터 제4호까지의 사항이 「국토기본법」에 따른 국토종합계획, 「국가통합교통체계효율화법」에 따른 국가기간교통망계획이나 「물류시설의 개발 및 운영에 관한 법률」에 따른 물류시설개발종합계획 등 국가물류기본계획과 관련된 다른 계획의 변경으로 인한 사항을 반영하는 내용일 경우는 제외한다.
1. 국가물류정책의 목표와 주요 추진전략에 관한 사항
2. 물류시설·장비의 투자 우선순위에 관한 사항
3. 국제물류의 촉진·지원에 관한 기본적인 사항
4. 그 밖에 국가물류정책위원회의 심의가 필요하다고 인정하는 사항

제12조 【다른 계획과의 관계】 ★☆☆

① 국가물류기본계획은 「**국토기본법**」에 따라 수립된 국토종합계획 및 「국가통합교통체계효율화법」에 따라 수립된 국가기간교통망계획과 **조화**를 이루어야 한다.

② 국가물류기본계획은 다른 법령에 따라 수립되는 물류에 관한 계획에 **우선**하며 그 계획의 기본이 된다.

> **주의** 국가물류기본계획은 국토기본법과 관련이 없다. (×) [기출 10]

제13조 【연도별시행계획의 수립】 ☆☆☆

① 계획수립 : 국토교통부장관 및 해양수산부장관은 국가물류기본계획을 시행하기 위하여 연도별 시행계획(이하 "연도별시행계획"이라 함)을 매년 공동으로 수립하여야 한다.

② 자료제출요청 : 연도별시행계획의 수립·변경을 위한 자료제출의 요청 등에 관하여는 제11조 제3항을 준용한다.

③ 그 밖의 필요한 사항 등 : 연도별시행계획의 수립 및 시행에 필요한 사항은 **대통령령(영 제6조)**으로 정한다.

참고 BOX

연도별시행계획의 수립 등(영 제6조)

• 국토교통부장관 및 해양수산부장관은 국가물류기본계획의 연도별시행계획을 수립하려는 경우에는 미리 관계 중앙행정기관의 장, 특별시장·광역시장·특별자치시장·도지사 및 특별자치도지사와 협의한 후 물류정책분 과위원회의 심의를 거쳐야 한다.

• 국토교통부장관은 수립된 연도별시행계획을 관계행정기관의 장에게 통보하여야 하며, 관계행정기관의 장은 연도별 시행계획의 원활한 시행을 위하여 적극 협조하여야 한다.

• 관계행정기관의 장은 전년도의 연도별시행계획의 추진실적과 해당 연도의 시행계획을 매년 2월 말까지 국토교통부장관 및 해양수산부장관에게 제출하여야 한다.

출제 POINT 빈칸 문제

⋯ 국토교통부장관 및 해양수산부장관은 (❶)정책의 기본방향을 설정하는 (❷)년 단위의 국가물류기본계획을 (❸)년마다 공동으로 수립하여야 한다.

⋯ 국가물류기본계획에는 국가물류정보화사업에 관한 사항, 물류보안에 관한사항, 물류 (❹) 등 물류체계의 효율화에 관한 사항, 국제물류의 촉진·지원에 관한 사항, 환경친화적 물류활동의 촉진·지원에 관한 사항이 포함되어야 한다.

⋯ 국토교통부장관 및 해양수산부장관은 국가물류기본계획을 수립하거나 대통령령으로 정하는 중요한 사항을 변경하려는 경우에는 관계중앙행정기관의 장 및 시·도지사와 협의한 후 (❺)위원회의 심의를 거쳐야 한다.

⋯ 국토교통부장관은 국가물류기본계획을 수립하거나 변경한 때에는 이를 관보에 고시하고, 관계 중앙행정기관의 장 및 (❻)에게 통보하여야 한다.

⋯ 국가물류기본계획은 「(❼)」에 따라 수립된 국토종합계획 및 「국가통합교통체계효율화법」에 따라 수립된 국가기간교통망계획과 (❽)를 이루어야 한다.

❶ 국가물류 ❷ 10 ❸ 5 ❹ 표준화·공동화 ❺ 국가물류정책 ❻ 시·도지사 ❼ 국토기본법 ❽ 조화 **정답**

제14조 【지역물류기본계획의 수립】 ★★☆

① 지역물류기본계획수립의 주체와 기간 : **특별시장 및 광역시장**은 **지역물류정책**의 기본방향을 설정하는 **10년 단위**의 **지역물류기본계획**을 **5년마다 수립하여야 한다.**

> **주의** 국토교통부장관 및 해양수산부장관은 국가물류정책의 기본방향을 설정하는 10년 단위의 지역물류기본계획을 5년마다 공동으로 수립한다. (×) [기출 13]

② 지역물류기본계획수립 주체의 확대 : **특별자치시장·도지사 및 특별자치도지사**는 지역물류체계의 효율화를 위하여 필요한 경우에는 ①의 지역물류기본계획을 **수립할 수 있다.**

③ 지역물류기본계획의 포함사항 : 지역물류기본계획은 국가물류기본계획에 **배치**되지 아니하여야 하며, 다음 각 호의 사항이 포함되어야 한다.

1. 지역물류환경의 변화와 전망
2. 지역물류정책의 목표·전략 및 단계별 추진계획
3. 운송·보관·하역·포장 등 물류기능별 지역물류정책 및 도로·철도·해운·항공 등 운송수단별 지역물류정책에 관한 사항
4. 지역의 물류시설·장비의 수급·배치 및 투자 우선순위에 관한 사항
5. 지역의 연계물류체계의 구축 및 개선에 관한 사항
6. 지역의 **물류 공동화** 및 **정보화** 등 물류체계의 효율화에 관한 사항
7. 지역 물류산업의 경쟁력 강화에 관한 사항
8. 지역 물류인력의 양성 및 물류기술의 개발·보급에 관한 사항
9. 지역차원의 국제물류의 촉진·지원에 관한 사항
9의2. 지역의 환경친화적 물류활동의 촉진·지원에 관한 사항
10. 그 밖에 지역물류체계의 개선을 위하여 필요한 사항

> **주의** 연계물류체계의 구축 및 개선에 관한 사항 (×) [기출 16]

> **주의** 지역의 물류 표준화 및 정보화 등 물류체계의 효율화에 관한 사항 (×)

④ 지역물류기본계획 지침의 작성 : **국토교통부장관 및 해양수산부장관**은 ①에 따른 지역물류기본계획의 수립방법 및 기준 등에 관한 지침을 **공동**으로 작성하여야 한다.

⑤ 지역물류기본계획 지침의 통보 : **국토교통부장관**은 ④에 따라 지침을 작성한 경우 **특별시장 및 광역시장**(②에 따라 지역물류기본계획을 수립하는 **특별자치시장·도지사 및 특별자치도지사**를 포함. 이하 제15조 및 제16조에서 같음)에게 **통보**하여야 한다.

제15조 【지역물류기본계획의 수립절차】 ★★☆

① 기초자료제출요청 : 특별시장 및 광역시장은 다음 각 호의 자에 대하여 지역물류기본계획의 수립·변경을 위한 관련 기초 자료의 제출을 요청할 수 있다. 이 경우 협조를 요청받은 자는 특별한 사정이 없는 한 이에 따라야 한다.

1. 인접한 시·도의 시·도지사
2. 관할 시·군·구의 시장·군수·구청장
3. 물류정책기본법에 따라 해당 시·도의 지원을 받는 기업·단체 등

② 기본계획의 수립 및 변경절차 : **특별시장 및 광역시장**이 지역물류기본계획을 **수립**하거나 대통령령(영 제7조)이 정하는 **중요한 사항**을 **변경**하려는 경우에는 **미리 해당 시·도에 인접한 시·도의 시·도지사**와 **협의**한 후 **지역물류정책위원회의 심의**를 거쳐야 한다. 이 경우 특별시장 및 광역시장은 수립하거나 변경한 지역물류기본계획을 **국토교통부장관 및 해양수산부장관**에게 **통보**하여야 한다.

> **주의** 지역물류기본계획을 수립하려는 경우에는 물류시설분과위원회의 심의를 거쳐 해양수산부장관의 승인을 받아야 한다. (×) [기출 18]

③ 기본계획 수립·변경의 공고 및 통보 : **특별시장 및 광역시장**은 지역물류기본계획을 수립하거나 변경한 때에는 이를 **공고**하고, 인접한 시·도의 시·도지사, 관할 시·군·구의 시장·군수·구청장 및 이 법에 따라 해당 시·도의 지원을 받는 기업 및 단체 등에 이를 **통보**하여야 한다.

④ 통보받은 기본계획의 변경 요구 : **국토교통부장관 또는 해양수산부장관**은 ②의 후단에 따라 통보받은 지역물류기본계획에 대하여 필요한 경우 **관계 중앙행정기관의 장**과 **협의**한 후 **물류정책분과위원회**의 **심의**를 거쳐 **변경을 요구**할 수 있다.

제16조【지역물류기본계획의 연도별 시행계획의 수립】★☆☆

① 지역물류기본계획을 수립한 특별시장 및 광역시장은 그 계획을 시행하기 위하여 연도별 시행계획(이하 "**지역물류시행계획**"이라 함)을 **매년** 수립하여야 한다.
② 지역물류시행계획의 수립·변경을 위한 자료제출의 요청 등에 관하여는 제15조 제1항을 준용한다.
③ 지역물류시행계획의 수립 및 시행에 필요한 사항은 대통령령(영 제8조)으로 정한다.

출제 POINT **빈칸 문제**

⋯ (❶)은 지역물류정책의 기본방향을 설정하는 10년 단위의 지역물류기본계획을 5년마다 수립하여야 한다.
⋯ (❶)이 지역물류기본계획을 수립하거나 대통령령이 정하는 중요한 사항을 변경하려는 경우에는 미리 해당 시·도에 (❷)한 시·도의 시·도지사와 협의한 후 (❸)의 심의를 거쳐야 한다. 이 경우 (❶)은 수립하거나 변경한 지역물류기본계획을 (❹) 및 해양수산부장관에게 통보하여야 한다.
⋯ (❶)은 지역물류기본계획을 수립하거나 변경한 때에는 이를 (❺)하고, 인접한 시·도의 시·도지사, 관할 시·군·구의 시장·군수·구청장 및 이 법에 따라 해당 시·도의 지원을 받는 (❻) 등에 이를 (❼)하여야 한다.
⋯ 국토교통부장관은 통보받은 지역물류기본계획에 대하여 필요한 경우 관계 중앙행정기관의 장과 협의한 후 (❽)의 심의를 거쳐 변경을 요구할 수 있다.

❶ 특별시장 및 광역시장 ❷ 인접 ❸ 지역물류정책위원회 ❹ 국토교통부장관 ❺ 공고 ❻ 기업 및 단체 **정답**
❼ 통보 ❽ 물류정책분과위원회

제3절 물류정책위원회

제17조 【국가물류정책위원회의 설치 및 기능】 ★☆☆

① **국가정책위원회의 설치** : 국가물류정책에 관한 주요 사항을 심의하기 위하여 **국토교통부장관** 소속으로 국가물류정책위원회를 둔다.

> **주의** 국가물류정책에 관한 주요 사항을 심의하기 위하여 산업통상자원부장관 소속으로 국가물류정책위원회를 둔다. (×) [기출 20]

② **국가정책위원회의 기능(심의·조정 사항)** : 국가물류정책위원회는 다음 각 호의 사항을 심의·조정한다.

1. 국가물류체계의 효율화에 관한 중요 정책 사항
2. 물류시설의 종합적인 개발계획의 수립에 관한 사항
3. 물류산업의 육성·발전에 관한 중요 정책 사항

3의2. 물류보안에 관한 중요 정책 사항

4. 국제물류의 촉진·지원에 관한 중요 정책 사항
5. 이 법 또는 다른 법률에서 국가물류정책위원회의 심의를 거치도록 한 사항
6. 그 밖에 국가물류체계 및 물류산업에 관한 중요한 사항으로서 위원장이 회의에 부치는 사항

> **주의** 물류 표준화·공동화에 관한 사항 (×)

> **주의** 환경친화적 물류활동의 규제에 관한 중요 정책 사항 (×) [기출 16]

제18조 【국가물류정책위원회의 구성 등】 ★★★

① **인원 및 구성** : 국가물류정책위원회는 위원장을 포함한 **23명 이내**의 위원으로 구성한다.

② **위원장 및 위원** : 국가물류정책위원회의 위원장은 **국토교통부장관**이 되고, 위원은 다음 각 호의 자가 된다.

1. 기획재정부, 교육부, 과학기술정보통신부, 외교부, 농림축산식품부, 산업통상자원부, 고용노동부, 국토교통부, 해양수산부, 중소벤처기업부, 국가정보원 및 관세청의 고위공무원단에 속하는 공무원 또는 이에 상당하는 공무원 중에서 해당 기관의 장이 지명하는 자 **각 1명**
2. 물류 관련 분야에 관한 전문지식 및 경험이 풍부한 자 중에서 위원장이 위촉하는 **10명 이내의 자**

③ **간사** : 국가물류정책위원회의 사무를 처리하기 위하여 간사 1명을 두되, 간사는 국토교통부 소속 공무원 중에서 **위원장**이 **지명**하는 자가 된다.

④ **위원의 임기** : 공무원이 아닌 위원의 임기는 **2년**으로 하되, **연임할 수 있다.**

⑤ **전문위원** : 물류정책에 관한 중요 사항을 조사·연구하기 위하여 대통령령(영 제9조)으로 정하는 바에 따라 국가물류정책위원회에 **전문위원**을 둘 수 있다.

⑥ **그 밖의 필요한 사항** : ①부터 ⑤까지 외에 국가물류정책위원회의 구성 및 운영에 관하여 필요한 사항은 대통령령으로 정한다.

국가물류정책위원회 위원의 지명철회 또는 해촉사유(영 제10조의2)

① 지명의 철회 : 국가물류정책위원회 위원을 지명한 자는 위원이 다음 각 호의 어느 하나에 해당하는 경우에는 그 지명을 철회할 수 있다.

1. 심신장애로 인하여 직무를 수행할 수 없게 된 경우
2. 직무와 관련된 비위사실이 있는 경우
3. 직무태만, 품위손상이나 그 밖의 사유로 인하여 위원으로 적합하지 아니하다고 인정되는 경우
4. 위원 스스로 직무를 수행하는 것이 곤란하다고 의사를 밝히는 경우

② 해촉 : 위원회의 위원장(국토교통부장관)은 국가물류정책위원회 위원이 ①의 각 호의 어느 하나에 해당하는 경우에는 해당 위원을 해촉(解囑)할 수 있다.

주의 국가물류정책위원회 위원장은 위원이 직무와 관련 없는 비위사실이 있는 경우에는 해당 위원을 해촉할 수 있다. (×) [기출 19]

제19조【분과위원회】★☆☆

① **분과위원회의 설치** : 국가물류정책위원회의 업무를 효율적으로 추진하기 위하여 다음 각 호의 분과위원회를 둘 수 있다.

1. 물류정책분과위원회
2. 물류시설분과위원회
3. 국제물류분과위원회

주의 물류보안분과위원회 (×)

② **분과위원회의 기능(심의·조정사항)** : 각 분과위원회는 그 소관에 따라 다음 각 호의 사항을 심의·조정한다.

1. 국가물류정책위원회에서 심의·조정할 안건으로서 사전 검토가 필요한 사항
2. 국가물류정책위원회에서 위임한 사항
3. 이 법 또는 다른 법률에서 분과위원회의 심의·조정을 거치도록 한 사항

③ **국가물류정책위원회 심의·조정의 의제** : 분과위원회가 ②의 제2호 및 제3호의 사항을 심의·조정한 때에는 분과위원회의 심의·조정을 국가물류정책위원회의 심의·조정으로 본다.

④ **그 밖의 필요한 사항** : ①부터 ③까지 외에 분과위원회의 구성 및 운영 등에 필요한 사항은 대통령령(영 제13조)으로 정한다.

제20조【지역물류정책위원회】☆☆☆

① 지역물류정책에 관한 주요 사항을 심의하기 위하여 시·도지사 소속으로 지역물류정책위원회를 둔다.

② 지역물류정책위원회의 구성 및 운영에 필요한 사항은 대통령령으로 정한다.

··· 국가물류정책에 관한 주요 사항을 심의하기 위하여 (❶) 소속으로 국가물류정책위원회를 둔다.

··· 국가물류정책위원회는 위원장을 포함한 (❷)명 이내의 위원으로 구성한다.

··· 물류정책에 관한 중요 사항을 조사·연구하기 위하여 대통령령으로 정하는 바에 따라 국가물류정책위원회에 (❸)을 둘 수 있다.

··· (❸)의 임기는 (❹)년 이내로 하되, 연임할 수 있다.

··· 국가물류정책위원회의 업무를 효율적으로 추진하기 위하여 물류정책분과위원회, (❺), 국제물류분과위원회를 둘 수 있다.

··· 물류의 공동화·표준화·정보화 및 자동화, 물류시설·장비 및 프로그램의 개발에 관한 사항은 (❺) 소관의 심의·조정사항에 해당한다.

··· 국가물류정책위원회 위원이 직무와 (❻) 비위사실이 있는 경우에는 지명의 철회 또는 해촉(解囑)될 수 있다.

❶ 국토교통부장관 ❷ 23(명) ❸ 전문위원 ❹ 3(년) ❺ 물류시설분과위원회 ❻ 관련된   정답

제3장 물류체계의 효율화

제1절 물류시설 · 장비의 확충 등

제21조【물류시설 · 장비의 확충】★☆☆

① 확충의 권고 및 행정적·재정적 지원 : 국토교통부장관·해양수산부장관 또는 **산업통상자원부장관**은 효율적인 물류활동을 위하여 필요한 물류시설 및 장비를 확충할 것을 **물류기업**에 **권고**할 수 있으며, 이에 필요한 **행정적·재정적 지원**을 할 수 있다.

② 필요한 지원의 요청 : 국토교통부장관·해양수산부장관 또는 산업통상자원부장관은 물류시설 및 장비를 원활하게 확충하기 위하여 필요하다고 인정되는 경우 관계 행정기관의 장에게 필요한 지원을 요청할 수 있다.

> 주의 국토교통부장관은 효율적인 물류활동을 위하여 필요한 물류시설 및 장비를 확충할 것을 물류기업에 명할 수 있다. (×) [기출 20]

제22조【물류시설 간의 연계와 조화】☆☆☆

국가, 지방자치단체, 대통령령으로 정하는 물류 관련 기관(이하 "물류관련기관"이라 함) 및 물류기업 등이 새로운 물류시설을 건설하거나 기존 물류시설을 정비할 때에는 다음 각 호의 사항을 고려하여야 한다.

1. 주요 물류거점시설 및 운송수단과의 연계성

2. 주변 물류시설과의 기능중복 여부

3. 대통령령(영 제17조 제2항)으로 정하는 공항·항만 또는 산업단지의 경우 적절한 규모 및 기능을 가진 배후 물류시설 부지의 확보 여부

대통령령으로 정하는 공항·항만 또는 산업단지(영 제17조 제2항)

1. 「공항시설법」 제2조 제3호에 따른 공항 중 화물의 운송을 위한 시설을 갖춘 공항
2. 「항만법」 제2조 제1호에 따른 항만 중 화물의 운송을 위한 시설을 갖춘 항만
3. 「산업입지 및 개발에 관한 법률」 제2조 제8호 가목에 따른 국가산업단지

> **주의** 「철도산업발전기본법」 제3조 제2호의 규정에 의한 철도시설의 경우 적정한 규모 및 기능을 가진 배후 물류시설 부지의 확보 여부 (×) [기출 11]

제23조【물류 공동화·자동화 촉진】★★★

① **물류공동화를 위한 지원 : 국토교통부장관·해양수산부장관·산업통상자원부장관** 또는 **시·도지사**는 물류공동화를 추진하는 **물류기업이나 화주기업 또는 물류 관련 단체**에 대하여 예산의 범위에서 필요한 자금을 **지원할 수 있다.**

> **주의** 물류공동화를 추진하는 물류관련 단체에게 예산의 범위에서 필요한 자금을 지원할 수 있는 기관은 국토교통부장관·해양수산부장관에 한한다. (×) [기출 14]

> **주의** 시·도지사는 물류공동화를 추진하는 물류 관련 단체에 대하여 예산의 범위에서 필요한 자금을 지원할 수 있다. (○) [기출 20]

② **화주기업 대상 공동추진의 권고 및 우선적 지원 :** 국토교통부장관·해양수산부장관·산업통상자원부장관 또는 시·도지사는 화주기업이 물류공동화를 추진하는 경우에는 물류기업이나 물류 관련 단체와 공동으로 추진하도록 권고할 수 있으며, 권고를 이행하는 경우에 우선적으로 ①의 지원을 할 수 있다.

> **주의** 산업통상자원부장관은 물류기업이 물류공동화를 추진하는 경우 물류 관련 단체와 공동으로 추진하도록 명할 수 있다. (×) [기출 18]

③ **물류기업 대상 우선적 지원 :** 국토교통부장관·해양수산부장관·산업통상자원부장관 또는 시·도지사는 **물류기업**이 「클라우드컴퓨팅 발전 및 이용자 보호에 관한 법률」에 따른 클라우드컴퓨팅 등 **정보통신기술**을 활용하여 물류공동화를 추진하는 경우 우선적으로 ①의 지원을 할 수 있다.

④ **시범지역의 운영 :** 국토교통부장관·해양수산부장관·산업통상자원부장관 또는 시·도지사는 물류공동화를 확산하기 위하여 필요한 경우에는 시범지역을 지정하거나 시범사업을 선정하여 운영할 수 있다.

⑤ **물류기업 대상 물류자동화를 위한 지원 : 국토교통부장관·해양수산부장관** 또는 **산업통상자원부장관**은 **물류기업**이 물류자동화를 위하여 물류시설 및 장비를 확충하거나 교체하려는 경우에는 필요한 자금을 **지원할 수 있다.**

> **주의** 시·도지사는 화주기업이 물류자동화를 위하여 물류시설 및 장비를 확충하려는 경우 필요한 자금을 지원하여야 한다. (×) [기출 18]

⑥ 중복방지를 위한 사전 협의
　　㉠ 국토교통부장관·해양수산부장관 또는 산업통상자원부장관은 ①부터 ⑤까지의
　　　조치를 하려는 경우에는 중복을 방지하기 위하여 미리 협의하여야 한다.
　　㉡ 시·도지사는 ①부터 ④까지의 조치를 하려는 경우에는 중복을 방지하기 위하여
　　　미리 해당 조치와 관련하여 **국토교통부장관·해양수산부장관** 또는 **산업통상자원부
　　　장관**과 협의하고, 그 내용을 **지역물류기본계획과 지역물류시행계획**에 반영하여야
　　　한다.

> 주의 국토교통부장관·해양수산부장관·산업통상자원부장관은 물류공동화·물류자동화를 위하여
> 필요한 경우 협의 없이 지원조치를 마련할 수 있다. (×)

> 주의 시·도지사가 물류공동화를 추진하는 물류기업이나 화주기업에 대하여 필요한 자금을 지원하려
> 는 경우 그 내용을 국가물류기본계획에 반영하여야 한다. (×)

출제 POINT　빈칸 문제

⋯ 국토교통부장관·해양수산부장관 또는 (❶)은 효율적인 물류활동을 위하여 필요한 물류시설 및
　장비를 확충할 것을 물류기업에 (❷)할 수 있으며, 이에 필요한 (❸) 지원을 할 수 있다.
⋯ 국가, 지방자치단체, 대통령령으로 정하는 물류관련기관 및 물류기업 등이 새로운 물류시설을 건설
　하거나 기존 물류시설을 정비할 때에는 주요 물류거점시설 및 운송수단과의 연계성, 주변 물류시설
　과의 기능중복 여부, 대통령령으로 정하는 공항·항만 또는 (❹)의 경우 적정한 규모 및 기능을
　가진 배후 물류시설 부지의 확보 여부를 고려하여야 한다.
⋯ 국토교통부장관·해양수산부장관·(❶) 또는 시·도지사는 (❺)를 추진하는 물류기업이나 화
　주기업 또는 물류 관련 단체에 대하여 예산의 범위에서 필요한 자금을 지원할 수 있다.
⋯ 국토교통부장관은 (❻)이 (❺)를 추진하는 경우에는 물류기업이나 물류 관련 단체와 공동으로
　추진하도록 (❷)할 수 있으며, (❷)를 이행하는 경우에 우선적으로 지원을 할 수 있다.
⋯ 시·도지사가 (❺)를 추진하는 물류기업이나 (❻)에 대하여 필요한 자금을 지원하려는 경우
　그 내용을 (❼)물류기본계획에 반영하여야 한다.

❶ 산업통상자원부장관　❷ 권고　❸ 행정적·재정적　❹ 산업단지　❺ 물류공동화　❻ 화주기업　❼ 지역　**정답**

제2절 물류표준화

제24조 【물류표준의 보급촉진 등】 ★☆☆

① 물류표준화 규정의 제·개정 또는 폐지 : **국토교통부장관 또는 해양수산부장관**은 물류표준화에 관한 업무를 효과적으로 추진하기 위하여 필요하다고 인정하는 경우에는 **산업통상자원부장관**에게 「산업표준화법」에 따른 한국산업표준의 **제정·개정 또는 폐지**를 요청할 수 있다.

> **주의** 국토교통부장관은 물류표준화를 위해 필요하다고 인정하는 경우 산업표준화법에 따른 한국산업표준을 개정할 수 있다. (×)[기출 13]

② 물류표준장비의 제조·사용 및 포장의 요청 및 권고 : **국토교통부장관·해양수산부장관 또는 산업통상자원부장관**은 물류표준의 보급을 촉진하기 위하여 필요한 경우에는 관계 행정기관, 「공공기관의 운영에 관한 법률」에 따른 공공기관, 물류기업, 물류에 관련된 장비의 사용자 및 제조업자에게 물류표준에 맞는 장비(이하 "물류표준장비"라 함)를 제조·사용하게 하거나 물류표준에 맞는 규격으로 포장을 하도록 요청하거나 권고할 수 있다.

제25조 【물류표준장비의 사용자 등에 대한 우대조치】 ☆☆☆

① 우대조치의 요청 및 권고 : **국토교통부장관·해양수산부장관 또는 산업통상자원부장관**은 관계 행정기관, 공공기관 및 물류기업 등에게 물류표준장비의 사용자 또는 물류표준에 맞는 규격으로 재화를 포장하는 자에 대하여 운임·하역료·보관료의 할인 및 우선구매 등의 우대조치를 할 것을 요청하거나 권고할 수 있다.

② 재정지원 : 국토교통부장관·해양수산부장관 또는 산업통상자원부장관은 물류표준장비의 보급 확대를 위하여 물류기업, 물류표준장비의 사용자 또는 물류표준에 맞는 규격으로 재화를 포장하는 자 등에 대하여 소요자금의 융자 등 필요한 재정지원을 할 수 있다.

제26조 【물류회계의 표준화】 ★★★

① 기업물류비 산정지침 작성·고시 : **국토교통부장관**은 **해양수산부장관 및 산업통상자원부장관**과 협의하여 물류기업 및 화주기업의 물류비 산정기준 및 방법 등을 표준화하기 위하여 대통령령(영 제18조)으로 정하는 기준에 따라 **기업물류비 산정지침**을 작성하여 고시하여야 한다.

> **주의** 국토교통부장관은 해양수산부장관 및 시·도지사와 협의하여 기업물류비 산정지침을 작성하여 고시하여야 한다. (×)[기출 14]

> **주의** 산업통상자원부장관은 기업물류비 산정지침을 작성하여 고시하여야 한다. (×)[기출 13]

 참고 BOX

기업물류비 산정지침(영 제18조)

기업물류비 산정지침에는 다음 각 호의 사항이 포함되어야 한다.
1. 물류비 관련 용어 및 개념에 대한 정의
2. 영역별·기능별 및 자가·위탁별 물류비의 분류

3. 물류비의 계산 기준 및 계산 방법
4. 물류비 계산서의 표준 서식

주의 물류비 관련 용어 및 개념에 대한 정의는 기업물류비 산정지침에 포함되어야 하는 사항이 아니다. (×)
[기출 18]

② 물류비관리권고 : **국토교통부장관**은 물류기업 및 화주기업이 ①의 기업물류비 산정지침에 따라 물류비를 관리하도록 <u>권고할 수 있다.</u>

> **주의** 해양수산부장관은 화주기업이 기업물류비 산정지침에 따라 물류비를 관리하도록 하는 의무를 부과할 수 있다. (×) [기출 18]

③ 행정적・재정적 지원 : **국토교통부장관**은 **해양수산부장관** 및 **산업통상자원부장관**과 협의하여 ①의 기업물류비 산정지침에 따라 물류비를 계산・관리하는 물류기업 및 화주기업에 대하여는 필요한 **행정적・재정적 지원**을 <u>할 수 있다.</u>

> **주의** 산업통상자원부장관은 국토교통부장관과 협의하여 기업물류비 산정지침에 따라 물류비를 계산・관리하는 물류기업에 대하여는 필요한 행정적 지원을 하여야 한다. (×)

제3절 물류정보화

제27조【물류정보화의 촉진】★☆☆

① 필요한 시책의 강구 : **국토교통부장관・해양수산부장관・산업통상자원부장관** 또는 관세청장은 물류정보화를 통한 물류체계의 효율화를 위하여 필요한 **시책을 강구**하여야 한다.

② 개발・운용비용의 지원 : 국토교통부장관・해양수산부장관・산업통상자원부장관 또는 관세청장은 물류정보화를 촉진하기 위하여 필요한 경우에는 예산의 범위에서 **물류기업 또는 물류 관련 단체**에 대하여 물류정보화에 관련된 설비 또는 프로그램의 **개발・운용비용**의 일부를 **지원할 수 있다.**

> **주의** 시・도지사는 물류기업에 대하여 물류정보화에 관련된 프로그램의 개발비용의 일부를 지원할 수 있는 자에 해당하지 않는다. (○) [기출 17]

참고 BOX

물류정보화 시책(영 제19조)

① 국토교통부장관・해양수산부장관・산업통상자원부장관 또는 관세청장은 법 제27조 제1항에 따라 물류정보화를 통한 물류체계의 효율화 시책을 강구할 때에는 다음 각 호의 사항이 포함되도록 하여야 한다.
   1. 물류정보의 표준에 관한 사항
   2. 물류분야 정보통신기술의 도입 및 확산에 관한 사항
   3. 물류정보의 연계 및 공동활용에 관한 사항
   4. 물류정보의 보안에 관한 사항
   5. 그 밖에 물류효율의 향상을 위하여 필요한 사항
② 국토교통부장관・해양수산부장관・산업통상자원부장관 또는 관세청장은 제1항 각 호의 사항을 추진함에 있어서 필요한 경우에는 그 내용을 고시하거나 물류관련기관 또는 기업 등에게 이행을 권고할 수 있다.

주의 물류환경의 변화와 전망에 관한 사항 (×) [기출 19]

제28조【단위물류정보망의 구축】 ★★☆

① 구축 · 운영 : **관계 행정기관 및 물류관련기관**은 소관 물류정보의 수집 · 분석 · 가공 및 유통 등을 촉진하기 위하여 필요한 때에는 **단위물류정보망**을 구축 · 운영할 수 있다. 이 경우 관계 행정기관은 <u>전담기관</u>을 지정하여 단위물류정보망을 구축 · 운영할 수 있다.

② 예산지원 : 관계 행정기관이 전담기관을 지정하여 단위물류정보망을 구축 · 운영하는 경우에는 소요비용의 **전부 또는 일부**를 예산의 범위에서 **지원할 수 있다.**

③ 연계체계구축 : 단위물류정보망을 구축하는 행정기관 및 물류관련기관은 소관 단위물류정보망과 국가물류통합정보센터 또는 다른 단위물류정보망 간의 연계체계를 구축하여야 한다.

④ 연계 요청 : 단위물류정보망을 운영하고 있는 관계 행정기관 및 물류관련기관은 국가물류통합정보센터 및 다른 단위물류정보망을 운영하고 있는 행정기관 또는 물류관련기관이 연계를 요청하는 경우에는 상호 협의를 거쳐 특별한 사정이 없으면 이에 협조하여야 한다.

⑤ 연계 또는 연계체계 조정 요청 : 단위물류정보망을 구축 · 운영하는 **관계 행정기관의 장**은 국가물류통합정보센터 또는 단위물류정보망 간의 연계체계를 구축하기 위하여 필요한 때에는 **국토교통부장관과 협의**를 거쳐 **물류시설분과위원회**에 국가물류통합정보센터와의 연계 또는 단위물류정보망 간의 연계체계의 **조정**을 **요청할 수 있다.**

⑥ 전담기관의 지정 : 관계 행정기관은 대통령령(영 제20조 제5항)으로 정하는 공공기관 또는 물류정보의 수집 · 분석 · 가공 · 유통과 관련한 적절한 시설장비와 인력을 갖춘 자 중에서 단위물류정보망 전담기관을 지정한다.

⑦ 전담기관의 지정 기준 : ⑥에 따른 단위물류정보망 전담기관의 지정에 필요한 시설장비와 인력 등의 기준과 지정절차는 대통령령(영 제20조 제6항)으로 정한다.

 참고 **BOX**

단위물류정보망 전담기관으로 지정될 수 있는 자(영 제20조 제5항 및 제6항)

대통령령으로 정하는 공공기관(제5항)

법 제28조 제6항에서 "대통령령으로 정하는 공공기관"이란 다음의 어느 하나에 해당하는 공공기관을 말한다.

1. 「인천국제공항공사법」에 따른 인천국제공항공사	2. 「한국공항공사법」에 따른 한국공항공사
3. 「한국도로공사법」에 따른 한국도로공사	4. 「한국철도공사법」에 따른 한국철도공사
5. 「한국토지주택공사법」에 따른 한국토지주택공사	6. 「항만공사법」에 따른 항만공사

7. 그 밖에 국토교통부장관이 지정하여 고시하는 공공기관

공공기관이 아닌 자의 시설장비와 인력 등 기준(제6항)

법 제28조 제7항에 따라 공공기관이 아닌 자로서 단위물류정보망 전담기관으로 지정받을 수 있는 자의 시설장비와 인력 등의 기준은 다음 각 호와 같다.

1. 다음 각 목의 시설장비를 갖출 것	2. 다음 각 목의 인력을 보유할 것
가. 물류정보 및 이와 관련된 전자문서의 송신 · 수신 · 중계 및 보관 시설장비 나. 단위물류정보망을 안전하게 운영하기 위한 보호 시설장비	가. 「국가기술자격법」에 따른 정보통신기사 · 정보처리기사 또는 전자계산기조직응용기사 이상의 국가기술자격이나 이와 동등한 자격이 있다고 국토교통부장관이 정하여 고시하는 사람 2명 이상

다. 단위물류정보망의 정보시스템 관리 및 복제·저장 시설장비

라. 단위물류정보망에 보관된 물류정보와 전자문서의 송신·수신의 일자·시각 및 <u>자취</u> 등을 기록·관리하는 시설장비

마. 다른 단위물류정보망 및 국가물류통합정보센터와의 정보연계에 필요한 시설장비

나. 「국가기술자격법」에 따른 정보통신분야(기술·기능 분야)에서 <u>3년 이상</u> 근무한 경력이 있는 사람 <u>1명 이상</u>

3. 자본금이 <u>2억원 이상</u>인 「상법」에 따른 주식회사일 것

주의 「상법」에 따른 자본금이 1억원인 주식회사 (×) [기출 16]

⑧ **전담기관의 지정 취소** : ①에 따라 전담기관을 지정하여 단위물류정보망을 구축·운영하는 관계 행정기관은 단위물류정보망 전담기관이 다음 각 호의 어느 하나에 해당하는 경우에는 그 지정을 취소할 수 있다. 다만, **제1호에 해당하는 경우에는 지정을 취소하여야 한다.**

1. 거짓이나 그 밖의 **부정한 방법**으로 지정을 받은 경우
2. ⑦에 따른 시설장비와 인력 등의 지정기준에 미달하게 된 경우

> **주의** 단위물류정보망 전담기관이 시설장비와 인력 등의 지정기준에 미달하게 된 경우에는 그 지정을 취소하여야 한다. (×) [기출 20]

출제 POINT · 빈칸 문제

- ⋯ 국토교통부장관 또는 해양수산부장관은 물류표준화에 관한 업무를 효과적으로 추진하기 위해 필요하다고 인정하는 경우 (❶)장관 에게 「산업표준화법」에 따른 한국산업표준의 제·개정 또는 폐지를 요청(❷).
- ⋯ 국토교통부장관은 해양수산부장관 및 산업통상자원부장관과 협의하여 기업물류비 산정지침에 따라 물류비를 계산·관리하는 물류기업 및 화주기업에 대하여는 필요한 행정적·재정적 지원을 (❸).
- ⋯ 국토교통부장관·해양수산부장관·(❶)장관 또는 (❹)은 물류정보화를 통한 물류체계의 효율화를 위하여 필요한 시책을 강구하여야 한다.
- ⋯ (❹)은 물류정보화를 촉진하기 위하여 필요한 경우에는 예산의 범위에서 물류기업 또는 물류관련 단체에 대하여 물류정보화에 관련된 설비 또는 프로그램의 개발·운용비용의 (❺)를 지원할 수 있다.
- ⋯ 전담기관을 지정하여 단위물류정보망을 구축·운영하는 관계 행정기관은 단위물류정보망 전담기관이 지정기준에 미달하게 된 경우에는 그 지정을 취소(❻).
- ⋯ 물류정책기본법령상 시설장비와 인력기준을 모두 충족시키고 「(❼)」에 따른 자본금이 (❽)원인 주식회사는 단위물류정보망 전담기관으로 지정될 수 있다.

❶ 산업통상자원부 ❷ 할 수 있다 ❸ 할 수 있다 ❹ 관세청장 ❺ 일부 ❻ 할 수 있다 ❼ 상법 ❽ 2억 **정답**

제29조【위험물질운송안전관리센터의 설치·운영】 ★☆☆

① 설치·운영 및 대행 : **국토교통부장관**은 다음 각 호에 따른 물질(이하 "위험물질"이라 함)의 안전한 도로운송을 위하여 위험물질을 운송하는 차량(이하 "위험물질 운송차량"이라 함)을 통합적으로 관리하는 센터(이하 "위험물질운송안전관리센터"라 함)를 설치·운영한다. 이 경우 국토교통부장관은 대통령령(영 제21조)으로 정하는 바에 따라 「한국교통안전공단법」에 따른 **한국교통안전공단**에 위험물질운송안전관리센터의 설치·운영을 **대행**하게 할 수 있다.

    1. 「위험물안전관리법」에 따른 위험물

    2. 「화학물질관리법」에 따른 유해화학물질

    3. 「고압가스 안전관리법」에 따른 고압가스

    4. 「원자력안전법」에 따른 방사성폐기물

    5. 「폐기물관리법」에 따른 **지정폐기물**

    6. 「농약관리법」에 따른 농약과 원제(原劑)

    7. 그 밖에 대통령령으로 정하는 물질

② 주요 업무 : 위험물질운송안전관리센터는 다음 각 호의 업무를 수행한다.

    1. 위험물질 운송차량의 소유자 및 운전자 정보, 운행정보, 사고발생 시 대응 정보 등 위험물질운송안전관리센터 운영에 필요한 정보의 수집 및 관리

    2. 단말장치의 장착·운용 및 운송계획정보의 입력 등에 관한 교육

    3. 위험물질운송안전관리센터의 업무 수행을 지원하기 위한 전자정보시스템의 구축·운영

    4. 위험물질 운송차량의 사고 관련 상황 감시 및 사고발생 시 사고 정보 전파

    5. 「도로교통법」에 따라 각 시·도경찰청장이 공고하는 통행 금지 및 제한 구간, 「물환경보전법」에 따른 상수원보호구역 등 통행제한 구간, 그 밖에 국토교통부령으로 정하는 통행제한 구간(이하 "통행제한구간"이라 함)에 진입한 위험물질 운송차량에 대한 통행금지 알림 및 관계 기관 등에 해당 위험물질 운송차량의 통행제한구간 진입 사실 전파

    6. 관계 행정기관과의 위험물질운송안전관리시스템 공동 활용 체계 구축

    7. 그 밖에 위험물질 운송차량의 사고예방 및 사고발생 시 신속한 방재 지원에 필요한 사항

③ 예산 지원 : **국토교통부장관**은 예산의 범위에서 ①에 따라 위험물질운송안전관리센터의 설치 및 운영을 대행하는 데 필요한 예산을 지원할 수 있다.

④ 정보의 목적 외 이용 금지 : 위험물질운송안전관리센터의 운영에 필요한 정보를 수집·관리 및 활용하는 자(①에 따라 위험물질운송안전관리센터의 설치 및 운영을 대행하는 한국교통안전공단의 임직원과 ⑤에 따라 정보를 공동으로 활용하는 관계 행정기관의 소속 직원을 포함)는 취득한 정보를 목적 외의 용도로 사용하여서는 아니 된다.

⑤ 정보의 공동 활용 : 관계 행정기관의 장은 위험물질운송안전관리시스템을 통하여 위험물질운송안전관리센터가 수집·관리하는 정보를 공동으로 **활용할 수 있다.**

⑥ 협조 요청 : 국토교통부장관은 위험물질운송안전관리센터의 운영을 위하여 필요한 경우에는 관계 행정기관 및 공공기관·법인 등의 장에게 소속 공무원 또는 임직원의 파견과 자료 및 정보의 제공 등 업무 수행에 필요한 협조를 요청할 수 있다. 이 경우 요청을 받은 관계 행정기관 등의 장은 특별한 사유가 없으면 그 요청에 따라야 한다.

제29조의2 【위험물질 운송차량의 소유자 등의 의무 등】 ★★☆

① 이동통신단말장치의 장착 : 도로운송 시 위험물질운송안전관리센터의 감시가 필요한 위험물질을 운송하는 위험물질 운송차량 중 최대 적재량이 일정 기준 이상인 차량의 소유자(「자동차관리법」에 따른 자동차등록원부에 기재된 자동차 소유자를 말함)는 위험물질운송안전관리시스템과 무선통신이 가능하고 위험물질 운송차량의 위치정보의 수집 등이 가능한 이동통신단말장치를 차량에 장착하여야 한다. 이 경우 도로운송 시 위험물질운송안전관리센터의 감시가 필요한 위험물질의 종류 및 위험물질 운송차량의 최대 적재량 기준 등은 관계 중앙행정기관의 장과 협의를 거쳐 국토교통부령(규칙 제2조의2)으로 정한다.

 참고 BOX

위험물질운송안전관리센터의 감시가 필요한 위험물질의 종류 등(규칙 제2조의2)

감시가 필요한 위험물질의 종류(제1항)	위험물질 운송차량의 최대 적재량 기준(제2항)
1. 「위험물안전관리법」에 따른 위험물 2. 「폐기물관리법」에 따른 지정폐기물(액상 폐기물 및 환경부장관이 정하여 고시한 폐기물 중 금속성 분진·분말로 한정). 다만, 의료폐기물은 제외한다. 3. 「화학물질관리법」에 따른 유해화학물질 4. 「고압가스 안전관리법 시행규칙」에 따른 가연성가스와 독성가스	1. 제1항 제1호의 물질을 운송하는 차량 : 10,000리터 이상 2. 제1항 제2호의 물질을 운송하는 차량 : 10,000킬로그램 이상 3. 제1항 제3호의 물질을 운송하는 차량 : 5,000킬로그램 이상 4. 제1항 제4호의 물질 중 가연성가스를 운송하는 차량 : 6,000킬로그램 이상 5. 제1항 제4호의 물질 중 독성가스를 운송하는 차량 : 2,000킬로그램 이상

② 단말장치의 유지·관리 : ①에 따라 단말장치를 장착한 위험물질 운송차량의 소유자는 단말장치의 정상적인 작동 여부를 점검·관리하여야 하며, 단말장치 장착차량의 운전자는 위험물질을 운송하는 동안 단말장치의 작동을 유지하여야 한다.

③ 비용의 지원 : 국토교통부장관은 위험물질 운송차량의 소유자가 단말장치를 장착·운용하는 데 필요한 비용의 전부 또는 일부를 지원할 수 있다.

④ 장착 및 운용 : 단말장치의 장착·기술 기준 및 점검·관리 방법 등 단말장치의 장착·운용에 필요한 사항은 국토교통부령으로 정한다.

⑤ 운송계획정보의 입력 : 단말장치 장착차량의 소유자는 위험물질을 운송하려는 경우 사전에 국토교통부령으로 정하는 바에 따라 해당 차량의 운전자 정보, 운송하는 위험물질의 종류, 출발지 및 목적지 등 운송계획에 관한 정보(이하 "운송계획정보"라 함)를 위험물질운송안전관리시스템에 입력하여야 한다.

주의 단말장치 장착차량의 운전자는 위험물질을 운송하려는 경우 사전에 국토교통부령으로 정하는 바에 따라 해당 차량의 운송계획정보를 국가물류통합데이터베이스에 입력하여야 한다. (×)

⑥ **사전 협의** : **국토교통부장관**은 단말장치의 장착·기술 기준 및 운송계획정보를 입력하기 위하여 필요한 사항을 정할 때에는 **사전에 관계 중앙행정기관의 장과 협의**하여야 한다.

⑦ **출입·조사** : 국토교통부장관은 단말장치의 장착·운용 및 운송계획정보의 입력에 대한 위반 여부를 확인하기 위하여 **관계 공무원** 또는 **위험물질운송단속원**(한국교통안전공단의 임직원 중에서 위험물질 운송안전 관리 업무를 담당하는 사람을 말함)으로 하여금 위험물질 운송차량을 조사하게 하거나 위험물질 운송차량의 사업장에 출입하여 관련 서류 등을 조사하게 할 수 있다.

⑧ **거부·방해 또는 기피의 금지** : 위험물질 운송차량의 소유자, 운전자 또는 관련 사업장의 관계인은 정당한 사유 없이 ⑦에 따른 출입·조사를 거부·방해 또는 기피하여서는 아니 된다.

⑨ **증표의 제시** : ⑦에 따라 출입·조사를 하는 공무원 또는 위험물질운송단속원은 그 권한을 표시하는 증표를 지니고 이를 관계인에게 보여주어야 한다.

주의 위험물질운송단속원은 그 권한을 표시하는 증표를 관계인에게 보여주지 아니하면 위험물질 운송차량의 사업장에 출입하여 관련 서류 등을 조사 할 수 없다. (○)

제29조의3 【단말장치의 장착 및 운행중지 명령】 ☆☆☆

① **단말장치의 장착 또는 개선 명령** : 국토교통부장관은 단말장치를 장착하지 아니하거나 단말장치의 장착·기술 기준을 준수하지 아니한 자에게 국토교통부령으로 정하는 바에 따라 기간을 정하여 단말장치를 장착하거나 개선할 것을 명할 수 있다.

② **운송차량의 운행중지 명령** : 국토교통부장관은 ①에 따른 조치명령을 받은 자가 그 명령을 이행하지 아니한 경우 그 위험물질 운송차량의 운행중지를 명할 수 있다.

제30조 【국가물류통합데이터베이스의 구축】 ★☆☆

① **국가물류통합데이터베이스의 구축** : **국토교통부장관**은 해양수산부장관·산업통상자원부장관 및 관세청장과 **협의**하여 관계 행정기관, 물류관련기관 또는 물류기업 등이 구축한 단위물류정보망으로부터 필요한 정보를 제공받거나 물류현황조사에 따라 수집된 정보를 가공·분석하여 물류 관련 자료를 총괄하는 **국가물류통합데이터베이스**를 구축할 수 있다.

② **관련 자료 제공의 요청** : 국토교통부장관은 국가물류통합데이터베이스의 구축을 위하여 필요한 경우 관계 행정기관, 지방자치단체, 물류관련기관 또는 물류기업 등에 대하여 **자료의 제공을 요청**할 수 있다.

제30조의2 【국가물류통합정보센터의 설치·운영】 ★★☆

① **센터 설치·운영의 주체** : **국토교통부장관**은 국가물류통합데이터베이스를 구축하고 물류정보를 가공·축적·제공하기 위한 통합정보체계를 갖추기 위하여 **국가물류통합정보센터**를 **설치·운영**할 수 있다.

② 센터 운영자의 지정 : 국토교통부장관은 다음 각 호의 어느 하나에 해당하는 자를 국가물류통합정보센터의 운영자로 지정할 수 있다.

1. 중앙행정기관
2. **대통령령(영 제22조 제5항)**으로 정하는 공공기관
3. 정부출연연구기관
3의2. 물류관련협회
4. 그 밖에 자본금 2억원 이상, 업무능력 등 **대통령령(영 제22조 제6항)**으로 정하는 기준과 자격을 갖춘 「상법」상의 <u>주식회사</u>

 참고 BOX

국가물류통합정보센터 운영자의 지정(영 제22조 제5항 및 제6항)

대통령령으로 정하는 공공기관(영 제20조 제5항 준용)

법 제28조 제6항에서 "대통령령으로 정하는 공공기관"이란 다음 각 호의 어느 하나에 해당하는 공공기관을 말한다.

1. 「인천국제공항공사법」에 따른 인천국제공항공사	2. 「한국공항공사법」에 따른 한국공항공사
3. 「한국도로공사법」에 따른 한국도로공사	4. 「한국철도공사법」에 따른 한국철도공사
5. 「한국토지주택공사법」에 따른 한국토지주택공사	6. 「항만공사법」에 따른 항만공사
7. 그 밖에 국토교통부장관이 지정하여 고시하는 공공기관	

공공기관이 아닌 자의 시설장비와 인력 등 기준(제6항)

법 제30조의2 제2항 제4호에서 "자본금 2억원 이상, 업무능력 등 대통령령으로 정하는 기준과 자격"이란 다음을 말한다.

1. 자본금이 <u>2억원 이상</u>일 것 2. 다음 각 목의 시설장비를 갖출 것 　가. <u>물류정보 및 이와 관련된 전자문서의 송신·수신·중계 및 보관 시설장비</u> 　나. 국가물류통합정보센터를 안전하게 운영하기 위한 보호 시설장비 　다. 국가물류통합정보센터의 정보시스템 관리 및 복제·저장 시설장비 　라. 국가물류통합정보센터에 보관된 물류정보와 전자문서의 송신·수신의 일자·시각 및 자취 등을 기록·관리하는 시설장비 　마. 단위물류정보망 및 외국의 물류정보망과의 정보연계에 필요한 시설장비	3. 다음 각 목의 인력을 보유할 것 　가. <u>물류관리사 1명 이상</u> 　나. 「국가기술자격법」에 따른 정보통신기사·정보처리기사 또는 전자계산기조직응용기사 이상의 국가기술자격이나 이와 동등한 자격이 있다고 국토교통부장관이 정하여 고시하는 사람 1명 이상 　다. 「국가기술자격법」에 따른 정보통신분야(기술·기능 분야)에서 <u>3년 이상</u> 근무한 경력이 있는 사람 1명 이상 　라. 물류정보의 처리·보관 및 전송 등을 위한 표준전자문서의 개발 또는 전자문서의 송신·수신 및 중계방식과 관련된 기술 분야에서 <u>3년 이상</u> 근무한 경력이 있는 사람 1명 이상 　마. 국가물류통합정보센터의 시스템을 운영하고, 국가물류통합정보센터가 제공하는 물류정보의 이용자에 대한 상담이 가능한 전문요원 <u>1명 이상</u>

주의 자본금 1억원 이상, 업무능력 등 대통령령으로 정하는 기준과 자격을 갖춘 상법상의 주식회사는 국가물류통합데이터베이스 운영자로 지정받을 수 있다. (×) [기출 11]

주의 국토교통부장관은 물류정보 및 이와 관련된 전자문서의 송신·수신·중계 및 보관 시설장비를 갖추고 물류관리사를 1명 이상 보유한 자본금 1억원인 「상법」상의 주식회사를 국가물류통합정보센터의 운영자로 지정할 수 있다. (×) [기출 15]

③ **필요한 지원** : 국토교통부장관은 해양수산부장관·산업통상자원부장관 및 관세청장과 협의하여 국가물류통합정보센터의 효율적인 운영을 위하여 ②에 따라 지정된 자(이하 "국가물류통합정보센터운영자"라 함)에게 필요한 지원을 할 수 있다.

④ **센터 지정에 필요한 절차 및 지정기준 등** : 국가물류통합정보센터운영자의 지정에 필요한 절차 및 지정기준 등은 **대통령령(영 제22조)**으로 정한다.

참고 BOX

국가물류통합정보센터 운영자의 지정절차(영 제22조 제1항부터 제4항까지)
① 국토교통부장관은 국가물류통합정보센터의 전부 또는 일부를 운영하는 자를 지정하려는 경우에는 미리 물류시설분과위원회의 심의를 거쳐 신청방법 등을 정하여 30일 이상 관보 또는 인터넷 홈페이지에 이를 공고하여야 한다.
② 국가물류통합정보센터운영자로 지정받으려는 자는 공고가 있는 때에 국토교통부령으로 정하는 지정신청서에 첨부서류를 갖추어 국토교통부장관에게 제출하여야 한다.
③ 국토교통부장관은 국가물류통합정보센터운영자를 지정하려는 경우에는 신청자의 사업수행 능력과 사업계획의 타당성 등을 종합적으로 검토하여야 한다.
④ 국토교통부장관은 국가물류통합정보센터운영자를 지정한 때에는 국토교통부령으로 정하는 지정증을 발급하고, 그 사실을 관보 또는 인터넷 홈페이지에 공고하여야 한다.

제31조【지정의 취소 등】☆☆☆

국토교통부장관은 국가물류통합정보센터운영자가 다음 각 호의 어느 하나에 해당하는 경우에는 그 지정을 취소할 수 있다. 다만 제1호에 해당하는 경우에는 지정을 취소하여야 한다.

1. 거짓이나 그 밖의 부정한 방법으로 지정을 받은 경우
2. **지정기준**에 미달하게 된 경우
3. 국가물류통합정보센터운영자가 국가물류통합데이터베이스의 물류정보를 **영리**를 목적으로 사용한 경우

제32조【전자문서의 이용·개발】★☆☆

① **전자문서의 이용** : 물류기업, 물류관련기관 및 물류 관련 단체가 대통령령으로 정하는 물류에 관한 업무를 전자문서로 처리하려는 경우에는 **국토교통부령**으로 정하는 전자문서를 이용하여야 한다.

② **전자문서의 개발·보급** : **국토교통부장관**은 **해양수산부장관 및 산업통상자원부장관**과 **협의**하여 표준전자문서의 개발·보급계획을 수립하여야 한다.

주의 산업통상자원부장관은 물류업무에 관한 표준전자문서의 개발·보급계획을 수립하여야 한다. (×)

제33조【전자문서 및 물류정보의 보안】 ★★☆

① 위작·변작 등의 금지 : 누구든지 **단위물류정보망** 또는 **전자문서**를 위작(僞作) 또는 변작(變作)하거나 위작 또는 변작된 전자문서를 행사하여서는 아니 된다.

> **주의** 단위물류정보망 또는 전자문서를 변작(變作)하려는 자는 국토교통부장관의 허가를 받아야 한다. (×) [기출 18]

② 훼손, 침해·도용 또는 누설의 금지 : 누구든지 국가물류통합정보센터 또는 단위물류정보망에서 처리·보관 또는 전송되는 물류정보를 훼손하거나 그 비밀을 침해·도용(盜用) 또는 누설하여서는 아니 된다.

③ 물류정보의 보관 : 국가물류통합정보센터운영자 또는 단위물류정보망 전담기관은 전자문서 및 정보처리장치의 파일에 기록되어 있는 물류정보를 **대통령령으로 정하는 기간(→ 2년)** 동안 **보관**하여야 한다.

> **주의** 정보처리장치의 파일에 기록되어 있는 물류정보의 보관기간은 1년으로 한다. (×) [기출 16]

> **주의** 국가물류통합정보센터운영자 또는 단위물류정보망 전담기관은 전자문서 및 물류정보를 3년 간 보관하여야 한다. (×) [기출 18]

④ 보호조치의 강구
  ㉠ 국가물류통합정보센터운영자 또는 단위물류정보망 전담기관은 ①부터 ③까지의 규정에 따른 전자문서 및 물류정보의 보안에 필요한 **보호조치**를 강구하여야 한다.
  ㉡ 누구든지 불법 또는 부당한 방법으로 ㉠에 따른 보호조치를 침해하거나 훼손하여서는 아니 된다.

제34조【전자문서 및 물류정보의 공개】 ★★☆

① 비공개 원칙 : 국가물류통합정보센터운영자 또는 단위물류정보망 전담기관은 **대통령령(영 제26조 제1항)으로 정하는 경우**를 제외하고는 전자문서 또는 물류정보를 **공개**하여서는 아니 된다.

② 예외적 공개(이해관계인의 사전 동의) : 국가물류통합정보센터운영자 또는 단위물류정보망 전담기관이 ①에 따라 전자문서 또는 물류정보를 공개하려는 때에는 미리 대통령령으로 정하는 **이해관계인의 동의**를 받아야 한다.

참고 BOX

전자문서 및 물류정보의 공개(영 제26조)

① 법 제34조 제1항에서 "대통령령으로 정하는 경우"란 국가의 <u>안전보장에 위해가 없고 기업의 영업비밀을 침해하지 아니하는 경우</u>로서 다음 각 호의 어느 하나에 해당하는 경우를 말한다.
  1. 관계 중앙행정기관 또는 지방자치단체가 **행정목적상의** 필요에 따라 신청하는 경우
  2. 수사기관이 **수사목적상의** 필요에 따라 신청하는 경우
  3. 법원의 **제출명령**에 따른 경우
  4. **다른 법률**에 따라 공개하도록 되어 있는 경우
  5. 그 밖에 국가물류통합정보센터운영자 또는 단위물류정보망 전담기관의 요청에 따라 **국토교통부장관**이 공개할 필요가 있다고 인정하는 경우

② 국가물류통합정보센터운영자 또는 단위물류정보망 전담기관은 법 제34조 제1항에 따라 전자문서 또는 물류정보를 공개하려고 할 때에는 ①의 각 호에 따른 신청 등이 있은 날부터 **60일 이내**에 서면(전자문서를 포함한다)으로 이해관계인의 동의를 받아야 한다.

③ 법 제34조 제2항에서 "대통령령으로 정하는 이해관계인"이란 공개하려는 전자문서 또는 물류정보에 대하여 **직접적인 이해관계**를 가진 자를 말한다.

> **주의** 국가물류통합정보센터운영자는 어떠한 경우에도 전자문서를 공개하여서는 아니 된다. (×) [기출 18]

> **주의** 단위물류정보망 전담기관은 물류정보에 대하여 직접적인 이해관계를 가진 자가 동의하는 경우에는 언제든지 물류정보를 공개할 수 있다. (×) [기출 18]

> **주의** 국가물류통합정보센터운영자는 물류체계의 효율화를 위해 필요하다고 판단한 경우 관련 물류정보를 공개하여야 한다. (×) [기출 16]

제35조【전자문서 이용의 촉진】 ☆☆☆

① 국토교통부장관은 해양수산부장관 및 산업통상자원부장관과 협의하여 물류기업, 물류관련기관 및 물류 관련 단체에 대통령령으로 정하는 물류시설의 이용 등 관련 업무를 전자문서로 처리할 것을 요청할 수 있다.

② 국토교통부장관은 해양수산부장관 및 산업통상자원부장관과 협의하여 전자문서로 업무를 처리하는 물류기업에 대하여 물류관련기관으로 하여금 해당 화물의 우선처리·요금할인 등 우대조치를 할 것을 요청할 수 있다.

제4절 국가 물류보안 시책의 수립 및 지원 등

제35조의2【국가 물류보안 시책의 수립 및 지원】 ★☆☆

① **물류보안 시책** : 국토교통부장관은 관계 중앙행정기관의 장과 협의하여 국가 물류보안 수준을 향상시키기 위하여 물류보안 관련 제도 및 물류보안 기술의 표준을 마련하는 등 국가 물류보안 시책을 수립·시행하여야 한다.

② **행정적·재정적 지원** : 국토교통부장관은 관계 중앙행정기관의 장과 협의하여 물류기업 또는 화주기업이 다음 각 호의 어느 하나에 해당하는 활동을 하는 경우에는 행정적·재정적 지원을 할 수 있다.

1. 물류보안 관련 시설·장비의 <u>개발·도입</u>
2. 물류보안 관련 제도·표준 등 국가 물류보안 시책의 <u>준수</u>
3. 물류보안 관련 교육 및 프로그램의 운영
4. 그 밖에 대통령령으로 정하는 물류보안 활동

> 제4호에서 대통령령으로 정하는 물류보안 활동이란 다음 각 호의 어느 하나에 해당하는 활동을 말한다.
> 1. 물류보안 관련 시설·장비의 <u>유지</u>·관리
> 2. 물류보안 사고 발생에 따른 <u>사후복구조치</u>
> 3. 그 밖에 국토교통부장관이 정하여 고시하는 활동

> **주의** 물류보안 사고 발생의 예방조치 (×) [기출 15]

> **주의** 물류보안 관련 제도·표준 등 국가 물류보안 시책의 수립 (×) [기출 19]

제35조의3 【물류보안 관련 국제협력 증진】 ☆☆☆

① 국토교통부장관은 관계 중앙행정기관의 장과 협의하여 물류보안 관련 국제협력의 증진을 위한 시책을 수립·시행하여야 한다.

② 물류보안 관련 국제협력을 위한 외국 및 국제기구와의 물류보안 관련 공동연구, 전문인력의 상호파견, 물류보안 기술개발 정보의 공유 등 물류보안 관련 국제협력을 위하여 필요한 사항은 **대통령령(영 제26조의3)**으로 정한다.

 참고 BOX

물류보안 관련 국제협력 증진(영 제26조의3)

① 국토교통부장관 및 해양수산부장관은 법 제35조의3 제2항에 따른 물류보안 관련 국제협력에 필요한 경비를 예산의 범위에서 지원할 수 있다.
② 국토교통부장관 및 해양수산부장관은 물류보안 표준이 국제적인 기준과 조화를 이루도록 하여야 한다.

출제 POINT 빈칸 문제

···→ 국토교통부장관은 (❶)에 위험물질운송안전관리센터의 설치·운영을 대행하게 할 수 있다.
···→ 국토교통부장관은 (❷)의 전부 또는 일부를 운영하는 자를 지정하려는 경우에는 미리 (❸)의 심의를 거쳐 신청방법 등을 정하여 (❹) 이상 관보 또는 인터넷 홈페이지에 이를 공고하여야 한다.
···→ (❺)은 해양수산부장관 및 산업통상자원부장관과 협의하여 표준전자문서의 개발·보급계획을 수립하여야 한다.
···→ 국가물류통합정보센터운영자 또는 단위물류정보망 전담기관은 전자문서 및 정보처리장치의 파일에 기록되어 있는 물류정보를 (❻) 동안 보관하여야 한다.
···→ 국가물류통합정보센터운영자 또는 단위물류정보망 전담기관이 전자문서 또는 물류정보를 공개하려는 때에는 미리 대통령령으로 정하는 (❼)의 동의를 받아야 한다.
···→ 국가물류통합정보센터운영자 또는 단위물류정보망 전담기관은 법 제34조 제1항에 따라 전자문서 또는 물류정보를 공개하려는 때에는 제1항 각 호에 따른 신청 등이 있은 날부터 (❽) 이내에 서면(전자문서를 포함한다)으로 이해관계인의 동의를 받아야 한다.

❶ 한국교통안전공단 ❷ 국가물류통합정보센터 ❸ 물류시설분과위원회 ❹ 30일 ❺ 국토교통부장관 ❻ 2년 **정답**
❼ 이해관계인 ❽ 60일

제4장 물류산업의 경쟁력 강화

제1절 물류산업의 육성

제36조【물류산업의 육성 등】★☆☆

① **경쟁력 강화시책 강구** : **국토교통부장관 및 해양수산부장관**은 화주기업에 대하여 운송·보관·하역 등의 물류서비스를 일관되고 통합된 형태로 제공하는 **물류기업**을 우선적으로 육성하는 등 물류산업의 경쟁력을 강화하는 시책을 강구하여야 한다.

② **물류기업의 육성조치** : **국토교통부장관·해양수산부장관 또는** 산업통상자원부장관은 ①에 따른 물류기업의 육성을 위하여 다음 각 호의 조치를 할 수 있다.

1. 이 법 또는 대통령령으로 정하는 물류 관련 법률에 따라 국가 또는 지방자치단체의 지원을 받는 물류시설에의 우선 입주를 위한 지원
2. 물류시설·장비의 확충, 물류 표준화·정보화 등 물류효율화에 필요한 자금의 원활한 조달을 위하여 필요한 지원

제37조【제3자물류의 촉진】★★☆

① **시책의 수립·시행** : 국토교통부장관은 해양수산부장관 및 산업통상자원부장관과 협의하여 화주기업과 물류기업의 제3자물류 촉진을 위한 시책을 수립·시행하고 지원하여야 한다.

> **주의** 국토교통부장관은 화주기업이 제3자물류를 자가물류로 전환하도록 유도하기 위한 시책을 강구하여야 한다. (×) [기출 19]

② **행정적·재정적 지원** : **국토교통부장관**은 **해양수산부장관 및 산업통상자원부장관과 협의**하여 화주기업 또는 물류기업이 다음 각 호의 어느 하나에 해당하는 활동을 하는 때에는 행정적·재정적 지원을 할 수 있다.

1. 제3자물류를 활용하기 위한 목적으로 화주기업이 물류시설을 매각·처분하거나 물류기업이 물류시설을 인수·확충하려는 경우
2. 제3자물류를 활용하기 위한 목적으로 물류컨설팅을 받으려는 경우
3. 그 밖에 제3자물류 촉진을 위하여 필요하다고 인정하는 경우

③ 삭 제〈2018. 9. 18.〉

④ **제3자물류의 촉진** : 국토교통부장관은 해양수산부장관 및 산업통상자원부장관과 협의하여 제3자물류 활용을 촉진하기 위해 제3자물류 활용의 우수사례를 발굴하고 홍보할 수 있다.

제37조의2【물류신고센터의 설치 등】☆☆☆

① 국토교통부장관 또는 해양수산부장관은 물류시장의 건전한 거래질서를 조성하기 위하여 물류신고센터를 설치·운영할 수 있다.

② 누구든지 물류시장의 건전한 거래질서를 해치는 다음 각 호의 행위로 분쟁이 발생하는 경우 그 사실을 ①에 따른 물류신고센터에 신고할 수 있다.

1. 화물의 운송·보관·하역 등에 관하여 체결된 계약을 정당한 사유 없이 이행하지
   아니하거나 일방적으로 계약을 변경하는 행위
2. 화물의 운송·보관·하역 등의 단가를 인하하기 위하여 고의적으로 재입찰하거나
   계약단가 정보를 노출하는 행위

> **주의** 화물운송의 단가를 인하하기 위한 고의적 재입찰 행위로 발생한 분쟁에 대해서는 물류신고센터에
> 신고할 수 없다. (×) [기출 21]

3. 화물의 운송·보관·하역 등에 관하여 체결된 계약의 범위를 벗어나 과적·금전
   등을 제공하도록 강요하는 행위
4. 화물의 운송·보관·하역 등에 관하여 유류비의 급격한 상승 등 비용 증가분을
   계약단가에 반영하는 것을 지속적으로 회피하는 행위

③ 물류신고센터의 설치 및 운영에 필요한 사항은 대통령령으로 정한다.

제37조의3 【보고 및 조사 등】 ★★★

① 조정의 권고 : 국토교통부장관 또는 해양수산부장관은 물류신고센터에 접수된 신고의
   내용이 타인이나 **국가 또는 지역 경제에 피해를 발생**시키거나 **발생시킬 우려**가 있다고
   인정하는 때에는 국토교통부령(규칙 제4조의5) 또는 해양수산부령으로 정하는 바에
   따라 해당 화주기업 또는 물류기업 등 **이해관계인**에게 **조정을 권고**할 수 있다.

 참고 BOX

물류신고센터의 조정 권고사항(규칙 제4조의5)

물류신고센터가 조정을 권고하는 경우에는 다음 각 호의 사항을 명시하여 서면으로 통지해야 한다.
1. 신고의 주요내용	2. 조정권고 내용
3. 조정권고에 대한 수락 여부 통보기한	4. 향후 신고 처리에 관한 사항

> **주의** 그 밖에 물류신고센터의 장이 인정하는 사항 (×) [기출 19]

② 신고 내용의 통보 : 국토교통부장관 또는 해양수산부장관은 ①에도 불구하고 신고의
   내용이 「독점규제 및 공정거래에 관한 법률」, 「하도급거래 공정화에 관한 법률」, 「대
   리점거래의 공정화에 관한 법률」 등 다른 법률을 위반하였다고 판단되는 때에는 **관계
   부처**에 신고의 내용을 **통보**하여야 한다.
③ 자료의 제출 또는 보고 : 국토교통부장관 또는 해양수산부장관은 ①에 따른 조정의
   권고를 위하여 필요한 경우 해당 화주기업 또는 물류기업 등 이해관계인에게 국토교통
   부령 또는 해양수산부령으로 정하는 자료를 제출하게 하거나 보고하게 할 수 있다.
④ 출입·조사 및 증표의 제시 : 국토교통부장관 또는 해양수산부장관은 ①에 따른 조정의
   권고를 위하여 필요한 경우 **관계 공무원**으로 하여금 해당 화주기업 또는 물류기업
   등 **이해관계인**의 사업장 또는 그 밖의 장소에 **출입**하여 장부나 서류, 그 밖의 물건을
   조사하게 할 수 있다. 이 경우 조사를 하는 공무원은 그 권한을 표시하는 **증표**를 지니고
   이를 관계인에게 내보여야 한다.

제2절 우수물류기업의 인증

제38조【우수물류기업의 인증 등】★★★

① **인증기관** : **국토교통부장관 및 해양수산부장관**은 물류기업의 육성과 물류산업 발전을 위하여 소관 물류기업을 각각 우수물류기업으로 인증할 수 있다.

② **사업별 운영** : ①에 따른 우수물류기업의 인증은 **물류사업별**로 운영할 수 있으며, 각 사업별 인증의 주체와 대상 등에 필요한 사항은 **대통령령**(영 제27조의4 별표 1의2)으로 정한다.

참고 BOX

사업별 우수물류기업 인증의 주체와 대상(영 별표1의2)

물류사업	인증대상물류기업	인증주체
1. 화물운송업	화물자동차운송기업	국토교통부장관
2. 물류시설운영업	물류창고기업	국토교통부장관 또는 해양수산부장관(「항만법」에 따른 항만구역에 있는 창고를 운영하는 기업의 경우만 해당함)
3. 물류서비스업	가. 물류주선기업 나. 화물정보망기업	국토교통부장관 국토교통부장관
4. 종합물류서비스업	종합물류서비스기업	국토교통부장관·해양수산부장관 공동

주의 자동차·선박·항공기 등 운송수단을 가진 화물운송업자로서 물류터미널과 창고를 보유하는 경우에는 종합물류기업 인증을 받을 수 있다. (×) [기출 18]

③ **인증우수물류기업의 점검** : 국토교통부장관 또는 해양수산부장관은 ①에 따라 인증을 받은 자(이하 "인증우수물류기업"이라 함)가 ④의 요건을 유지하는지의 여부를 대통령령(영 제28조)으로 정하는 바에 따라 점검할 수 있다.

④ **그 밖의 필요한 사항** : ①에 따른 우수물류기업 선정을 위한 인증의 기준·절차·방법·점검 및 인증표시의 방법 등에 필요한 사항은 국토교통부와 해양수산부의 **공동부령**으로 정한다.

참고 BOX

인증우수물류기업에 대한 점검(영 제28조)

① 국토교통부장관 또는 해양수산부장관은 우수물류기업으로 인증을 받은 자(이하 "인증우수물류기업"이라 함)가 인증요건을 유지하는지에 대하여 국토교통부와 해양수산부의 **공동부령**으로 정하는 바에 따라 **3년마다 점검**하여야 한다.

② 국토교통부장관 또는 해양수산부장관은 인증우수물류기업이 인증요건을 유지하지 못한다고 판단되는 경우에는 공동부령으로 정하는 바에 따라 **별도의 점검**을 할 수 있다.

③ 국토교통부장관 또는 해양수산부장관은 공동부령으로 정하는 바에 따라 우수물류기업 인증심사 **대행기관**으로 하여금 점검을 하게 할 수 있다.

국토교통부장관 또는 해양수산부장관은 인증우수물류기업이 인증요건을 유지하는지에 대하여 공동부령으로 정하는 바에 따라 점검하여야 한다. (○) [기출 18]

제39조【인증우수물류기업 인증의 취소 등】★☆☆

① **국토교통부장관 또는 해양수산부장관**은 소관 인증우수물류기업이 다음 각 호의 어느 하나에 해당하는 경우에는 그 인증을 **취소할 수 있다**. 다만, 제1호에 해당하는 때에는 인증을 **취소하여야 한다**.

1. 거짓이나 그 밖의 부정한 방법으로 인증을 받은 경우
2. 물류사업으로 인하여 공정거래위원회로부터 **시정조치** 또는 **과징금 부과 처분**을 받은 경우
3. 인증우수물류기업 요건유지 점검을 정당한 사유 없이 **3회 이상** 거부한 경우
4. 인증우수물류기업의 **인증기준**에 맞지 아니하게 된 경우
5. 다른 사람에게 자기 성명 또는 상호를 사용해 **영업을 하게 하거나** 인증서를 **대여**한 때

거짓이나 그 밖의 부정한 방법으로 인증을 받은 경우에는 그 인증을 취소할 수 있다. (×)

국토교통부장관 또는 해양수산부장관이 실시하는 인증우수물류기업 인증요건의 유지여부 점검을 정당한 사유 없이 3회 이상 거부한 경우에는 그 인증을 취소할 수 있다. (○) [기출 16]

② 인증우수물류기업은 인증의 취소에 따라 우수물류기업의 인증이 취소된 경우에는 인증서를 **반납**하고, 인증마크의 **사용을 중지**하여야 한다.

제40조【인증심사대행기관】★★☆

① 인증심사대행기관 : 국토교통부장관 및 해양수산부장관은 우수물류기업의 인증과 관련하여 우수물류기업 인증심사 대행기관(이하 "심사대행기관"이라 함)을 **공동으로 지정**하여 다음 각 호의 업무를 하게 **할 수 있다**.

1. 인증신청의 **접수**
2. 인증요건에 맞는지에 대한 **심사**
3. 인증요건 유지여부에 대한 **점검의 대행**
4. 그 밖에 인증업무를 원활히 수행하기 위하여 대통령령으로 정하는 **지원업무**

국토교통부장관은 우수물류기업 인증심사 대행기관으로 하여금 우수물류기업 인증요건의 충족여부를 심사하게 할 수 없다. (×) [기출 13]

② 기관의 지정 : 심사대행기관은 대통령령으로 정하는 바에 따라 다음 각 호의 어느 하나에 해당하는 기관 중에서 지정한다.

1. 공공기관　　　　　　　　　　　2. 정부출연연구기관

③ 협조의 요청 : 심사대행기관의 장은 ①의 각 호에 따른 업무를 수행할 때 필요한 경우에는 **관계 행정기관 또는 관련 있는 기관에 협조**를 요청할 수 있다.

④ 조직 및 운영 : 심사대행기관의 조직 및 운영 등에 필요한 사항은 **공동부령**으로 정한다.

⑤ 지도·감독 및 지원 : 국토교통부장관 및 해양수산부장관은 심사대행기관을 **지도·감독**하고, 그 **운영비의 일부**를 지원할 수 있다.

국토교통부장관 및 해양수산부장관은 심사대행기관을 지도·감독하고, 그 운영비의 전부를 지원할 수 있다. (×) [기출 12]

제40조의2 【심사대행기관의 지정취소】 ★★☆

국토교통부장관 및 **해양수산부장관**은 심사대행기관이 다음 각 호의 어느 하나에 해당하는 경우에는 공동으로 그 **지정을 취소할 수 있다.** 다만, 제1호에 해당하는 경우에는 **지정을 취소하여야 한다.**

1. **거짓** 또는 **부정한 방법**으로 지정을 받은 경우
2. 고의 또는 중대한 과실로 인증 **기준 및 절차**를 **위반**한 경우
3. 정당한 사유 없이 인증**업무**를 **거부**한 경우

> **주의** 국토교통부장관 및 해양수산부장관은 우수물류기업 심사대행기관이 다른 사람에게 자기 성명을 사용하여 인증요건을 심사하게 하거나 인증요건의 유지여부를 점검하게 한 때에는 그 지정을 취소하여야 한다. (×) [기출 12]

제41조 【인증서와 인증마크】 ★★☆

① **국토교통부장관** 또는 **해양수산부장관**은 소관 인증우수물류기업에 대하여 **인증서**를 교부하고, 인증을 나타내는 표시(이하 "**인증마크**"라 함)를 제정하여 인증우수물류기업이 사용하게 할 수 있다.

② 인증마크의 도안 및 표시방법 등에 대하여는 **공동부령**으로 정하는 바에 따라 **국토교통부장관** 및 **해양수산부장관**이 공동으로 정하여 **고시한다.**

③ 인증우수물류기업이 아닌 자는 거짓의 인증마크를 제작·사용하거나 그 밖의 방법으로 인증우수물류기업임을 사칭하여서는 아니 된다.

> **주의** 인증우수물류기업 인증마크의 도안 및 표시방법은 국토교통부장관의 동의를 얻어 산업통상자원부장관이 정하여 고시한다. (×) [기출 12]

제42조 【인증우수물류기업 및 우수녹색물류실천기업에 대한 지원】 ★☆☆

국가·지방자치단체 또는 공공기관은 **인증우수물류기업** 또는 **우수녹색물류실천기업**에 대하여 대통령령(영 제30조)으로 정하는 바에 따라 **행정적·재정적 지원**을 할 수 있다.

> **주의** 우수물류기업에 한하여 행정적·재정적 지원을 할 수 있다. (×) [기출 14]

인증우수물류기업 등에 대한 재정적 지원 사항(영 제30조 제3항)

국가 또는 지방자치단체는 인증우수물류기업이 다음의 사업을 수행하는 경우에는 다른 물류기업에 우선하여 소요자금의 일부를 융자하거나 부지의 확보를 위한 지원 등을 할 수 있다.
- 물류시설의 확충
- 물류정보화·표준화 또는 공동화
- 첨단물류기술의 개발 및 적용
- 환경친화적 물류활동
- 그 밖에 물류사업을 효율적으로 운영하기 위하여 필요한 사항으로서 공동부령으로 정하는 사항

···› 국토교통부장관은 해양수산부장관 및 산업통상자원부장관과 협의하여 화주기업과 물류기업의
(**❶**) 촉진을 위한 시책을 수립·시행하고 지원하여야 한다.

···› 우수물류기업의 인증은 (**❷**)로 운영할 수 있다.

···› 우수물류기업 선정을 위한 인증의 기준·절차·방법·점검 및 인증표시의 방법 등에 필요한 사항
은 국토교통부와 해양수산부의 (**❸**)으로 정한다.

···› 국토교통부장관 또는 해양수산부장관은 우수물류기업으로 인증을 받은 자가 법으로 정한 요건을
유지하는지에 대하여 국토교통부와 해양수산부의 공동부령으로 정하는 바에 따라 (**❹**)마다 점검
하여야 한다.

···› 국토교통부장관 및 해양수산부장관은 우수물류기업 인증심사 대행기관을 지도·감독하고, 그
운영비의 (**❺**)를 지원할 수 있다.

···› 우수물류기업 인증심사 대행기관은 (**❻**) 또는 (**❼**) 중에서 지정한다.

···› 국토교통부장관 또는 해양수산부장관은 소관 인증우수물류기업이 거짓이나 그 밖의 부정한 방법으로
인증을 받은 경우에는 그 인증을 (**❽**).

···› 국토교통부장관 또는 해양수산부장관이 실시하는 인증우수물류기업 인증요건의 유지여부 점검을
정당한 사유 없이 (**❾**) 이상 거부한 경우에는 그 인증을 취소할 수 있다.

> **❶** 3자물류 **❷** 물류사업별 **❸** 공동부령 **❹** 3년(마다) **❺** 일부 **❻** 공공기관 **❼** 정부출연연구기관 **정답**
> **❽** 취소하여야 한다 **❾** 3회(이상)

제3절 국제물류주선업

제43조【국제물류주선업의 등록】★★★

① **등록기관** : 국제물류주선업을 경영하려는 자는 **국토교통부령(규칙 제5조)**으로 정하는
바에 따라 **시·도지사**에게 **등록**하여야 한다.

> ①에 따라 국제물류주선업의 등록을 하려는 자는 국제물류주선업 등록·변경등록 신청서(전자문서로
> 된 신청서를 포함)를 **시·도지사**에게 **제출**하여야 한다(규칙 제5조 제1항).

> **주의** 국제물류주선업을 경영하려는 자는 국토교통부령으로 정하는 바에 따라 시·도지사의 허가를 받아
> 야 한다. (×)

참고 BOX

국제물류주선업의 등록시 첨부서류(규칙 제5조 제2항)

1. **등록기준**에 적합함을 증명하는 서류
2. **자기 명의**로 발행할 한글 또는 영문으로 작성된 선하증권 및 항공화물운송장의 양식·약관에 관한 서류
3. 신청인이 **외국인**(법인인 경우에는 임원이 외국인인 경우를 말함)인 경우에는 등록결격사유의 어느 하나에
해당하지 아니함을 확인할 수 있는 다음의 구분에 따른 서류
   가. 「외국공문서에 대한 인증의 요구를 폐지하는 협약」을 체결한 국가의 경우 : 해당 국가의 정부 그 밖에
   권한 있는 기관이 발행한 서류이거나 공증인이 공증한 해당 외국인의 진술서로서 해당 국가의 아포스티유
   (Apostille) 확인서 발급 권한이 있는 기관이 그 확인서를 발급한 서류

나. 「외국공문서에 대한 인증의 요구를 폐지하는 협약」을 체결하지 않은 국가의 경우 : 해당 국가의 정부 그 밖에 권한 있는 기관이 발행한 서류이거나 공증인이 공증한 해당 외국인의 진술서로서 해당 국가에 주재하는 우리나라 영사가 확인한 서류

4. **외국인투자기업인 경우**에는 「외국인투자 촉진법」에 따른 외국인투자를 증명할 수 있는 서류

② 변경등록 : ①에 따라 국제물류주선업을 등록한 자(이하 "국제물류주선업자"라 함)가 등록한 사항 중 **국토교통부령으로 정하는 중요한 사항을 변경하려는 경우**에는 국토교통부령(규칙 제7조)으로 정하는 바에 따라 **변경등록**을 하여야 한다.

 참고 BOX

국제물류주선업의 변경등록(규칙 제7조)

① 법 제43조 제2항에서 국토교통부령으로 정하는 중요한 사항을 변경하려는 경우란 다음 각 호의 어느 하나에 해당하는 경우를 말한다.
1. 다음 각 목의 어느 하나에 해당하는 사항을 변경하려는 경우
   가. **상호**
   나. 성명(법인인 경우 **임원의 성명**) 및 주민등록번호(법인인 경우 **법인등록번호**)
   다. **주사무소 소재지**
   라. 국적 또는 소속 **국가명**
2. 자본금 또는 자산평가액이 감소되는 경우
② 국제물류주선업자가 등록한 사항을 변경하려는 경우에는 그 변경사유가 발생한 날부터 **60일 이내**에 국제물류주선업 등록·변경등록 신청서에 변경사실을 증명하는 서류를 첨부하여 **시·도지사에게 제출**하여야 한다.
③ 시·도지사는 국제물류주선업자가 그 주사무소를 다른 특별시·광역시·도 및 특별자치도(이하 "시·도"라 함)로 이전하기 위해 변경등록을 신청한 때에는 해당 지역을 관할하는 시·도지사에게 등록관련 서류를 **이관**하여야 한다.

주의 법인인 국제물류주선업자가 등록한 사항 중 임원의 성명을 변경하려는 경우에는 국토교통부령으로 정하는 바에 따라 변경등록을 하여야 한다. (○) [기출 17]

③ 등록기준 : 국제물류주선업의 등록을 하려는 자는 **3억원 이상**의 자본금(**법인이 아닌 경우**에는 **6억원** 이상의 자산평가액을 말함)을 **보유**하고 그 밖에 대통령령(영 제30조의2)으로 정하는 **등록기준**을 **충족**하여야 한다.

주의 법인이 국제물류주선업의 등록을 하려는 경우 6억원 이상의 자본금을 보유하여야 한다. (×)

주의 국제물류주선업 등록을 하려는 자는 2억원 이상의 자본금(법인이 아닌 경우에는 4억원 이상의 자산평가액을 말한다)을 보유하여야 한다. (×) [기출 20]

 참고 BOX

국제물류주선업의 등록기준(영 제30조의2)

법 제43조 제3항에서 "대통령령으로 정하는 기준"이란 다음 각 호의 어느 하나에 해당하는 경우를 제외하고는 1억원 이상의 **보증보험**에 가입하여야 하는 것을 말한다.
1. 자본금 또는 자산평가액이 10억원 이상인 경우
2. **컨테이너장치장**을 소유하고 있는 경우

3. 「은행법」에 따른 은행으로부터 1억원 이상의 **지급보증**을 받은 경우
4. 1억원 이상의 **화물배상책임보험**에 가입한 경우

---

④ **등록기준의 신고** : 국제물류주선업자는 ③에 따른 **등록기준에 관한 사항**을 **3년이 경과할 때마다** 국토교통부령(규칙 제7조의2)으로 정하는 바에 따라 **신고**하여야 한다.

제44조【등록의 결격사유】★★☆

다음 각 호의 어느 하나에 해당하는 자는 **국제물류주선업의 등록을 할 수 없으며**, 외국인 또는 외국의 법령에 따라 설립된 법인의 경우에는 해당 국가의 법령에 따라 다음 각 호의 어느 하나에 해당하는 경우에도 또한 같다.

1. 피성년후견인 또는 피한정후견인
2. 「**물류정책기본법**」, 「화물자동차 운수사업법」, 「항공사업법」, 「항공안전법」, 「공항시설법」 또는 「해운법」을 위반하여 금고 이상의 **실형**을 선고받고 그 **집행이 종료**(집행이 종료된 것으로 보는 경우를 포함)되거나 **집행이 면제**된 날부터 **2년**이 지나지 아니한 자
3. 「물류정책기본법」, 「화물자동차 운수사업법」, 「항공사업법」, 「항공안전법」, 「공항시설법」 또는 「해운법」을 위반하여 금고 이상의 형의 **집행유예**를 선고받고 그 유예기간 중에 있는 자
4. 「물류정책기본법」, 「화물자동차 운수사업법」, 「항공사업법」, 「항공안전법」, 「공항시설법」 또는 「해운법」을 위반하여 **벌금형**을 선고받고 **2년**이 지나지 아니한 자
5. 국제물류주선업의 **등록이 취소**(피성년후견인 또는 피한정후견인에 해당하여 등록이 취소된 경우는 제외)된 후 **2년**이 지나지 아니한 자
6. 법인으로서 **대표자가** 제1호부터 제5호까지의 어느 하나에 해당하는 경우
7. 법인으로서 **대표자가 아닌 임원** 중에 제2호부터 제5호까지의 어느 하나에 해당하는 사람이 있는 경우

> **주의** 미성년자 (×), 파산자 (×), 외국인 (×), 유통산업발전법의 위반 (×)

제45조【사업의 승계】★★☆

① **승계사유** : 국제물류주선업자가 그 사업을 **양도**하거나 **사망**한 때 또는 법인이 **합병**한 때에는 그 양수인·상속인 또는 합병 후 존속하는 법인이나 합병으로 설립되는 법인은 국제물류주선업의 등록에 따른 권리·의무를 승계한다.

② **승계신고기관** : ①에 따라 국제물류주선업의 등록에 따른 권리·의무를 승계한 자는 국토교통부령으로 정하는 바에 따라 **시·도지사**에게 **신고**하여야 한다.

> ②에 따라 국제물류주선업의 양도·양수를 신고하려는 자는 양도·양수 신고서(전자문서로 된 신고서를 포함, 이하 같다)를, 상속을 신고하려는 자는 상속신고서를, 국제물류주선업자인 법인의 합병을 신고하려는 자는 법인합병신고서를 그 권리·의무를 승계한 날부터 30일 이내에 시·도지사에게 제출하여야 한다.

> **주의** 국제물류주선업의 등록에 따른 권리·의무를 승계한 자는 국토교통부령으로 정하는 바에 따라 국토교통부장관에게 등록하여야 한다. (×) [기출 13]

> **주의** 국제물류주선업자가 사망한 때 상속인에게는 국제물류주선업의 등록에 따른 권리·의무가 승계되지 않는다. (×) [기출 20]

③ **승계의 결격사유** : ①에 따라 승계받은 자의 결격사유에 관하여는 **법 제44조를 준용**한다.

제46조【사업의 휴업·폐업 관련 정보의 제공 요청】 ★☆☆

시·도지사는 국제물류주선업자의 **휴업·폐업 사실**을 확인하기 위하여 필요한 경우에는 관할 세무관서의 장에게 대통령령(영 제31조)으로 정하는 바에 따라 **휴업·폐업에 관한 과세정보의 제공**을 요청할 수 있다. 이 경우 요청을 받은 세무관서의 장은 정당한 사유가 없으면 그 요청에 따라야 한다.

> **주의** 국토교통부장관은 국제물류주선업자의 휴업·폐업 사실을 확인하기 위하여 필요한 경우에는 국세청장에게 휴업·폐업에 관한 과세정보의 제공을 요청할 수 있다. (×) [기출 13]

 참고 BOX

과세정보 제공 요청방법(영 제31조)

시·도지사는 법 제46조에 따라 관할 세무관서의 장에게 국제물류주선업자의 휴업·폐업에 관한 과세정보의 제공을 요청하는 경우에는 해당 국제물류주선업자의 「소득세법」, 「법인세법」 또는 「부가가치세법」에 따른 <u>사업자등록번호를 명시하여야 한다.</u>

제47조【등록의 취소 등】 ★★☆

① **시·도지사**는 국제물류주선업자가 다음 각 호의 어느 하나에 해당하는 경우에는 등록을 취소하거나 **6개월 이내**의 기간을 정하여 사업의 전부 또는 일부의 정지를 **명할 수 있다.** 다만, **제1호·제4호·제5호**에 해당하는 경우에는 **등록을 취소하여야 한다.**

1. 거짓이나 그 밖의 **부정한 방법**으로 등록을 한 경우
2. 등록기준에 못 미치게 된 경우
3. 등록기준에 관한 신고를 하지 아니하거나 거짓으로 신고한 경우
4. 등록의 **결격사유**(사업승계의 결격사유를 포함) 중 어느 하나에 해당하게 된 경우. 다만, 그 지위를 승계받은 상속인이 <u>등록의 결격사유 규정 제1호부터 제5호까지의</u> 어느 하나에 해당하는 경우에 상속일부터 **3개월 이내**에 그 사업을 **다른 사람에게 양도한 경우**와 법인(합병 후 존속하는 법인 또는 합병으로 설립되는 법인을 포함)이 <u>동 규정 제6호 또는 제7호</u>에 해당하는 경우에 그 사유가 발생한 날(법인이 합병하는 경우에는 합병일을 말함)부터 **3개월 이내**에 **해당 임원을 개임한 경우**에는 그러하지 아니하다.
5. 등록증 대여 등의 금지 규정(법 제66조)을 위반하여 다른 사람에게 자기의 성명 또는 상호를 사용하여 **영업**을 하게 하거나 **등록증을 대여**한 경우

② ①에 따른 처분의 구체적인 기준과 그 밖에 필요한 사항은 국토교통부령으로 정한다.

> **주의** 거짓이나 그 밖의 부정한 방법으로 등록을 한 경우에는 국제물류주선업 등록을 취소하거나 6개월 이내의 기간을 정하여 사업의 전부 또는 일부의 정지를 명할 수 있다. (×) [기출 20]

제49조【자금의 지원】 ☆☆☆

국가는 국제물류주선업의 육성을 위하여 필요하다고 인정하는 경우에는 국제물류주선업자에게 그 사업에 필요한 소요자금의 융자 등 필요한 지원을 할 수 있다.

제4절 물류인력의 양성

제50조 【물류인력의 양성】 ★★★

① 물류인력 양성사업의 종류 : **국토교통부장관 · 해양수산부장관 또는 시 · 도지사**는 대통령령으로 정하는 물류분야의 **기능**인력 및 **전문**인력을 양성하기 위하여 다음 각 호의 사업을 할 수 있다.

1. 화주기업 및 물류기업에 종사하는 물류인력의 역량강화를 위한 **교육 · 연수**
2. 물류체계 효율화 및 국제물류 활성화를 위한 **선진기법**, 교육프로그램 및 교육교재의 **개발 · 보급**
3. 외국 물류대학의 **국내유치활동 지원** 및 국내대학과 외국대학 간의 물류교육 프로그램의 공동 개발활동 지원
4. 물류시설의 운영과 물류장비의 조작을 담당하는 기능인력의 **양성 · 교육**
5. 그 밖에 신규 물류인력 양성, **물류관리사 재교육** 또는 외국인 물류인력 교육을 위하여 필요한 사업

   주의 국내물류기업의 해외진출 및 해외물류기업의 국내 투자유치 지원 (×) [기출 13]

   주의 물류체계 효율화를 위한 선진기법, 교육프로그램 및 교육교재의 개발 · 보급 (○) [기출 13]

② 물류인력 양성사업의 경비지원 및 대상 : **국토교통부장관 · 해양수산부장관 또는 시 · 도지사**는 다음 각 호의 어느 하나에 해당하는 자가 ① 각 호의 사업을 하는 경우에는 예산의 범위에서 사업수행에 필요한 경비의 **전부나 일부를 지원할 수 있다.**

1. 정부출연연구기관
2. 「고등교육법」 또는 「경제자유구역 및 제주국제자유도시의 외국교육기관 설립 · 운영에 관한 특별법」에 따라 설립된 **대학이나 대학원**
3. 그 밖에 국토교통부령(규칙 제11조) 또는 해양수산부령으로 정하는 **물류연수기관**

   주의 국제물류주선업자의 사내연수원 (×) [기출 12]

   주의 화물자동차 운수사업법에 따라 화물자동차운수사업자가 설립한 협회 (○) [기출 12]

 참고 BOX

물류연수기관(규칙 제11조)

① 물류관련협회 또는 물류관련협회가 설립한 교육 · 훈련기관
② 물류지원센터
③ 「화물자동차 운수사업법」에 따라 화물자동차운수사업자가 설립한 협회 또는 연합회와 화물자동차운수사업자가 설립한 협회 또는 연합회가 설립한 교육 · 훈련기관
④ 「대한무역투자진흥공사법」에 따른 대한무역투자진흥공사
⑤ 「민법」에 따라 설립된 물류와 관련된 비영리법인
⑥ 그 밖에 국토교통부장관 및 해양수산부장관이 지정 · 고시하는 기관
⑦ 「한국해양수산연수원법」에 따른 한국해양수산연수원
⑧ 「항만운송사업법」에 따라 해양수산부장관의 설립인가를 받아 설립된 교육훈련기관

---

③ 일부 사업의 전문교육기관 위탁 : 국토교통부장관·해양수산부장관 또는 시·도지사는 필요한 경우 국토교통부령 또는 해양수산부령으로 정하는 바에 따라 ①의 제1호 및 제4호의 사업을 **전문교육기관**에 **위탁하여 실시할 수 있다.**

④ 그 밖의 필요한 사항 : ① 각 호의 사업에 필요한 사항은 **소관 업무별**로 국토교통부령 또는 해양수산부령으로 정한다.

⑤ 중복방지를 위한 사전 협의 등 : **시·도지사**는 ①부터 ③까지의 사업 등을 하려는 경우에는 중복을 방지하기 위하여 **미리 국토교통부장관 및 해양수산부장관과 협의**하고, 그 내용을 지역물류**기본계획**과 지역물류**시행계획**에 **반영**하여야 한다.

제51조 【물류관리사 자격시험】 ★☆☆

① 물류관리사가 되려는 자는 **국토교통부장관**이 실시하는 시험에 합격하여야 한다.

② ①의 시험에 응시하여 부정행위를 한 자에 대하여는 그 시험을 **무효**로 한다.

③ ②에 따른 처분을 받은 자와 자격이 취소된 자는 그 처분을 받은 날 또는 자격이 취소된 날부터 **3년**간 시험에 응시할 수 없다.

④ ①에 따른 시험의 시기, 절차, 방법, 시험과목, 출제, 응시자격 및 자격증 발급 등에 필요한 사항은 대통령령으로 정한다.

> ※ 시험방법: 물류관리사 자격시험은 필기의 방식으로 실시하고, 선택형을 원칙으로 하되 기입형을 가미할 수 있다.

⑤ 국토교통부장관은 ① 및 ④에 따른 시험의 관리 및 자격증 발급 등에 관한 업무를 대통령령으로 정하는 바에 따라 능력이 있다고 인정되는 관계 전문기관 및 단체에 위탁할 수 있다.

제52조 【물류관리사의 직무】 ★☆☆

물류관리사는 물류활동과 관련하여 전문지식이 필요한 사항에 대하여 **계획·조사·연구·진단 및 평가** 또는 이에 관한 **상담·자문**, 그 밖에 물류관리에 필요한 직무를 수행한다.

제53조 【물류관리사 자격의 취소】 ★★☆

국토교통부장관은 물류관리사가 다음 각 호의 어느 하나에 해당하는 때에는 그 자격을 취소하여야 한다.

1. 물류관리사 자격을 **부정한 방법**으로 **취득**한 때
2. 물류관리사 자격증 대여 등의 금지 규정(법 제66조의2 제1항)을 위반하여 다른 사람에게 자기의 성명을 사용하여 **영업**을 하게 하거나 **자격증을 대여**한 때
3. 물류관리사 자격증 대여 등의 금지 규정(법 제66조2 제2항)을 위반하여 물류관리사의 성명의 사용이나 물류관리사 **자격증 대여**를 알선한 때

제54조 【물류관리사 고용사업자에 대한 우선지원】 ★☆☆

① **국토교통부장관 또는 시·도지사**는 **물류관리사**를 고용한 물류관련 사업자에 대하여 다른 사업자보다 우선하여 **행정적·재정적 지원**을 할 수 있다.

② 시·도지사는 ①에 따른 지원을 하려는 경우에는 중복을 방지하기 위하여 미리 국토교통부장관과 **협의**하여야 한다.

5절 물류 관련 단체의 육성

제55조 【물류관련협회 등】 ★★★

① 협회의 설립 : 물류기업, 화주기업, 그 밖에 물류활동과 관련된 자는 물류체계를 효율화하고 업계의 건전한 발전 및 공동이익을 도모하기 위하여 필요할 경우 대통령령으로 정하는 바에 따라 협회(이하 "**물류관련협회**"라 함)를 설립할 수 있다. 다만, 다른 법률에서 달리 정하고 있는 경우는 제외한다.

② 협회 설립인가 : 물류관련협회를 설립하려는 경우에는 해당 협회의 회원이 될 자격이 있는 기업 100개 이상이 **발기인으로 정관을 작성하여** 해당 협회의 회원이 될 자격이 있는 기업 200개 이상이 참여한 **창립총회의 의결을 거친 후** 소관에 따라 **국토교통부장관 또는 해양수산부장관**의 설립인가를 받아야 한다.

③ 협회의 성립 : 물류관련협회는 ②에 따른 설립인가를 받아 **설립등기**를 함으로써 성립한다.

④, ⑤ 사단법인 : 물류관련협회는 법인으로 하고, 물류관련협회에 관하여 **이 법에 규정한 것 外**에는 「민법」 중 **사단법인**에 관한 규정을 준용한다.

⑥ 행정적 · 재정적 지원 : 국토교통부장관 및 해양수산부장관은 물류관련협회의 발전을 위하여 필요한 경우에는 물류관련협회를 **행정적 · 재정적으로 지원**할 수 있다.

⑦ 그 밖의 필요한 사항 : 물류관련협회의 업무 및 정관 등에 필요한 사항은 **대통령령**으로 정한다.

출제 POINT **빈칸 문제**

⋯ 국제물류주선업을 경영하려는 자는 국토교통부령으로 정하는 바에 따라 시·도지사에게 (❶)하여야 한다.

⋯ 국제물류주선업 등록을 하려는 자는 (❷)원 이상의 자본금(법인이 아닌 경우에는 (❸)원 이상의 자산평가액을 말한다)을 보유하여야 한다.

⋯ 국제물류주선업자는 등록기준에 관한 사항을 (❹)이 경과할 때마다 국토교통부령으로 정하는 바에 따라 (❺)하여야 한다.

⋯ 화물자동차 운수사업법을 위반하여 금고 이상의 형의 (❻)를 선고받고 그 유예기간 중에 있는 자는 국제물류주선업의 등록을 할 수 없다.

⋯ 다른 사람에게 자기의 성명 또는 상호를 사용하여 영업을 하게 하거나 등록증을 대여한 경우에는 국제물류주선업 등록을 (❼).

⋯ 물류관리사 시험은 매년 (❽)회 실시하되, 국토교통부장관이 물류관리사 수급상 특히 필요하다고 인정하는 경우 2년마다 실시할 수 있다.

⋯ 물류관리사가 그 자격을 부정한 방법으로 취득한 때에는 국토교통부장관은 그 자격을 (❼).

⋯ 국토교통부장관 또는 시·도지사는 물류관리사를 고용한 물류관련 사업자에 대하여 다른 사업자보다 우선하여 행정적 · 재정적 지원을 할 수 있으며, (❾)는 지원을 하려는 경우에는 중복을 방지하기 위하여 미리 (❿)과 협의하여야 한다.

❶ 등록 ❷ 3억(원) ❸ 6억(원) ❹ 3년 ❺ 신고 ❻ 집행유예 ❼ 취소하여야 한다 ❽ 1(회) ❾ 시·도지사 **정답**
❿ 국토교통부장관

참고 BOX

물류관련협회의 업무(영 제43조)
- 해당 사업의 건전한 발전과 해당 사업자의 공동이익을 도모하는 사업
- 해당 사업의 진흥·발전에 필요한 통계의 작성·관리와 외국자료의 수집·조사·연구사업
- 경영자와 종업원의 교육·훈련
- 해당 사업의 경영개선에 관한 지도
- 국토교통부장관 또는 해양수산부장관으로부터 위탁받은 업무
- 위의 업무에 부수되는 업무

주의 물류관련협회를 설립하려는 경우 해당 협회의 회원 1/5 이상이 발기인으로 정관을 작성하여 해당 협회의 회원 1/3 이상이 참여한 창립총회의 의결을 거쳐야 한다. (×)

주의 물류관련협회는 국토교통부장관의 설립인가를 받음으로써 성립한다. (×)

주의 물류관련협회는 법인으로 하고, 물류관련협회에 관하여 이 법에 규정한 것 외에는 민법 중 재단법인에 관한 규정을 준용한다. (×)

주의 해당사업의 진흥·발전에 필요한 통계의 작성·관리와 외국자료의 수집·조사·연구사업은 물류관련협회의 업무에 속한다. (○)

제56조 【민·관 합동 물류지원센터】 ★★☆

① 센터의 설치·운영 : 국토교통부장관·해양수산부장관·산업통상자원부장관 및 대통령령으로 정하는 물류관련협회 및 물류관련 전문기관·단체는 **공동으로** 물류체계 효율화를 통한 국가경쟁력을 강화하고 국제물류사업을 효과적으로 추진하기 위하여 **물류지원센터**를 **설치·운영할 수 있다.**

　①에서 대통령령으로 정하는 물류관련협회 및 물류관련 전문기관·단체란 물류관련협회, 화물자동차운수사업자가 설립한 협회 및 연합회, 민법에 따라 설립된 물류와 관련된 비영리법인, 그 밖에 국토교통부장관이 관계행정기관의 장과 협의하여 지정·고시하는 기관을 말한다.

② 센터의 업무 : 물류지원센터는 다음 각 호의 업무를 수행한다.
1. 국내물류기업의 해외진출 및 해외물류기업의 국내투자유치 지원
2. 물류산업의 육성·발전을 위한 조사·연구
3. 그 밖에 물류 공동화 및 정보화 지원 등 물류체계 효율화를 위하여 필요한 업무

③ 설치 및 운영 등 : 물류지원센터의 설치 및 운영 등에 필요한 사항은 **대통령령**으로 정한다.

　주의 물류지원센터의 설치 및 운영 등에 필요한 사항은 국토교통부령으로 정한다. (×)

④ 행정적·재정적 지원 : 국토교통부장관·해양수산부장관 또는 산업통상자원부장관은 물류지원센터를 효율적으로 운영하기 위하여 필요한 경우 행정적·재정적인 지원을 할 수 있다.

제5장 물류의 선진화 및 국제화
제1절 물류 관련 연구개발

제57조【물류 관련 신기술·기법의 연구개발 및 보급 촉진 등】★★☆

① **시책의 마련 : 국토교통부장관·해양수산부장관 또는 시·도지사**는 첨단화물운송체계·클라우드컴퓨팅·무선주파수인식 등 물류 관련 신기술·기법(이하 "**물류신기술**"이라 함)의 **연구개발** 및 이를 통한 첨단 물류시설·장비·운송수단(이하 "**첨단물류시설등**"이라 함)의 **보급·촉진을 위한 시책을 마련**하여야 한다.

② **행정적·재정적 지원 : 국토교통부장관·해양수산부장관 또는 시·도지사**는 물류기업이 다음 각 호의 활동을 하는 경우에는 이에 필요한 **행정적·재정적 지원**을 할 수 있다.
  1. 물류신기술을 **연구개발**하는 경우
  2. 기존 물류시설·장비·운송수단을 첨단물류시설등으로 **전환**하거나 첨단물류시설등을 새롭게 **도입**하는 경우
  3. 그 밖에 물류신기술 및 첨단물류시설등의 개발·보급을 위하여 **대통령령**으로 정하는 사항

  > **주의** 국토교통부장관은 물류기업이 물류신기술을 연구개발하는 경우에는 재정적 지원을 할 수 있다. (○)

③ **우수 물류신기술 등의 지정 및 지원 : 국토교통부장관 또는 해양수산부장관**은 물류신기술·첨단물류시설등 중 성능 또는 품질이 우수하다고 인정되는 경우 **우수한 물류신기술·첨단물류시설등**으로 **지정**하여 이의 보급·활용에 필요한 **행정적·재정적 지원**을 할 수 있다.

④ **중복방지를 위한 협의 등 : 시·도지사**는 ① 또는 ②의 조치를 하려는 경우에는 중복을 방지하기 위하여 미리 국토교통부장관 및 해양수산부장관과 **협의**하고, 그 내용을 지역물류기본계획과 지역물류시행계획에 **반영**하여야 한다.

⑤ **그 밖의 필요한 사항 :** ②에 따른 지원의 세부적인 기준, ③에 따른 지정 및 지원의 기준·절차 등에 필요한 사항은 **대통령령**으로 정한다.

참고 BOX

물류기업에 대한 지원 기준(영 제46조의2)

국토교통부장관·해양수산부장관 또는 시·도지사는 물류기업에 행정적·재정적 지원을 하려는 경우 그 기업이 개발한 물류신기술 및 첨단물류시설등이 다음 각 호의 기준을 갖추었는지를 고려해야 한다.
1. 국내에서 최초로 개발된 기술이거나 외국에서 도입해 익히고 개량된 기술일 것
2. 신규성·진보성 및 안전성이 있는 기술일 것
3. 물류산업에 파급효과가 있는 기술일 것

제58조【물류 관련 연구기관 및 단체의 육성 등】☆☆☆

① **기관·단체 등 육성 : 국토교통부장관·해양수산부장관 또는 시·도지사**는 물류 관련 기술의 진흥 및 물류신기술의 연구개발을 위하여 관련 연구기관 및 단체를 지도·육성하여야 한다.

② 투자 및 출연의 권고 : 국토교통부장관·해양수산부장관 또는 시·도지사는 물류 관련 기술의 진흥 및 물류신기술의 연구개발을 위하여 필요하다고 인정하는 경우에는 공공기관 등으로 하여금 물류기술의 연구·개발에 투자하게 하거나 ①에 따른 연구기관 및 단체에 출연하도록 권고할 수 있다.

③ 포상 : 국토교통부장관·해양수산부장관 또는 시·도지사는 물류분야의 연구나 물류기술의 진흥 등에 현저한 기여를 했다고 인정되는 공공기관·물류기업 또는 개인 등에게 포상할 수 있다.

제2절 환경친화적 물류의 촉진

제59조【환경친화적 물류의 촉진】★★☆

① 시책의 마련 : **국토교통부장관·해양수산부장관 또는 시·도지사**는 물류활동이 환경친화적으로 추진될 수 있도록 관련 **시책을 마련**하여야 한다.

② 환경친화적 물류활동에 대한 지원 : 국토교통부장관·해양수산부장관 또는 시·도지사는 **물류기업, 화주기업** 또는 「화물자동차 운수사업법」에 따른 **개인 운송사업자**가 환경친화적 물류활동을 위하여 다음 각 호의 활동을 하는 경우에는 **행정적·재정적 지원**을 할 수 있다.

1. 환경친화적인 운송수단 또는 포장재료의 **사용**
2. 기존 물류시설·장비·운송수단을 환경친화적인 물류시설·장비·운송수단으로 **변경**
3. 그 밖에 **대통령령(영 제47조)**으로 정하는 환경친화적 물류활동

친환경적 물류활동(영 제47조)

그 밖에 대통령령으로 정하는 환경친화적 물류활동이란 다음 각 호의 활동을 말한다.
1. 환경친화적인 물류시스템의 **도입 및 개발**
2. 물류활동에 따른 **폐기물 감량**
3. 그 밖에 물류자원을 절약하고 재활용하는 활동으로서 **국토교통부장관 및 해양수산부장관**이 정하여 고시하는 사항

주의 물류자원을 절약하고 재활용하는 활동으로서 환경부장관이 정하여 고시하는 사항 (×) [기출 17]

③ 중복방지를 위한 사전 협의 등 : 시·도지사는 ① 또는 ②의 조치를 하려는 경우에는 중복을 방지하기 위하여 미리 국토교통부장관 및 해양수산부장관과 협의하고, 그 내용을 지역물류기본계획과 지역물류시행계획에 반영하여야 한다.

제60조【환경친화적 운송수단으로의 전환촉진】★☆☆

① 전환의 권고 및 지원 : **국토교통부장관·해양수산부장관 또는 시·도지사**는 물류기업 및 화주기업에 대하여 환경친화적인 운송수단으로의 **전환을 권고**하고 **지원**할 수 있다.

시장·군수는 국토교통부장관의 승인을 받아 물류기업 및 화주기업에 대하여 환경친화적 운송수단으로의 전환을 권고하고 지원할 수 있다. (×) [기출 18]

② 그 밖의 필요한 사항 : ①에 따른 지원대상의 세부적인 기준 및 지원내용에 필요한 사항은 대통령령으로 정한다.

③ 중복방지를 위한 사전 협의 등 : 시·도지사는 ①의 조치를 하려는 경우에는 중복을 방지하기 위하여 미리 국토교통부장관 및 해양수산부장관과 협의하고, 그 내용을 지역물류기본계획과 지역물류시행계획에 반영하여야 한다.

참고 BOX

환경친화적 운송수단으로의 전환 지원(영 제48조)

① 지원대상 : 그 밖에 대통령령으로 정하는 환경친화적 물류활동이란 다음 각 호의 활동을 말한다.
  1. 화물자동차·철도차량·선박·항공기 등의 배출가스를 저감하거나 배출가스를 저감할 수 있는 운송수단으로 전환하는 경우 및 이를 위한 시설·장비투자를 하는 경우
  2. 환경친화적인 연료를 사용하는 운송수단으로 전환하는 경우 및 이를 위한 시설·장비투자를 하는 경우
② 지원내용 : 지원내용은 다음 각 호와 같다.
  1. 환경친화적 운송수단으로의 전환에 필요한 자금의 보조·융자 및 융자 알선
  2. 환경친화적 운송수단으로의 전환에 필요한 교육, 컨설팅 및 정보의 제공
  3. 그 밖에 환경친화적 운송수단으로의 전환을 지원하기 위하여 국토교통부장관이 해양수산부장관 및 관계 행정기관의 장과 협의하여 고시하는 사항

환경친화적인 연료를 사용하는 운송수단으로 전환하기 위하여 시설·장비투자를 하는 경우 환경친화적 운송수단으로의 전환의 지원대상이 될 수 있다. (○)

환경친화적 운송수단으로의 전환에 필요한 자금의 보조·융자 및 융자 알선은 환경친화적 운송수단으로의 전환의 지원내용에 해당한다. (○)

제60조의2 【녹색물류협의기구의 설치 등】 ★☆☆

① 협의기구의 설치·운영 : 국토교통부, 관계 행정기관, 물류관련협회, 물류관련 전문기관·단체, 물류기업 및 화주기업 등은 환경친화적 물류활동을 촉진하기 위하여 협의기구(이하 "녹색물류협의기구"라 함)를 설치·운영할 수 있다.

② 협의기구의 업무 : 녹색물류협의기구는 다음 각 호의 업무를 수행한다.
  1. 환경친화적 물류활동 촉진을 위한 정책 개발·제안 및 심의·조정
  2. 물류기업과 화주기업의 환경친화적 협력체계 구축을 위한 정책과 사업의 개발 및 제안
  3. 환경친화적 물류활동 지원을 위한 사업의 심사 및 선정
  4. 환경친화적 물류활동 촉진을 위한 연구·개발, 홍보 및 교육 등

③ 행정적·재정적 지원 : 국토교통부장관은 녹색물류협의기구가 ②의 각 호의 업무를 수행하는 데 필요한 행정적·재정적 지원을 할 수 있다.

④ 구성 및 운영 등 : 녹색물류협의기구의 구성 및 운영 등에 필요한 사항은 대통령령으로 정한다.

녹색물류협의기구의 구성 등(영 제48조의2)

- 녹색물류협의기구는 위원장을 포함한 **15명 이상 30명 이하**의 위원으로 구성한다.
- 녹색물류협의기구의 위원장은 위원 중에서 **호선(互選)**한다.
- 녹색물류협의기구의 위원은 **국토교통부장관**이 임명 또는 위촉한다.
- 녹색물류협의기구의 회의는 위원 과반수의 출석으로 개의하고, 출석위원 과반수의 찬성으로 의결한다.
- 녹색물류협의기구의 사무를 처리하기 위하여 간사 1명을 두며, 간사는 국토교통부장관이 국토교통부 소속 공무원 중에서 지명하는 사람이 된다.

제60조의3 【환경친화적 물류활동 우수기업 지정】 ★☆☆

① **우수기업의 지정** : **국토교통부장관**은 환경친화적 물류활동을 모범적으로 하는 물류기업과 화주기업을 우수기업으로 지정할 수 있다.

② **지정요건 등** : ①에 따라 우수기업으로 지정받으려는 자는 제59조 ②의 각 호에 해당하는 환경친화적 물류활동의 실적 등 국토교통부령으로 정하는 지정기준을 충족하여야 한다.

③ **지정요건 유지여부에 대한 점검** : 국토교통부장관은 ①에 따라 지정을 받은 자(이하 "우수녹색물류실천기업"이라 함)가 ②의 요건을 유지하는지에 대하여 국토교통부령으로 정하는 바에 따라 점검을 할 수 있다.

④ **지정 절차 및 방법 등** : 우수녹색물류실천기업의 지정 절차 및 방법 등에 필요한 사항은 국토교통부령으로 정한다.

우수녹색물류실천기업의 지정기준(규칙 제14조의7 제1항)

우수녹색물류실천기업으로 지정받으려는 자는 국토교통부장관이 정하여 고시하는 바에 따라 다음 각 호의 평가항목에 대한 합산 점수가 70점 이상이어야 하고, 평가항목별 배점의 2할 이상을 취득해야 한다.

1. 물류시설, 운송수단 등에 관한 환경친화적 물류활동의 관리범위 설정 및 관리체계 구축
2. 물류분야 에너지, 온실가스 및 화물운송량 관리수준
3. 환경친화적 물류활동에 관한 사업추진 계획 수립 및 이행 실적
4. 물류분야 에너지 사용량 또는 온실가스 배출량에 관한 감축목표 설정 및 달성율
5. 환경친화적 물류활동에 대한 효과분석 및 정부 보고

주의 우수녹색물류실천기업으로 지정받으려는 자는 각 평가항목에 대한 합산 점수가 60점 이상이어야 하고, 평가항목별 배점의 5할 이상을 취득하여야 한다. (×)

제60조의4 【우수녹색물류실천기업 지정증과 지정표시】 ★☆☆

① **국토교통부장관**은 우수녹색물류실천기업에 **지정증**을 발급하고, 지정을 나타내는 표시(이하 "**지정표시**"라 함)를 정하여 우수녹색물류실천기업이 **사용하게 할 수 있다.**

② 지정표시의 도안 및 표시 방법 등에 대해서는 국토교통부장관이 정하여 고시한다.

③ 우수녹색물류실천기업이 아닌 자는 지정표시나 이와 유사한 표시를 하여서는 아니 된다.

제60조의6【우수녹색물류실천기업의 지정취소 등】☆☆☆

① 국토교통부장관은 우수녹색물류실천기업이 다음 각 호의 어느 하나에 해당하는 경우에는 그 지정을 취소할 수 있다. 다만, 제1호에 해당할 때에는 지정을 취소하여야 한다.
　1. 거짓이나 그 밖의 부정한 방법으로 지정을 받은 경우
　2. 지정요건을 충족하지 아니하게 된 경우
　3. 지정요건 유지 여부에 대한 점검을 정당한 사유 없이 3회 이상 거부한 경우
② 우수녹색물류실천기업은 ①에 따라 지정이 취소된 경우에는 지정증을 반납하고, 지정 표시의 사용을 중지하여야 한다.

제60조의7【우수녹색물류실천기업 지정심사대행기관】☆☆☆

① 국토교통부장관은 우수녹색물류실천기업 지정과 관련하여 우수녹색물류실천기업 지정심사 대행기관(이하 "지정심사대행기관"이라 함)을 지정하여 다음 각 호의 업무를 하게 할 수 있다.
　1. 우수녹색물류실천기업 지정신청의 접수
　2. 우수녹색물류실천기업의 지정기준에 충족하는지에 대한 심사
　3. 우수녹색물류실천기업에 대한 점검
　4. 그 밖에 지정업무를 원활히 수행하기 위하여 대통령령으로 정하는 지원업무(→ 우수녹색물류실천기업에 대한 홍보)
② 지정심사대행기관은 대통령령으로 정하는 바에 따라 다음 각 호의 어느 하나에 해당하는 기관 중에서 지정한다.
　1. 공공기관
　2. 정부출연연구기관
③ 지정심사대행기관의 조직 및 운영 등에 필요한 사항은 국토교통부령으로 정한다.
　• 국토교통부장관은 ②에 따라 지정심사대행기관을 지정하였을 때에는 그 사실을 관보에 공고하여야 한다.
　• ①에 따라 지정심사대행기관으로 지정된 기관은 우수녹색물류실천기업의 심사·점검에 필요한 전담조직 및 인력을 갖추어야 한다.

제60조의8【지정심사대행기관의 지정취소】☆☆☆

국토교통부장관은 지정심사대행기관이 다음 각 호의 어느 하나에 해당하는 경우에는 그 지정을 취소할 수 있다. 다만, 제1호에 해당하는 경우에는 지정을 취소하여야 한다.
1. 거짓 또는 부정한 방법으로 지정을 받은 경우
2. 고의 또는 중대한 과실로 지정 기준 및 절차를 위반한 경우
3. 정당한 사유 없이 지정업무를 거부한 경우

제3절 국제물류의 촉진 및 지원

제61조 【국제물류사업의 촉진 및 지원】 ★★☆

① **시책의 마련** : **국토교통부장관·해양수산부장관 또는 시·도지사는 국제물류협력체계 구축**, 국내 물류기업의 해외진출, **해외 물류기업의 유치 및 환적(換積)화물의 유치** 등 국제물류 촉진을 위한 시책을 마련하여야 한다.

② **사업에 대한 지원 및 대상** : 국토교통부장관·해양수산부장관 또는 시·도지사는 대통령령으로 정하는 물류기업 또는 관련 전문기관·단체가 추진하는 다음의 국제물류사업에 대하여 행정적인 지원 또는 예산의 범위에서 필요한 경비의 전부나 일부를 지원할 수 있다.

1. 물류 관련 정보·기술·인력의 국제교류
2. 물류 관련 국제 표준화, 공동조사, 연구 및 기술협력
3. 물류 관련 국제학술대회, 국제박람회 등의 개최
4. 해외 물류시장의 조사·분석 및 수집정보의 체계적인 배분
5. 국가간 물류활동을 촉진하기 위한 지원기구의 설립
6. 외국 물류기업의 유치
7. 국내 물류기업의 해외 물류기업 인수 및 해외 물류 인프라 구축
8. 그 밖에 국제물류사업의 촉진 및 지원을 위하여 필요하다고 인정되는 사항

③ **국가물류정책위원회의 심의** : **국토교통부장관 및 해양수산부장관은 범정부차원의 지원**이 필요한 **국가 간 물류협력체의 구성 또는 정부간 협정의 체결 등**에 관하여는 **미리 국가물류정책위원회의 심의를 거쳐야 한다.**

> **주의** 국토교통부장관 및 해양수산부장관은 범정부 차원의 지원이 필요한 국가간 물류협력체의 구성에 관하여는 미리 기획재정부장관 및 외교부장관과 협의하여야 한다. (×) [기출 13]

④ **행정적·재정적 지원** : 국토교통부장관·해양수산부장관 또는 시·도지사는 물류기업 및 국제물류 관련 기관·단체의 국제물류활동을 촉진하기 위하여 필요한 행정적·재정적 지원을 할 수 있다.

⑤ **중복방지를 위한 사전 협의 등** : **시·도지사**는 ①·② 또는 ④의 조치를 하려는 경우에는 중복을 방지하기 위하여 **미리 국토교통부장관 및 해양수산부장관과 협의**하고, 그 내용을 지역물류기본계획과 지역물류시행계획에 **반영하여야 한다.**

> **주의** 국토교통부장관 및 해양수산부장관이 물류기업의 국제물류활동을 촉진시키기 위해 필요한 행정적·재정적 지원을 하려는 경우 중복 방지를 위해 미리 시·도지사와 협의해야 한다. (×) [기출 15]

제62조 【공동투자유치 활동】 ★☆☆

① **공동투자유치 활동수행** : **국토교통부장관·해양수산부장관 또는 시·도지사**는 물류시설에 외국인투자기업 및 환적화물을 효과적으로 유치하기 위하여 필요한 경우에는 **해당 물류시설관리자**(공항·항만 등 물류시설의 소유권 또는 개별 법령에 따른 관리·운영권을 인정받은 자를 말함) **또는 국제물류 관련 기관·단체와 공동**으로 **투자유치 활동**을 수행할 수 있다.

② 공동투자 유치활동에 대한 협조 : 물류시설관리자와 국제물류 관련 기관·단체는 ①에 따른 공동투자 유치활동에 대하여 특별한 사유가 없는 한 **적극 협조하여야 한다.**

③ 관련 기관·단체에 협조 요청 : **국토교통부장관·해양수산부장관 또는 시·도지사는** 효율적인 투자유치를 위하여 필요하다고 인정되는 경우에는 재외공관 등 관계 행정기관 및「대한무역투자진흥공사법」에 따른 대한무역투자진흥공사 등 관련 기관·단체에 **협조를 요청할 수 있다.**

> **주의** 국토교통부장관·해양수산부장관 또는 시·도지사는 효율적인 투자유치를 위하여 필요하다고 인정되는 경우에는 재외공관 등 관계 행정기관 및「대한무역투자진흥공사법」에 따른 대한무역투자진흥공사 등 관련 기관·단체에 협조를 요청할 수 있다. (O) [기출 15]

④ 중복방지를 위한 협의 : **시·도지사는** ① 또는 ③의 조치를 하려는 경우에는 중복을 방지하기 위하여 **미리 국토교통부장관 및 해양수산부장관과 협의**하여야 한다.

제63조【투자유치활동 평가】 ★☆☆

① 투자유치활동 평가 : 국토교통부장관 및 해양수산부장관은 물류시설관리자의 외국인 투자기업 및 환적화물에 대한 적극적인 유치활동을 촉진하기 위하여 필요한 경우에는 해당 물류시설관리자의 투자유치활동에 대한 평가를 할 수 있다.

② 그 밖의 필요한 사항 : ①에 따른 투자유치활동의 평가대상기관, 평가방법 및 평가결과의 반영 등에 관한 사항은 대통령령(영 제50조)으로 정한다.

참고 BOX

투자유치활동의 평가대상기관 등(영 제50조)

① 국토교통부장관 및 해양수산부장관은 다음 각 호의 물류시설에 대한 소유권 또는 관리·운영권을 인정받은 자에 대하여 공동투자유치활동에 대한 평가를 할 수 있다.
1. 「공항시설법」에 따른 공항 중 국제공항 및 그 배후지에 위치한 물류시설
2. 「항만법」에 따른 무역항 및 그 배후지에 위치한 물류시설

② 국토교통부장관 및 해양수산부장관은 제1항에 따른 평가를 위하여 필요한 경우에는 평가대상기관에 대하여 관련 자료의 제출을 요청할 수 있다.

③ ①에 따른 평가에 필요한 기준과 방법은 국토교통부장관 및 해양수산부장관이 협의하여 정하되, 평가대상기관의 사업내용 및 특성, 투자유치 목표의 달성 정도와 능률성을 객관적으로 측정할 수 있도록 하여야 한다.

④ **국토교통부장관 및 해양수산부장관은** 평가대상기관에 대하여 그 평가결과에 따라 **행정적·재정적 지원을** 달리할 수 있다.

> **주의** 국토교통부장관 및 해양수산부장관은 평가대상기관에 대하여 평가결과에 관계없이 동일한 행정적·재정적 지원을 할 수 있다. (×) [기출 11]

출제 POINT | **빈칸 문제**

···→ 물류기업이 환경친화적 물류활동을 위하여 물류자원을 절약하고 재활용하는 활동으로서 국토교통부장관 및 (**❶**)이 정하여 고시하는 사항의 경우에는 행정적·재정적 지원을 받을 수 있다.

···→ 녹색물류협의기구는 위원장을 포함한 15명 이상 30명 이하의 위원으로 구성하며, 녹색물류협의기구의 위원장은 위원 중에서 (**❷**)한다. 또한 녹색물류협의기구의 위원은 국토교통부장관이 임명 또는 위촉한다.

⋯ 국토교통부장관은 우수녹색물류실천기업에 (❸)을 발급하고, 지정을 나타내는 표시(지정표시)를 정하여 우수녹색물류실천기업이 사용하게 할 수 있다.
⋯ 국토교통부장관은 지정심사대행기관이 고의 또는 중대한 과실로 지정 기준 및 절차를 위반한 경우에는 그 지정을 (❹).
⋯ 국토교통부장관·해양수산부장관 또는 시·도지사는 (❺) 구축, 국내 물류기업의 해외진출, 해외 물류기업의 유치 및 (❻)의 유치 등 국제물류 촉진을 위한 시책을 마련해야 한다.
⋯ 국토교통부장관 및 해양수산부장관은 범정부차원의 지원이 필요한 국가 간 물류협력체의 구성 또는 정부간 협정의 체결 등에 관하여는 미리 (❼)의 심의를 거쳐야 한다.
⋯ 국토교통부장관 및 해양수산부장관은 「공항시설법」에 따른 공항 중 국제공항 및 그 배후지에 위치한 물류시설에 대한 소유권 또는 관리·운영권을 인정받은 자에 대하여 공동투자유치활동에 대한 (❽)를 할 수 있다.

❶ 해양수산부장관 ❷ 호선(互選) ❸ 지정증 ❹ 취소할 수 있다 ❺ 국제물류협력체계 ❻ 환적화물 **정답**
❼ 국가물류정책위원회 ❽ 평가

제6장 보 칙

제64조 【업무소관의 조정】 ★☆☆

이 법에 따른 **국토교통부장관·해양수산부장관 및 산업통상자원부장관**의 업무소관이 **중복되는 경우**에는 **서로 협의**하여 업무소관을 **조정한다.**

주의 국토교통부장관·해양수산부장관 및 시·도지사의 업무소관이 중복되는 경우에는 서로 협의하여 업무소관을 조정한다. (×) [기출 20]

제65조 【권한의 위임 및 사무의 위탁】 ★☆☆

① 권한의 위임 : 이 법에 따른 **국토교통부장관·해양수산부장관 및 산업통상자원부장관**의 권한은 그 **일부**를 대통령령(영 제51조)으로 정하는 바에 따라 <u>소속 기관의 장</u> 또는 **시·도지사**에게 **위임할 수 있다.**

② 사무의 위탁 : 이 법에 따른 국토교통부장관·해양수산부장관·산업통상자원부장관 또는 시·도지사의 업무는 대통령령(영 제51조)으로 정하는 바에 따라 그 **일부**를 관계 **기관·단체 또는 법인에 위탁할 수 있다.**

제66조 【등록증 대여 등의 금지】 ☆☆☆

<u>인증우수물류기업·국제물류주선업자 및 우수녹색물류실천기업</u>은 다른 사람에게 자기의 성명 또는 상호를 사용하여 사업을 하게 하거나 그 <u>인증서·등록증 또는 지정증</u>을 대여하여서는 아니된다.

제67조 【과징금】 ★★☆

① 과징금의 부과 요건 : **시 · 도지사**는 **국제물류주선업자**에게 **사업의 정지**를 명하여야 하는 경우로서 그 **사업의 정지가 해당 사업의 이용자 등에게 심한 불편을 주는 경우**에는 그 사업정지 처분을 갈음하여 **1천만원 이하**의 과징금을 부과할 수 있다.

② 그 밖의 필요한 사항 : ①에 따른 과징금을 부과하는 위반행위의 종별 및 그 정도에 따른 과징금의 금액, 그 밖에 필요한 사항은 대통령령으로 정한다.

③ 과징금 미납시 처리 : ①에 따른 과징금을 기한 내에 납부하지 아니한 때에는 시 · 도지사는 「**지방행정제재 · 부과금의 징수 등에 관한 법률**」에 따라 징수한다.

①에 따라 과징금 부과 통지를 받은 자는 통지를 받은 날부터 **20일 이내**에 시 · 도지사사 정하는 수납기관에 과징금을 내야 한다. 다만, **천재지변이나 그 밖의 부득이한 사유**로 인하여 그 기간 안에 과징금을 낼 수 없는 경우에는 그 사유가 없어진 날부터 **7일 이내**에 내야 한다(영 제53조 제2항).

제68조 【청문】 ★☆☆

국토교통부장관, 해양수산부장관, 시 · 도지사 및 행정기관은 다음 각 호의 어느 하나에 해당하는 **취소**를 하려면 **청문을 하여야 한다.**

1. 제28조 제8항에 따른 단위물류정보망 전담기관에 대한 지정의 취소
2. 제31조에 따른 국가물류통합정보센터운영자에 대한 지정의 취소
3. 제39조 제1항에 따른 인증우수물류기업에 대한 인증의 취소
4. 제40조의2에 따른 심사대행기관 지정의 취소
5. 제47조 제1항에 따른 국제물류주선업자에 대한 등록의 취소
6. 삭 제 〈2015. 6. 22.〉
7. 제53조에 따른 물류관리사 자격의 취소
8. 제60조의6 제1항에 따른 우수녹색물류실천기업의 지정취소
9. 제60조의8에 따른 우수녹색물류실천기업 지정심사대행기관의 지정취소

주의 국제물류주선업협회에 대한 설립인가 취소 (×), 물류관련협회에 대한 설립인가 취소 (×) [기출 12]

제69조 【수수료】 ☆☆☆

① 다음 각 호의 어느 하나에 해당하는 신청을 하는 자는 국토교통부장관(제51조 제5항 및 제65조 제2항에 따라 업무를 위탁하는 경우 위탁받은 자를 포함) · 해양수산부장관, 시 · 도지사, 심사대행기관 또는 지정심사대행기관의 장에게 수수료를 납부하여야 한다.
   1. 우수물류기업의 인증 또는 점검의 신청
   2. 국제물류주선업의 등록 또는 변경등록의 신청
   3. 물류관리사 자격시험 응시와 자격증 발급의 신청
   4. 우수녹색물류실천기업 지정 또는 점검의 신청

② ①에 따른 수수료의 산정기준 및 징수절차 등에 관하여 필요한 사항은 국토교통부령으로 정한다.

제70조 【벌칙 적용에서의 공무원 의제】 ★☆☆

이 법에 따라 업무를 수행하는 다음의 어느 하나에 해당하는 자는 「**형법**」 제129조부터 제132조까지(수뢰·사전수뢰, 제3자뇌물제공, 수뢰후부정처사·사후수뢰, 알선수뢰)의 규정에 따른 **벌칙의 적용**에서는 **공무원**으로 본다.

① 위험물질운송안전관리센터의 업무를 대행하는 한국교통안전공단의 임직원
② 위험물질운송단속원
③ 우수물류기업 심사대행기관의 임직원
④ 우수녹색물류실천기업 지정심사대행기관의 임직원

> **주의** 이 법에 따라 업무를 수행하는 위험물질운송단속원은 「형법」 제129조부터 제132조까지의 규정에 따른 벌칙의 적용에서는 공무원으로 본다. (O) [기출 20]

제7장 벌칙

제71조 【벌칙】 ★★★

위법행위	벌 칙
전자문서를 위작 또는 변작하거나 그 사정을 알면서 위작 또는 변작된 전자문서를 행사한 자(※ 미수범은 본죄에 준하여 처벌함)	10년 이하의 징역 또는 1억원 이하의 벌금
국가물류통합정보센터 또는 단위물류정보망에 의하여 처리·보관 또는 전송되는 물류정보를 훼손하거나 그 비밀을 침해·도용 또는 누설한 자	5년 이하의 징역 또는 5천만원 이하의 벌금
국가물류통합정보센터 또는 단위물류정보망의 보호조치를 침해하거나 훼손한 자	3년 이하의 징역 또는 3천만원 이하의 벌금
① 위험물질운송안전관리센터의 운영에 필요한 정보를 목적 외의 용도로 사용한 자 ② 전자문서 또는 물류정보를 대통령으로 정하는 기간(→ 2년) 동안 보관하지 아니한 자 ③ 국제물류주선업의 등록을 하지 아니하고 국제물류주선업을 경영한 자 ④ 자신의 성명을 사용하여 사업을 하게 하거나 물류관리사 자격증을 대여한 자 ⑤ 물류관리사로부터 그 성명을 빌려 사업을 하거나 물류관리사 자격증을 대여받은 자 또는 이를 알선한자	1년 이하의 징역 또는 1천만원 이하의 벌금
① 거짓의 인증마크를 제작·사용하거나 그 밖의 방법으로 인증 받은 기업임을 사칭한 자 ② 전자문서 또는 물류정보를 공개한 자	3천만원 이하의 벌금
① 위험물질 운송차량의 운행중지 명령에 따르지 아니한 자 ② 조정의 권고를 위한 자료 제출 및 보고를 하지 아니하거나 거짓으로 한 자 ③ 조정의 권고를 위한 조사를 거부·방해 또는 기피한 자 ④ 우수녹색물류실천기업 지정을 받지 아니하고 지정표시 또는 이와 유사한 표시를 사용한 자 ⑤ 성명 또는 상호를 다른 사람에게 사용하게 하거나 인증서·등록증 또는 지정증을 대여한 자	1천만원 이하의 벌금

제72조 【양벌규정】 ★☆☆

법인의 대표자나 법인 또는 개인의 대리인, 사용인, 그 밖의 종업원이 그 법인 또는 개인의 업무에 관하여 **제71조(벌칙)의 위반행위**를 하면 그 행위자를 벌하는 외에 그 **법인 또는 개인**에게도 해당 조문의 **벌금형**을 과(科)한다. 다만, 법인 또는 개인이 그 위반행위를 방지하기 위하여 해당 업무에 관하여 **상당한 주의와 감독**을 게을리하지 아니한 경우에는 그러하지 아니하다.

제73조 【과태료】 ★★☆

① **과태료 부과** : 다음의 어느 하나에 해당하는 자에게는 **200만원 이하**의 과태료를 부과한다.

1. 물류현황조사, 국가물류기본계획의 수립·변경(연도별시행계획의 수립에서 준용하는 경우를 포함) 또는 지역물류기본계획의 수립(지역물류시행계획의 수립·변경에서 준용하는 경우를 포함)에 따른 **자료**를 제출하지 아니하거나 **거짓**의 자료를 **제출**한 자(제7조 제2항 제3호, 제11조 제3항 제3호 및 제15조 제1항 제3호에 해당하는 자에 한정)

1의2. 국제물류주선업의 **변경등록**을 하지 아니한 자

2. 국제물류주선업자의 **사업승계 신고**를 하지 아니한 자

3. 종합물류기업의 인증이 취소된 경우 규정을 위반하여 **인증마크**를 계속 사용한 자

4. 우수녹색물류실천기업의 지정이 취소된 경우 규정을 위반하여 **지정표시**를 계속 사용한 자

5. 단말장치를 **장착**하지 아니한 자

6. 단말장치를 **점검·관리**하지 아니하거나 단말장치의 작동을 **유지**하지 아니한 자

7. 운송계획정보를 **입력**하지 아니하거나 **거짓**으로 입력한 자

8. 정당한 사유 없이 **출입·조사**를 거부·방해 또는 기피한 자

② **과태료의 부과 징수** : 과태료는 대통령령(영 제55조)으로 정하는 바에 따라 **국토교통부장관, 해양수산부장관 또는 시·도지사**가 부과·징수한다.

출제 POINT 빈칸 문제

··· 국제물류주선업자에게 사업의 정지를 명하여야 하는 경우로서 그 사업의 정지가 해당 사업의 이용자 등에게 심한 불편을 주는 경우에는 그 사업정지 처분을 갈음하여 (❶)원 이하의 과징금을 부과할 수 있다.

··· 과징금을 기한 내에 납부하지 아니한 때에는 (❷)는 「지방행정제재·부과금의 징수 등에 관한 법률」에 따라 징수한다.

··· 국제물류주선업자의 사업규모, 사업지역의 특수성, 위반행위의 정도 및 횟수 등을 고려하여 과징금의 금액의 (❸)의 범위에서 이를 늘리거나 줄일 수 있다.

··· 과징금 부과 통지를 받은 자는 통지를 받은 날부터 (❹) 이내에 시·도지사가 정하는 수납기관에 과징금을 내야 한다. 다만, 천재지변이나 그 밖의 부득이한 사유로 인하여 그 기간 안에 과징금을 낼 수 없는 경우에는 그 사유가 없어진 날부터 (❺) 이내에 내야 한다.

··· 국제물류주선업자에 대한 등록을 취소하려면 (❻)을 하여야 한다.

··· 이 법에 따라 업무를 수행하는 심사대행기관의 임직원은 「형법」 제129조부터 제132조까지의 규정에 따른 벌칙의 적용에서는 (❼)으로 본다.

··· 국가물류통합정보센터 또는 단위물류정보망에 의하여 처리·보관 또는 전송되는 물류정보를 훼손하거나 그 비밀을 침해·도용 또는 누설한 자는 (❽)년 이하의 징역 또는 (❽)천만원 이하의 벌금에 처한다.

··· 국제물류주선업자의 사업승계 신고를 하지 아니한 자에게는 (❾)원 이하의 과태료를 부과한다.

❶ 1천만 ❷ 시·도지사 ❸ 2분의 1 ❹ 20일 ❺ 7일 ❻ 청문 ❼ 공무원 ❽ 5 ❾ 200만   **정답**

PART 02

물류시설의 개발 및 운영에 관한 법률

제1장 총 칙

제1조 【목적】 ★☆☆

이 법은 **물류시설**을 합리적으로 배치·운영하고 **물류시설 용지**를 원활히 공급하여 물류산업의 발전을 촉진함으로써 국가경쟁력을 강화하고 국토의 균형 있는 발전과 국민경제의 발전에 이바지함을 목적으로 한다.

제2조 【용어의 정의】 ★★★

① 물류시설

　ㄱ 화물의 운송·**보관**·하역을 위한 시설

　ㄴ 화물의 운송·보관·하역과 관련된 **가공·조립**·분류·수리·포장·**상표부착**·판매·정보통신 등의 활동을 위한 시설

　ㄷ 물류의 공동화·**자동화** 및 **정보화**를 위한 시설

　ㄹ ㄱ~ㄷ의 시설이 모여 있는 물류터미널 및 물류단지

　주의 물류의 공동화·자동화 및 정보화를 위한 시설은 물류시설에 속하지 않는다. (×) [기출 18]

② 물류터미널 : 화물의 집화·하역 및 이와 관련된 분류·포장·보관·가공·조립 또는 통관 등에 필요한 기능을 갖춘 시설물. 다만, **가공·조립 시설**은 전체 바닥면적의 합계가 물류터미널의 전체 바닥면적 합계의 1/4 **이하**의 규모이어야 한다.

　주의 가공·조립 시설은 전체 바닥면적 합계가 물류터미널의 전체 바닥면적 합계의 5분의 1인 경우에는 물류터미널에 속하지 않는다. (×)

③ 물류터미널사업 : 물류터미널을 경영하는 사업으로서 **복합물류터미널사업**과 **일반물류터미널사업**. 다만, 다음의 시설물을 경영하는 사업은 **제외**한다.

　ㄱ 「**항만법**」 규정에 의한 항만시설 중 항만구역 안에 있는 화물하역시설 및 화물보관·처리시설

　ㄴ 「**공항시설법**」 규정에 의한 공항시설 중 공항구역 안에 있는 화물운송을 위한 시설과 그 부대시설 및 지원시설

　ㄷ 「**철도사업법**」에 따른 철도사업자가 그 사업에 사용하는 화물운송·하역 및 보관시설

　ㄹ 「**유통산업발전법**」 규정에 의한 **집배송시설 및 공동집배송센터**

　주의 「유통산업발전법」상 집배송시설 및 공동집배송센터를 경영하는 사업은 복합물류터미널사업에 속한다. (×) [기출 18]

주의 물류터미널사업에는 「항만법」 제2조 제5호의 항만시설 중 항만구역 안에 있는 화물하역시설 및 화물보관·처리 시설물을 경영하는 사업도 포함된다. (×) [기출 17]

④ **복합물류터미널사업** : **두 종류 이상**의 운송수단 간의 연계운송을 할 수 있는 규모 및 시설을 갖춘 물류터미널사업

주의 세 종류의 운송수단 간 연계운송을 할 수 있는 규모 및 시설을 갖춘 물류터미널 사업은 '일반물류터미널사업'에 해당한다. (×) [기출 16]

⑤ **일반물류터미널사업** : 물류터미널사업 중 복합물류터미널사업을 **제외한 것**

⑥ **물류창고** : 화물의 **저장·관리**, 집화·배송 및 수급조정 등을 위한 보관시설·보관장소 또는 이와 관련된 하역·분류·포장·상표부착 등에 필요한 기능을 갖춘 시설

주의 물류터미널이란 화물의 저장·관리, 집화·배송 및 수급조정 등을 위한 보관시설·보관장소 또는 이와 관련된 하역·분류·포장·상표부착 등에 필요한 기능을 갖춘 시설을 말한다. (×) [기출 16]

⑦ **물류창고업** : 화주(貨主)의 수요에 따라 **유상**으로 물류창고에 화물을 **보관**하거나 이와 관련된 하역·분류·포장·**상표부착** 등을 하는 사업 다만, 다음의 어느 하나에 해당하는 것은 **제외한다.**

  ㉠ **「주차장법」**에 따른 주차장에서 자동차의 보관, **「자전거이용 활성화에 관한 법률」**에 따른 자전거주차장에서 자전거의 보관

  ㉡ **「철도사업법」**에 따른 철도사업자가 여객의 수하물 또는 소화물을 보관하는 것

  ㉢ 그 밖에 「위험물안전관리법」에 따른 위험물저장소에 보관하는 것 등 국토교통부와 해양수산부의 공동부령으로 정하는 것

⑧ **스마트물류센터** : 첨단물류시설 및 설비, 운영시스템 등을 도입하여 **저비용·고효율·안전성·친환경성 등**에서 우수한 성능을 발휘할 수 있는 물류창고로서 **국토교통부장관의 인증**을 받은 물류창고

⑨ **물류단지** : 물류단지시설과 지원시설을 집단적으로 설치·육성하기 위하여 규정에 따라 지정·개발하는 일단의 토지 및 시설로서 **도시첨단물류단지와 일반물류단지**

⑩ **도시첨단물류단지** : **도시 내 물류를 지원**하고 물류·유통산업 및 물류·유통과 관련된 산업의 육성과 개발을 촉진하려는 목적으로 도시첨단물류단지시설과 지원시설을 **집단적**으로 설치하기 위하여 「국토의 계획 및 이용에 관한 법률」에 따른 도시지역에 따라 지정·개발하는 **일단(一團)의 토지 및 시설**

⑪ **일반물류단지** : 물류단지 중 도시첨단물류단지를 제외한 것

⑫ **물류단지시설** : 일반물류단지시설과 도시첨단물류단지시설

⑬ **일반물류단지시설** : 화물의 **운송·집화·하역·분류·포장·가공·조립·통관·보관·판매·정보처리 등**을 위하여 **일반물류단지 안**에 **설치**되는 다음의 시설

  ㉠ 물류터미널 및 창고

  ㉡ 「유통산업발전법」 규정에 의한 **대규모점포·**전문상가단지·**공동집배송센터** 및 중소유통공동도매물류센터

  ㉢ 「농수산물유통 및 가격안정에 관한 법률」 규정에 의한 농수산물**도매시장·**농수산물**공판장** 및 농수산물**종합유통센터**

「농수산물유통 및 가격안정에 관한 법률」에 따른 농수산물산지유통센터는 지원시설이 아닌 일반
물류단지시설에 속한다. (×)

ⓔ 「궤도운송법」에 따른 궤도사업을 경영하는 자가 그 사업에 사용하는 화물의 운송
·하역 및 보관시설

ⓜ 「축산물위생관리법」의 규정에 의한 작업장

ⓗ 「농업협동조합법」·「수산업협동조합법」·「산림조합법」·「중소기업협동조합법」 또
는 「협동조합기본법」에 따른 조합 또는 그 중앙회(연합회 포함)가 설치하는 **구매사업**
또는 **판매사업** 관련 시설

ⓢ 「화물자동차 운수사업법」 규정에 의한 화물자동차운수사업에 이용되는 **차고, 화
물취급소**, 그 밖에 화물의 처리를 위한 시설

ⓞ 「**약사법**」의 규정에 의한 **의약품 도매상의 창고 및 영업소시설**

> 주의 화물의 운송·포장·보관·판매·정보처리 등을 위하여 일반물류단지 안에 설치되는 「약사법」
> 상 의약품 도매상의 창고 및 영업소시설은 일반물류단지시설에 속한다. (○) [기출 18]

ⓩ 그 밖에 물류기능을 가진 시설로서 대통령령(영 제2조 제2항)으로 정하는 다음의
시설
- 「관세법」에 따른 보세창고
- 「식품산업진흥법」에 따른 수산물가공업시설(냉동·냉장업 시설만 해당)
- 「항만법」의 항만시설 중 **항만구역에 있는** 화물하역시설 및 화물보관·처리 시설
- 「공항시설법」에 따른 공항시설 중 **공항구역에 있는** 화물운송을 위한 시설과 그
부대시설 및 지원시설
- 「철도사업법」상 철도사업자가 그 사업에 사용하는 **화물운송·하역 및 보관 시설**
- 그 밖에 물류기능을 가진 시설로서 국토교통부령으로 정하는 시설(→「자동차관
리법」에 따른 자동차매매업을 영위하려는 자 또는 자동차매매업자가 **공동으로**
사용하려는 사업장 및 자동차경매장)

> 주의 「항만법」의 항만시설 중 항만구역 외에 있는 화물하역시설 (×) [기출 13]

> 주의 물류단지 안에 설치되는 시설로 「철도사업법」에 따른 철도사업자가 그 사업에 사용하는 화물운송
> 시설은 '물류단지시설'에 해당하지 않는다. (×) [기출 21·16]

ⓣ ⓖ부터 ⓩ까지의 시설에 딸린 시설(⑯의 ⓖ 또는 ⓛ의 시설로서 ⓖ부터 ⓩ까지의
시설과 동일한 건축물에 설치되는 시설을 포함)

⑭ 도시첨단물류단지시설 : **도시 내 물류를 지원**하고 물류·유통산업 및 물류·유통과
관련된 산업의 육성과 개발을 목적으로 **도시첨단물류단지 안에 설치**되는 다음의 시설
ⓖ ⑬의 ⓖ부터 ⓩ까지의 시설 중에서 도시 내 물류·유통기능 증진을 위한 시설
ⓛ 「산업입지 및 개발에 관한 법률」에 따른 공장, 지식산업 관련 시설, 정보통신산업
관련 시설, 교육·연구시설 중 첨단산업과 관련된 시설로서 **국토교통부령**으로 정
하는 물류·유통 관련 시설
ⓒ 그 밖에 도시 내 물류·유통기능 증진을 위한 시설로서 **대통령령**으로 정하는 시설
ⓔ ⓖ부터 ⓒ까지의 시설에 딸린 시설

⑮ **복합용지** : 도시첨단물류단지시설(⑭), 지원시설(⑯), 물류단지개발사업(⑰)의 ⓛ에서 ⑩까지의 시설을 하나의 용지에 전부 또는 일부 설치하기 위한 용지

⑯ **지원시설 : 물류단지시설의 운영을 효율적으로 지원**하기 위하여 물류단지 안에 설치되는 다음의 시설. 다만, ⓖ 또는 ⓛ의 시설로서 ⑬의 ⓖ부터 ⓧ까지의 시설과 **동일한 건축물에 설치되는 시설은 제외한다.**

  ⓖ 대통령령(영 제2조 제3항)으로 정하는 다음의 가공·제조 시설
   • 「농수산물유통 및 가격안정에 관한 법률」에 따른 농수산물산지유통센터(<u>축산물의 도축·가공·보관 등을 하는 축산물 종합처리시설을 포함</u>)
   • 「산업집적활성화 및 공장설립에 관한 법률」에 따른 공장
   • 「식품산업진흥법」에 따른 수산가공품 생산공장 및 수산물가공업시설(냉동·냉장업 시설 및 <u>선상수산물가공업시설은 제외</u>)
     주의 선상수산물가공업시설은 지원시설에 해당하지 않는다. (O) [기출 20]
   • 그 밖에 물류기능을 가진 시설로서 국토교통부령으로 정하는 시설(→「양곡관리법」에 따라 농업협동조합 등이 설치하는 미곡의 건조·보관·가공시설)

  ⓛ 정보처리시설

  ⓒ **금융·보험·의료·교육·연구·업무시설**

  ② 물류단지의 종사자 및 이용자의 **생활과 편의를 위한 시설**

  ⑩ 그 밖에 물류단지의 기능 증진을 위한 시설로서 대통령령(영 제2조 제4항)으로 정하는 다음의 시설
   • 「건축법 시행령」에 따른 **문화 및 집회시설**
   • 입주기업체 및 지원기관에서 발생하는 **폐기물 처리**를 위한 시설(재활용시설을 포함)
   • 물류단지의 종사자 및 이용자의 주거를 위한 단독주택, **공동주택** 등의 시설
   • 그 밖에 물류단지의 기능 증진을 위한 시설로서 국토교통부령으로 정하는 시설(→**단독주택·공동주택·숙박시설·운동시설·위락시설** 및 **근린생활시설**)
     주의 「농업협동조합법」에 따른 조합이 설치하는 구매사업 또는 판매사업 관련 시설 (×) [기출 17]
     주의 물류단지시설의 운영을 효율적으로 지원하기 위하여 물류단지 안에 설치되는 시설로 입주기업체 및 지원기관에서 발생하는 폐기물의 재활용시설은 '지원시설'에 해당한다. (O) [기출 16]

⑰ **물류단지개발사업 : 물류단지를 조성**하기 위하여 시행하는 다음의 사업으로서 도시첨단물류단지 개발사업과 일반물류 단지개발사업시설

  ⓖ 물류단지시설 및 지원시설의 용지조성사업과 건축사업
  ⓛ 도로·철도·궤도·항만 또는 공항 시설 등의 건설사업
  ⓒ 전기·가스·용수 등의 공급시설과 전기통신설비의 건설사업
  ② **하수도**, 폐기물처리시설, 그 밖의 환경오염방지시설 등의 건설사업
  ⑩ 그 밖에 ⓖ부터 ②까지의 사업에 딸린 사업
     주의 도시첨단물류단지를 조성하기 위하여 시행하는 하수도의 건설사업은 물류단지개발사업에 속하지 않는다. (×) [기출 18]

⑱ 도시첨단물류단지개발사업 : 물류단지개발사업 중 도시첨단물류단지를 조성하기 위하여 시행하는 사업

⑲ 일반물류단지개발사업 : 물류단지개발사업 중 도시첨단물류단지사업을 제외한 것

제3조【다른 법률과의 관계】★☆☆

① 삭제 〈2010. 2. 4.〉

② 다른 법률에서 물류터미널 및 물류단지 외의 물류시설의 개발·관리 및 운영 등에 관하여 규정하고 있는 경우에는 그 법률로 정하는 바에 따른다.

③ 물류 교통·환경 정비사업과 관련된 사항에 대하여는 다른 법률에 우선하여 이 법을 적용한다.

> **주의** 다른 법률에서 물류터미널 및 물류단지 외의 물류시설의 개발·관리 및 운영 등에 관하여 규정하고 있는 경우에는 다른 법률에 우선하여 이 법을 적용한다. (×)

출제 POINT **빈칸 문제**

⋯ 물류의 공동화·자동화 및 정보화를 위한 시설은 (❶)에 해당한다.

⋯ 물류터미널이란 화물의 집화·하역 및 이와 관련된 분류·포장·보관·가공·조립 또는 통관 등에 필요한 기능을 갖춘 시설물을 말한다. 다만, 가공·(❷) 시설은 전체 바닥면적의 합계가 물류터미널의 전체 바닥면적 합계의 (❸) 이하의 규모이어야 한다.

⋯ 「항만법」 제2조 제5호의 항만시설 중 항만구역 안에 있는 화물하역시설 및 화물보관·처리 시설을 경영하는 사업은 (❹)에서 제외된다.

⋯ 복합물류터미널 사업이란 (❺) 종류 이상의 운송수단 간의 연계운송을 할 수 있는 규모 및 시설을 갖춘 물류터미널사업을 말한다.

⋯ 「농수산물유통 및 가격안정에 관한 법률」에 따른 농수산물산지유통센터는 일반물류단지 안에 설치되는 (❻)이 아닌 지원시설에 해당한다.

⋯ 일반물류터미널사업은 물류터미널사업 중 복합물류터미널사업을 (❼)한 것을 말한다.

⋯ (❽)란 화물의 저장·관리, 집화·배송 및 수급조정 등을 위한 보관시설·보관장소 또는 이와 관련된 하역·분류·포장·상표부착 등에 필요한 기능을 갖춘 시설을 말한다.

⋯ 화물의 운송·포장·보관·판매·정보처리 등을 위하여 일반물류단지 안에 설치되는 「약사법」상 의약품 도매상의 창고 및 영업소시설은 (❾)에 속한다.

⋯ 물류단지시설의 운영을 효율적으로 지원하기 위하여 물류단지 안에 설치되는 시설로 입주기업체 및 지원기관에서 발생하는 폐기물의 재활용시설은 (❿)에 해당한다.

❶ 물류시설 ❷ 조립 ❸ 1/4 ❹ 물류터미널사업 ❺ 2(두) ❻ 일반물류단지시설 ❼ 제외 ❽ 물류창고 **정답**
❾ 일반물류단지시설 ❿ 지원시설

제2장 물류시설개발종합계획의 수립

제4조 【물류시설개발종합계획의 수립】 ★★★

① 수립의 주체 및 주기 : **국토교통부장관**은 물류시설의 합리적 개발·배치 및 물류체계의 효율화 등을 위하여 물류시설의 개발에 관한 종합계획(이하 "물류시설개발종합계획" 이라 함)을 **5년 단위**로 수립하여야 한다.

> **주의** 국토교통부장관은 물류시설개발종합계획을 10년 단위로 수립하여야 한다. (×) [기출 20·12]

② 수립 시 고려사항(원칙) : 물류시설개발종합계획은 물류시설을 다음 각 호의 **기능별 분류**에 따라 **체계적으로 수립**한다. 이 경우 다음 각 호의 물류시설의 기능이 서로 관련되어 있는 때에는 **이를 고려하여 수립**하여야 한다.

1. 단위물류시설 : 창고 및 집배송센터 등 물류활동을 개별적으로 수행하는 **최소 단위**의 물류시설
2. 집적[클러스터(cluster)]물류시설 : 물류터미널 및 물류단지 등 **둘 이상**의 단위물류시설 등이 함께 설치된 물류시설
3. 연계물류시설 : 물류시설 상호 간의 화물운송이 원활히 이루어지도록 제공되는 도로 및 철도 등 **교통시설**

> **주의** 연계물류시설이란 물류터미널 및 물류단지 등 둘 이상의 단위물류시설 등이 함께 설치된 물류시설을 말한다. (×)

③ 수립 시 포함사항 : 물류시설개발종합계획에는 다음 각 호의 사항이 포함되어야 한다.

1. 물류시설의 **장래수요**에 관한 사항
2. 물류시설의 **공급정책 등**에 관한 사항
3. 물류시설의 **지정·개발**에 관한 사항
4. 물류시설의 **지역별·규모별·연도별 배치** 및 **우선순위**에 관한 사항
5. 물류시설의 **기능개선 및 효율화**에 관한 사항
6. 물류시설의 **공동화·집단화**에 관한 사항
7. 물류시설의 **국내 및 국제 연계수송망 구축**에 관한 사항
8. 물류시설의 **환경보전·관리**에 관한 사항
9. 도심지에 위치한 물류시설의 **정비와 교외이전(郊外移轉)**에 관한 사항
10. 용수·에너지·통신시설 등 **기반시설**에 관한 사항

> **주의** 물류시설의 개별화·정보화에 관한 사항 (×) [기출 19]

> **주의** 용수·에너지·통신시설 등 기반시설에 관한 사항도 물류시설개발종합계획에 포함되어야 한다. (○) [기출 18]

제5조【물류시설개발종합계획의 수립절차】★★★

① **수립 및 변경절차 : 국토교통부장관**은 물류시설개발종합계획을 수립하는 때에는 **관계 행정기관의 장**으로부터 **소관별 계획을 제출**받아 이를 기초로 물류시설개발종합계획안을 작성하여 **특별시장 · 광역시장 · 특별자치시장 · 도지사 또는 특별자치도지사**(이하 "**시 · 도지사**"라 함)의 **의견**을 듣고 **관계 중앙행정기관의 장**과 **협의**한 후「물류정책기본법」의 **물류시설분과위원회**의 **심의**를 거쳐야 한다. 물류시설개발종합계획 중 대통령령으로 정하는 사항을 변경하려는 때에도 또한 같다.

> ①후단에서 "대통령령으로 정하는 사항을 변경하려는 때"란 물류시설별 물류시설용지면적의 **100분의 10 이상**으로 물류시설의 수요 · 공급계획을 변경하려는 때를 말한다(영 제3조 제2항).

> **주의** 물류시설개발종합계획에서 물류시설별 물류시설용지면적의 100분의 10 이상으로 물류시설의 수요 · 공급계획을 변경하려는 때에는 물류시설분과위원회의 심의를 거쳐야 한다. (○) [기출 18]

② **수립 및 변경 사실의 고시 : 국토교통부장관**은 ①에 따라 물류시설개발종합계획을 수립하거나 변경한 때에는 이를 **관보에 고시하여야 한다.**

③ **변경의 요청 : 관계 중앙행정기관의 장**은 필요한 경우 국토교통부장관에게 물류시설개발종합계획을 변경하도록 요청할 수 있다.

> 관계 중앙행정기관의 장은 ③에 따라 물류시설개발종합계획의 변경을 요청할 때에는 국토교통부장관에게 **물류시설의 현황, 자금조달계획 및 투자계획**, 그 밖에 국토교통부령으로 정하는 사항(**물류시설개발종합계획의 주요 변경내용에 관한 대비표**)에 관한 서류를 제출하여야 한다(영 제3조 제3항, 규칙 제3조).

> **주의** 시 · 도지사는 해양수산부장관에게 물류시설개발종합계획의 변경을 청구할 수 있다. (×) [기출 18]

> **주의** 관계 중앙행정기관의 장이 물류시설개발종합계획의 변경을 요청할 때에는 물류시설개발종합계획의 주요 변경내용에 관한 대비표를 국토교통부장관에게 제출하여야 한다. (○) [기출 20]

④ **자료 제출 또는 협조의 요청 : 국토교통부장관**은 대통령령으로 정하는 바에 따라 관계 기관에 물류시설개발종합계획을 수립하거나 변경하는 데에 필요한 자료의 제출을 요구하거나 협조를 요청할 수 있으며, 그 요구나 요청을 받은 관계 기관은 정당한 사유가 없으면 이에 따라야 한다.

> 국토교통부장관은 ④에 따라 물류시설개발종합계획의 수립 또는 변경에 필요한 자료의 요구나 협조를 요청할 때에는 그 자료 또는 협조의 내용과 제출기간을 명확히 하여야 한다.

⑤ **물류시설의 조사 : 국토교통부장관**은 물류시설개발종합계획을 효율적으로 수립하기 위하여 필요하다고 인정하는 때에는 물류시설에 대하여 조사할 수 있다. 이 경우 물류시설의 조사에 관하여는 「물류정책기본법」 제7조(물류현황조사 규정)를 준용한다.

🌼참고 BOX

물류시설개발종합계획의 수립절차

소관별 계획 제출(관계 행정기관장) → 물류시설개발종합계획안 작성(국토교통부장관) → 의견청취(시 · 도지사) → 협의(관계 중앙행정기관장) → 심의(물류시설분과위원회) → (계획수립 또는 변경) 관보 고시

제6조 【물류시설개발종합계획과 다른 계획과의 관계】 ★☆☆

① 타 계획과의 조화 : 물류시설개발종합계획은 「물류정책기본법」 규정에 의한 **국가물류 기본계획**과 **조화**를 이루어야 한다.

> **주의** 물류시설개발종합계획은 「국토기본법」에 따른 국토종합개발계획과 조화를 이루어야 한다. (×)

② 상충·중복의 금지 : **국토교통부장관, 관계 중앙행정기관의 장 또는 시·도지사**는 물류 시설을 **지정·개발**하거나 **인·허가**를 할 때 이 법에 따라 수립된 물류시설개발종합계 획과 상충되거나 중복되지 아니하도록 하여야 한다.

③ 변경 및 조정의 요청 : **국토교통부장관, 관계 중앙행정기관의 장 또는 시·도지사**는 다음 각 호의 어느 하나에 해당하는 경우에는 **그 계획을 변경하도록 요청할 수 있다.** 이 경우 조정이 필요하면 「물류정책기본법」에 따른 **물류시설분과위원회**에 조정을 요청할 수 있다.

  1. 다른 행정기관이 직접 지정·개발하려는 물류시설 개발계획이 물류시설개발종합 계획과 상충되거나 중복된다고 인정하는 경우
  2. 다른 행정기관이 인·허가를 하려는 물류시설 개발계획이 물류시설개발종합계획 과 상충되거나 중복된다고 인정하는 경우

> **주의** 국토교통부장관은 물류시설개발종합계획과 다른 행정기관이 직접 지정·개발하려는 물류시설 개 발계획이 상충되거나 중복된다고 인정하는 경우, 물류시설개발 종합계획을 변경하여야 한다. (×)

출제 POINT | 빈칸 문제

⟶ (❶)은 물류시설의 합리적 개발·배치 및 물류체계 효율화 등을 위해 물류시설의 개발에 관한 종합계획을 (❷)년 단위로 수립해야 한다.

⟶ (❸)이란 물류터미널 및 물류단지 등 둘 이상의 단위물류시설 등이 함께 설치된 물류시설을 말한다.

⟶ (❶)은 물류시설개발종합계획을 수립하는 때에는 관계 행정기관의 장으로부터 소관별 계획을 제출받아 이를 기초로 물류시설개발종합계획안을 작성하여 특별시장·광역시장·특별자치시장 ·도지사 또는 특별자치도지사(이하 "시·도지사"라 한다)의 의견을 듣고 (❹)와/과 협의한 후 「물류정책기본법」상 물류시설분과위원회의 심의를 거쳐야 한다.

⟶ 용수·(❺)·통신시설 등 기반시설에 관한 사항도 물류시설개발종합계획에 포함되어야 한다.

⟶ 물류시설개발종합계획에서 물류시설별 물류시설용지면적의 (❻) 이상으로 물류시설의 수요·공 급계획을 변경하려는 때에는 물류시설분과위원회의 심의를 거쳐야 한다.

⟶ 관계 중앙행정기관의 장이 물류시설개발종합계획의 변경을 요청할 때에는 물류시설개발종합계획 의 주요 변경내용에 관한 (❼)를 국토교통부장관에게 제출하여야 한다.

⟶ 물류시설개발종합계획은 「물류정책기본법」의 규정에 의한 국가물류기본계획과 (❽)를 이루어야 한다.

⟶ 국토교통부장관, 관계 중앙행정기관의 장 또는 시·도지사는 물류시설을 지정·개발하거나 인· 허가를 할 때 이 법에 따라 수립된 물류시설개발종합계획과 (❾)되거나 (❿)되지 아니하도록 하여야 한다.

> ❶ 국토교통부장관 ❷ 5(년) ❸ 집적 물류시설 ❹ 관계 중앙행정기관의 장 ❺ 에너지 ❻ 100분의 10 **정답**
> ❼ 대비표 ❽ 조화 ❾ 상충 ❿ 중복

제3장 물류터미널사업

제7조 【복합물류터미널사업의 등록】 ★★★

① 등록기관 : 복합물류터미널사업을 경영하려는 자는 **국토교통부령(규칙 제4조)으로** 정하는 바에 따라 **국토교통부장관**에게 **등록**하여야 한다.

> **주의** 복합물류터미널사업을 경영하려는 자는 국토교통부령으로 정하는 바에 따라 국토교통부장관의 인가를 받아야 한다. (×) [기출 19]

② 등록을 할 수 있는 자 : ①에 따른 등록을 할 수 있는 자는 다음 각 호의 어느 하나에 해당하는 자로 한다.

1. 국가 또는 지방자치단체
2. 「공공기관의 운영에 관한 법률」에 따른 공공기관 중 대통령령(영 제4조 제1항)으로 정하는 다음의 공공기관
   - 「한국철도공사법」에 따른 한국철도공사
   - 「한국토지주택공사법」에 따른 한국토지주택공사
   - 「한국도로공사법」에 따른 한국도로공사
   - 「한국수자원공사법」에 따른 한국수자원공사
   - 「한국농어촌공사 및 농지관리기금법」에 따른 한국농어촌공사
   - 「항만공사법」에 따른 항만공사
3. 「지방공기업법」에 따른 지방공사
4. 「특별법」에 따라 설립된 법인
5. 「민법」 또는 「상법」에 따라 설립된 법인

> **주의** 국가가 직접 복합물류터미널사업을 경영할 수는 없다. (×) [기출 18]

> **주의** 지방자치단체는 복합물류터미널 사업의 등록을 할 수 없다. (×) [기출 17]

> **주의** 「한국토지주택공사법」에 따른 한국토지주택공사는 복합물류터미널 사업의 등록을 할 수 있다. (○)

 참고 BOX

복합물류터미널사업의 등록신청(규칙 제4조)

복합물류터미널사업의 등록을 하려는 자는 등록신청서에 다음의 서류를 첨부하여 국토교통부장관에게 제출하여야 한다. 이 경우 국토교통부장관은 「전자정부법」에 따른 행정정보의 공동이용을 통하여 양수인의 법인 등기사항증명서(신청인이 법인인 경우만 해당)를 확인하여야 한다.

- 등록기준에 적합함을 증명하는 서류
- 복합물류터미널의 부지 및 설비의 배치를 표시한 축척 500분의 1 이상의 평면도
- 신청인(법인인 경우에는 그 임원)이 외국인인 경우에는 결격사유 중 어느 하나에 해당하지 아니함을 확인할 수 있는 서류
  - '외국공문서에 대한 인증의 요구를 폐지하는 협약'을 체결한 국가의 경우 : 해당 국가의 정부 그 밖에 권한 있는 기관이 발행한 서류이거나 공증인이 공증한 해당 외국인의 진술서로서 해당 국가의 아포스티유(Apostille) 확인서 발급권한이 있는 기관이 그 확인서를 발급한 서류

- '외국공문서에 대한 인증의 요구를 폐지하는 협약'을 체결하지 않은 국가의 경우 : 해당 국가의 정부 그 밖에 권한 있는 기관이 발행한 서류이거나 공증인이 공증한 해당 외국인의 진술서로서 해당 국가에 주재하는 우리나라 영사가 확인한 서류
- 신청인이 외국인투자기업인 경우에는 「외국인투자촉진법」에 따른 외국인투자자를 증명할 수 있는 서류

주의 「상법」에 따라 설립된 법인의 임원이 외국인인 경우 그 법인은 복합물류터미널사업자의 등록을 할 수 없다. (×)

주의 등록신청을 하려는 자는 복합물류터미널의 부지 및 설비의 배치를 표시한 축척 1000분의 1인 평면도를 제출하여야 한다. (×) [기출 18]

③ **등록사항의 변경등록** : ②에 따라 복합물류터미널사업의 등록을 한 자(이하 "복합물류터미널사업자"라 함)가 그 등록한 사항 중 대통령령으로 정하는 사항을 변경하려는 경우에는 **대통령령(영 제4조 제3항)**으로 정하는 바에 따라 **변경등록**을 하여야 한다.

③에서 "대통령령으로 정하는 사항"이란 **다음 각 호 외의 사항**을 말한다(▼ 변경등록 제외대상).
1. 복합물류터미널의 부지 면적의 변경(변경 횟수에 불구하고 통산하여 부지 면적의 10분의 1 미만의 변경만 해당한다)
2. 복합물류터미널의 구조 또는 설비의 변경
3. 영업소의 명칭 또는 위치의 변경

주의 복합물류터미널사업자가 그 등록한 사항 중 복합물류터미널 부지 면적의 10분의 1 이상을 변경한 때에는 이를 변경등록 하여야 한다. (○) [기출 18 · 16]

주의 복합물류터미널사업자가 등록한 사항 중 영업소 명칭 또는 위치의 변경, 복합물류터미널의 구조 또는 설비의 변경은 변경등록을 하여야 하는 경우에 해당하지 않는다. (○)

참고 BOX

변경등록의 신청(영 제4조 제3항)

복합물류터미널사업의 등록을 한 자(복합물류터미널사업자)는 등록사항을 변경하려는 경우에는 국토교통부령(규칙 제6조)으로 정하는 다음의 서류를 갖추어 **국토교통부장관**에게 변경등록신청을 하여야 한다.
- 복합물류터미널사업자가 변경등록신청을 하려는 때에는 변경등록신청서에 변경사실을 증명하는 서류를 첨부하여 국토교통부장관에게 제출하여야 한다.
- 국토교통부장관은 변경등록신청을 받은 경우 **등록기준에 적합한지 여부와 등록의 결격사유에 해당하는지 여부**를 심사한 후 그 신청내용이 적합하다고 인정할 때에는 **지체없이** 변경등록을 하여야 한다.

④ **등록기준** : ①에 따른 등록을 하려는 자가 갖추어야 할 등록기준은 다음 각 호와 같다.
1. **위치** : 복합물류터미널이 해당 지역 운송망의 **중심지**에 위치하여 다른 교통수단과 쉽게 **연계**될 것
2. **부지 면적** : 부지 면적이 **3만3천제곱미터** 이상일 것
3. **시설** : '주차장', '화물취급장', '창고 또는 배송센터'의 시설을 갖출 것
4. **타 계획과 배치 금지** : 물류시설개발종합계획 및 「물류정책기본법」에 따른 **국가물류기본계획상의 물류터미널의 개발 및 정비계획 등**에 배치되지 아니할 것

주의 복합물류터미널사업의 등록기준 중 부지 면적은 100만 제곱미터 이상이어야 한다. (×) [기출 10]

주의 복합물류터미널사업의 등록을 하려면 부지 면적이 10,000제곱미터 이상이어야 한다. (×) [기출 21]

주의 복합물류터미널사업의 등록을 하려는 자는 주차장, 화물취급장, 창고 또는 배송센터를 갖추어야 한다. (O) [기출 17]

⑤ 등록의 수리 : 국토교통부장관은 ② 각 호의 어느 하나에 해당하는 자가 ①에 따라 등록신청을 하는 경우에는 다음 각 호의 어느 하나에 해당하는 경우를 제외하고는 같은 항에 따른 등록을 해주어야 한다.
1. 등록신청자가 ④ 각 호의 등록기준을 갖추지 못한 경우
2. 등록의 결격사유에 해당하는 경우

제8조【등록의 결격사유】★★☆

다음 각 호의 어느 하나에 해당하는 자는 **복합물류터미널사업의 등록을 할 수 없다.**
1. **벌금형 :** **이 법**을 위반하여 **벌금형** 이상을 선고받은 후 **2년**이 지나지 아니한 자
2. **등록취소 :** 복합물류터미널사업 **등록이 취소**(제3호 가목에 해당하여 등록이 취소된 경우는 제외함)된 후 **2년**이 지나지 아니한 자
3. **법인의 임원 :** 법인으로서 그 임원 중에 제1호 또는 다음 각 목의 어느 하나에 해당하는 자가 있는 경우
   가. **피성년후견인** 또는 **파산선고**를 받고 **복권**되지 아니한 자
   나. 이 법을 위반하여 금고 이상의 실형을 선고받고 그 **집행이 종료**(집행이 종료된 것으로 보는 경우를 포함)되거나 **집행이 면제**된 날부터 **2년**이 지나지 아니한 자
   다. 이 법을 위반하여 금고 이상의 형의 **집행유예**를 선고받고 그 유예기간 중에 있는 자

주의 법인의 임원 중에 「물류시설의 개발 및 운영에 관한 법률」을 위반하여 금고 이상의 실형을 선고받고 그 집행이 종료된 날부터 3년이 된 자가 있는 법인은 복합물류터미널 사업의 등록을 할 수 없다. (×) [기출 17]

주의 법인으로서 그 임원 중에 이 법을 위반하여 징역의 실형을 선고 받고 그 집행이 종료된 날부터 3년이 지난 자가 있는 경우 (×) [기출 15]

제9조【공사시행의 인가】★★☆

① 물류터미널 공사시행의 인가기관 등
   ㉠ **복합물류터미널사업자 :** 복합물류터미널사업자는 건설하려는 물류터미널의 구조 및 설비 등에 관한 공사계획을 수립하여 **국토교통부장관**의 **공사시행인가**를 **받아야 한다.**
   ㉡ **일반물류터미널사업을 경영하려는 자 :** 일반물류터미널사업을 경영하려는 자는 물류터미널 건설에 관하여 필요한 경우 **시·도지사**의 **공사시행인가**를 **받을 수 있다.**

   주의 일반물류터미널사업을 경영하려는 자는 물류터미널 건설에 관하여 필요한 경우 국토교통부장관의 공사시행인가를 받아야 한다. (×) [기출 20]

   ㉢ **공사계획의 변경인가 :** 인가받은 공사계획 중 **대통령령으로 정하는 사항**을 변경하는 경우와 복합물류터미널사업자가 「산업집적활성화 및 공장설립에 관한 법률」에 따른 제조시설 및 그 부대시설과 「유통산업발전법」에 따른 대규모점포 및 준대규

모점포의 매장과 그 매장에 포함되는 용역의 제공장소(이하 "점포등"이라 함)를 설치하는 경우에는 해당 인가권자의 변경인가를 받아야 한다.

ⓒ에 따라 공사계획의 변경에 관한 인가를 받아야 하는 경우는 다음 각 호와 같다(영 제5조 제2항).
1. 공사의 기간을 변경하는 경우
2. 물류터미널의 부지 면적을 변경하는 경우(부지 면적의 10분의 1 이상을 변경하는 경우만 해당한다)
3. 물류터미널 안의 건축물의 연면적(하나의 건축물의 각 층의 바닥면적의 합계를 말한다. 이하 같다)을 변경하는 경우(연면적의 10분의 1 이상을 변경하는 경우만 해당한다)
4. 물류터미널 안의 공공시설 중 도로·철도·광장·녹지나 그 밖에 국토교통부령으로 정하는 시설(주차장, 상수도, 하수도, 유수지, 운하, 부두, 오·폐수시설 및 공동구)을 변경하는 경우

> **주의** 물류터미널 안의 공공시설 중 오·폐수시설 및 공동구를 변경하는 경우에는 인가권자의 변경인가를 받아야 한다. (O) [기출 20]

② 의견수렴 및 협의 : **국토교통부장관 또는 시·도지사**는 ①에 따른 공사시행인가 또는 변경인가를 하려는 때에는 관할 특별자치시장·특별자치도지사·시장·군수 또는 구청장(자치구의 구청장을 말함. 이하 "**시장·군수·구청장**"이라 함)의 의견을 듣고, 관계 법령에 적합한지를 **미리 소관 행정기관의 장**과 협의하여야 한다.

③ 의견서 제출 기한 : ②에 따른 협의를 요청받은 **소관 행정기관의 장**은 협의 요청받은 날부터 **20일 이내**에 의견을 제출하여야 하며, 그 기간 내에 의견을 제출하지 아니하면 의견이 없는 것으로 본다.

④ 인가의 수리 : 국토교통부장관 또는 시·도지사는 ①에 따른 **공사계획**이 국토교통부령으로 정하는 **구조 및 설비기준에 적합한 경우**에는 인가를 하여야 한다.

⑤ 인가 등 사실의 고시 : 국토교통부장관 또는 시·도지사는 ①에 따른 **공사시행인가 또는 변경인가를 한 때**에는 국토교통부령으로 정하는 바에 따라 **고시하여야 한다.**

출제 POINT | 빈칸 문제

··· 복합물류터미널사업을 경영하려는 자는 국토교통부령으로 정하는 바에 따라 (❶)에게 (❷)하여야 한다.
··· 복합물류터미널사업의 등록신청을 하려는 자는 복합물류터미널의 부지 및 설비의 배치를 표시한 축척 (❸)분의 1인 평면도를 제출하여야 한다.
··· 특별법에 따라 설립된 법인은 복합물류터미널사업을 경영할 수 (❹).
··· 복합물류터미널사업자가 그 등록한 사항 중 복합물류터미널 부지 면적의 10분의 1 (❺)을 변경한 때에는 이를 변경등록 하여야 한다.
··· 복합물류터미널사업의 등록기준 중 부지 면적은 (❻) 제곱미터 이상이어야 한다.
··· 법인의 임원 중에 「물류시설의 개발 및 운영에 관한 법률」을 위반하여 금고 이상의 실형을 선고받고 그 집행이 종료된 날부터 3년이 된 자가 있는 법인은 복합물류터미널 사업의 등록을 할 수 (❼).
··· 일반물류터미널사업을 경영하려는 자는 물류터미널 건설에 관하여 필요한 경우 (❽)의 공사시행인가를 받을 수 있다.

❶ 국토교통부장관 ❷ 등록 ❸ 500 ❹ 있다 ❺ 이상 ❻ 3만3천 ❼ 있다 ❽ 시·도지사 **정답**

제10조 【토지등의 수용ㆍ사용】 ★☆☆

① 토지등의 수용ㆍ사용

　㉠ **공사시행인가를 받은 자**(이하 "물류터미널사업자"라 함)가 물류터미널(「국토의 계획 및 이용에 관한 법률」에 따른 도시ㆍ군계획시설에 해당하는 물류터미널에 한정함)을 건설하는 경우에는 <u>이에 필요한 토지ㆍ건축물 또는 토지에 정착한 물건과 이에 관한 소유권 외의 권리</u>, 광업권ㆍ어업권ㆍ양식업권 및 물의 사용에 관한 권리(이하 "토지등"이라 함)를 **수용**하거나 **사용**할 수 있다.

　㉡ **다만, 다음 각 호에 해당하지 아니하는 자가 토지등을 수용하거나 사용하려면** 사업대상 토지(국유지ㆍ공유지는 제외)면적의 **3분의 2 이상**에 해당하는 **토지를 소유**하고, 토지소유자 총수의 **2분의 1 이상**에 해당하는 자의 **동의를 받아야 한다.**

　　1. 국가 또는 지방자치단체

　　2. 대통령령으로 정하는 공공기관

　　3. 그 밖에 공익 목적을 위하여 개발사업을 시행하는 자로서 대통령령으로 정하는 자

　　주의 물류터미널사업자는 필요한 토지ㆍ건축물 또는 토지에 정착한 물건을 수용할 수 있으나, 소유권 외의 권리는 수용할 수 없다. (×) [기출 12]

② 사업인정 등

　①에 따라 토지등을 수용하거나 사용할 때 공사시행인가의 고시가 있는 때에는 「공익사업을 위한 토지 등의 취득 및 보상에 관한 법률」에 따른 사업인정 및 사업인정의 고시를 한 것으로 보며, 재결(裁決)의 신청은 같은 법 규정에도 불구하고 공사시행인가에서 정한 사업의 시행기간 내에 할 수 있다.

③ 타 법규의 준용 : ①에 따른 토지등의 수용ㆍ사용에 관하여는 이 법에 특별한 규정이 있는 경우 외에는 「공익사업을 위한 토지 등의 취득 및 보상에 관한 법률」을 준용한다.

제11조 【토지매수업무 등의 위탁】 ☆☆☆

물류터미널사업자는 물류터미널의 건설을 위한 **토지매수업무ㆍ손실보상업무 및 이주대책에 관한 업무**를 「공익사업을 위한 토지 등의 취득 및 보상에 관한 법률」 제81조 제1항 각 호의 기관에 **위탁하여 시행할 수 있다.** 이 경우 위탁수수료 등에 관하여는 같은 법 제81조 제2항을 준용한다.

주의 물류터미널사업자는 물류터미널의 건설을 위한 이주대책에 관한 업무를 직접 수행하여야하며, 이를 위탁할 수 없다. (×) [기출 12]

제12조 【토지 출입 등】 ★☆☆

물류터미널사업자는 물류터미널의 건설을 위하여 필요한 때에는 다른 사람의 **토지에 출입**하거나 이를 **일시 사용**할 수 있으며, 나무, 토석, 그 밖의 장애물을 **변경**하거나 **제거**할 수 있다.

주의 물류터미널사업자는 물류터미널의 건설을 위하여 필요한 때에는 다른 사람의 토지에 출입하거나 이를 일시 사용할 수 있으나, 나무 또는 토석은 제거할 수 없다. (×) [기출 13ㆍ12]

제13조 【국·공유지의 처분제한】 ★★☆

① 건설부지 안 토지의 처분 : 물류터미널을 건설하기 위한 부지 안에 있는 **국가 또는 지방자치단체 소유의 토지**로서 물류터미널 건설사업에 필요한 토지는 해당 물류터미널 건설사업 목적이 아닌 **다른 목적으로 매각하거나 양도할 수 없다.**

② 건설부지 안 재산의 처분 : 물류터미널을 건설하기 위한 부지 안에 있는 **국가 또는 지방자치단체 소유의 재산**은 「국유재산법」, 「공유재산 및 물품 관리법」, 그 밖의 다른 법령에도 불구하고 **물류터미널사업자**에게 **수의계약으로 매각할 수 있다**(전단). 이 경우 그 재산의 용도폐지(행정재산인 경우에 한정함) 및 매각에 관하여는 **국토교통부장관 또는 시·도지사**가 미리 관계 행정기관의 장과 **협의**하여야 한다(후단).

> **주의** 국가 또는 지방자치단체는 그 소유의 재산이 물류터미널을 건설하기 위한 부지 안에 있더라도, 이 재산을 물류터미널사업자에게 수의계약으로 매각할 수 없다. (×) [기출 12]

③ 협의등 조치 기한 : ② 후단에 따른 협의요청이 있은 때에는 **관계 행정기관의 장**은 그 요청을 받은 날부터 **30일 이내**에 용도폐지 및 매각, 그 밖에 필요한 조치를 하여야 한다.

④ 관리청이 불분명한 재산의 처리 : ②에 따라 물류터미널사업자에게 매각하려는 재산 중 **관리청이 불분명한 재산**은 다른 법령에도 불구하고 **기획재정부장관**이 이를 관리하거나 처분한다.

제14조 【사업의 승계】 ★★☆

① 사업승계 : 복합물류터미널사업자가 그 사업을 **양도**하거나 법인이 **합병**한 때에는 그 **양수인** 또는 합병 후 **존속**하는 **법인**이나 합병에 의하여 **설립**되는 **법인**은 복합물류터미널사업의 등록에 따른 **권리·의무**를 승계한다.

② 승계신고 : ①에 따라 복합물류터미널사업의 등록에 따른 권리·의무를 승계한 자는 국토교통부령으로 정하는 바에 따라 **국토교통부장관**에게 **신고**하여야 한다.

> ②에 따라 복합물류터미널사업의 양도·양수를 신고하려는 자는 양도·양수신고서(전자문서로 된 신고서를 포함)를, 복합물류터미널사업인 법인의 합병신고를 하려는 자는 법인합병신고서(전자문서로 된 신고서를 포함)를 그 권리·의무의 승계일부터 30일 이내에 국토교통부장관에게 제출하여야 한다.

> **주의** 복합물류터미널사업의 양도·양수를 신고하려는 자는 그 권리·의무의 승계를 받으려는 날로부터 7일 이전에 신고서를 국토교통부장관에게 제출하여야 한다. (×)

③ 신고수리 여부의 통지 : 국토교통부장관은 ②에 따른 신고를 받은 날부터 **10일 이내**에 신고수리 여부를 **신고인**에게 통지하여야 한다.

④ 신고수리 기한의 연장 등 : 국토교통부장관이 ③에서 정한 기간 내에 신고수리 여부 또는 민원 처리 관련 법령에 따른 처리기간의 연장을 **신고인에게 통지하지 아니하면** 그 기간(민원 처리 관련 법령에 따라 처리기간이 연장 또는 재연장된 경우에는 해당 처리기간을 말함)이 **끝난 날의 다음 날**에 신고를 수리한 것으로 본다.

⑤ 승계의 결격사유 : ①에 따라 승계한 자의 결격사유에 관하여는 이 법 제8조를 준용한다.

제15조 【사업의 휴업 · 폐업】 ★★☆

① 휴업 · 폐업신고 : 복합물류터미널사업자는 복합물류터미널사업의 **전부 또는 일부**를 **휴업**하거나 **폐업**하려는 때에는 **미리 국토교통부장관**에게 **신고**하여야 한다.

② 법인의 해산신고 : 복합물류터미널사업자인 법인이 **합병 외의 사유**로 해산한 경우에는 그 **청산인**(파산에 따라 해산한 경우에는 파산관재인을 말함)은 **지체 없이** 그 사실을 **국토교통부장관에게 신고**하여야 한다.

> 법 제15조에 따라 복합물류터미널사업의 휴업 · 폐업신고 또는 복합물류터미널사업자인 법인의 합병 외의 사유에 따른 해산신고를 하려는 자는 휴업 · 폐업 또는 해산신고서를 휴업 · 폐업 또는 해산한 날부터 7일 이내에 국토교통부장관에게 제출하여야 한다.

③ 휴업기간 : ①에 따른 휴업기간은 **6개월**을 초과할 수 없다.

④ 휴 · 폐업 사실의 사전 게시 : 복합물류터미널사업자가 사업의 전부 또는 일부를 휴업하거나 폐업하려는 때에는 **미리** 그 **취지**를 **영업소나 그 밖에 일반 공중(公衆)이 보기 쉬운 곳**에 게시하여야 한다.

> 주의 복합물류터미널사업의 일부를 휴업하는 경우 그 휴업기간은 1년을 초과할 수 없다. (×)

> 주의 복합물류터미널사업자인 법인이 합병의 사유로 해산하는 경우에는 그 청산인은 미리 그 사실을 국토교통부장관에게 신고하여야 한다. (×) [기출 18]

제16조 【등록증대여 등의 금지】 ☆☆☆

복합물류터미널사업자는 다른 사람에게 자기의 성명 또는 상호를 사용하여 **사업**을 하게 하거나 그 등록증을 **대여**하여서는 아니 된다.

※ 위반시 등록의 취소 및 1년 이하의 징역 또는 1천만원 이하의 벌금 부과대상

제17조 【등록의 취소 등】 ★★☆

① **국토교통부장관**은 **복합물류터미널사업자**가 다음 각 호의 어느 하나에 해당하는 때에는 그 등록을 취소하거나 **6개월 이내의 기간**을 정하여 **사업의 정지**를 명할 수 있다. 다만, **제1호 · 제4호 · 제7호 또는 제8호에 해당하는 때에는 등록을 취소하여야 한다**.

1. **거짓**이나 그 밖의 **부정한 방법**으로 등록을 한 때
2. 변경등록을 하지 아니하고 등록사항을 변경한 때
3. 등록기준에 맞지 아니하게 된 때. 다만, 3개월 이내에 그 기준을 충족시킨 때에는 그러하지 아니하다.
4. **등록의 결격사유**(법 제8조) 중 어느 하나에 해당하게 된 때. 다만, 법인 임원의 결격사유(같은 조 제3호)에 해당하는 경우로서 그 사유가 발생한 날부터 **3개월 이내**에 해당 임원을 **개임(改任)한 경우**에는 그러하지 아니하다.
5. 공사시행인가 또는 변경인가를 받지 아니하고 공사를 시행하거나 변경한 때
6. 사업의 전부 또는 일부를 휴업한 후 정당한 사유 없이 신고한 휴업기간이 지난 후에도 사업을 재개(再開)하지 아니한 때
7. **등록증대여 등의 금지 규정**(법 제16조)을 위반하여 다른 사람에게 자기의 성명 또는 상호를 사용하여 사업을 하게 하거나 등록증을 대여한 때

8. 이 조에 따른 **사업정지명령**을 위반하여 그 사업정지기간 중에 영업을 한 때

② ①에 따른 처분의 기준 및 절차 등에 관한 사항은 국토교통부령으로 정한다.

> **주의** 복합물류터미널사업자가 다른 사람에게 등록증을 대여한 때에는 그 등록을 취소하거나 6개월 이내의 기간을 정하여 사업정지를 명할 수 있다. (×) [기출 19·16]

> **주의** 변경등록을 하지 아니하고 등록사항을 변경한 때 국토교통부장관은 복합물류터미널사업자의 등록을 취소하여야 한다. (×) [기출 20]

> **주의** 복합물류터미널사업자가 「물류시설의 개발 및 운영에 관한 법률」에 따른 사업정지명령을 위반하여 그 사업정지 기간 중에 영업을 한 경우 이는 징역형에 처할 수 있는 위반행위에 해당한다. (×) [기출 17]

제18조 【과징금】 ★☆☆

① 과징금 부과 대상 : 국토교통부장관은 복합물류터미널사업자가 제17조 제1항 각 호의 어느 하나에 해당하여 **사업의 정지**를 명하여야 하는 경우로서 그 사업의 정지가 그 **사업의 이용자 등에게 심한 불편을 주는 경우**에는 그 사업정지처분을 갈음하여 **5천만원 이하**의 과징금을 부과할 수 있다.

② 그 밖의 필요한 사항 : ①에 따라 과징금을 부과하는 위반행위의 종류와 그 정도에 따른 과징금의 금액, 그 밖에 필요한 사항은 대통령령으로 정한다.

③ 과징금 미납시 조치 : 국토교통부장관은 ①에 따라 과징금을 내야 할 자가 납부기한까지 과징금을 내지 아니하면 대통령령으로 정하는 바에 따라 **국세강제징수의 예**에 따라 징수한다.

제19조 【물류터미널사업협회】 ★☆☆

① 복합물류터미널사업자 및 일반물류터미널을 경영하는 자는 물류터미널사업의 건전한 발전과 사업자의 공동이익을 도모하기 위하여 대통령령으로 정하는 바에 따라 사업자협회(이하 "**물류터미널사업협회**"라 함)를 설립할 수 있다.

② 물류터미널사업협회를 설립하려는 경우에는 해당 협회의 회원의 자격이 있는 자 중 **5분의 1 이상의 발기인이 정관을 작성**하여 해당 협회의 회원 자격이 있는 자의 **3분의 1 이상**이 출석한 **창립총회의 의결**을 거친 후 **국토교통부장관의 설립인가**를 받아야 한다.

③ 물류터미널사업협회는 ②에 따른 설립인가를 받아 **설립등기**를 함으로써 성립한다.

④ 물류터미널사업협회는 **법인**으로 한다.

⑤ 물류터미널사업협회에 관하여 이 법에서 규정한 것 외에는 「민법」 중 **사단법인**에 관한 규정을 준용한다.

⑥ 물류터미널사업협회의 업무 및 정관 등에 필요한 사항은 **대통령령**으로 정한다.

제20조 【물류터미널 개발의 지원】 ★★★

① **국가 또는 지방자치단체**는 물류터미널사업자가 다음의 어느 하나에 해당하는 사업을 수행하는 경우에는 소요자금의 **일부를 융자**하거나 **부지의 확보를 위한 지원**을 할 수 있다.

1. 물류터미널의 **건설**
2. 물류터미널 **위치의 변경**

3. 물류터미널의 규모·구조 및 설비의 확충 또는 개선

주의 물류인력에 대한 자체 교육·연수 (×) [기출 12]

주의 국가 또는 지방자치단체는 물류터미널사업자가 물류터미널의 건설을 수행하는 경우에는 지분의 50% 이상을 확보하는 조건으로 소요자금의 일부를 지원할 수 있다. (×) [기출 14]

주의 국가 또는 지방자치단체는 물류터미널사업자가 물류터미널의 위치를 변경하고자 할 때 소요자금 전부의 예치를 조건으로 부지의 확보를 위한 행정지원을 할 수 있다. (×)

② **국가 또는 지방자치단체**는 ①에 따른 물류터미널사업자가 설치한 물류터미널의 원활한 운영에 필요한 도로·철도·용수시설 등 대통령령으로 정하는 기반시설의 설치 또는 개량에 **필요한 예산을 지원**할 수 있다.

주의 지방자치단체는 물류터미널사업자가 설치한 물류터미널의 원활한 운영에 필요한 도로·철도·용수시설 등 기반시설의 설치 또는 개량에 필요한 예산을 전액 부담하여야 한다. (×) [기출 14]

②에서 도로·철도·용수시설 등 대통령령으로 정하는 기반시설이란 다음 각 호의 어느 하나에 해당하는 시설을 말한다(영 제12조의2).
1. 「도로법」에 따른 도로
2. 「철도산업발전기본법」에 따른 철도
3. 「수도법」에 따른 수도시설
4. 「물환경보전법」에 따른 수질오염방지시설

주의 「폐기물관리법」 제2조 제8호에 따른 폐기물처리시설의 설치 (×) [기출 18]

③ 국토교통부장관은 ①의 사업 또는 ②의 운영을 위하여 필요하다고 인정하는 경우에는 시·도지사에게 부지의 확보 및 도시·군계획시설의 설치 등에 관한 **협조를 요청할 수 있다.**

주의 국토교통부장관은 사업의 필요에 의해 부지확보 및 도시·군계획시설을 설치할 수 있다. (×)

제20조의2 【물류터미널의 활성화 지원】 ★★☆

① **국토교통부장관 또는 시·도지사**는 건설·운영 중인 물류터미널의 활성화를 위하여 필요한 경우 물류터미널에 「산업집적활성화 및 공장설립에 관한 법률」에 따른 제조시설 및 그 부대시설과 「유통산업발전법」에 따른 점포등의 설치를 포함하여 공사시행 변경인가를 할 수 있다. 다만, 일반물류터미널은 화물자동차 운행에 필요한 품목의 제조 또는 판매를 위한 시설의 설치에 한정한다.

② ①에 따라 국토교통부장관 또는 시·도지사가 공사시행 변경인가를 하는 경우 다음 각 호의 사항을 준수하여야 한다.
  1. **부지 면적** : 제조시설 및 그 부대시설과 점포등의 설치 면적 전체의 합계가 물류터미널 전체 부지 면적의 **4분의 1 이하**일 것
  2. **사전 협의** : 주변의 상권 및 산업단지 수요와의 상호관계를 고려하기 위하여 공사시행인가 또는 변경인가를 하는 경우 **복합물류터미널사업**에 대하여 **국토교통부장관**은 관계 중앙행정기관의 장과 해당 물류터미널이 소재하는 시·도지사(특별자치시장을 포함)와 협의하고, **일반물류터미널사업**에 대하여 **시·도지사**는 해당 물류터미널이 소재하는 시장·군수·구청장과 협의할 것

3. **사전 심의 : 복합물류터미널사업**은 「국토의 계획 및 이용에 관한 법률」에 따른 **중앙도시계획위원회**, **일반물류터미널사업**은 동법 규정에 따른 **지방도시계획위원회**의 심의를 받을 것

> **주의** 제조시설 및 그 부대시설과 점포등의 설치 면적 전체 합계가 물류터미널 전체 부지 면적의 2/3 이하일 것 (×)

> **주의** 주변의 상권 및 산업단지 수요와의 상호관계를 고려하기 위하여 공사시행인가 또는 변경인가를 하는 경우 복합물류터미널사업에 대하여 국토교통부장관은 해당 물류터미널이 소재하는 시장·군수·구청장과 협의하여야 한다. (×)

출제 POINT 빈칸 문제

⋯ 물류터미널사업자가 물류터미널을 건설하는 경우에는 이에 필요한 토지·건축물 또는 토지에 정착한 물건과 이에 관한 소유권 외의 권리를/는 수용하거나 사용할 수 (❶).

⋯ 물류터미널사업자는 물류터미널의 건설을 위하여 필요한 때에는 다른 사람의 토지에 출입하거나 이를 일시 사용할 수 있으며, 나무, 토석, 그 밖의 장애물을/은 변경하거나 제거할 수 (❷).

⋯ 물류터미널사업자에게 매각하려는 재산 중 관리청이 불분명한 재산은 다른 법령에도 불구하고 (❸)이 이를 관리하거나 처분한다.

⋯ 복합물류터미널사업의 등록에 따른 권리·의무를 승계한 자는 국토교통부령으로 정하는 바에 따라 국토교통부장관에게 (❹)하여야 한다.

⋯ 복합물류터미널사업자는 복합물류터미널사업의 일부를 휴업하려는 때에는 (❺) 국토교통부장관에게 (❺)하여야 하며, 그 휴업기간은 (❺)을 초과할 수 없다.

⋯ 복합물류터미널사업자인 법인이 합병 외의 사유로 해산한 경우에는 그 청산인(파산에 따라 해산한 경우에는 파산관재인을 말함)은 (❻) 그 사실을 국토교통부장관에게 (❻)하여야 한다.

⋯ 복합물류터미널사업의 전부를 휴업하려는 자는 휴업하려는 날로부터 (❼)에 신고서를 국토교통부장관에게 제출하여야 한다.

⋯ 국토교통부장관은 복합물류터미널사업자가 변경등록을 하지 아니하고 등록사항을 변경한 때에는 그 등록을 취소(❽).

⋯ 국토교통부장관은 복합물류터미널사업자가 다른 사람에게 자기의 성명 또는 상호를 사용하여 사업을 하게 하거나 등록증을 대여한 때에는 그 등록을 취소(❾).

⋯ 지방자치단체는 물류터미널사업자가 물류터미널 위치를 변경하는 사업을 수행하는 경우에는 소요 자금의 (❿)를 융자하거나 부지의 확보를 위한 지원을 할 수 있다.

❶ 있다 ❷ 있다 ❸ 기획재정부장관 ❹ 신고 ❺ 미리, 신고, 6개월 ❻ 지체 없이, 신고 ❼ 7일 이내 **정답**
❽ 할 수 있다 ❾ 하여야 한다 ❿ 일부

제3장의2 물류창고업

제21조의2 【물류창고업의 등록】 ★★★

① 물류창고업의 등록기관 : 다음 각 호의 어느 하나에 해당하는 물류창고를 **소유 또는 임차**하여 물류창고업을 경영하려는 자는 **국토교통부와 해양수산부의 공동부령으로 정하는 바**에 따라 **국토교통부장관**(「항만법」에 따른 **항만구역은 제외**) 또는 해양수산부장관(「항만법」에 따른 **항만구역만 해당**)에게 **등록**하여야 한다.

1. 보관시설 : 전체 바닥면적의 합계가 1천제곱미터 이상인 보관시설
2. 보관장소 : 전체면적의 합계가 4천500제곱미터 이상인 보관장소(보관시설이 차지하는 토지면적을 포함)
※ 하나의 필지를 기준으로 물류창고업을 등록하고자 하는 자가 직접 사용하는 면적만을 산정하되, 필지가 서로 연접한 경우에는 연접한 필지를 합산하여 산정함

> **주의** 항만구역에 물류창고를 소유 또는 임차하여 물류창고업을 경영하려는 자는 국토교통부장관에게 등록 하여야 한다. (×) [기출 13]

② 변경등록 : ①에 따라 물류창고업의 등록을 한 자(이하 "물류창고업자"라 함)가 그 등록한 사항 중 대통령령(영 제12조의3)으로 정하는 사항을 변경하려는 경우에는 국토교통부와 해양수산부의 **공동부령**으로 정하는 바에 따라 변경등록의 사유가 발생한 날부터 **30일** 이내에 변경등록을 하여야 한다.

> ②에서 대통령령으로 정하는 사항이란 다음 각 호의 어느 하나에 해당하는 사항을 말한다(영 제12조의3).
> 1. 물류창고업자의 **성명**(법인인 경우 그 대표자의 성명) 및 상호
> 2. 물류창고의 **소재지**
> 3. 물류창고 면적의 100분의 10 이상의 증감
>
> **주의** 물류창고업자는 등록사항 중 물류창고 면적의 100분의 10을 감소시키려는 경우 물류창고업의 변경 등록을 하여야 한다. (○) [기출 16]

③ 물류창고업의 등록기준 : 물류창고의 구조 또는 설비 등 물류창고업의 등록기준에 필요한 사항은 국토교통부와 해양수산부의 공동부령으로 정한다.

④ 등록 또는 변경등록의 의제 : ①의 각 호의 어느 하나에 해당하는 **물류창고를 갖추고 그 전부를 다음 각 호의 어느 하나의 용도로만 사용**하며 해당 법률에 따라 해당 영업의 허가 · 변경허가를 받거나 등록 · 변경등록 또는 신고 · 변경신고를 한 때에는 물류창고업의 **등록 또는 변경등록**을 한 것으로 **본다.**

1. 「관세법」에 따른 **보세창고**의 설치 · 운영
2. 「화학물질 관리법」에 따른 유해화학물질 보관 · 저장업
3. 「식품위생법」에 따른 식품보존업 중 식품냉동 · 냉장업, 「축산물 위생관리법」에 따른 축산물보관업 및 「식품산업진흥법」에 따른 수산물가공업 중 냉동 · 냉장업

> **주의** 물류창고를 갖추고 그 전부를 「관세법」에 따른 보세창고의 설치 · 운영의 용도로만 사용하며 해당 법률에 따라 해당 영업의 허가 · 변경허가를 받거나 등록 · 변경등록 또는 신고 · 변경신고를 한 때에는 물류창고업의 등록 또는 변경등록을 한 것으로 본다. (○) [기출 13]

⑤ 변경사항의 통보 : ④의 각 호의 어느 하나에 해당하는 **영업의 현황을 관리하는 행정기관**은 그 보관업의 허가·변경허가, 등록·변경등록 등으로 그 현황이 **변경될 경우**에는 **국토교통부장관 또는 해양수산부장관**에게 **통보**하여야 한다.

> 주의 「관세법」에 따른 보세창고의 설치·운영에 관한 영업의 현황을 관리하는 행정기관은 그 보관업의 허가·변경허가, 등록·변경등록 등으로 그 현황이 변경될 경우에는 국토교통부장관 또는 해양수산부장관에게 통보하여야 한다. (○) [기출 16]

제21조의3 【물류창고 내 시설에 대한 내진설계 기준】 ☆☆☆

국토교통부장관은 화물을 쌓아놓기 위한 선반 등 물류창고 내 시설에 대하여 내진설계(耐震設計) 기준을 정하는 등 지진에 따른 피해를 최소화하기 위하여 필요한 시책을 강구하여야 한다.

제21조의4 【스마트물류센터의 인증 등】 ★★☆

① 인증 및 유효기간 : **국토교통부장관**은 스마트물류센터의 보급을 촉진하기 위하여 **스마트물류센터를 인증할 수 있다.** 이 경우 인증의 유효기간은 **인증을 받은 날부터** 3년으로 한다.

> ①에 따른 스마트물류센터 인증의 등급은 5등급으로 구분한다(영 제13조의2 제2항).

> 주의 스마트물류센터 인증의 유효기간은 인증을 받은 날부터 5년으로 한다. (×) [기출 21]

② 인증기관의 지정 : **국토교통부장관**은 ①에 따른 스마트물류센터의 인증 및 점검업무를 수행하기 위하여 인증기관을 지정할 수 있다.

> 주의 국토교통부장관은 스마트물류센터의 인증 및 점검업무를 수행하기 위하여 인증기관을 지정하여야 한다. (×)

③ 인증신청 : 스마트물류센터의 인증을 받으려는 자는 인증기관에 신청하여야 한다.

④ 인증서 교부·인증마크 : 국토교통부장관은 ③에 따라 스마트물류센터의 인증을 신청한 자가 그 인증을 받은 경우 국토교통부령으로 정하는 바에 따라 인증서를 교부하고, 인증을 나타내는 표시(이하 "인증마크"라 함)를 사용하게 할 수 있다.

⑤ 거짓인증·사칭의 금지 : ①에 따른 인증을 받지 않은 자는 거짓의 인증마크를 제작·사용하거나 스마트물류센터임을 사칭해서는 아니 된다.

⑥ 인증기준 유지 여부의 점검 : 국토교통부장관은 ①에 따라 인증을 받은 자가 인증기준을 유지하는지 여부를 국토교통부령으로 정하는 바에 따라 점검할 수 있다.

⑦ 지정인증기관에 대한 감독 및 지원 : 국토교통부장관은 ②에 따른 인증기관을 지도·감독하고, 인증 및 점검업무에 소요되는 비용의 일부를 지원할 수 있다.

⑧ 기준·절차 등에 관한 사항 : ①부터 ③까지의 규정에 따른 인증의 기준·절차 및 방법, 인증기관의 조직·운영 및 지정 기준·절차에 관한 사항은 **국토교통부령**으로 정한다.

제21조의5 【인증의 취소】 ★☆☆

① 국토교통부장관은 스마트물류센터의 인증을 받은 자가 다음 각 호의 어느 하나에 해당하는 경우에는 대통령령으로 정하는 바에 따라 그 인증을 취소할 수 있다. 다만, **제1호에 해당하는 경우 그 인증을 취소하여야 한다.**

1. **거짓이나 그 밖의 부정한 방법**으로 인증을 받은 경우
2. 인증의 전제나 근거가 되는 **중대한 사실이 변경**된 경우
3. 인증기준 유지 여부에 대한 점검을 정당한 사유 없이 **3회 이상 거부**한 경우
4. **인증기준**에 맞지 아니하게 된 경우
5. 인증받은 자가 **인증서를 반납**하는 경우

② 스마트물류센터의 소유자 또는 대표자는 ①에 따라 인증이 취소된 경우 인증서를 반납하고, 인증마크의 사용을 중지하여야 한다.

제21조의6 【인증기관의 지정 취소】 ☆☆☆

국토교통부장관은 지정된 인증기관이 다음 각 호의 어느 하나에 해당하면 인증기관의 지정을 **취소**하거나 **1년 이내의 기간**을 정하여 업무의 전부 또는 일부를 **정지**하도록 **명할 수 있다.** 다만, **제1호에 해당하는 경우**에는 그 **지정을 취소하여야 한다.**

1. 거짓이나 부정한 방법으로 지정을 받은 경우
2. 지정 기준에 적합하지 아니하게 된 경우
3. 고의 또는 중대한 과실로 인증 기준 및 절차를 위반한 경우
4. 정당한 사유 없이 인증 및 점검업무를 거부한 경우
5. 정당한 사유 없이 지정받은 날부터 2년 이상 계속해 인증·점검업무를 수행하지 않은 경우
6. 그 밖에 인증기관으로서 업무를 수행할 수 없게 된 경우

제21조의7 【재정지원 등】 ★☆☆

① 자금 일부의 지원 : **국가 또는 지방자치단체**는 **물류창고업자 또는 그 사업자단체**가 다음 각 호의 어느 하나에 해당하는 사업을 수행하는 경우로서 재정적 지원이 필요하다고 인정하면 **자금의 일부를 보조 또는 융자할 수 있다.**

1. 물류창고의 건설
2. 물류창고의 보수·개조 또는 개량
3. 물류장비의 투자
4. 물류창고 관련 기술의 개발
5. 그 밖에 물류창고업의 경영합리화를 위한 사항으로서 <u>국토교통부령으로 정하는 사항</u>

> 제5호에서 국토교통부령으로 정하는 사항이란 다음 각 호의 사항을 말한다(규칙 제13조의10).
> 1. 물류창고업의 경영구조 개선에 관한 사항
> 2. 물류창고 시설·장비의 효율적 개선에 관한 사항
> 3. 물류창고업자 및 관련 종사자에 대한 교육·훈련
> 4. 물류창고업의 국제동향에 대한 조사·연구

> **주의** 국가는 물류창고업자가 물류창고업의 업종전환을 위한 국내동향 조사·연구를 하는 경우 자금의 일부를 보조 또는 융자할 수 있다. (×) [기출 16]

② 우선적 지원 : 국가·지방자치단체 또는 공공기관은 스마트물류센터에 대하여 공공기관 등이 운영하는 기금·자금의 우대 조치 등 대통령령으로 정하는 바에 따라 행정적·재정적으로 우선 지원할 수 있다.

제21조의8 【보조금 등의 사용 등】 ★☆☆

① 자금의 목적 외 용도 사용금지 : 본 규정에 따른 보조금 또는 융자금 등은 보조 또는 융자받은 목적 외의 용도로 사용하여서는 아니 된다.

② 자금의 적정사용을 위한 지도·감독 : **국토교통부장관·해양수산부장관 또는 지방자치단체의 장**은 해당 규정에 따라 보조 또는 융자 등을 받은 자가 그 자금을 적정하게 사용하도록 **지도·감독**하여야 한다.

③ 자금의 반환 및 회수 : **국토교통부장관·해양수산부장관 또는 지방자치단체의 장**은 다음 각 호의 어느 하나에 해당하는 경우 물류창고업자 또는 그 사업자단체에 보조금이나 융자금의 **반환**을 명하여야 하며 이에 따르지 아니하면 **국세 또는 지방세 체납처분의 예**에 따라 **회수**할 수 있다.

1. 거짓이나 부정한 방법으로 보조금 또는 융자금을 교부받은 경우
2. ①을 위반하여 보조금 또는 융자금을 목적 외의 용도로 사용한 경우

> **주의** 국토교통부장관·해양수산부장관 또는 지방자치단체의 장은 거짓이나 부정한 방법으로 보조금을 교부받은 경우 물류창고업자에게 보조금의 반환을 명하여야 하며 이에 따르지 아니하면 국세 또는 지방세 체납처분의 예에 따라 회수할 수 있다. (O) [기출 14]

제21조의9 【준용규정】 ☆☆☆

물류창고업(제21조의2 제4항 각 호의 어느 하나에 해당하는 물류창고업은 제외)에 관하여는 제8조, 제14조부터 제17조까지(제17조 제1항 제5호는 제외) 및 제19조를 준용한다.

출제 POINT   빈칸 문제

···➤ 항만구역에 물류창고를 소유 또는 임차하여 물류창고업을 경영하려는 자는 (❶)에게 등록 하여야 한다.

···➤ 국토교통부장관은 스마트물류센터의 보급을 촉진하기 위하여 스마트물류센터를 인증할 수 있다. 이 경우 인증의 유효기간은 인증을 받은 날부터 (❷)으로 한다.

···➤ 국토교통부장관은 스마트물류센터의 인증 및 점검업무를 수행하기 위하여 (❸)을 지정할 수 있다.

···➤ 국토교통부장관은 스마트물류센터의 인증을 받은 자가 점검을 정당한 사유 없이 3회 이상 거부한 경우에는 그 인증을 취소(❹).

···➤ 국토교통부장관은 지정된 스마트물류센터의 인증기관이 거짓이나 부정한 방법으로 지정을 받은 경우에는 그 지정을 취소(❺).

···➤ 국가 또는 지방자치단체는 물류창고업자가 물류창고 관련 기술의 개발 사업을 수행하는 경우로서 재정적 지원이 필요하다고 인정하면 자금의 (❻)를 보조 또는 융자할 수 있다.

···➤ 지방자치단체의 장은 보조금 또는 융자금을 목적 외의 용도로 사용한 경우에는 물류창고업자 또는 그 사업자단체에 보조금이나 융자금의 (❼)을 명하여야 하며 이에 따르지 아니하면 국세 또는 지방세 체납처분의 예에 따라 (❽)할 수 있다.

❶ 해양수산부장관 ❷ 3년 ❸ 인증기관 ❹ 할 수 있다 ❺ 하여야 한다 ❻ 일부 ❼ 반환 ❽ 회수 **정답**

제4장 물류단지의 개발 및 운영

제22조【일반물류단지의 지정】★★★

① **사업 및 대상별 지정권자** : 일반물류단지는 다음의 구분에 따른 자가 지정한다.

   1. **국토교통부장관** : **국가정책사업**으로 물류단지를 개발하거나 물류단지 개발사업의 대상지역이 **2개 이상의 특별시·광역시·특별자치시·도 또는 특별자치도**(이하 "시·도"라 함)에 걸쳐 있는 경우

   2. **시·도지사** : 제1호 외의 경우

> **주의** 일반물류단지는 국가정책사업으로 물류단지를 개발하거나 물류단지 개발사업의 대상지역이 2개 이상의 시·도에 걸쳐 있는 경우에는 국토교통부장관이 지정하지만, 그 외의 경우에는 시·도지사가 지정한다. (○) [기출 20]

> **주의** 일반물류단지는 물류단지 개발사업의 대상지역이 2개 이상의 특별시·광역시·특별자치시·도 또는 특별자치도에 걸쳐 있는 경우에는 시·도지사가 지정한다. (×) [기출 19]

② **국토교통부장관에 의한 지정·지정변경 절차** : **국토교통부장관**은 일반물류단지를 지정하려는 때에는 일반물류단지개발계획을 수립하여 관할 **시·도지사 및 시장·군수·구청장의 의견**을 듣고 **관계 중앙행정기관의 장**과 **협의**한 후 「물류정책기본법」상의 **물류시설분과위원회**의 **심의**를 거쳐야 한다. 일반물류단지개발계획 중 대통령령으로 정하는 중요 사항을 변경하려는 때에도 또한 같다.

> **주의** 국토교통부장관은 일반물류단지를 지정하려는 때에는 국가물류정책위원회의 심의를 거쳐야 한다. (×) [기출 18]

③ **시·도지사에 의한 지정·지정변경 절차** : **시·도지사**는 일반물류단지를 지정하려는 때에는 일반물류단지개발계획을 수립하여 **관계 행정기관의 장**과 **협의**한 후 「물류정책기본법」상의 **지역물류정책위원회**의 **심의**를 거쳐야 한다. 일반물류단지개발계획 중 대통령령으로 정하는 중요 사항을 변경하려는 때에도 또한 같다.

> ② 및 ③ 후단에서 대통령령으로 정하는 중요 사항을 변경하려는 때란 각각 다음 각 호의 어느 하나에 해당하는 변경을 하려는 때를 말한다(영 제13조 제2항).
> 1. 일반물류단지지정 면적의 변경(10분의 1 이상의 면적을 변경하는 경우만 해당)
> 2. 일반물류단지시설용지 면적의 변경(10분의 1 이상의 면적을 변경하는 경우만 해당) 또는 일반물류단지시설용지의 용도변경
> 3. 기반시설(구거를 포함)의 부지 면적의 변경(10분의 1 이상의 면적을 변경하는 경우만 해당) 또는 그 시설의 위치 변경
> 4. 일반물류단지개발사업 시행자의 변경

> **주의** 시·도지사는 일반물류단지를 지정하려는 때에는 일반물류단지개발계획을 수립하여 관계 행정기관의 장과 협의한 후 물류시설분과위원회의 심의를 거쳐야 한다. (×) [기출 19]

> **주의** 국토교통부장관이 일반물류단지개발계획 중 일반물류단지개발사업 시행자를 변경하려는 경우 관할 시·도지사의 의견을 들어야 한다. (○) [기출 18]

※ **일반물류단지의 지정시 고려사항** : 국토교통부장관 또는 시·도지사는 일반물류단지를 지정할 때에는 **일반물류단지개발계획과 물류단지개발지침에 적합한 경우**에만 일반물류단지를 지정하여야 한다.

④ 지정의 요청 : 관계 행정기관의 장과 법 제27조 제2항 제2호부터 제6호까지의 어느 하나에 해당하는 자는 일반물류단지의 지정이 필요하다고 인정하는 때에는 대상지역을 정하여 **국토교통부장관 또는 시·도지사**에게 일반물류단지의 **지정을 요청할 수 있다.** 이 경우 **중앙행정기관의 장 이외의 자**는 일반물류단지개발계획안을 작성하여 **제출**하여야 한다.

> 주의 중앙행정기관의 장은 일반물류단지의 지정이 필요하다고 인정하는 때에는 대상지역을 정하여 국토교통부장관에게 일반물류단지의 지정을 요청할 수 있으며, 이 경우 일반물류단지개발계획안을 작성하여 제출하여야 한다. (×) [기출 20]

⑤ 일반물류단지개발계획의 포함사항 : ② 및 ③에 따른 **일반물류단지개발계획**에는 다음 각 호의 사항이 **포함되어야 한다.** 다만, 일반물류단지개발계획을 수립할 때까지 **제3호의 시행자**가 확정되지 아니하였거나 **제8호의 세부목록**의 작성이 곤란한 경우에는 일반물류단지의 **지정 후**에 이를 일반물류단지개발계획에 **포함시킬 수 있다.**

1. 일반물류단지의 명칭·위치 및 면적
2. 일반물류단지의 지정목적
3. 일반물류단지개발사업의 시행자
4. 일반물류단지개발사업의 시행기간 및 시행방법
5. 토지이용계획 및 주요 기반시설계획
6. 주요 유치시설 및 그 설치기준에 관한 사항
7. 재원조달계획
8. 수용하거나 사용할 토지, 건축물, 그 밖의 물건이나 권리가 있는 경우에는 그 세부목록
9. 그 밖에 대통령령(영 제14조 제4항)으로 정하는 다음의 사항
   • 일반물류단지의 개발을 위한 주요시설의 지원계획
   • 환지의 필요성이 있는 경우 그 환지계획

> 주의 일반물류단지개발사업의 시행자는 일반물류단지개발계획에 포함되어야 하는 사항이다. (○)

> 주의 일반물류단지개발계획에는 일반물류단지의 개발을 위한 주요시설의 지원계획이 포함되어야 한다. (○) [기출 20]

> 주의 시·도지사는 일반물류단지개발계획을 수립할 때까지 일반물류단지개발사업 시행자가 확정되지 아니하였다면 일반물류단지를 지정할 수 없다. (×) [기출 19·18]

제22조의2 【도시첨단물류단지의 지정 등】 ★★☆

① 지정권자 등 : 도시첨단물류단지는 **국토교통부장관 또는 시·도지사**가 다음 각 호의 어느 하나에 해당하는 지역에 지정하며, 시·도지사(특별자치도지사는 제외)가 지정하는 경우에는 시장·군수·구청장의 신청을 받아 지정할 수 있다.

1. 노후화된 일반물류터미널 부지 및 인근 지역
2. 노후화된 유통업무설비 부지 및 인근 지역
3. 그 밖에 국토교통부장관이 필요하다고 인정하는 지역

물류단지 개발의 효율성을 고려하여 노후화된 일반물류터미널 인근 지역에 도시첨단물류단지를 지정해서는 안 된다. (×) [기출 17]

국토교통부장관이 노후화된 유통업무설비 부지 및 인근 지역에 도시첨단물류단지를 지정하려면 시·도지사의 신청을 받아야 한다. (×) [기출 19]

② **지정신청시 계획안의 제출 : 시장·군수·구청장**은 ①에 따라 **시·도지사**에게 도시첨단물류단지의 지정을 신청하려는 경우에는 도시첨단물류단지개발계획안을 작성하여 **제출하여야 한다.**

③ **지정 절차 및 개발계획의 준용 :** 도시첨단물류단지의 지정 절차 및 개발계획에 관하여는 법 제22조 제2항, 제3항, 제5항을 준용한다. 다만, 도시첨단물류단지개발계획에는 층별·시설별 용도, 바닥면적 등 건축계획 및 복합용지이용계획(복합용지를 계획하는 경우에 한정)이 포함되어야 한다.

④ **도시첨단물류단지개발사업 시행자 분담 :** 도시첨단물류단지개발사업의 시행자는 대통령령으로 정하는 바에 따라 대상 부지 토지가액의 **100분의 40**의 범위에서 다음 각 호의 어느 하나에 해당하는 **시설** 또는 그 운영비용의 **일부**를 국가나 지방자치단체에 제공하여야 한다. 다만, 「개발이익 환수에 관한 법률」에 따라 개발부담금이 부과·징수되는 경우에는 **대상** 부지의 토지가액에서 개발부담금에 상당하는 금액은 **제외한다.**

1. 물류산업 창업보육센터 등 해당 도시첨단물류단지를 활용한 일자리 창출을 위한 시설
2. 해당 도시첨단물류단지에서 공동으로 사용하는 물류시설
3. 해당 도시첨단물류단지의 물류산업 활성화를 위한 연구시설
4. 그 밖에 위의 시설에 준하는 시설로서 대통령령(영 제14조의2 제4항)으로 정하는 다음의 공익시설
   - 「국토의 계획 및 이용에 관한 법률」에 따른 공공시설
   - 「국토의 계획 및 이용에 관한 법률 시행령」에 따른 공공·문화체육시설
   - 「국토의 계획 및 이용에 관한 법률 시행령」에 따른 보건위생시설 중 종합의료시설
   - 「국토의 계획 및 이용에 관한 법률 시행령」에 따른 환경기초시설 중 폐기물처리시설
   - 「공공주택 특별법」에 따른 공공주택

제22조의3 【토지소유자 등의 동의】 ★★☆

① **토지소유자 및 건축물 소유자의 동의 : 국토교통부장관 또는 시·도지사**는 도시첨단물류단지를 지정하려면 도시첨단물류단지 예정지역 토지면적의 **2분의 1 이상**에 해당하는 **토지소유자의 동의**와 **토지소유자 총수**(그 지상권자를 포함하며, 1필지의 토지를 여러 명이 공유하는 경우 그 여러 명은 1인으로 봄) **및 건축물 소유자 총수**(집합건물의 경우 각 구분소유자 각자를 1인의 소유자로 봄) **각 2분의 1 이상**의 **동의**를 받아야 한다.

② **동의자 수의 산정방법 :** 동의자 수의 산정방법과 그 밖에 필요한 사항은 대통령령으로 정한다.

국토교통부장관 또는 시·도지사가 일반물류단지를 지정하려면 일반물류단지 예정지역 토지면적의 2분의 1 이상에 해당하는 토지소유자의 동의와 토지소유자의 총수 및 건축물 소유자 총수 각 2분의 1 이상의 동의를 받아야 한다. (×) [기출 19]

시·도지사는 도시첨단물류단지를 지정하려면 도시첨단물류단지 예정지역 토지면적의 5분의 4 이상에 해당하는 토지소유자의 동의를 받아야 한다. (×) [기출 17]

제22조의4 【지원단지의 조성 등의 특례】 ☆☆☆

① 도시첨단물류단지개발사업의 시행자는 도시첨단물류단지 내 또는 도시첨단물류단지 인근지역에 입주기업 종사자 등을 위하여 주거·문화·복지·교육 시설 등을 포함한 지원단지를 조성할 수 있다.

② ①에 따른 지원단지의 조성은 도시첨단물류단지개발사업으로 할 수 있다.

③ 입주기업 종사자 등의 주거마련을 위하여 필요한 경우 ①에 따라 조성되는 지원단지에서 건설·공급되는 주택에 대하여 「주택법」상 규정에도 불구하고 대통령령으로 정하는 바에 따라 입주자 모집요건 등 주택공급의 기준을 따로 정할 수 있다.

제22조의5 【다른 지구와의 입체개발】 ☆☆☆

① 국토교통부장관 또는 시·도지사는 「공공주택 특별법」상의 공공주택지구 등 대통령령으로 정하는 지구의 지정권자와 협의하여 도시첨단물류단지와 동일한 부지에 해당 지구를 함께 지정하여 도시첨단물류단지개발사업으로 할 수 있다.

② 시행자는 ①의 지구 내 사업에 따른 시설과 도시첨단물류단지개발사업에 따른 시설을 일단의 건물로 조성할 수 있다.

제22조의6 【물류단지개발지침】 ★★☆

① 지침의 작성권자 등 : 국토교통부장관은 물류단지의 개발에 관한 기본지침(이하 "물류단지개발지침"이라 함)을 작성하여 관보에 고시하여야 한다.

② 지침의 작성·변경절차 : 국토교통부장관은 물류단지개발지침을 작성할 때에는 미리 시·도지사의 의견을 듣고 관계 중앙행정기관의 장과 협의한 후 「물류정책기본법」에 따른 물류시설분과위원회의 심의를 거쳐야 한다. 물류단지개발지침을 변경할 때(국토교통부령으로 정하는 경미한 사항을 변경할 때는 제외함)에도 또한 같다.

> ②의 후단에서 국토교통부령으로 정하는 경미한 사항이란 토지가격의 안정을 위하여 필요한 사항을 말한다(규칙 제16조, 영 제15조 제1항 제6호).
>
> 국토교통부장관은 물류단지개발지침에 포함되어 있는 토지가격의 안정을 위하여 필요한 사항을 변경할 때에는 물류시설분과위원회의 심의를 거쳐야 한다. (×) [기출 20]

③ 지침의 내용 및 작성 등 : 물류단지개발지침의 내용 및 작성 등에 관하여 필요한 사항은 대통령령(영 제15조)으로 정한다.

물류단지개발지침의 내용 등(영 제15조)

① 물류단지개발지침의 포함사항 : 물류단지개발지침에는 다음 각 호의 사항이 포함되어야 한다.
 1. 물류단지의 계획적·체계적 개발에 관한 사항
 2. 물류단지의 지정·개발·지원에 관한 사항
 3. 「환경영향평가법」에 따른 전략환경영향평가, 소규모 환경영향평가 및 환경영향평가 등 환경보전에 관한 사항
 4. 지역 간의 균형발전을 위하여 고려할 사항
 5. 문화재의 보존을 위하여 고려할 사항
 6. 토지가격의 안정을 위하여 필요한 사항
 7. 분양가격의 결정에 관한 사항
 8. 토지·시설 등의 공급에 관한 사항
② 지침작성시 고려사항 : 물류단지개발지침은 지역 간의 균형 있는 발전을 위하여 **물류단지시설용지의 배분**이 적정하게 이루어지도록 작성되어야 한다.

주의 물류단지의 지역별·규모별·연도별 배치 및 우선순위에 관한 사항 (×) [기출 19]

주의 물류단지개발지침에는 문화재의 보존을 위하여 고려할 사항이 포함되어야 한다. (○) [기출 20·18]

제22조의7 【물류단지 실수요 검증】 ★☆☆

① 물류단지 실수요 검증의무 : 일반물류단지 또는 도시첨단물류단지를 지정하는 **국토교통부장관 또는 시·도지사**(이하 "**물류단지지정권자**"라 함)는 무분별한 물류단지 개발을 방지하고 국토의 효율적 이용을 위하여 물류단지 **지정 전**에 물류단지 **실수요 검증을 실시하여야 한다.** 이 경우 물류단지지정권자는 실수요 검증 대상사업에 대하여 관계 행정기관과 **협의하여야** 한다.

> **주의** 물류단지를 지정하는 국토교통부장관은 무분별한 물류단지 개발을 방지하고 국토의 효율적 이용을 위하여 물류단지 지정 전에 물류단지 실수요 검증을 실시할 수 있다. (×) [기출 18]

> **주의** 물류단지지정권자는 도시첨단물류단지를 지정한 후 1년 이내에 물류단지 실수요 검증을 실시하여야 한다. (×) [기출 21]

② 실수요검증위원회 : ①에 따른 실수요 검증을 실시하기 위하여 **국토교통부 또는 시·도**에 각각 실수요검증위원회를 둔다.

③ 실수요검증위원회의 자문 : 도시첨단물류단지개발사업의 경우에는 ①에 따른 실수요 검증을 실수요검증위원회의 자문으로 갈음할 수 있다.

④ ①에 따른 물류단지 실수요 검증의 평가기준 및 평가방법 등에 관하여 필요한 사항은 국토교통부령으로, ②에 따른 실수요검증위원회의 구성 및 운영 등에 필요한 사항은 **국토교통부령 또는 해당 시·도의 조례**로 각각 정한다.

제23조 【물류단지지정의 고시 등】 ☆☆☆

① 물류단지지정권자가 물류단지를 지정하거나 지정내용을 변경한 때에는 대통령령(영 제16조 제1항)으로 정하는 사항을 **관보 또는 시·도의 공보**에 고시하고, **관계 서류의 사본**을 관할 시장·군수·구청장에게 보내야 한다.

② 물류단지로 지정되는 지역에 수용하거나 사용할 토지, 건축물, 그 밖의 물건이나 권리가 있는 경우에는 ①에 따른 고시내용에 그 **토지 등의 세부목록**을 포함시켜야 한다.

③ ①에 따라 관계 서류를 받은 시장·군수·구청장은 이를 <u>14일 이상</u> 일반인이 열람할 수 있도록 하여야 한다.

제24조【주민 등의 의견청취】☆☆☆

① **물류단지지정권자**는 물류단지를 지정하려는 때에는 주민 및 관계 전문가의 의견을 들어야 하고 타당하다고 인정하는 때에는 그 의견을 반영하여야 한다. 다만, <u>**국방상 기밀(機密)**</u>사항이거나 대통령령으로 정하는 <u>경미한 사항</u>인 경우에는 **의견 청취를 생략할 수 있다.**

② ①에 따른 주민 및 관계 전문가의 의견청취에 필요한 사항은 대통령령으로 정한다.

제25조【행위제한 등】★★☆

① 허가가 필요한 행위 : 물류단지 안에서 건축물의 건축, 공작물의 설치, 토지의 형질변경, 토석의 채취, 토지분할, 물건을 쌓아놓는 행위 등 대통령령(영 제18조 제1항)으로 정하는 다음의 행위를 하려는 자는 **시장·군수·구청장의 허가**를 받아야 한다. 허가받은 사항을 변경하려는 때에도 또한 같다.

> **주의** 물류단지 안에서 건축물을 건축하려는 자는 시·도지사의 허가를 받아야 한다. (×) [기출 13]

② 허가가 불필요한 행위 : 다음 각 호의 어느 하나에 해당하는 행위는 ①에도 불구하고 허가를 받지 아니하고 할 수 있다.

1. **재해복구** 또는 재난수습에 필요한 **응급조치**를 위하여 하는 행위
2. 그 밖에 대통령령(영 제18조 제3항)으로 정하는 행위

> 제2호에서 그 밖에 대통령령으로 정하는 행위란 다음 각 호의 어느 하나에 해당하는 행위로서 「국토의 계획 및 이용에 관한 법률」에 따른 개발행위허가의 대상이 아닌 것을 말한다.
> 1. 농림수산물의 생산에 직접 이용되는 것으로서 국토교통부령으로 정하는 간이공작물의 설치
> 2. 경작을 위한 토지의 형질변경
> 3. 물류단지의 개발에 지장을 주지 아니하고 자연경관을 손상하지 아니하는 범위에서의 토석의 채취
> 4. 물류단지에 존치하기로 결정된 대지 안에서 물건을 쌓아놓는 행위
> 5. 관상용 죽목의 임시 식재(경작지에서의 임시 식재는 제외함)

③ 신고가 필요한 행위 : ①에 따라 허가를 받아야 하는 행위로서 <u>물류단지의 지정 및 고시 당시 이미 관계 법령에 따라 행위허가를 받았거나 허가를 받을 필요가 없는 행위</u>에 관하여 **그 공사 또는 사업에 착수한 자**는 대통령령으로 정하는 바에 따라 <u>시장·군수·구청장에게 신고한 후</u> 이를 **계속 시행**할 수 있다.

> **주의** 물류단지 안에서 건축물의 건축 등 이 법령상 허가를 받아야 하는 행위제한 사항에 관하여 물류단지의 지정 및 고시 당시 이미 관계 법령에 따라 허가를 받은 경우에는 이 법령에 따른 허가를 받은 것으로 본다. (×) [기출 16]

④ **위반자에 대한 원상회복명령** : 시장·군수·구청장은 ①을 위반한 자에게 원상회복을 명할 수 있다. 이 경우 명령을 받은 자가 그 의무를 이행하지 아니하면 시장·군수·구청장은 「행정대집행법」에 따라 대집행할 수 있다.

⑤ ①에 따른 허가에 관하여 이 법에서 규정한 것 외에는 「국토의 계획 및 이용에 관한 법률」 제57조부터 제60조까지 및 제62조를 준용한다.

⑥ ①에 따라 허가를 받은 경우에는 「국토의 계획 및 이용에 관한 법률」에 따라 허가를 받은 것으로 본다.

출제 POINT | **빈칸 문제**

┈→ 국토교통부장관은 물류단지를 지정하려는 때에는 물류단지개발계획을 수립하여 관할 시·도지사의 의견을 듣고 관계 중앙행정기관의 장과 협의한 후 (❶)의 심의를 거쳐야 한다.

┈→ 시·도지사는 물류단지를 지정하려는 때에는 물류단지개발계획을 수립하여 관계 행정기관의 장과 협의한 후 (❷)의 심의를 거쳐야 한다.

┈→ 국토교통부장관이 일반물류단지개발계획 중 일반물류단지개발사업 시행자를 변경하려는 경우 관할 (❸)의 의견을 들어야 한다.

┈→ 중앙행정기관의 장은 일반물류단지의 지정이 필요하다고 인정하는 때에는 대상지역을 정하여 국토교통부장관에게 일반물류단지의 지정을 요청할 수 있으며, 이 경우 중앙행정기관의 장 (❹)는 일반물류단지개발계획안을 작성하여 제출하여야 한다.

┈→ 도시첨단물류단지는 국토교통부장관 또는 시·도지사가 지정한다. (❺)가 지정하는 경우에는 시장·군수·구청장의 신청을 받아 지정할 수 있다.

┈→ 국토교통부장관은 물류단지개발지침을 작성할 때에는 (❻) 시·도지사의 의견을 듣고 관계 중앙행정기관의 장과 협의한 후 「물류정책기본법」에 따른 물류시설분과위원회의 심의를 거쳐야 한다.

┈→ 물류단지를 지정하는 국토교통부장관은 무분별한 물류단지 개발을 방지하고 국토의 효율적 이용을 위하여 물류단지 지정 (❼)에 물류단지 실수요 검증을 실시하여야 한다.

┈→ 물류단지 안에서 건축물의 건축, 공작물의 설치, 토지의 형질변경, 토석의 채취, 토지분할, 물건을 쌓아놓는 행위 등 대통령령으로 정하는 행위를 하려는 자는 (❽)의 허가를 받아야 한다.

❶ 물류시설분과위원회 ❷ 지역물류정책위원회 ❸ 시·도지사 ❹ 이외의 자 ❺ 시·도지사 ❻ 미리 ❼ 전 **정답**
❽ 시장·군수·구청장

제26조【물류단지지정의 해제】★★★

① 기간경과로 인한 지정 해제 : 물류단지로 **지정·고시된 날부터** 대통령령으로 정하는 기간 5년 이내에 그 물류단지의 전부 또는 일부에 대하여 법 제28조에 따른 **물류단지개발실시계획의 승인을 신청**하지 아니하면 **그 기간이 지난 다음 날** 해당 지역에 대한 물류단지의 지정이 **해제된 것으로 본다.**

> **주의** 물류단지로 지정·고시된 날부터 3년 이내에 그 물류단지의 전부 또는 일부에 대하여 물류단지개발실시계획의 승인을 신청하지 아니하면 그 기간이 지난 다음 날 해당 지역에 대한 물류단지의 지정이 해제된 것으로 본다. (×) [기출 15]

② 지정권자에 의한 직권해제 : **물류단지지정권자**는 다음 각 호의 어느 하나에 해당하는 경우에는 대통령령으로 정하는 바에 따라 해당 지역에 대한 **물류단지 지정의 전부 또는 일부를 해제할 수 있다.**

1. 물류단지의 전부 또는 일부에 대한 <u>개발 전망</u>이 없게 된 경우

2. 개발이 완료된 물류단지가 준공(부분 준공을 포함함)된 지 **20년 이상** 된 것으로서 주변상황과 물류산업여건이 변화되어 **물류단지재정비사업을 하더라도** 물류단지 기능수행이 어려울 것으로 판단되는 경우

> **주의** 개발이 완료된 물류단지가 준공된 지 20년 이상 된 것으로서 주변상황과 물류산업여건이 변화되어 물류단지재정비사업을 하더라도 물류단지 기능 수행이 어려울 것으로 판단되는 경우, 물류단지지정권자는 물류단지 지정의 전부 또는 일부를 해제할 수 있다. (O) [기출 16]

③ 해제사실의 통보 등 : ① 또는 ②에 따라 물류단지의 지정이 해제된 것으로 보거나 해제된 경우 해당 **물류단지지정권자**는 그 사실을 **관계 중앙행정기관의 장** 및 **시·도지사**에게 **통보**하고 **고시**하여야 하며, 통보를 받은 **시·도지사**는 **지체 없이 시장·군수·구청장**으로 하여금 이를 **14일 이상 일반인이 열람**할 수 있도록 하여야 한다.

④ 용도지역으로의 환원 : 물류단지의 지정으로 「국토의 계획 및 이용에 관한 법률」에 따른 용도지역이 변경·결정된 후 ① 또는 ②에 따라 해당 물류단지의 지정이 해제된 경우에는 같은 법의 규정에도 불구하고 해당 물류단지에 대한 용도지역은 변경·결정되기 전의 용도지역으로 **환원된 것으로 본다**. 다만, 물류단지의 개발이 완료되어 물류단지의 지정이 해제된 경우에는 변경·결정되기 전의 용도지역으로 **환원되지 아니한다**.

> **주의** 물류단지의 개발이 완료되어 물류단지의 지정이 해제된 경우에는 해당 물류단지에 대한용도지역은 변경·결정되기 전의 용도지역으로 환원된다. (×) [기출 10]

⑤ 환원사실의 고시 : **시장·군수·구청장**은 ④에 따라 용도지역이 환원된 경우에는 **즉시** 그 **사실을 고시**하여야 한다.

제27조 【물류단지개발사업의 시행자】 ★★☆

① 사업 시행자의 지정 : 물류단지개발사업을 시행하려는 자는 대통령령으로 정하는 바에 따라 **물류단지지정권자로**부터 **시행자 지정**을 받아야 한다.

② 사업의 시행자로 지정받을 수 있는 자 : ①에 따라 물류단지개발사업의 시행자로 지정받을 수 있는 자는 다음 각 호의 자로 한다.

1. **국가** 또는 **지방자치단체**
2. 대통령령으로 정하는 공공기관
   - 「한국토지주택공사법」에 따른 한국**토지주택**공사
   - 「한국도로공사법」에 따른 한국**도로**공사
   - 「한국수자원공사법」에 따른 한국**수자원**공사
   - 「한국농어촌공사 및 농지관리기금법」에 따른 한국**농어촌**공사
   - 「항만공사법」에 따른 **항만**공사
3. 「지방공기업법」에 따른 **지방공사**
4. 「**특별법**」에 따라 설립된 법인
5. 「**민법**」 또는 「**상법**」에 따라 설립된 법인
6. 물류단지 예정지역의 토지소유자 또는 그 토지소유자가 물류단지개발을 위하여 설립한 조합

주의 「한국도로공사법」에 따른 한국도로공사는 물류단지개발사업의 시행자로 지정 받을 수 있다. (○)

주의 「한국철도공사법」에 따른 한국철도공사는 물류단지개발사업의 시행자로 지정 받을 수 있다. (×)

③ **시행자 지정 신청** : ①에 따라 물류단지개발사업의 시행자로 지정받으려는 자는 대통령령으로 정하는 바에 따라 물류단지지정권자에게 시행자 지정을 신청하여야 한다.

④ **시행자의 재지정** : 물류단지지정권자는 ①에 따라 물류단지개발사업을 시행하는 자로 지정받은 자(이하 "시행자"라 함) 중 ②의 제5호 또는 제6호에 해당하는 자가 제28조에 따라 승인을 받은 물류단지개발실시계획에서 정하여진 기간 내에 물류단지개발사업을 완료하지 아니하면 ②의 각 호의 자 중에서 다른 시행자를 지정하여 그 시행자에게 해당 물류단지개발사업을 시행하게 할 수 있다.

⑤ **사업의 일부 대행** : ②의 제1호부터 제4호까지의 시행자는 물류단지개발사업을 효율적으로 시행하기 위하여 필요하다고 인정하는 경우에는 대통령령으로 정하는 바에 따라 해당 물류단지에 입주하거나 입주하려는 물류시설의 운영자(이하 "입주기업체"라 함) 및 지원시설의 운영자(이하 "지원기관"이라 함)에게 물류단지개발사업의 일부를 대행하게 할 수 있다.

제28조 【물류단지개발실시계획의 승인】 ★★☆

① **실시계획의 승인** : **시행자는** 대통령령으로 정하는 바에 따라 **물류단지개발실시계획(이하 "실시계획"이라 함)을 수립**하여 **물류단지지정권자의 승인을** 받아야 한다. 승인을 받은 사항 중 대통령령으로 정하는 중요 사항을 변경하려는 경우에도 또한 같다.

> ※ 실시계획의 변경승인을 요하지 않는 사항 : ①의 후단에서 대통령령으로 정하는 중요한 사항이란 **다음 각 호 외의 사항**을 말한다(영 제22조 제3항).
> 1. 시행자의 주소 변경
> 2. 법인인 시행자의 대표자 변경
> 3. 사업시행지역의 변동이 없는 범위에서의 착오 등에 따른 시행면적의 정정
> 4. 사업시행 면적을 **초과하지 아니하는 범위**에서 사업을 **분할**하여 **시행**하는 경우의 **면적 변경**
> 5. 사업시행 면적의 100분의 10 범위에서의 면적의 감소
> 6. 사업비의 100분의 10 범위에서의 사업비의 증감
> 7. 「공간정보의 구축 및 관리 등에 관한 법률」에 따른 지적확정측량의 결과에 따른 부지 면적의 변경

주의 물류단지개발사업의 시행자는 물류단지개발실시계획을 수립하여 물류단지지정권자의 승인을 받아야 한다. (○) [기출 19 · 13]

주의 시행자가 승인받은 물류단지개발실시계획 중 사업시행 면적을 초과하지 아니하는 범위에서 사업을 분할하여 시행하는 경우의 면적 변경이 있는 때에는 물류단지지정권자로부터 승인을 받아야 한다. (×) [기출 15]

② **실시계획의 포함사항** : 실시계획에는 개발한 **토지 · 시설 등의 처분**에 관한 사항이 포함되어야 한다.

③ **실시계획의 승인 · 변경승인** : 물류단지지정권자가 ①에 따라 실시계획을 승인하거나 승인한 사항을 변경승인을 할 때에는 제30조 제1항 각 호의 관계 법률에 적합한지를 **미리 소관 행정기관의 장과 협의**하여야 한다.

제29조 【실시계획승인의 고시】 ☆☆☆

① **물류단지지정권자**는 실시계획을 승인하거나 승인한 사항을 변경승인한 때에는 대통령령으로 정하는 사항을 **관보 또는 시·도의 공보**에 **고시**하고, **관계 서류의 사본**을 관할 **시장·군수·구청장**에게 보내야 한다.

② ①에 따라 관계 서류의 사본을 받은 시장·군수·구청장은 이를 **14일 이상** 일반인이 열람할 수 있도록 하여야 한다.

③ ①에 따라 관계 서류의 사본을 받은 시장·군수·구청장은 실시계획에 도시·군관리계획 결정사항이 포함되어 있으면 「국토의 계획 및 이용에 관한 법률」에 따라 지형도면의 고시 등에 필요한 절차를 취하여야 한다. 이 경우 시행자는 도시·군관리계획에 관한 지형도면의 고시 등에 필요한 서류를 작성하여 시장·군수·구청장에게 제출하여야 한다.

 참고 BOX

실시계획승인의 고시(영 제23조)

①항에 따라 고시하여야 하는 사항은 다음과 같다.
1. 사업의 명칭
2. 시행자의 성명(법인인 경우에는 그 명칭 및 대표자의 성명)
3. 사업의 목적 및 개요
4. 사업시행지역의 위치 및 면적
5. 사업시행기간(착공 및 준공예정일을 포함한다)
6. 도시·군계획시설에 대한 「국토의 계획 및 이용에 관한 법률 시행령」 제25조 제6항 각 호의 사항

제31조 【물류단지개발사업의 위탁시행】 ★☆☆

① 시행자는 물류단지개발사업 중 **항만**, **용수시설**, 그 밖에 대통령령으로 정하는 공공시설의 건설과 **공유수면**의 매립에 관한 사항을 대통령령(영 제24조)으로 정하는 바에 따라 **국가·지방자치단체** 또는 대통령령으로 정하는 공공기관에 **위탁하여 시행할 수 있다.**

② 물류단지개발사업을 위한 토지매수업무 등의 위탁에 관하여는 법 제11조를 준용한다. 이 경우 "물류터미널사업자"는 "시행자"로, "물류터미널"은 "물류단지"로 본다.

> **주의** 물류단지개발사업의 시행자는 물류단지개발사업 중 용수시설의 건설을 대통령령으로 정하는 바에 따라 지방자치단체에 위탁하여 시행할 수 있다. (○) [기출 19·16]

제32조 【토지등의 수용·사용】 ★★☆

① **시행자**(제27조 제2항 제6호의 시행자는 제외)는 물류단지개발사업에 필요한 토지등을 수용하거나 사용할 수 있다. 다만, 「민법」 또는 「상법」에 따라 설립된 법인이 물류단지개발사업의 시행자인 경우에는 사업대상 토지면적의 **3분의 2 이상**을 **매입**하여야 토지등을 수용하거나 사용할 수 있다.

> **주의** 물류단지개발사업의 시행자인 「민법」에 따라 설립된 법인은 사업대상 토지면적의 2분의 1 이상을 매입하여야 토지 등을 수용할 수 있다. (×) [기출 19·16]

> **주의** 물류단지개발사업 시행자 중 「지방공기업법」에 따른 지방공사는 사업대상 토지면적의 3분의 2 이상을 매입하여야만 개발사업에 필요한 토지 등을 수용 혹은 사용할 수 있다. (×) [기출 17]

② 토지 등을 수용하거나 사용하는 경우에 물류단지 지정 고시를 한 때(시행자 및 수용하거나 사용할 토지 등의 세부목록을 물류단지의 지정 후에 물류단지개발계획에 포함시키는 경우에는 그 고시한 때)에는 「공익사업을 위한 토지 등의 취득 및 보상에 관한 법률」 규정에 따른 사업인정 및 <u>그 고시를 한 것</u>으로 본다.

③ 국토교통부장관이 지정하는 물류단지 안의 토지 등에 대한 재결은 중앙토지수용위원회가 관장하고, 시·도지사가 지정하는 물류단지 안의 토지 등에 대한 재결은 관할 지방토지수용위원회가 관장한다. 이 경우 재결의 신청은 「공익사업을 위한 토지 등의 취득 및 보상에 관한 법률」 규정에도 불구하고 물류단지개발계획에서 정하는 사업시행기간 내에 할 수 있다.

④ 토지 등의 수용 또는 사용에 관하여는 이 법에 특별한 규정이 있는 경우 외에는 「공익사업을 위한 토지 등의 취득 및 보상에 관한 법률」을 준용한다.

제33조 【「공유수면 관리 및 매립에 관한 법률」 등의 적용특례】 ☆☆☆

① 물류단지가 지정·고시된 경우에는 그 범위에서 「공유수면 관리 및 매립에 관한 법률」에 따른 매립기본계획, 「국토의 계획 및 이용에 관한 법률」에 따른 도시·군관리계획 및 「하천법」에 따른 하천기본계획 및 하천공사시행계획이 수립·변경된 것으로 본다.

② 물류단지개발실시계획의 승인을 받은 시행자가 해당 물류단지 안의 토지에 관하여 체결하는 토지거래계약에 대하여는 「부동산 거래신고 등에 관한 법률」 제11조를 적용하지 아니한다.

③ 지원시설에 대하여는 「국토의 계획 및 이용에 관한 법률」에 따른 지역·지구 안에서의 건축금지 및 제한에 관한 규정을 적용하지 아니한다.

제34조 【토지소유자에 대한 환지】 ★☆☆

① <u>시행자</u>는 물류단지 안의 토지를 소유하고 있는 자가 물류단지개발계획에서 정한 물류단지시설을 운영하려는 경우에는 <u>그 토지를 포함</u>하여 물류단지개발사업을 시행할 수 있으며, <u>해당 사업이 완료된 후 대통령령(영 제25조)</u>으로 정하는 바에 따라 해당 토지소유자에게 <u>환지(換地)</u>하여 줄 수 있다.

참고 BOX

토지소유자에 대한 환지(영 제25조)

• 환지를 받을 수 있는 토지소유자는 물류단지개발계획에서 정한 <u>유치업종에 적합한 물류단지시설을 설치하려는 자</u>로서 물류단지의 지정·고시일 현재 <u>물류단지개발계획에서 정한 최소공급면적 이상의 토지</u>를 소유한 자로 한다.

• 환지를 받으려는 자는 환지신청서에 물류단지시설설치계획서를 첨부하여 <u>시행자에게 제출</u>하여야 한다.

• 환지신청은 시행자가 해당 물류단지에 관한 보상공고에서 정한 협의기간에 하여야 한다.

• 시행자는 다음의 기준에 따라 환지의 방법 및 절차 등을 물류단지개발계획에서 정하여야 한다.
  - 환지의 대상이 되는 종전 토지의 가액은 보상공고 시 시행자가 제시한 <u>협의를 위한 보상금액</u>으로 하고, 환지의 가액은 해당 물류단지의 물류단지시설용지의 분양가격을 기준으로 한다.
  - 환지면적은 <u>종전의 토지면적을 기준</u>으로 하되, 지역 여건 및 물류단지의 수급상황 등을 고려하여 <u>그 면적을 늘리거나 줄일 수 있다.</u>
  - 종전의 토지가액과 환지가액과의 <u>차액은 현금으로 정산</u>하여야 한다.

② ①에서 정한 사항 외에 토지소유자에 대한 환지에 관하여는 「도시개발법」 해당 규정을 준용한다. 다만, 시행자가 「도시개발법」에 따른 환지 계획을 포함하여 다음 각 호의 어느 하나에 해당하는 승인을 받은 경우에는 같은 법에 따른 환지 계획의 인가를 받은 것으로 본다.

1. 실시계획의 승인
2. 「산업단지 인·허가 절차 간소화를 위한 특례법」에 따른 물류단지계획의 승인

제35조【토지 출입 등】★☆☆

물류단지개발사업 시행을 위한 토지 출입 등에 관하여는 제12조를 준용한다. 이 경우 "물류터미널사업자"는 "시행자"로, "물류터미널"은 "물류단지"로 본다.

① 시행자는 물류단지의 건설을 위하여 필요한 때에는 다른 사람의 토지에 출입하거나 이를 일시 사용할 수 있으며, 나무, 토석, 그 밖의 장애물을 변경하거나 제거할 수 있다.

② 다른 사람의 토지 출입 등에 관하여는 「국토의 계획 및 이용에 관한 법률」 제130조 및 제131조를 준용한다.

제36조【공공시설 및 토지 등의 귀속】★★★

① **제27조 제2항 제1호부터 제4호까지**(국가 또는 지방자치단체, 대통령령으로 정하는 공공기관, 「지방공기업법」에 따른 지방공사, 「특별법」에 따라 설립된 법인)**의 시행자가 물류단지개발사업의 시행으로 새로 공공시설을 설치**하거나 **기존의 공공시설에 대체되는 공공시설을 설치**한 경우에는 「국유재산법」 및 「공유재산 및 물품 관리법」에도 불구하고
- 종래의 공공시설은 **시행자에게 무상으로 귀속**되고
- 새로 설치된 공공시설은 그 시설을 관리할 **국가 또는 지방자치단체**에 무상으로 귀속된다.

② **제27조 제2항 제5호**(「민법」 또는 「상법」에 따라 설립된 법인) **또는 제6호의 시행자가** 물류단지개발사업의 시행으로 **새로 설치한 공공시설**은 그 시설을 관리할 **국가 또는 지방자치단체에 무상으로 귀속**되고, 물류단지개발사업의 시행으로 인하여 **용도가 폐지되는 국가 또는 지방자치단체 소유의 재산**은 「국유재산법」 및 「공유재산 및 물품 관리법」에도 불구하고 새로 설치한 공공시설의 설치비용에 상당하는 범위에서 **그 시행자에게 무상으로 양도할 수 있다.**

③ 물류단지지정권자는 ① 및 ②에 따른 공공시설의 귀속 및 양도에 관한 사항이 포함된 실시계획을 승인하려는 때에는 **미리 그 공공시설을 관리하는 기관(이하 "관리청"이라 함)의 의견을 들어야 한다.** 실시계획을 **변경**하려는 때에도 또한 같다.

④ **시행자는 ① 및 ②에 따라 국가 또는 지방자치단체에 귀속될 공공시설과 시행자에게 귀속되거나 양도될 재산의 종류와 토지의 세부목록을 그 물류단지개발사업의 준공 전에 관리청에 통지하여야 하며, 해당 공공시설과 재산은 그 사업이 준공되어 시행자에 게 준공인가통지를 한 때에 국가 또는 지방자치단체에 귀속되거나 시행자에게 귀속 또는 양도된 것으로 본다.**

> **주의** 시행자는 물류단지개발사업의 시행으로 국가 또는 지방자치단체에 귀속될 공공시설과 시행자에게 귀속되거나 양도될 재산의 종류와 토지의 세부목록을 그 물류단지개발사업의 준공 후 지체 없이 관리청에 통지하여야 한다. (×) [기출 15・11]

⑤ ④에 따른 공공시설과 재산의 등기에 관하여는 물류단지개발사업의 실시계획승인서와 준공인가서로써 「부동산등기법」에 따른 등기원인을 증명하는 서면을 갈음할 수 있다.

⑥ ①부터 ⑤까지의 공공시설의 범위는 **대통령령(영 제26조)**으로 정한다.

 참고 BOX

무상으로 귀속되는 공공시설의 범위(영 제26조)

공공시설은 「국토의 계획 및 이용에 관한 법률」에 따른 공공시설 중 다음의 시설을 말한다. 이때 "주차장"과 "운동장"은 국가 또는 지방자치단체가 설치한 것만 해당하고, "수도"는 한국수자원공사가 설치하는 수도의 경우 에는 관로만 해당한다.

• 도 로	• **주차장**	• 녹 지	• 수 도	• 유수지시설
• 공 원	• 철 도	• **운동장**	• 하수도	• 구 거
• 광 장	• 하 천	• 공공공지	• 공동구	

> **주의** 방풍설비 (×), 한국도로공사가 설치하는 주차장 (×), 항만공사가 설치하는 운동장 (×) [기출 20・19]

제37조【국・공유지의 처분제한】★☆☆

물류단지개발사업에 필요한 국・공유지의 처분제한 등에 관하여는 제13조를 준용한다. 이 경우 "물류터미널을 건설하기 위한 부지"는 "물류단지"로, "물류터미널 건설사업"은 "물류단지개발사업"으로, "국토교통부장관 또는 시・도지사"는 "물류단지지정권자"로, "물류터미널사업자"는 "시행자・입주기업체 또는 지원기관"으로 본다.

① **물류단지 안 토지의 처분** : 물류단지 안에 있는 **국가 또는 지방자치단체 소유의 토지**로서 물류단지개발사업에 필요한 토지는 해당 물류단지개발사업 목적이 아닌 **다른 목적으로 매각하거나 양도할 수 없다.**

② **물류단지 안 재산의 처분** : 물류단지 안에 있는 **국가 또는 지방자치단체 소유의 재산**은 「국유재산법」, 「공유재산 및 물품관리법」, 그 밖의 다른 법령에도 불구하고 **시행자・입주기업체 또는 지원기관**에게 수의계약으로 **매각할 수 있다.** 이 경우 그 재산의 용도폐지 및 매각에 관하여는 물류단지지정권자가 **미리 관계행정기관의 장과 협의**하여야 한다.

> **주의** 물류단지 안에 있는 국가 또는 지방자치단체 소유의 재산을 시행자에게 수의계약으로 매각하는 것은 허용되지 않는다. (×) [기출 13]

③ 협의등 조치 기한 : 협의요청이 있은 때에는 관계행정기관의 장은 그 요청을 받은 날부터 30일 이내에 용도폐지 및 매각, 그 밖에 필요한 조치를 하여야 한다.
④ 관리청이 불분명한 재산의 처리 : 시행자·입주기업체 또는 지원기관에게 매각하려는 재산 중 **관리청이 불분명한 재산**은 다른 법령에도 불구하고 **기획재정부장관**이 이를 관리하거나 처분한다.

제38조 【물류단지개발사업의 비용】 ★☆☆

① 물류단지개발사업에 필요한 **비용**은 **시행자**가 부담한다.
② 물류단지에 필요한 **전기시설·전기통신설비·가스공급시설 또는 지역난방시설**은 대통령령으로 정하는 범위에서 해당 지역에 전기·전기통신·가스 또는 난방을 **공급하는 자**가 비용을 부담하여 설치하여야 한다. 다만, 물류단지개발사업의 시행자·입주기업·지방자치단체 등의 요청에 따라 **전기간선시설(電氣幹線施設)**을 땅 속에 설치하는 경우에는 **전기를 공급하는 자와 땅 속에 설치할 것을 요청하는** 자가 각각 100분의 50의 비율로 그 설치비용을 부담한다.

> **주의** 물류단지개발사업 시행자의 요청에 따라 전기간선시설을 땅 속에 설치하는 경우 그 설치비용은 시행자가 전부를 부담한다. (×) [기출 15·13]

출제 POINT **빈칸 문제**

⋯ 물류단지로 지정·고시된 날부터 (❶) 이내 그 물류단지의 전부 또는 일부에 대해 물류단지개발실시계획의 승인을 신청하지 않으면 그 기간이 지난 다음 날 해당지역에 대한 물류단지의 지정이 해제된 것으로 본다.
⋯ 개발이 완료된 물류단지가 준공된 지 (❷) 이상 된 것으로서 주변상황과 물류산업여건이 변화되어 물류단지재정비사업을 하더라도 물류단지 기능 수행이 어려울 것으로 판단되는 경우, 물류단지지정권자는 물류단지 지정의 전부 또는 일부를 해제할 수 있다.
⋯ 물류단지의 개발이 완료되어 물류단지의 지정이 해제된 경우에는 변경·결정되기 전의 용도지역으로 (❸)되지 아니한다.
⋯ 「한국철도공사법」에 따른 한국철도공사는 물류단지개발사업의 시행자로 지정 받을 수 (❹).
⋯ 국가 또는 지방자치단체는/도 물류단지개발사업의 시행자로 지정받을 수 (❺).
⋯ 시행에 충분한 자금을 확보한 자연인은 물류단지개발사업의 시행자로 지정받을 수 (❻).
⋯ 실시계획에는 개발한 토지·시설 등의 (❼)에 관한 사항이 포함되어야 한다.
⋯ 시행자는 물류단지개발사업 중 용수시설의 건설을 지방자치단체에 위탁하여 시행할 수 (❽).
⋯ 「상법」에 따라 설립된 법인이 물류단지개발사업의 시행자인 경우에는 사업대상 토지면적의 (❾) 이상을 매입하여야 토지 등을 수용하거나 사용할 수 있다.
⋯ 기존의 공공시설에 대체되는 공공시설을 설치한 경우에는 종래의 공공시설은 (❿)에게 무상으로 귀속된다.
⋯ 공공기관이 시행자로서 새로이 설치한 공공시설 중 한국수자원공사가 설치하는 수도의 (⓫)는 그 시설을 관리할 국가 또는 지방자치단체에게 무상 귀속되는 시설에 해당한다.

❶ 5년 ❷ 20년 ❸ 환원 ❹ 없다 ❺ 있다 ❻ 없다 ❼ 처분 ❽ 있다 ❾ 3분의 2 ❿ 시행자 ⓫ 관로 **정답**

제39조【물류단지개발사업의 지원】★★★

① 비용의 일부 보조·융자 : **국가 또는 지방자치단체**는 대통령령으로 정하는 바에 따라 **물류단지개발사업에 필요한 비용**의 일부를 **보조**하거나 **융자**할 수 있다.

> ①에 따라 국가나 지방자치단체가 보조 또는 융자할 수 있는 비용의 종목은 다음 각 호와 같다(영 제28조).
> 1. 물류단지의 간선도로의 건설비
> 2. 물류단지의 녹지의 건설비
> 3. 이주대책사업비
> 4. 물류단지시설용지와 지원시설용지의 조성비 및 매입비
> 5. 용수공급시설·하수도 및 공공폐수처리시설의 건설비
> 6. 문화재 조사비

> **주의** 물류단지 밖에 설치되는 매연저감시설 설치비 (×) [기출 17]

> **주의** 하천의 건설비 (×) [기출 10]

> **주의** 국가 또는 지방자치단체는 물류단지시설용지와 지원시설용지의 조성비 및 매입비의 전부를 보조하거나 융자할 수 있다. (×) [기출 19]

② 우선적 지원시설 : **국가 또는 지방자치단체**는 물류단지의 원활한 개발을 위하여 필요한 도로·철도·항만·용수시설 등 **기반시설의 설치**를 **우선적으로 지원하여야 한다.**

> ②에 따라 국가나 지방자치단체가 지원하는 기반시설은 다음 각 호와 같다(영 제29조).
> 1. 도로·철도 및 항만시설
> 2. 용수공급시설 및 통신시설
> 3. 하수도시설 및 폐기물처리시설
> 4. 물류단지 안의 공동구
> 5. 집단에너지공급시설
> 6. 그 밖에 물류단지개발을 위하여 특히 필요한 공공시설로서 국토교통부령(규칙 제20조)으로 정하는 시설로서 유수지 및 광장

> **주의** 보건위생시설 (×) [기출 20]

> **주의** 국가 또는 지방자치단체는 물류단지의 원활한 개발을 위하여 물류단지 안의 공동구 등 기반시설의 설치를 우선적으로 지원하여야 한다. (○) [기출 19]

> **주의** 지방자치단체가 물류단지의 원활한 개발을 위하여 우선적으로 설치를 지원하는 기반시설에는 도로, 녹지, 유수지 및 광장이 포함된다. (×) [기출 13]

제40조【물류단지개발특별회계의 설치】★★☆

① 특별회계 설치의 주체 : **시·도지사** 또는 **시장·군수**는 물류단지개발사업을 촉진하기 위하여 지방자치단체에 물류단지개발특별회계(이하 "**특별회계**"라 함)를 설치할 수 있다.

② 특별회계의 재원 : 특별회계는 다음 각 호의 재원으로 조성된다.
  1. 해당 지방자치단체의 일반회계로부터의 전입금
  2. 정부의 보조금
  3. 과태료 규정(제67조)에 따라 부과·징수된 과태료

4. 「개발이익환수에 관한 법률」에 따라 지방자치단체에 귀속되는 개발부담금 중 해당 지방자치단체의 조례로 정하는 비율의 금액

5. 「국토의 계획 및 이용에 관한 법률」에 따라 행정청에 귀속된 공공시설의 처분으로 인하여 발생된 수익금

6. 「지방세법」에 따라 부과·징수되는 재산세의 징수액 중 대통령령(영 제30조)으로 정하는 비율로서 **10퍼센트의 금액** 다만, 해당 지방자치단체의 **조례**가 10퍼센트 이 상으로 정하는 경우에는 그 비율의 금액

7. 차입금

8. 해당 특별회계자금의 융자회수금·이자수입금 및 그 밖의 수익금

주의 「지방세법」제112조 제1항(같은 항 제1호는 제외한다) 및 같은 조 제2항에 따라 부과·징수되는 재산세의 징수액 중 10퍼센트의 금액은 물류단지개발특별회계의 재원이 된다. (○) [기출 16]

제41조 【특별회계의 운용】 ★☆☆

① 특별회계는 다음 각 호의 용도로 사용한다.

1. 물류단지개발사업의 시행자에 대한 공사비의 보조 또는 융자
2. 물류단지개발사업에 따른 도시·군계획시설사업에 관한 보조 또는 융자
3. 지방자치단체가 시행하는 물류단지개발사업에 따른 도시·군계획시설의 설치사 업비
4. 물류단지지정, 물류시설의 개발계획수립 및 제도발전을 위한 조사·연구비
5. 차입금의 원리금 상환
6. 특별회계의 조성·운용 및 관리를 위한 경비
7. 그 밖에 대통령령(영 제31조)으로 정하는 사항으로서 지방자치단체가 시행하는 물 류단지개발사업의 사업비

② **국토교통부장관**은 필요한 경우에는 **지방자치단체의 장**에게 특별회계의 운용상황을 보 고하게 할 수 있다.

③ 특별회계의 설치 및 운용·관리에 필요한 사항은 대통령령(영 제32조)으로 정하는 기준에 따라 해당 지방자치단체의 **조례**로 정한다.

제42조 【시설의 존치】 ☆☆☆

시행자는 물류단지 안에 있는 기존의 시설이나 그 밖의 공작물을 이전하거나 철거하지 아니하여도 **물류단지개발사업**에 **지장이 없다고 인정**하는 때에는 이를 **남겨두게 할 수 있다.**

제43조 【선수금】 ★☆☆

시행자는 그가 조성하는 용지를 분양·임대받거나 시설을 이용하려는 자로부터 대통령령 (영 제33조)으로 정하는 바에 따라 대금의 **전부 또는 일부**를 **미리 받을 수 있다.**

제44조 【시설부담금】 ★★☆

① **물류단지지정권자**는 **시행자**에게 **도로, 공원, 녹지, 그 밖에 대통령령으로 정하는 공공 시설**을 **설치**하게 하거나 기존의 공원 및 녹지를 **보존**하게 할 수 있다.

①에서 대통령령으로 정하는 공공시설이란 다음 각 호의 시설을 말한다(영 제34조).
1. 물류단지의 진입도로 및 간선도로
2. 물류단지의 공원 및 녹지(도시·군계획시설로 결정된 공원 및 녹지를 말한다)
3. 용수공급시설·하수도시설·전기통신시설 및 폐기물처리시설
4. 국가나 지방자치단체에 무상으로 귀속되는 공공시설

주의 물류단지지정권자는 물류단지개발사업의 시행자에게 용수공급시설·하수도시설·전기통신시설
및 폐기물처리시설을 설치하게 할 수 있다. (○) [기출 19]

② 시행자는 ①에 따른 공공시설의 설치나 기존의 공원 및 녹지의 보존에 필요한 비용에
충당하기 위하여 그 비용의 범위에서 제42조에 따른 **존치시설의 소유자**에게 **시설부담금**
을 납부하게 할 수 있다.

③ ②에 따른 시설부담금의 산정기준, 징수방법, 그 밖에 필요한 사항은 대통령령으로
정한다.

제45조 【이주대책 등】 ★☆☆

① **시행자**는 「공익사업을 위한 토지 등의 취득 및 보상에 관한 법률」로 정하는 바에 따라
물류단지개발사업으로 인하여 **생활의 근거를 상실하게 되는 자**(이하 "이주자"라 함)에
대한 이주대책 등을 **수립·시행하여야 한다.**

② **입주기업체 및 지원기관**은 특별한 사유가 없으면 이주자 또는 인근지역의 주민을 **우선**
적으로 고용하여야 한다.

제46조 【물류단지개발사업의 준공인가】 ★☆☆

① 시행자는 물류단지개발사업의 **전부 또는 일부**를 완료하면 대통령령으로 정하는 바에
따라 물류단지지정권자의 **준공인가**를 받아야 한다.

② 시행자가 ①에 따른 준공인가를 신청한 경우에 물류단지지정권자는 관계 중앙행정기
관, 지방자치단체 또는 대통령령으로 정하는 공공기관, 연구기관, 그 밖의 전문기관의
장에게 준공인가에 필요한 **검사**를 의뢰할 수 있다. 이 경우 공공시설에 대한 검사는
원칙적으로 그 시설을 관리할 **국가 또는 지방자치단체**에 의뢰하여야 한다.

③ 물류단지지정권자는 ②에 따른 준공검사를 한 결과 실시계획대로 완료된 경우에는
준공인가를 하고 대통령령으로 정하는 바에 따라 이를 **공고**한 후 시행자 및 관리청에
통지하여야 하며, 실시계획대로 완료되지 아니한 경우에는 **지체 없이** 보완시공 등 필요
한 조치를 명하여야 한다.

④ 시행자가 ①에 따른 준공인가를 받은 때에는 실시계획승인으로 의제되는 인·허가등
에 따른 해당 사업의 준공에 관한 **검사·인가·신고·확인 등**을 받은 것으로 본다.

⑤ ①에 따른 준공인가 전에는 물류단지개발사업으로 개발된 토지나 설치된 시설을 사용
할 수 없다. 다만, 대통령령으로 정하는 바에 따라 물류단지지정권자의 **사용허가**를
받은 경우에는 그러하지 아니하다.

⑥ 물류단지지정권자는 사용허가의 신청을 받은 날부터 15일 이내에 허가 여부를 신청인
에게 통지하여야 한다.

제47조 【관계 서류 등의 열람】 ★☆☆

① **시행자**는 물류단지개발사업을 시행할 때 필요하면 국가 또는 지방자치단체에 서류의 열람 또는 등사를 하거나 그 **등본 또는 초본의 교부**를 청구할 수 있다.

② 국가 또는 지방자치단체는 발급하는 서류에 대하여는 수수료를 부과하지 아니한다.

제50조 【개발한 토지·시설 등의 처분】 ★★☆

① 분양·임대 : **시행자**는 물류단지개발사업에 따라 개발한 토지·시설 등(도시첨단물류단지개발사업의 경우 시설의 설치가 완료되지 않은 토지는 제외)을 **분양** 또는 **임대**할 수 있다.

② 처분 절차 등 : ①에 따른 토지·시설 등의 처분방법·절차·가격기준 등에 관하여 필요한 사항은 **대통령령(영 제39조)**으로 정한다.

참고 BOX

분양가격의 결정 등(영 제39조 제1항 내지 제4항)

① **분양가격** : 시행자가 법 제50조 제1항에 따라 개발한 토지·시설 등을 물류단지시설용지 또는 도시첨단물류단지시설로서 국토교통부장관이 정하는 시설로 분양하는 경우 그 분양가격은 조성원가에 적정이윤을 합한 **금액**으로 한다. 다만, 시행자가 필요하다고 인정하는 경우에는 분양가격을 그 이하의 금액(공유재산인 경우에는 「공유재산 및 물품관리법」에 따른 금액)으로 할 수 있다.

② **경쟁입찰** : 시행자는 ①에도 불구하고 대규모점포, 전문상가단지 등 판매를 목적으로 사용될 토지·시설 등(주민의 당초 토지등의 소유상황과 생업 등을 고려하여 생활대책에 필요한 토지·시설 등을 대체하여 공급하는 경우는 제외)의 분양가격은 「**감정평가 및 감정평가사에 관한 법률**」에 따른 **감정평가액**을 예정가격으로 하여 실시한 **경쟁입찰**에 따라 정할 수 있다.

③ **조성원가** : [별표 2]의 기준에 따라 산정한 용지비, 용지부담금, 조성비, 기반시설 설치비, 직접인건비, 이주대책비, 판매비, 일반관리비, 자본비용 및 그 밖의 비용을 합산한 금액으로 한다.

④ **적정이윤** : 산정된 조성원가에서 자본비용, 개발사업대행비용, 선수금을 각각 제외한 금액의 100분의 5를 **초과하지 아니하는 범위**에서 해당 물류단지의 입주 수요와 지역 간 균형발전의 촉진 등 지역 여건을 고려하여 시행자가 정한다.

주의 조성원가에 이주대책비, 판매비, 일반관리비는 포함되지 아니한다. (×)

주의 적정이윤은 조성원가에서 자본비용, 개발사업대행비용, 선수금을 포함한 금액의 100분의 5를 초과하지 아니하는 범위에서 시행자가 정한다. (×)

참고 BOX

임대료의 산정기준(영 제40조)

시행자가 물류단지개발사업으로 개발한 토지·시설 등을 임대하는 경우 그 임대료의 산정기준은 다음과 같다. 다만, 시행자가 필요하다고 인정하는 경우에는 그 이하의 금액으로 할 수 있다.

① 임대하려는 토지·시설 등의 최초의 임대료 : 영 제39조에 따라 산정한 분양가격에 국토교통부령으로 정하는 임대요율(공급공고일 또는 공급통지일 현재 계약기간 1년의 정기예금이자율)을 곱한 금액

② 임대기간의 만료 등으로 인하여 재계약을 하는 경우의 임대료 : 다음의 구분에 따른 금액

　가. 토지만을 임대하는 경우에는 「부동산 가격공시에 관한 법률」에 따라 산정한 개별공시지가에 국토교통부령으로 정하는 임대요율(임대기간 만료일 현재 계약기간 1년의 정기예금이자율. 다만, 시행자는 지역여건

및 해당 물류단지시설용지 등의 분양실적 등을 감안하여 임대요율을 5퍼센트의 범위에서 늘리거나 줄일 수 있음. 이하 같음)을 곱한 금액

나. 토지와 시설 등을 함께 임대하거나 시설 등만을 임대하는 경우에는 「감정평가 및 감정평가사에 관한 법률」에 따른 감정평가법인등이 평가한 감정평가액에 국토교통부령으로 정하는 임대요율(임대기간 만료일 현재 계약기간 1년의 정기예금이자율)을 곱한 금액

제50조의2 【물류단지시설 등의 건설공사 착수 등】 ★☆☆

① 입주기업체 또는 지원기관은 **시행자와 분양계약을 체결한 날**(물류단지개발사업의 준공 전에 분양계약을 체결한 경우에는 준공일, 물류단지개발사업의 준공인가 전 사용허가를 받은 경우에는 사용허가일을 말함)**부터** 국토교통부령으로 정하는 기간 **4년** 안에 그 **물류단지시설 또는 지원시설의 건설공사**에 착수하거나 **토지 · 시설 등**을 **처분하여야 한다.** 다만, 국토교통부령으로 정하는 정당한 사유가 있는 경우에는 그러하지 아니하다.

> ①의 단서에서 국토교통부령으로 정하는 정당한 사유란 다음 중 어느 하나에 해당하는 사유로서 **물류단지지정권자가 인정한 경우**를 말한다(규칙 제27조의2 제2항).
> 1. 물류단지시설 또는 지원시설 용지의 사용이 불가능한 경우
> 2. 입주기업체 또는 지원기관의 **책임이 없는 사유**로 인하여 건설공사 착수가 지연된 경우

> **주의** 입주기업체 또는 지원기관은 물류단지시설 또는 지원시설 용지의 사용이 불가능한 경우라 하더라도 시행자와 분양계약을 체결한 날부터 2년 안에는 그 물류단지시설 또는 지원시설의 건설공사에 착수하여야 한다. (×) [기출 12]

② ①에 따른 토지 · 시설 등의 처분에 관하여는 제51조를 준용한다.

제50조의3 【이행강제금】 ★★☆

① 물류단지지정권자는 물류단지시설 등의 건설공사 착수 의무를 이행하지 아니한 자에 대하여 국토교통부령으로 정하는 기한(→ 의무이행기간이 끝난 날부터 **6개월**이 경과한 날)까지 그 의무를 이행할 것을 명하여야 하며, 그 기한까지 의무를 이행하지 아니하면 **해당 토지 · 시설 등 재산가액**(「감정평가 및 감정평가사에 관한 법률」에 따른 감정평가법인등의 감정평가액을 말함)**의 100분의 20에 해당하는 금액**의 이행강제금을 부과할 수 있다.

> **주의** 물류단지지정권자는 물류단지시설 등 건설공사 착수 등의 의무를 이행하지 아니한 입주기업체 또는 지원기관에 대하여 의무이행기간이 끝난 날부터 1년이 경과한 날까지 그 의무를 이행할 것을 명하여야 한다. (×) [기출 12]

> **주의** 부과할 수 있는 이행강제금은 해당 토지 · 시설 등 재산가액의 100분의 30에 해당하는 금액이다. (×)

② 물류단지지정권자는 이행강제금을 부과하기 전에 이행강제금을 부과하고 징수한다는 뜻을 미리 **문서**로 알려야 한다.

③ 물류단지지정권자는 이행강제금을 부과하려는 경우에는 이행강제금의 금액, 부과 사유, 납부기한, 수납기관, 이의제기방법 및 이의제기기관 등을 명시한 **문서**로써 하여야 한다.

④ 물류단지지정권자는 제50조의2 ①에 정한 기간 **4년**이 만료한 **다음 날**을 기준으로 하여 **매년 1회** 그 의무가 이행될 때까지 **반복하여** 이행강제금을 부과하고 징수할 수 있다.

주의 물류단지지정권자는 매년 1회 그 의무가 이행될 때까지 반복하여 이행강제금을 부과하고 징수할 수 있다. (○)

⑤ 물류단지지정권자는 물류단지시설 등의 건설공사 착수 등 의무가 있는 자가 그 의무를 이행한 경우에는 **새로운 이행강제금의 부과를 중지**하되, 이미 부과된 이행강제금은 징수하여야 한다.

주의 물류단지지정권자는 물류단지시설 등의 건설공사 착수 등 의무가 있는 자가 그 의무를 이행한 경우에는 새로운 이행강제금의 부과를 중지하고, 이미 부과된 이행강제금은 징수하지 아니한다. (×)

⑥ 위에서 규정한 사항 외에 이행강제금의 부과 및 징수 절차는 국토교통부령으로 정한다.

제51조 【개발한 토지·시설 등의 처분제한】 ★☆☆

① 입주기업체 또는 지원기관은 물류단지시설 또는 지원시설의 설치를 완료하기 전에 분양받은 토지·시설 등을 처분하려는 때에는 **시행자 또는 물류단지의 관리기관**에 양도하여야 한다. 다만, 시행자나 관리기관이 매수할 수 없는 때에는 대통령령으로 정하는 바에 따라 시행자나 관리기관이 매수신청을 받아 선정한 다른 입주기업체, 지원기관 또는 다음 각 호의 자에게 양도하여야 한다.

1. 한국토지주택공사
2. 「은행법」에 따라 은행업의 인가를 받은 은행
3. 그 밖에 대통령령으로 정하는 자

주의 입주기업체 또는 지원기관은 물류단지시설 또는 지원시설의 설치를 완료하기 전에 분양받은 토지·시설 등을 처분하려는 때에는 시행자 또는 한국토지주택공사에 양도하여야 한다. (×)

② ①에 따른 토지의 양도가격은 **취득가격**에 대통령령으로 정하는 **이자 및 비용**을 더한 금액으로 하고, 시설 등의 양도가격은 「감정평가 및 감정평가사에 관한 법률」에 따른 감정평가법인등의 **감정평가액**을 고려하여 결정할 수 있다. 다만, 입주기업체 또는 지원기관의 요청이 있는 경우 토지의 양도가격은 **취득가격**에 대통령령으로 정하는 **이자 및 비용**을 더한 금액 이하로 할 수 있다.

③ ①의 각 호의 자가 매수한 토지·시설 등의 매각가격·매각절차 등에 필요한 사항은 대통령령으로 정한다.

제52조 【물류단지시설 등의 건축허가 및 사용승인】 ☆☆☆

① 물류단지 안에서 물류단지시설 또는 지원시설을 건축하려는 자가 「건축법」에 따른 건축허가를 받은 때에는 각 해당 규정의 인·허가 등을 받은 것으로 본다.

② ①의 각 규정 중 어느 하나에 해당하는 사항이 해당 특별시장·광역시장 또는 시장·군수·구청장 외의 다른 행정기관의 권한에 속하는 경우에는 해당 특별시장·광역시장 또는 시장·군수·구청장은 미리 그 다른 행정기관의 장과 협의를 하여야 한다.

③ ①에 따른 인·허가등의 의제와 관련된 처리기준에 관하여는 이 법 제21조 제3항 및 제4항을 준용한다.

제52조의2 【물류단지의 재정비】 ★★☆

① 재정비사업의 필요성 등 : **물류단지지정권자**는 준공(부분 준공을 포함)된 날부터 **20년**이 지나서 물류산업구조의 변화 및 물류시설의 노후화 등으로 물류단지를 재정비할 필요가 있는 경우에는 **직접** 또는 **관계 중앙행정기관의 장이나 시장·군수·구청장의 요청**에 따라 물류단지를 재정비하는 사업(이하 "물류단지재정비사업"이라 함)을 할 수 있다. 다만, 준공된 날부터 20년이 지나지 아니한 물류단지에 대하여도 업종의 재배치 등이 필요한 경우에는 물류단지재정비사업을 할 수 있다.

② 재정비사업의 구분 : 물류단지재정비사업은 대통령령으로 정하는 바에 따라 물류단지의 **전부** 또는 **부분** 재정비사업으로 구분하여 할 수 있다.

 • 전부 재정비사업 : 토지이용계획 및 주요 기반시설계획의 변경을 수반하는 경우(건축계획 및 복합용지이용계획의 변경을 수반하는 경우를 포함)로서 지정된 물류단지 면적의 **100분의 50 이상**을 재정비(단계적 재정비를 포함)하는 사업
 • 부분 재정비사업 : 전부 재정비사업 이외의 물류단지재정비사업

> **주의** 전부 재정비사업은 토지이용계획의 변경을 수반하는 경우로서 지정된 물류단지 면적의 100분의 20 이상을 재정비하는 사업을 말한다. (×)

> **주의** 물류단지의 부분 재정비사업은 지정된 물류단지 면적의 3분의 2 미만을 재정비하는 사업을 말한다. (×) [기출 21]

③ 재정비사업의 절차 등 : **물류단지지정권자**는 물류단지재정비사업을 하려는 경우에는 **입주업체와 관계 지방자치단체의 장의** 의견을 듣고 **관계 행정기관의 장과** 협의하여 **물류단지재정비계획**(이하 "재정비계획"이라 함)을 수립·고시하되, **부분 재정비사업인 경우**에는 재정비계획 고시를 **생략**할 수 있다. 재정비계획을 변경할 때(대통령령으로 정하는 경미한 사항을 변경할 때는 제외함)에도 또한 같다.

> ③의 후단에서 대통령령으로 정하는 경미한 사항이란 다음(제13조 제2항) **각 호 외의 사항**을 말한다(영 제42조의2 제3항).
> 1. 일반물류단지지정 면적의 변경(10분의 1 이상의 면적을 변경하는 경우만 해당)
> 2. 일반물류단지시설용지 면적의 변경(10분의 1 이상의 면적을 변경하는 경우만 해당) 또는 일반물류단지시설용지의 용도변경
> 3. 기반시설(구거를 포함)의 부지 면적의 변경(10분의 1 이상의 면적을 변경하는 경우만 해당) 또는 그 시설의 위치 변경
> 4. 일반물류단지개발사업 시행자의 변경

④ 재정비계획의 포함사항 : 재정비계획에는 다음 각 호의 사항이 포함되어야 한다.

 1. 물류단지의 명칭·위치 및 면적
 2. 물류난시새정비사업의 목적
 3. 물류단지재정비사업의 시행자
 4. 물류단지재정비사업의 시행방법
 5. 주요 유치시설 및 그 설치기준에 관한 사항
 6. 당초 토지이용계획 및 주요 기반시설의 변경 계획
 7. 재원조달방안
 8. 그 밖에 대통령령(영 제42조의2 제4항)으로 정하는 사항

⑤ 재정비시행계획의 수립 및 승인 : ④의 제3호에 따른 **물류단지재정비사업의 시행자로 지정받은 자**는 물류단지재정비시행계획을 수립하여 **물류단지지정권자의 승인**을 받아야 한다. 승인을 받은 사항을 변경할 때(대통령령으로 정하는 경미한 사항을 변경할 때는 제외함)에도 또한 같다.

⑥ 의견청취 및 협의 : 물류단지지정권자는 재정비시행계획을 승인하려면 **미리** 입주업체 및 관계 지방자치단체의 장의 **의견**을 듣고 관계 행정기관의 장과 **협의**하여야 한다.

⑦ 자료 등의 제출 : 관계 중앙행정기관의 장 또는 시장·군수·구청장이 물류단지지정권자에게 물류단지재정비사업의 실시를 요청할 때에는 국토교통부장관이 정하는 바에 따라 물류단지재정비사업의 기본방향 및 재원조달방안 등을 제출하여야 한다.

⑧ 재정비사업의 실시 요청 : 물류단지 지정을 요청할 수 있는 자는 물류단지지정권자에게 물류단지재정비사업의 실시를 요청할 수 있다. 이 경우 물류단지 **전부**에 대한 재정비사업의 실시를 요청하려면 **재정비계획**을 작성하여 제출하여야 한다.

⑨ 타 규정의 준용 등 : 물류단지재정비사업에 관하여는 제22조, 제22조의2, 제22조의6, 제25조부터 제27조까지, 제30조부터 제44조까지, 제46조, 제49조, 제50조, 제50조의2, 제50조의3, 제51조 및 제52조를 준용한다. 다만, ②에 따른 **부분 재정비사업**은 「물류정책기본법」에 따른 **물류시설분과위원회 또는 지역물류정책위원회의 심의를 거치지 아니할 수 있으며**, 제25조는 물류단지지정권자가 개발행위에 대하여 제한이 필요하다고 인정하여 지정·고시한 지역에만 준용한다.

> **주의** 전부 또는 부분 재정비사업은 「물류정책기본법」에 따른 물류시설분과위원회 또는 지역물류정책위원회의 심의를 거쳐야 한다. (×)

제52조의3 【지정·승인·인가의 취소 등】 ☆☆☆

① **국토교통부장관** 또는 **시·도지사**는 시행자(물류단지개발 관련 사업을 하는 자 및 물류단지재정비사업의 시행자를 포함)가 다음 각 호의 어느 하나에 해당하는 경우에는 이 법에 따른 지정·승인 또는 인가를 취소하거나 공사의 중지, 공작물의 개축, 이전, 그 밖에 필요한 조치를 할 수 있다. 다만, **제1호부터 제5호까지의 경우**에는 그 지정·승인 또는 인가를 **취소하여야 한다.**

1. 거짓이나 그 밖의 부정한 방법으로 물류단지의 지정을 받은 경우
2. 거짓이나 그 밖의 부정한 방법으로 시행자의 지정을 받은 경우
3. 거짓이나 그 밖의 부정한 방법으로 실시계획의 승인을 받은 경우
4. 거짓이나 그 밖의 부정한 방법으로 준공인가를 받은 경우
5. 거짓이나 그 밖의 부정한 방법으로 재정비시행계획의 승인을 받은 경우
6. 사정이 변경되어 물류단지개발사업을 계속 시행하는 것이 불가능하게 된 경우

② 국토교통부장관 또는 시·도지사는 ①에 따른 처분을 한 때에는 대통령령으로 정하는 바에 따라 그 사실을 고시하여야 한다.

제53조 【물류단지의 관리기관】 ★☆☆

① 물류단지지정권자는 효율적인 관리를 위하여 대통령령(영 제43조)으로 정하는 다음의 관리기구 또는 입주기업체가 자율적으로 구성한 협의회(이하 "**입주기업체협의회**"라 함)에 물류단지를 관리하도록 하여야 한다.
　　㉠ 「한국토지주택공사법」에 따른 한국토지주택공사
　　㉡ 「한국도로공사법」에 따른 한국도로공사
　　㉢ 「한국수자원공사법」에 따른 한국수자원공사
　　㉣ 「한국농어촌공사 및 농지관리기금법」에 따른 한국농어촌공사
　　㉤ 「항만공사법」에 따른 항만공사
　　㉥ 「지방공기업법」에 따른 지방공사

② ①에 따른 관리기구 및 입주기업체협의회의 구성과 운영에 필요한 사항은 **대통령령(영 제43조의2)**으로 정한다.

참고 BOX

입주기업체협의회의 구성과 운영(영 제43조의2)
• 입주기업체협의회는 그 구성 당시에 해당 물류단지 입주기업체의 75퍼센트 이상이 회원으로 가입되어 있어야 한다.
• 입주기업체협의회는 일반회원과 특별회원으로 구성한다.
• 입주기업체협의회의 일반회원은 입주기업체의 대표자로 하고, 특별회원은 일반회원 외의 자 중에서 정하되 회원자격은 입주기업체협의회의 정관으로 정하는 바에 따른다.
• 입주기업체협의회는 매 사업연도 개시일부터 2개월 이내에 정기총회를 개최하여야 하며, 필요한 경우에는 임시 총회를 개최할 수 있다.
• 입주기업체협의회의 회의는 정관에 다른 규정이 있는 경우를 제외하고는 회원 과반수의 출석과 출석회원 과반수 의 찬성으로 의결한다.

주의 입주기업체협의회는 해당 물류단지 입주기업체 3분의 2 이상이 회원으로 가입되어 있어야 한다. (×)

제54조 【물류단지의 관리지침】 ★☆☆

① 관리지침의 작성 및 고시 : **국토교통부장관**은 물류단지의 관리에 관한 지침(이하 "물류 단지관리지침"이라 함)을 작성하여 관보에 고시하여야 한다.

참고 BOX

물류시설분과위원회의 심의
이 법에 따라 물류시설분과위원회의 심의를 거쳐야 하는 사항은 다음과 같다.
• 물류시설개발종합계획의 수립
• 물류단지의 지정
• 물류단지개발지침의 작성
• 물류단지관리지침의 작성

② 관리지침의 작성 절차 : **국토교통부장관**은 물류단지관리지침을 작성하려는 때에는 **시·도지사의 의견**을 듣고 **관계 중앙행정기관의 장과 협의**한 후 「물류정책기본법」의 **물류시설분과위원회의 심의**를 거쳐야 한다. 물류단지관리지침 중 대통령령으로 정하는 사항을 변경하려는 때에도 또한 같다.

③ 물류단지관리지침의 내용 및 작성 등에 필요한 사항은 **대통령령(영 제44조)**으로 정한다.

물류단지관리지침에 포함되어야 할 사항 (영 제44조)

물류단지관리지침에는 다음의 사항이 포함되어야 한다.
• 물류단지관리계획의 수립에 관한 사항
• 물류단지의 유치업종 및 기준에 관한 사항
• 물류단지의 용지 및 시설을 유지·보수·개량하는 등의 물류단지관리업무에 필요한 사항

제55조 【물류단지관리계획】 ☆☆☆

① 제53조에 따른 물류단지 관리기관은 물류단지관리계획을 수립하여 물류단지지정권자에게 제출하여야 한다.

② ①에 따른 물류단지관리계획에는 다음 각 호의 사항이 포함되어야 한다.
  1. 관리할 물류단지의 면적 및 범위에 관한 사항
  2. 물류단지시설과 지원시설의 설치·운영에 관한 사항
  3. 그 밖에 물류단지의 관리에 필요한 사항

③ ①에 따른 물류단지관리계획의 작성에 필요한 사항은 대통령령으로 정한다.

제56조 【공동부담금】 ★☆☆

① 삭제 〈2010. 2. 4.〉

② 제53조에 따른 물류단지 관리기관은 물류단지 안의 폐기물처리장, 가로등, 그 밖에 대통령령으로 정하는 공동시설의 설치·유지 및 보수를 위하여 필요하면 입주기업체 및 지원기관으로부터 **공동부담금**을 받을 수 있다.

  주의 물류단지 관리기관은 물류단지 안의 폐기물처리장, 가로등의 설치·유지 및 보수를 위하여 필요하면 입주기업체 및 지원기관으로부터 시설부담금을 받을 수 있다. (×)

③ ②에 따른 공동부담금에 관한 기준 및 방법 등에 필요한 사항은 대통령령으로 정한다.

제57조 【권고】 ☆☆☆

물류단지지정권자는 물류단지의 기능이 원활히 수행되도록 하기 위하여 관리기관·입주기업체 및 지원기관에 그 관리 및 운영방법, 그 밖에 대통령령으로 정하는 사항에 관하여 필요한 조치를 권고할 수 있다. 이 경우 필요하다고 인정할 때에는 그 권고를 받은 자에게 그 권고에 따라 강구한 조치에 대하여 보고를 하게 할 수 있다.

제58조 【조세 등의 감면】 ★☆☆

국가 또는 지방자치단체는 물류단지의 원활한 개발 및 입주기업체의 유치를 위하여 「지방세특례제한법」·지방세감면조례·「농업·농촌기본법」·「농지법」·「산지관리법」·「개발이익환수에 관한 법률」·「수도권정비계획법」 등으로 정하는 바에 따라 **지방세·농지보전부담금·대체산림자원조성비·개발부담금 또는 과밀부담금 등**을 감면할 수 있다.

제59조【자금지원】☆☆☆

국가 또는 지방자치단체는 물류단지의 원활한 개발 및 입주기업체의 유치를 위하여 자금 지원에 대한 필요한 조치를 할 수 있다.

제59조의3【물류단지 안의 조경의무 면제】☆☆☆

입주기업체에 대해서는 「건축법」 규정에도 불구하고 해당 입주기업체 부지 안의 조경(造 景)의무를 면제한다.

출제 POINT | 빈칸 문제

⋯ 물류단지개발사업에 필요한 비용은 (❶)이/가 부담한다.
⋯ 물류단지개발사업의 시행자·입주기업·지방자치단체 등의 요청에 따라 전기간선시설(電氣幹線施設)을 땅 속에 설치하는 경우에는 전기를 공급하는 자와 땅 속에 설치할 것을 요청하는 자가 각각 (❷)의 비율로 그 설치비용을 부담한다.
⋯ 국가 또는 지방자치단체는 대통령령으로 정하는 바에 따라 물류단지개발사업에 필요한 비용의 (❸)를 보조하거나 융자할 수 있다.
⋯ (❹) 또는 (❺)는 물류단지개발사업을 촉진하기 위하여 지방자치단체에 물류단지개발특별회계를 설치할 수 있다.
⋯ 「지방세법」 제112조 제1항(같은 항 제1호는 제외) 및 같은 조 제2항에 따라 부과·징수되는 재산세의 징수액 중 (❻)퍼센트의 금액은 물류단지개발특별회계의 재원이 된다(다만, 해당 지방자치단체의 조례에서는 이에 관하여 영령과 다르게 정한 바 없다고 가정한다).
⋯ 물류단지개발사업과 관련된 해당 지방자치단체의 장이 시행하는 「국토의 계획 및 이용에 관한 법률」 제2조 제10호에 따른 도시·군계획시설사업의 경우, 물류단지개발특별회계에서 물류단지개발사업의 시행자에게 융자할 수 있는 범위는 공사비의 (❼) 이하이다.
⋯ (❽)는 물류단지개발사업에 따라 개발한 토지·시설 등을 분양 또는 임대할 수 있다.
⋯ 물류단지는 대통령령으로 정하는 관리기구 또는 (❾)가 관리한다.
⋯ 관리기관은 물류단지 안의 폐기물처리장, 가로등, 그 밖에 대통령령으로 정하는 공동시설의 설치·유지 및 보수를 위하여 필요하면 입주기업체 및 지원기관으로부터 (❿)을 받을 수 있다.
⋯ 입주기업체에 대해서는 「건축법」 규정에도 불구하고 해당 입주기업체 부지 안의 (⓫) 의무를 면제한다.

❶ 시행자 ❷ 100분의 50 ❸ 일부 ❹ 시·도지사 ❺ 시장·군수 ❻ 10 ❼ 2분의 1 ❽ 시행자 **정답**
❾ 입주기업체협의회 ❿ 공동부담금 ⓫ 조경

제4장의2 물류 교통 · 환경 정비사업

제59조의4 【물류 교통 · 환경 정비지구의 지정 신청】 ★★☆

① **정비지구의 지정 신청** : **시장 · 군수 · 구청장**은 물류시설의 밀집으로 도로 등 기반시설의 정비와 소음 · 진동 · 미세먼지 저감 등 생활환경의 개선이 필요한 경우로서 대통령령으로 정하는 요건에 해당하는 경우 **시 · 도지사**에게 물류 교통 · 환경 정비지구(이하 "정비지구"라 함)의 **지정을 신청**할 수 있다. 정비지구를 변경하려는 경우에도 또한 같다.

> ①에 따른 물류 교통 · 환경 정비지구로 지정될 수 있는 지역은 다음의 기준을 <u>**모두 충족하는 지역으로**</u> 한다(영 제46조의2 제1항).
> 1. 물류시설의 밀집으로 도로의 신설 · 확장 · 개량 및 보수 등 기반시설의 정비가 필요하거나 소음 · 진동 방지, 대기오염 저감 등 <u>생활환경의 개선</u>이 필요한 지역일 것
> 2. 정비지구로 지정하려는 지역의 면적이 30만제곱미터 이상일 것
> 3. 정비지구 안의 물류시설 부지면적의 합이 정비지구 면적의 <u>100분의 30 이상</u>일 것

② **정비계획의 수립 · 제출** : 정비지구의 지정 또는 변경을 신청하려는 시장 · 군수 · 구청장은 다음 각 호의 사항을 포함한 물류 교통 · 환경 정비계획(이하 "정비계획"이라 함)을 수립하여 시 · 도지사에게 제출하여야 한다. 이 경우 정비지구가 둘 이상의 시 · 군 · 구의 관할지역에 걸쳐있는 경우에는 관할 시장 · 군수 · 구청장이 공동으로 이를 수립 · 제출한다.
1. 위치 · 면적 · 정비기간 등 정비계획의 개요
2. 정비지구의 현황(인구수, 물류시설의 수와 면적 · 교통량 · 물동량 등)
3. 도로의 신설 · 확장 · 개량 및 보수 등 교통정비계획
4. 소음 · 진동 방지, 대기오염 저감 등 환경정비계획
5. 물류 교통 · 환경 정비사업의 비용분담계획
6. <u>그 밖에 대통령령으로 정하는 사항</u>

> 제6호에서 그 밖에 대통령령으로 정하는 사항이란 다음의 사항을 말한다(영 제46조의2 제2항).
> 1. 정비지구 안의 물류시설의 체계적 개발 및 정비 등에 관한 사항
> 2. 정비사업을 통해 예상되는 교통 · 환경 개선 효과
> 3. 「국토의 계획 및 이용에 관한 법률」에 따른 도시 · 군관리계획의 수립 또는 변경에 관한 사항
> 4. 그 밖에 시 · 도지사가 포함할 필요가 있다고 인정하는 사항

③ **정비지구의 지정 신청 절차** : **시장 · 군수 · 구청장**은 ①에 따른 정비지구의 지정 또는 변경을 신청하려는 경우에는 **주민설명회**를 열고, 그 내용을 **14일 이상** 주민에게 **공람하여 의견**을 들어야 하며, **지방의회의 의견**을 들은 후 그 **의견을 첨부하여 신청**하여야 한다. 다만, <u>대통령령으로 정하는 경미한 사항</u>의 변경을 신청하려는 경우에는 주민설명회, 주민 공람, 주민의 의견청취 및 지방의회의 의견청취 절차를 거치지 아니할 수 있다.

> ③의 본문의 경우 지방의회는 시장 · 군수 · 구청장이 정비지구의 지정 또는 변경 신청서를 통지한 날부터 60일 이내에 의견을 제시하여야 하며, **의견제시 없이 60일이 지난 때**에는 이의가 없는 것으로 본다.

> **주의** 지방의회는 시장이 정비지구의 지정을 통지한 날부터 30일 이내에 의견을 제시하여야 한다. (×)

③의 단서에서 "대통령령으로 정하는 경미한 사항"이란 다음 각 호의 사항을 말한다.
1. 정비지구의 면적, 정비사업의 비용 및 정비지구의 현황에 포함되는 사항으로서 <u>100분의 5 미만의 변경</u>
2. 계산착오, 오기, 누락, 그 밖에 정비계획의 기본방향에 영향을 미치지 아니하는 사항으로서 그 **변경 근거가 분명한 사항**

④ ③에 따른 주민설명회, 주민 공람 및 주민의 의견청취 방법 등에 관하여 필요한 사항은 대통령령으로 정한다.

제59조의5 【물류 교통·환경 정비지구의 지정】 ★★☆

① 정비지구의 지정을 위한 협의 및 공동심의 : 시·도지사는 정비지구의 지정을 신청받은 경우에는 **관계 행정기관의 장**과 **협의**하고 대통령령으로 정하는 바에 따라 **물류단지계획 심의위원회**와 「국토의 계획 및 이용에 관한 법률」에 따른 **지방도시계획위원회**가 **공동으로 하는 심의를 거쳐** 정비지구를 지정한다. 정비지구의 지정을 변경하려는 경우에도 또한 같다.

> ①에 따라 물류단지계획심의위원회와 지방도시계획위원회가 공동으로 심의할 때에는 다음 각 호의 기준에 따라 공동위원회를 구성한다(영 제46조의5 제1항).
> 1. 공동위원회의 위원은 물류단지계획심의위원회 및 지방도시계획위원회의 위원 중에서 <u>시·도지사가 임명 또는 위촉</u>할 것
> 2. 공동위원회의 위원 수는 <u>25인 이내</u>로 할 것
> 3. 공동위원회의 위원 중 물류단지계획심의위원회의 위원이 <u>2분의 1 이상</u>이 되도록 할 것
> 4. 공동위원회의 위원장은 특별시·광역시·특별자치시의 경우에는 <u>부시장</u>, 도·특별자치도의 경우에는 <u>부지사</u>로 할 것

② 의견 제시 기한 : ①에 따라 협의를 요청받은 **관계 행정기관의 장**은 특별한 사유가 없으면 그 요청을 받은 날부터 **30일 이내**에 의견을 제시하여야 한다.

> **주의** 정비지구의 지정을 위한 협의를 요청받은 관계 행정기관의 장은 특별한 사유가 없으면 그 요청을 받은 날부터 60일 이내에 의견을 제시하여야 한다. (×)

③ 지정·지정변경 사실에 대한 고시 : 시·도지사는 ①에 따라 정비지구를 지정하거나 변경할 때에는 대통령령으로 정하는 바에 따라 그 내용을 **지체 없이** 해당 **지방자치단체의 공보에 고시**하여야 한다.

④ 지정·지정변경 사실에 대한 보고 : ①에 따라 시·도지사가 정비지구를 지정하거나 변경하였을 때에는 국토교통부령(규칙 제29조의2)으로 정하는 바에 따라 다음 각 호의 사항을 **국토교통부장관**에게 **보고**하여야 한다.
1. 위치·면적·정비기간 등 정비계획의 개요
2. 정비지구의 현황(인구수, 물류시설의 수와 면적·교통량·물동량 등)
3. 도로의 신설·확장·개량 및 보수 등 교통정비계획
4. 소음·진동 방지, 대기오염 저감 등 환경정비계획
5. 정비사업의 비용분담 계획
6. 정비사업을 통해 예상되는 교통·환경 개선 효과
7. 그 밖에 국토교통부장관이 포함할 필요가 있다고 인정하는 사항

제59조의6 【물류 교통·환경 정비지구 지정의 해제】 ☆☆☆

① 시·도지사는 물류 교통·환경 정비사업의 추진 상황으로 보아 정비지구의 지정 목적을 달성하였거나 달성할 수 없다고 인정하는 경우에는 대통령령으로 정하는 바에 따라 물류단지계획심의위원회와 지방도시계획위원회가 공동으로 하는 심의를 거쳐 정비지구의 지정을 해제할 수 있다.

② ①에 따라 정비지구의 지정을 해제하려는 시·도지사는 물류단지계획심의위원회와 지방도시계획위원회가 공동으로 하는 심의 전에 주민설명회를 열고, 그 내용을 14일 이상 주민에게 공람하여 의견을 들어야 하며, 지방의회의 의견을 들어야 한다. 이 경우 지방의회는 의견을 요청받은 날부터 60일 이내에 의견을 제시하여야 하며, 의견 제시 없이 60일이 지난 때에는 이의가 없는 것으로 본다.

③ 시·도지사는 ①에 따라 정비지구의 지정을 해제할 때에는 대통령령으로 정하는 바에 따라 그 내용을 지체 없이 해당 지방자치단체의 공보에 고시하여야 한다.

④ ①에 따라 시·도지사가 정비지구의 지정을 해제하였을 때에는 국토교통부령으로 정하는 바에 따라 국토교통부장관에게 보고하여야 한다.

⑤ ②에 따른 주민설명회, 주민 공람 및 주민의 의견청취 방법 등에 관하여 필요한 사항은 대통령령으로 정한다.

제59조의7 【물류 교통·환경 정비사업의 지원】 ☆☆☆

국가 또는 시·도지사는 제59조의5에 따라 지정된 정비지구에서 **시장·군수·구청장**에게 다음 각 호의 사업에 대한 **행정적·재정적 지원**을 할 수 있다.

1. 도로 등 기반시설의 신설·확장·개량 및 보수
2. 「화물자동차 운수사업법」에 따른 공영차고지 및 화물자동차 휴게소의 설치
3. 「소음·진동관리법」에 따른 방음·방진시설의 설치
4. 그 밖에 정비지구의 교통·환경 정비를 위하여 대통령령으로 정하는 사업

출제 POINT   빈칸 문제

⋯ (❶)은 물류시설의 밀집으로 도로 등 기반시설의 정비와 소음·진동·미세먼지 저감 등 생활환경의 개선이 필요한 경우에는 (❷)에게 물류 교통·환경 정비지구의 지정을 신청할 수 있다.

⋯ 물류 교통·환경 정비계획에는 도로의 신설·확장·개량 및 보수 등 (❸)에 관한 사항이 포함되어야 한다.

⋯ (❶)은 정비지구의 지정 신청을 하려는 경우에는 (❹)를 열고, 그 내용을 (❺)일 이상 주민에게 공람하여 의견을 들어야 한다.

⋯ (❷)는 정비지구의 지정을 신청 받은 경우에는 관계 행정기관의 장과 협의하고 물류단지계획심의위원회와 지방도시계획위원회가 (❻)으로 하는 심의를 거쳐 정비지구를 지정한다.

⋯ (❷)는 정비지구를 지정·변경할 때에는 대통령령으로 정하는 바에 따라 그 내용을 (❼) 해당 지방자치단체의 공보에 고시하여야 한다.

❶ 시장·군수·구청장 ❷ 시·도지사 ❸ 도로정비계획 ❹ 주민설명회 ❺ 14(일) ❻ 공동 ❼ 지체 없이 **정답**

제5장 보칙

제61조【보고 등】★★☆

① **국토교통부장관**은 **복합물류터미널사업자**에게 복합물류터미널의 건설에 관해 필요한 **보고**를 하게 하거나 **자료의 제출**을 명할 수 있으며 **소속 공무원**에게 복합물류터미널의 건설에 관한 업무를 검사하게 할 수 있다.

② **국토교통부장관** 또는 **해양수산부장관**은 **물류창고업자**에게 물류창고의 운영에 관하여 **보고**를 하게 하거나 **자료의 제출**을 명할 수 있으며 **소속 공무원**에게 물류창고의 운영에 관한 업무를 **검사**하게 할 수 있다. 다만, 다음(제21조의2 제4항) 각 호의 어느 하나에 해당하는 물류창고업을 경영하는 자는 **제외**한다.

  1. 「관세법」에 따른 보세창고의 설치·운영
  2. 「유해화학물질관리법」에 따른 유독물 보관·저장업 또는 취급제한물질 보관·저장업
  3. 「식품위생법」에 따른 식품보존업 중 식품냉동·냉장업, 「축산물 위생관리법」에 따른 축산물보관업 및 「식품산업진흥법」에 따른 수산물가공업 중 냉동·냉장업

③ **국토교통부장관** 또는 **시·도지사**는 **시행자**에게 물류단지의 개발에 관하여 필요한 **보고**를 하게 하거나 **자료의 제출**을 명할 수 있으며 **소속 공무원**에게 물류단지의 개발에 관한 업무를 **검사**하게 할 수 있다.

④ **국토교통부장관** 또는 **시·도지사**는 **물류단지 관리기관·입주기업체 및 지원기관**에 물류단지의 관리에 관하여 필요한 **보고**를 하게 하거나 **자료의 제출**을 명할 수 있으며, **소속 공무원**에게 물류단지의 관리에 관한 업무를 **검사**하게 할 수 있다.

⑤ ①부터 ④까지의 규정에 따라 검사를 하는 공무원은 그 권한을 나타내는 **증표**를 지니고 이를 관계인에게 내보여야 한다.

⑥ ⑤에 따른 증표에 필요한 사항은 **국토교통부령**으로 정한다.

제62조【청문】★☆☆

국토교통부장관·해양수산부장관 또는 **시·도지사**는 다음 각 호의 어느 하나에 해당하는 경우에는 **청문**을 실시하여야 한다.

1. **복합물류터미널사업** 등록의 취소 또는 **물류창고업** 등록의 취소
1의2. **스마트물류센터** 인증의 취소 또는 **스마트물류센터 인증기관** 지정의 취소
2. 제52조의3 제1항에 따른 **물류단지 시행자** 지정·승인 또는 인가의 취소

제63조【수수료】☆☆☆

다음에 해당하는 신청을 하려는 자는 국토교통부령으로 정하는 바에 따라 수수료를 내야 한다.

1. 복합물류터미널사업의 등록신청 및 변경등록의 신청
2. 물류터미널의 구조 및 설비 등에 관한 공사시행인가와 변경인가의 신청
3. 물류창고업의 등록 및 변경등록
4. 스마트물류센터 인증의 신청

제6장 벌칙

제65조 【벌칙】 ★★★

① 다음 각 호의 어느 하나에 해당하는 자는 **1년 이하의 징역 또는 1천만원 이하의 벌금**에 처한다. 다만, **제7호**에 해당하는 자로서 그 처분행위로 얻은 이익이 **3천만원 이상**인 경우에는 **1년 이하의 징역 또는 그 이익에 상당하는 금액 이하의 벌금**에 처한다.

1. **등록**을 하지 아니하고 **복합물류터미널사업**을 경영한 자
2. 삭제 〈2014. 1. 28.〉
3. 물류터미널의 공사**시행인가** 또는 **변경인가**를 받지 아니하고 공사를 시행한 자
4. **성명 또는 상호**를 다른 사람에게 사용하게 하거나 **등록증**을 대여한 복합물류터미널사업자 또는 물류창고업자

4의2. **등록**을 하지 아니하고 **물류창고업**을 경영한 자

> 다만, 제4의2호에서 제21조의2 제4항 각 호의 어느 하나에 해당하는 물류창고업을 경영한 자는 제외한다.
> 1. 「관세법」에 따른 보세창고의 설치·운영
> 2. 「유해화학물질 관리법」에 따른 유독물 보관·저장업 또는 취급제한물질 보관·저장업
> 3. 「식품위생법」에 따른 식품보존업 중 식품냉동·냉장업, 「축산물 위생관리법」에 따른 축산물보관업 및 「식품산업진흥법」에 따른 수산물가공업 중 냉동·냉장업

5. **허가**를 받지 아니하고 물류단지 안에서 **건축물**의 건축 등을 한 자
6. **거짓**이나 그 밖의 **부정한 방법**으로 물류단지개발 또는 재정비 사업의 **시행자** 또는 물류단지개발 또는 물류단지개발과 관련되는 사업에 대한 **실시계획**의 지정 또는 승인을 받은 자
7. 개발한 토지·시설 등의 **처분제한** 규정을 위반하여 **토지 또는 시설**을 처분한 자

② 거짓의 스마트물류센터 인증마크를 제작·사용하거나 스마트물류센터임을 사칭한 자는 **3천만원 이하의 벌금**에 처한다.

> **주의** 스마트물류센터임을 사칭한 자에게는 과태료를 부과한다. (×) [기출 21]

> **주의** 타인에게 자기의 상호를 사용하여 사업을 하게 한 복합물류터미널사업자는 1년 이하의 징역 또는 1천만원 이하의 벌금에 처한다. (○)

> **주의** 복합물류터미널사업의 등록에 따른 권리·의무를 승계한 자가 국토교통부장관에게 승계의 신고를 하지 않은 경우에는 3천만원 이하의 벌금에 처한다. (×)

> **주의** 물류창고업 등록 요건에 해당하는 물류창고를 갖추고 「유해화학물질 관리법」에 따른 유독물 보관·저장업의 용도로만 사용하며, 해당 법률에 따라 영업허가를 받았으나 「물류시설의 개발 및 운영에 관한 법률」에 따른 등록을 하지 아니하고 물류창고업을 영위한 자는 징역 또는 벌금 부과대상이 아니다. (○)

> **주의** 복합물류터미널의 공사시행인가를 받지 아니하고 공사를 시행한 자는 징역 또는 벌금 부과대상이 아니다. (×)

제66조 【양벌규정】 ☆☆☆

법인의 대표자나 법인 또는 개인의 대리인, 사용인, 그 밖의 종업원이 그 법인 또는 개인의 업무에 관하여 제65조의 위반행위를 하면 그 **행위자를 벌하는** 외에 그 **법인 또는 개인**에게도 해당 조문의 **벌금형**을 과(科)한다. 다만, 법인 또는 개인이 그 위반행위를 방지하기 위하여 해당 업무에 관하여 **상당한 주의와 감독을 게을리하지 아니한 경우**에는 그러하지 아니하다.

제67조 【과태료】 ★★☆

① 다음 어느 하나에 해당하는 자에게는 300만원 이하의 과태료를 부과한다.
  1. 보고 또는 자료제출을 하지 아니하거나 거짓 보고 또는 거짓 자료를 제출한 자
  2. 검사를 방해·거부한 자
② 다음 각 호의 어느 하나에 해당하는 자에게는 200만원 이하의 과태료를 부과한다.
  1. 승계의 신고를 하지 아니한 자
  2. 취소된 인증마크를 계속 사용한 자
③ ① 및 ②에 따른 과태료는 대통령령으로 정하는 바에 따라 **국토교통부장관·해양수산부장관 또는 시·도지사**가 부과·징수한다.

출제 POINT 빈칸 문제

··· 국토교통부장관은 복합물류터미널사업자에게 복합물류터미널의 건설에 관하여 필요한 보고를 하게 하거나 자료의 제출을 명할 수 있으며 (❶)에게 복합물류터미널의 건설에 관한 업무를 (❷)하게 할 수 있다.
··· 국토교통부장관은 (❸)에게 물류단지의 개발에 관하여 필요한 보고를 하게 하거나 자료의 제출을 명할 수 있다.
··· 검사를 하는 공무원은 그 권한을 나타내는 (❹)를 지니고 이를 관계인에게 내보여야 한다.
··· 국토교통부장관은 스마트물류센터에 대한 인증을 취소하려면 (❺)을 하여야 한다.
··· 복합물류터미널사업의 등록신청 및 변경등록의 신청시 지불해야 하는 수수료는 1건당 (❻)원이다.
··· 물류창고업의 등록 및 변경등록 수수료는 (❼)원이다.
··· 복합물류터미널사업자가 타인에게 자기의 상호를 사용하여 사업을 하게 한 경우 (❽)년 이하의 징역 또는 (❽)만원 이하의 벌금에 처한다.
··· 거짓의 인증마크를 제작·사용하거나 스마트물류센터임을 사칭한 자는 (❾)만원 이하의 벌금에 처한다.
··· 복합물류터미널사업의 등록에 따른 권리·의무를 승계한 자가 국토교통부장관에게 승계의 신고를 하지 않은 경우 부과되는 과태료는 (❿)원 이하이다.
··· 법인의 대표자나 법인 또는 개인의 대리인, 사용인, 그 밖의 종업원이 그 법인 또는 개인의 업무에 관하여 제65조의 위반행위를 하면 그 행위자를 벌하는 외에 그 법인 또는 개인에게도 해당 조문의 (⓫)형을 과(科)한다.

❶ 소속 공무원 ❷ 검사 ❸ 시행자 ❹ 증표 ❺ 청문 ❻ 2만(원) ❼ 1만(원) ❽ 1(년), 1천(만원) ❾ 3천 **정답**
❿ 200만 ⓫ 벌금(형)

PART 03

화물자동차 운수사업법

제1장 총 칙

제1조 【목적】 ☆☆☆

이 법은 화물자동차 운수사업을 효율적으로 관리하고 건전하게 육성하여 **화물의 원활한 운송**을 도모함으로써 공공복리의 증진에 기여함을 목적으로 한다.

제2조 【정의】 ★★★

이 법에서 사용하는 용어의 뜻은 다음과 같다.

1. **화물자동차** : 「자동차관리법」에 따른 **화물자동차** 및 **특수자동차**로서 **국토교통부령**(규칙 제3조)으로 정하는 자동차

🔦참고 BOX

화물자동차의 정의(규칙 제3조)

"국토교통부령으로 정하는 자동차"란 「자동차관리법 시행규칙」 [별표 1]에 따른 일반형·덤프형·밴형 및 특수용도형 화물자동차와 견인형·구난형 및 특수용도형 특수자동차(「여객자동차 운수사업법」에 따라 자동차대여사업에 사용할 수 있는 자동차로서 「자동차관리법 시행규칙」 별표 1에 따른 경형 또는 소형 특수용도형 특수자동차 중 같은 규칙 제30조의2에 따른 캠핑용자동차는 제외)를 말한다. 이 경우 밴형 화물자동차는 다음 각 호의 요건을 모두 충족하는 구조이어야 한다.

1. 물품적재장치의 바닥면적이 승차장치의 바닥면적보다 넓을 것
2. 승차 정원이 3명 이하일 것. 다만, 다음 각 목의 어느 하나에 해당하는 경우는 예외로 한다.
   가. 「경비업법」 제4조 제1항에 따라 같은 법 제2조 제1호 나목의 호송경비업무 허가를 받은 경비업자의 호송용 차량
   나. 2001년 11월 30일 전에 화물자동차 운송사업 등록을 한 6인승 밴형 화물자동차

주의 화물자동차란 「도로교통법」에 따른 화물자동차 및 특수자동차를 말한다. (×)
주의 화물자동차란 화물자동차 및 특수자동차로서 대통령령으로 정하는 자동차를 말한다. (×)
주의 밴형 화물자동차는 물품적재장치의 바닥면적이 승차장치의 바닥면적보다 넓고, 승차 정원이 6명 이하인 구조이어야 한다. (×)

2. **화물자동차 운수사업** : 화물자동차 **운송사업**, 화물자동차 **운송주선**사업 및 화물자동차 **운송가맹**사업
3. **화물자동차 운송사업** : **다른 사람의 요구**에 응하여 화물자동차를 사용하여 화물을 **유상**으로 운송하는 사업. 이 경우 화주(貨主)가 화물자동차에 함께 탈 때의 화물은 중량, 용적, 형상 등이 **여객자동차 운송사업용 자동차에 싣기 부적합한 것**으로서 그 기준과 대상차량 등은 **국토교통부령**(규칙 제3조의2)으로 정함

참고 BOX

화물의 기준 및 대상차량(규칙 제3조의2)

① **화물의 기준**
- 화주 1명당 화물의 중량이 20킬로그램 이상일 것
- 화주 1명당 화물의 용적이 4만 세제곱센티미터 이상일 것
- 화물이 불결하거나 악취가 나는 농산물·수산물 또는 축산물, 타인에게 혐오감을 주는 동물 또는 식물, 기계·기구류 등 공산품, 합판·각목 등 건축기자재, 폭발성·인화성 또는 부식성 물품 중 어느 하나에 해당하는 물품일 것

② **대상차량** : 대상차량은 밴형 화물자동차로 한다.

주의 화주 1명당 화물의 용적이 2만 세제곱센티미터 이상일 것 (×) [기출 18]

주의 불결하거나 악취가 나지 않는 농산물·수산물 또는 축산물 (×), 타인에게 혐오감을 주는 예술작품 (×)

4. **화물자동차 운송주선사업** : 다른 사람의 요구에 응하여 유상으로 화물운송계약을 중개·대리하거나 화물자동차 운송사업 또는 화물자동차 운송가맹사업을 경영하는 자의 화물 운송수단을 이용하여 (자기의 화물 운송수단 이용 ×) 자기 명의와 계산으로 화물을 운송하는 사업(화물이 이사화물인 경우에는 포장 및 보관 등 부대서비스를 함께 제공하는 사업을 포함)

> **주의** 다른 사람의 요구에 응하여 유상으로 화물운송계약을 중개·대리하는 사업은 화물자동차 운송주선사업에 해당한다. (○)

> **주의** 자기의 화물운송 수단을 이용하여 자기 명의와 계산으로 화물을 운송하는 사업은 화물자동차 운송주선사업에 해당한다. (×)

5. **화물자동차 운송가맹사업** : 다른 사람의 요구에 응하여 자기 화물자동차를 사용하여 유상으로 화물을 운송하거나 화물정보망(인터넷 홈페이지 및 이동통신단말장치에서 사용되는 응용프로그램을 포함)을 통하여 소속 화물자동차 운송가맹점(운송사업자 및 화물자동차 운송사업의 경영의 일부를 위탁받은 사람인 운송가맹점만을 말함)에 의뢰하여 화물을 운송하게 하는 사업

> **주의** 다른 사람의 요구에 응하여 화물자동차 운송가맹사업을 경영하는 자의 화물 운송수단을 이용하여 자기 명의와 계산으로 화물을 운송하는 사업은 화물자동차 운송가맹사업에 해당한다. (×) [기출 17]

6. **화물자동차 운송가맹사업자** : 화물자동차 운송가맹사업의 허가를 받은 자

7. **화물자동차 운송가맹점** : 화물자동차 운송가맹사업자(이하 "운송가맹사업자"라 함)의 운송가맹점으로 가입한 자로서 다음 각 목의 어느 하나에 해당하는 자

가. 운송가맹사업자의 화물정보망을 이용하여 운송 화물을 배정받아 화물을 운송하는 운송사업자

나. 운송가맹사업자의 화물운송계약을 중개·대리하는 운송주선사업자

다. 운송가맹사업자의 화물정보망을 이용하여 운송 화물을 배정받아 화물을 운송하는 자로서 화물자동차 운송사업의 경영의 일부를 위탁받은 사람. 다만, 경영의 일부를 위탁한 운송사업자가 화물자동차 운송가맹점으로 가입한 경우는 제외

7의2. **영업소 : 주사무소 외의 장소**에서 다음의 어느 하나에 해당하는 사업을 영위하는 곳

　가. 화물자동차 **운송**사업의 허가를 받은 자 또는 화물자동차 **운송가맹**사업자가 화물자동차를 배치하여 그 지역의 화물을 운송하는 사업

　나. 화물자동차 **운송주선**사업의 허가를 받은 자가 화물 운송을 주선하는 사업

8. **운수종사자** : 화물자동차의 **운전자**, 화물의 운송 또는 운송주선에 관한 사무를 취급하는 **사무원** 및 이를 보조하는 **보조원**, 그 밖에 화물자동차 운수사업에 종사하는 자

9. **공영차고지** : 화물자동차 운수사업에 제공되는 **차고지**로서 다음 각 목의 어느 하나에 해당하는 자가 설치한 것

　가. 특별시장·광역시장·특별자치시장·도지사·특별자치도지사(이하 "시·도지사"라 함)

　나. 시장·군수·구청장(자치구의 구청장을 말함)

　다. 「공공기관의 운영에 관한 법률」에 따른 공공기관 중 <u>대통령령으로 정하는 공공기관</u>

　라. 「지방공기업법」에 따른 지방공사

> 다목에서 대통령령으로 정하는 공공기관이란 다음 각 호의 기관을 말한다(영 제2조).
> 1. 「인천국제공항공사법」에 따른 인천국제공항공사
> 2. 「한국공항공사법」에 따른 한국공항공사
> 3. 「한국도로공사법」에 따른 한국도로공사
> 4. 「한국철도공사법」에 따른 한국철도공사
> 5. 「한국토지주택공사법」에 따른 한국토지주택공사
> 6. 「항만공사법」에 따른 항만공사

> **주의** 「공공기관의 운영에 관한 법률」에 따른 공공기관 중 대통령령으로 정하는 공공기관은 공영차고지를 설치하여 직접 운영할 수 있다. (○) [기출 19]

10. **화물자동차 휴게소** : 화물자동차의 운전자가 화물의 운송 중 **휴식**을 취하거나 화물의 하역(荷役)을 위하여 **대기**할 수 있도록 「도로법」에 따른 도로 등 화물의 운송경로나 「물류시설의 개발 및 운영에 관한 법률」에 따른 물류시설 등 물류거점에 휴게시설과 차량의 **주차·정비·주유**(注油)등 화물운송에 필요한 기능을 제공하기 위하여 건설하는 시설물

11. **화물차주** : 화물을 직접 운송하는 자로서 다음 각 목의 어느 하나에 해당하는 자

　가. 개인화물자동차 운송사업의 허가를 받은 자(이하 "**개인 운송사업자**"라 함)

　나. 경영의 일부를 위탁받은 사람(이하 "**위·수탁차주**"라 함)

12. **화물자동차 안전운송원가** : 화물차주에 대한 적정한 운임의 보장을 통하여 과로, 과속, 과적 운행을 방지하는 등 교통안전을 확보하기 위하여 화주, 운송사업자, 운송주선사업자 등이 화물운송의 **운임을 산정할 때에 참고**할 수 있는 운송원가로서 화물자동차 안전운임위원회의 심의·의결을 거쳐 **국토교통부장관**이 공표한 원가

13. **화물자동차 안전운임** : 화물차주에 대한 적정한 운임의 보장을 통하여 과로, 과속, 과적 운행을 방지하는 등 교통안전을 확보하기 위하여 필요한 최소한의 운임으로서 화물자동차 **안전운송원가**에 **적정 이윤**을 더하여 화물자동차 안전운임위원회의 심의·의결을 거쳐 **국토교통부장관**이 공표한 운임을 말하며 다음 각 목으로 구분

가. 화물자동차 안전운송운임 : 화주가 운송사업자, 운송주선사업자 및 운송가맹사업
　　자(이하 "운수사업자"라 함) 또는 화물차주에게 지급하여야 하는 **최소한의 운임**

나. 화물자동차 안전위탁운임 : 운수사업자가 화물차주에게 지급하여야 하는 **최소한의**
　　운임

참고 BOX

화물자동차 운수사업 관할관청(규칙 제4조)

① 화물자동차 운수사업은 주사무소(법인이 아닌 경우에는 주소지를 말하되, 주소지 외의 장소에 사업장·공동
　사업장 또는 사무실을 마련하여 화물자동차 운수사업을 경영하는 경우에는 그 사업장·공동사업장 또는 사무
　실을 주사무소로 본다. 이하 같다) 소재지를 관할하는 시·도지사가 관장한다.
② 화물자동차 운수사업의 영업소 및 화물취급소와 영업소에 배치된 화물자동차는 ①에도 불구하고 그 소재지를
　관할하는 **시·도지사**가 관장한다.
③ 화물자동차 운수사업을 양도·양수하거나 법인을 합병할 때 둘 이상의 관할관청이 있는 경우에는 양수인
　또는 합병으로 존속하거나 신설되는 법인의 주사무소 소재지를 관할하는 **시·도지사**가 관할관청이 된다.
④ 화물운송 종사자격의 취소 또는 효력정지 처분은 처분 대상자의 주소지를 관할하는 **시·도지사**가 관장한다.

출제 POINT　빈칸 문제

⋯ 화물자동차란 「자동차관리법」에 따른 화물자동차 및 (❶)자동차로서 국토교통부령으로 정하는
　자동차를 말한다.

⋯ 화물자동차 (❷)이란 다른 사람의 요구에 응하여 화물자동차를 사용하여 화물을 유상으로 운송하
　는 사업을 말한다.

⋯ (❸)란 화물자동차의 운전자, 화물의 운송 또는 운송주선에 관한 사무를 취급하는 사무원 및
　이를 보조하는 보조원, 그 밖에 화물자동차 운수사업에 종사하는 자를 말한다.

⋯ 화물자동차 (❹)이란 화물자동차 운송사업·화물자동차 운송주선사업 및 화물자동차 운송가맹사
　업을 말한다.

⋯ 화물자동차 운송사업에서 여객자동차 운송사업용 자동차에 싣기 부적합하여 화주가 (❺) 화물자
　동차에 탈 때 함께 실을 수 있는 화물의 기준은 다음의 어느 하나에 해당하는 것으로 한다.
　－ 화주(貨主) 1명당 화물의 중량이 (❻) 이상일 것
　－ 화주 1명당 화물의 용적이 (❼) 이상일 것
　－ 화물이 불결하거나 악취가 나는 농산물·수산물 또는 축산물, 타인에게 (❽)을 주는 동물 또는
　　식물, 기계·기구류 등 공산품, 합판·각목 등 건축기자재, 폭발성·인화성 또는 부식성 물품
　　중 어느 하나에 해당하는 물품일 것

⋯ 다른 사람의 요구에 응하여 화물자동차 운송가맹사업을 경영하는 자의 화물 운송수단을 이용하여
　자기 명의와 계산으로 화물을 운송하는 사업은 화물자동차 (❾)에 해당한다.

❶ 특수　❷ 운송사업　❸ 운수종사자　❹ 운수사업　❺ 밴형　❻ 20kg　❼ 4만 세제곱센티미터　❽ 혐오감　**정답**
❾ 운송주선사업

제2장 화물자동차 운송사업

제3조 【화물자동차 운송사업의 허가 등】 ★★★

① 사업의 구분 및 허가권자 : 화물자동차 운송사업을 경영하려는 자는 각 호의 구분에 따라 **국토교통부장관의 허가**를 받아야 한다.

　　1. 일반화물자동차 운송사업 : **20대 이상의 범위**에서 대통령령으로 정하는 대수(→ 20대) 이상의 화물자동차를 사용하여 화물을 운송하는 사업

　　2. 개인화물자동차 운송사업 : 화물자동차 1대를 사용하여 화물을 운송하는 사업으로서 대통령령으로 정하는 사업

차고지의 설치 및 설치예외(규칙 제5조 제1항)

①에 따라 화물자동차 운송사업의 허가를 받으려는 자는 주사무소 또는 영업소가 있는 특별시·광역시·특별자치시·특별자치도·시·군(광역시의 군은 제외) 또는 같은 도 내에 있는 **이에 맞닿은 시·군에 차고지를 설치하여야 한다**(원칙). 다만, 다음 각 호의 어느 하나에 해당하는 경우에는 **그러하지 아니하다**(예외).

1. **주사무소 또는 영업소가 특별시·광역시에 있는 경우** : 그 특별시·광역시·특별자치시와 맞닿은 특별시·광역시·특별자치시 또는 도에 있는 공동차고지, 공영차고지, 화물자동차 휴게소, 화물터미널 또는 지방자치단체의 조례로 정한 시설을 차고지로 이용하는 경우

2. **주사무소 또는 영업소가 시·군에 있는 경우** : 그 시·군이 속하는 도에 있는 공동차고지, 공영차고지, 화물자동차 휴게소, 화물터미널 또는 지방자치단체의 조례로 정한 시설을 차고지로 이용하는 경우

3. **주사무소 또는 영업소가 시·군에 있는 경우** : 그 시·군이 속하는 도와 맞닿은 특별시·광역시·특별자치시 또는 도에 있는 공동차고지, 공영차고지, 화물자동차 휴게소, 화물터미널 또는 지방자치단체의 조례로 정한 시설을 차고지로 이용하는 경우

주의 운송사업자는 그의 주사무소가 광역시에 있는 경우 그 광역시와 맞닿은 도에 있는 공동차고지를 차고지로 이용하더라도 그 광역시에 차고지를 설치하여야 한다. (×) [기출 17]

② 별도의 사업허가를 받지 않아도 되는 경우 : 이 법 제29조 제1항에 따라 **화물자동차 운송가맹사업의 허가를 받은 자**는 ①에 따른 **허가를 받지 아니한다.**

③ 사업의 변경허가 및 변경신고 : ①에 따라 화물자동차 운송사업의 허가를 받은 자(이하 "운송사업자"라 함)가 허가사항을 변경하려면 국토교통부령으로 정하는 바에 따라 **국토교통부장관의 변경허가**를 받아야 한다. 다만, 대통령령으로 정하는 **경미한 사항**을 변경하려면 국토교통부령으로 정하는 바에 따라 국토교통부장관에게 **신고**하여야 한다.

　　③의 단서에서 대통령령으로 정하는 경미한 사항이란 다음에 해당하는 사항을 말한다(영 제3조 제2항).

　　1. 상호의 변경
　　2. 대표자의 변경(법인인 경우만 해당)
　　3. 화물취급소의 설치 또는 폐지
　　4. 화물자동차의 대폐차(代廢車)
　　5. 주사무소·영업소 및 화물취급소의 이전. 다만, 주사무소의 경우 관할 관청의 행정구역 내에서의 이전만 해당한다.

④ **변경신고수리 여부의 통지** : 국토교통부장관은 ③ 단서에 따른 변경신고를 받은 날부터 **3일 이내**에 신고수리 여부를 신고인에게 **통지**하여야 한다.

⑤ **변경신고수리 기한의 연장 등** : 국토교통부장관이 ④에서 정한 기간 내에 신고수리 여부 또는 민원 처리 관련 법령에 따른 처리기간의 연장 여부를 신고인에게 통지하지 아니하면 **그 기간이 끝난 날의 다음 날**에 **신고를 수리한 것**으로 본다.

⑥ **허가의 신청방법 등** : ①에 따른 허가의 신청방법 및 절차 등에 필요한 사항은 **국토교통부령**(규칙 제6조 및 제7조)으로 정한다.

⑦ **허가등의 기준** : ① 및 ② 본문에 따른 화물자동차 운송사업의 **허가** 또는 **증차(增車)를 수반하는 변경허가**의 기준은 다음 각 호와 같다.

1. 국토교통부장관이 화물의 운송 수요를 고려하여 **업종별로 고시하는 공급기준에 맞을 것**. 다만, 다음 각 목의 어느 하나에 해당하는 경우는 **제외한다.**
   가. ⑫에 따라 6개월 이내로 기간을 한정하여 허가를 하는 경우
   나. ⑬에 따라 허가를 신청하는 경우
   다. 「환경친화적 자동차의 개발 및 보급 촉진에 관한 법률」에 따른 **전기자동차** 또는 **수소전기자동차**로서 국토교통부령으로 정하는 최대 적재량(1.5톤 미만을 말함) 이하인 화물자동차에 대하여 해당 차량과 그 경영을 다른 사람에게 위탁하지 아니하는 것을 조건으로 변경허가를 신청하는 경우
2. 화물자동차의 대수, 차고지 등 운송시설(이하 "운송시설"이라 함), 그 밖에 국토교통부령으로 정하는 기준에 맞을 것

⑧ **증차를 수반한 허가사항의 변경금지** : 운송사업자는 다음 각 호의 어느 하나에 해당하면 증차를 수반하는 허가사항을 변경할 수 없다.

1. **개선** 명령을 받고 이를 이행하지 아니한 경우
2. **감차(減車)조치** 명령을 받은 후 **1년**이 지나지 아니한 경우

⑨ **허가기준에 관한 사항의 신고의무** : 운송사업자는 ①에 따라 허가받은 날부터 **5년의 범위에서** 대통령령으로 정하는 기간 5년마다 국토교통부령으로 정하는 바에 따라 **허가기준에 관한 사항**을 **국토교통부장관**에게 **신고**하여야 한다.

⑩ 신고의무의 이행 : ⑨에 따른 신고가 신고서의 기재사항 및 첨부서류에 흠이 없고, 법령 등에 규정된 형식상의 요건을 충족하는 경우에는 **신고서가 접수기관에 도달된 때**에 신고 의무가 이행된 것으로 본다.

⑪ 영업소의 설치 : 운송사업자는 주사무소 외의 장소에서 **상주(常住)**하여 영업하려면 국토교통부령으로 정하는 바에 따라 **국토교통부장관의 허가**를 받아 영업소를 **설치하여야 한다.** 다만, 개인 운송사업자의 경우에는 그러하지 아니하다.

⑫ 임시허가 : **국토교통부장관**은 해지된 위·수탁계약의 위·수탁차주였던 자가 허가취소 또는 감차 조치가 있는 날부터 3개월 내에 ①에 따른 화물자동차 운송사업의 허가를 신청하는 경우 6개월 이내로 기간을 한정하여 허가(이하 "임시허가"라 함)를 할 수 있다. 다만, 운송사업자의 허가취소 또는 감차 조치의 사유와 직접 관련이 있는 화물자동차의 위·수탁차주였던 자는 제외한다.

> **주의** 국토교통부장관은 해지된 위·수탁계약의 위·수탁차주였던 자가 감차 조치가 있는 날부터 6개월이 지난 후 임시허가를 신청하는 경우 3개월로 기간을 한정하여 허가할 수 있다. (×) [기출 20]

⑬ 임시허가 만료 : ⑫에 따라 임시허가를 받은 자가 허가 기간 내에 **다른 운송사업자와** 위·수탁계약을 체결하지 못하고 임시허가 기간이 **만료**된 경우 3개월 내에 ①에 따른 **화물자동차 운송사업의 허가**(임시허가 ×)를 신청할 수 있다.

⑭ 조건 또는 기한 : 국토교통부장관은 화물자동차 운수사업의 질서를 확립하기 위하여 화물자동차 운송사업의 허가 또는 증차를 수반하는 **변경허가**에 **조건 또는 기한을 붙일 수 있다.**

⑮ 변경허가가 금지되는 경우 : 국토교통부장관은 운송사업자가 **사업정지처분**을 받은 경우에는 주사무소를 이전하는 변경허가를 하여서는 아니 된다.

제4조 【화물자동차 운송사업 허가의 결격사유】 ★★☆

다음 각 호의 어느 하나에 해당하는 자는 화물자동차 운송사업의 허가를 받을 수 없다. 법인의 경우 그 임원 중 다음 각 호의 어느 하나에 해당하는 자가 있는 경우에도 또한 같다.

1. 피성년후견인 또는 피한정후견인
2. 파산선고를 받고 복권되지 아니한 자
3. 이 법을 위반하여 징역 이상의 실형(實刑)을 선고받고 그 집행이 끝나거나(집행이 끝난 것으로 보는 경우를 포함)집행이 면제된 날부터 2년이 지나지 아니한 자
4. 이 법을 위반하여 징역 이상의 형(刑)의 집행유예를 선고받고 그 유예기간 중에 있는 자
5. 화물자동차 운송사업의 허가취소 규정(제19조 제1항 제1호 및 제2호는 제외)에 따라 허가가 취소(법인 임원이 본조 결격사유의 ① 또는 ②에 해당하여 허가가 취소된 경우는 제외)된 후 2년이 지나지 아니한 자
6. 부정한 방법으로 화물자동차 운송사업 허가·변경허가를 받은 경우 등(제19조 제1항 제1호 또는 제2호)에 해당하여 허가가 취소된 후 5년이 지나지 아니한 자

주의 형법을 위반하여 징역 이상의 형(刑)의 집행유예를 선고받고 그 유예기간 중에 있는 자는 화물자동차 운송사업의 허가를 받을 수 없다. (×)

주의 부정한 방법으로 화물자동차 운송사업의 허가를 받아 허가가 취소된 후 3년이 지난 자는 화물자동차 운송사업의 허가를 받을 수 없는 결격사유가 있는 자에 해당한다. (○) [기출 20]

제5조 【운임 및 요금 등】 ★★★

① 운임 및 요금의 신고 : **운송사업자**는 운임과 요금을 정하여 **미리 국토교통부장관**에게 **신고**하여야 한다. 이를 **변경**하려는 때에도 또한 같다.

② 운임·요금 신고 의무자의 범위 : ①에 따라 운임과 요금을 신고하여야 하는 운송사업자의 범위는 대통령령으로 정한다.

> ②에 따라 운임 및 요금을 신고하여야 하는 운송사업자 또는 운송가맹사업자는 다음에 해당하는 운송사업자 또는 운송가맹사업자(화물자동차를 직접 소유한 운송가맹사업자만 해당)를 말한다(영 제4조).
> 1. 구난형 특수자동차를 사용하여 **고장차량·사고차량 등을 운송**하는 운송사업자 또는 운송가맹사업자
> 2. 〈삭제〉 2020.6.16
> 3. 밴형 화물자동차를 사용하여 **화주와 화물을 함께 운송**하는 운송사업자 및 운송가맹사업자

> **주의** 구난형 특수자동차를 사용하여 고장차량·사고차량 등을 운송하는 운송사업자는 운임과 요금을 정하여 미리 국토교통부장관의 인가를 받아야 한다. (×) [기출 19]

> **주의** 운송주선사업자는 요금을 정하여 미리 신고하여야 한다. (×)

③ 신고수리 여부의 통지 : 국토교통부장관은 ①에 따른 신고 또는 변경신고를 받은 날부터 **14일 이내**에 신고수리 여부를 신고인에게 통지하여야 한다.

> **주의** 국토교통부장관은 운송사업자로부터 운송약관에 대한 신고 또는 변경신고를 받은 날부터 7일 이내에 신고수리 여부를 신고인에게 통지하여야 한다. (×) [기출 17]

④ 신고수리 기한의 연장 등 : 국토교통부장관이 ③에서 정한 기간 내에 신고수리 여부 또는 민원 처리 관련 법령에 따른 처리기간의 연장 여부를 신고인에게 통지하지 아니하면 **그 기간이 끝난 날의 다음 날**에 신고를 수리한 것으로 본다.

⑤ ①에 따른 운임 및 요금의 신고절차 등에 필요한 사항은 **국토교통부령(규칙 제15조)**으로 정한다.

🏆 참고 BOX

운임 및 요금신고서 및 신고·변경신고의 대리(규칙 제15조 제1항 및 제3항)

① 운송사업자는 법 제5조 ①에 따라 화물자동차 운송사업의 운임 및 요금을 신고하거나 변경신고할 때에는 운송사업 운임 및 요금신고서를 국토교통부장관에게 제출하여야 한다.
② ①에 따른 운임 및 요금의 신고 또는 변경신고는 법 제50조에 따른 연합회로 하여금 대리하게 할 수 있다.

주의 화물자동차 운송사업의 운임 및 요금의 신고 또는 변경신고는 연합회로 하여금 대리하게 할 수 없다. (×)

주의 화물자동차 운송사업의 운임 및 요금의 신고는 협회로 하여금 대리하게 할 수 있다. (×)

제5조의2 【화물자동차 안전운임위원회의 설치 등】 ★☆☆

① 위원회 설치 및 기능 : 다음 각 호의 사항을 심의·의결하기 위하여 **국토교통부장관 소속**으로 화물자동차 안전운임위원회(이하 "위원회"라 함)를 둔다.

1. 화물자동차 안전운송원가 및 화물자동차 안전운임의 결정 및 조정에 관한 사항
2. 화물자동차 안전운송원가 및 화물자동차 안전운임이 적용되는 운송품목 및 차량의 종류 등에 관한 사항
3. 화물자동차 안전운임제도의 발전을 위한 연구 및 건의에 관한 사항
4. 그 밖에 화물자동차 안전운임에 관한 중요 사항으로서 국토교통부장관이 회의에 부치는 사항

② **위원회의 구성** : 위원회는 위원장을 포함하여 **15명 이내**의 범위에서 다음 각 호의 위원으로 구성하며, 위원장은 공익을 대표하는 위원 중에서 위원회가 선출한다.

1. 화물차주를 대표하는 위원 3인
2. 운수사업자를 대표하는 위원 3인
3. 화주를 대표하는 위원 3인
4. 공익을 대표하는 위원 3인

> **주의** 화물자동차 안전운임위원회는 위원장을 포함한 15명 이상 30명 이하의 위원으로 구성한다. (×)

③ **특별위원** : 위원회에는 ②의 각 호의 위원 외에 관계 행정기관의 **공무원**으로 구성된 3명 이내의 **특별위원**을 둘 수 있고, 특별위원은 위원회의 회의에 출석하여 발언할 수 있다.

④ **전문위원회 및 사무위임** : 화물자동차 안전운송원가 산정 등 위원회 업무에 관한 자문이나 위원회 심의·의결사항에 관한 사전검토 등을 위하여 위원회에 해당 분야 전문가로 구성된 전문위원회를 둔다. 이 경우 위원회는 전문위원회에 위원회 사무 중 일부를 위임할 수 있다.

⑤ **그 밖의 필요한 사항** : ①부터 ④까지에서 규정한 사항 외에 위원회의 구성 및 운영, 특별위원의 자격 및 위촉, 전문위원회의 구성 및 운영 등에 필요한 사항은 대통령령(영 제4조의2)으로 정한다.

제6조 【운송약관】 ★★☆

① **운송약관의 신고** : **운송사업자**는 운송약관을 정하여 **국토교통부장관**에게 **신고**하여야 한다. 이를 **변경**하려는 때에도 또한 같다.

② **신고수리 여부의 통지** : 국토교통부장관은 ①에 따른 신고 또는 변경신고를 받은 날부터 **3일 이내**에 신고수리 여부를 신고인에게 통지하여야 한다.

③ **신고수리 기간의 연장 등** : 국토교통부장관이 ②에서 정한 기간 내에 신고수리 여부 또는 민원 처리 관련 법령에 따른 처리기간의 연장 여부를 신고인에게 통지하지 아니하면 **그 기간이 끝난 날의 다음 날**에 신고를 수리한 것으로 본다.

> **주의** 국토교통부장관이 수리기간 내에 운송약관 신고수리 여부를 신고인에게 통지하지 아니하면 수리기간이 끝난 날에 신고를 수리한 것으로 본다. (×) [기출 18]

④ **표준약관 사용의 권장** : 국토교통부장관은 **협회** 또는 **연합회**가 작성한 것으로서 「약관의 규제에 관한 법률」에 따라 **공정거래위원회**의 심사를 거친 화물운송에 관한 표준이 되는 약관(이하 "**표준약관**"이라 함)이 있으면 운송사업자에게 그 사용을 **권장할 수 있다**.

⑤ **운송약관신고의 의제** : 운송사업자가 ③에 따른 화물자동차 운송사업의 허가(변경허가를 포함)를 받는 때에 표준약관의 사용에 동의하면 ①에 따라 신고한 것으로 본다.

🏆 참고 BOX

운송약관의 신고 등(규칙 제16조)

① 운송사업자는 법 제6조에 따라 운송약관을 신고하거나 변경신고할 때에는 운송약관 신고서를 관할관청에 제출하여야 한다.

② 운송약관 신고서에는 다음 각 호의 서류를 첨부하여야 한다.
  1. 운송약관
  2. 운송약관의 신·구대비표(변경신고인 경우만 해당)

③ 운송약관에는 다음 각 호의 사항을 적어야 한다.
  1. 사업의 종류
  2. 운임 및 요금의 수수 또는 환급에 관한 사항
  3. 화물의 인도·인수·보관 및 취급에 관한 사항
  4. 운송책임이 시작되는 시기 및 끝나는 시기
  5. 손해배상 및 면책에 관한 사항
  6. 그 밖에 화물자동차 운송사업을 경영하는 데에 필요한 사항

④ ①에 따른 운송약관의 신고 또는 변경신고는 협회로 하여금 대리하게 할 수 있다.

주의 운송약관에는 책임보험계약에 관한 사항을 기재하여야 한다. (✕) [기출 11]

주의 운송약관의 신고는 운송사업자가 하여야 하며 협회가 대리할 수 없다. (✕) [기출 18 · 14]

제7조 【운송사업자의 책임】 ★★☆

① **손해배상 책임** : 화물의 멸실(滅失)·훼손(毁損)또는 인도(引渡)의 지연(이하 "**적재물 사고**"라 함)으로 발생한 운송사업자의 손해배상 책임에 관하여는 「**상법**」 제135조를 준용한다.

> ①에 따라 운송인은 자기 또는 운송주선인이나 사용인, 그 밖에 운송을 위하여 사용한 자가 운송물의 수령, 인도, 보관 및 운송에 관하여 주의를 게을리하지 아니하였음을 증명하지 아니하면 운송물의 멸실, 훼손 또는 연착으로 인한 손해를 배상할 책임이 있다(상법 제135조).

> **주의** 화물의 멸실·훼손 또는 인도의 지연으로 발생한 운송사업자의 손해배상 책임에 관하여는 「민법」을 준용한다. (✕) [기출 12]

② **화물 불인도시 효력** : ①을 적용할 때 화물이 인도기한이 지난 후 **3개월 이내**에 인도되지 아니하면 그 화물은 **멸실**된 것으로 본다.

> **주의** 화물의 멸실로 발생한 운송사업자의 손해배상 책임을 적용할 때 화물이 인도기한이 지난 후 1개월 이내에 인도되지 아니하면 그 화물은 멸실된 것으로 본다. (✕) [기출 16 · 12]

③ 분쟁조정 : 국토교통부장관은 ①에 따른 손해배상에 관하여 **화주**가 요청하면 국토교통 부령으로 정하는 바에 따라 이에 관한 분쟁을 **조정**(調停)할 수 있다.

> 화주는 ③에 따라 분쟁조정을 요청하려는 경우에는 **국토교통부장관**에게 분쟁조정 신청서를 제출하여야 한다(규칙 제17조).

④ 분쟁조정안의 작성 : 국토교통부장관은 화주가 ③에 따라 분쟁조정을 요청하면 **지체 없이** 그 **사실을 확인**하고 **손해내용을 조사**한 후 **조정안**을 작성하여야 한다.

> **주의** 국토교통부장관은 화주가 분쟁조정을 요청하면 1개월 이내의 기간을 정하여 그 사실을 확인하고 손해내용을 조사한 후 조정안을 작성하여야 한다. (×) [기출 16]

⑤ 분쟁조정안 수락 시 효력 : 당사자 **쌍방**이 ④에 따른 조정안을 수락하면 당사자 간에 조정안과 동일한 **합의**가 성립된 것으로 본다.

⑥ 분쟁조정 업무의 위탁 : 국토교통부장관은 ③ 및 ④에 따른 분쟁조정 업무를 「소비자기 본법」에 따른 **한국소비자원** 또는 **소비자단체**에 **위탁**할 수 있다.

> **주의** 국토교통부장관은 분쟁조정 업무를 소비자기본법에 따른 한국소비자원 또는 소비자단체에 위탁하여야 한다. (×)

제8조【화물자동차 운수사업의 운전업무 종사자격 등】★★☆

① 자격요건 : 화물자동차 운수사업의 운전업무에 종사하려는 자는 제1호 및 제2호의 요건을 갖춘 후 제3호 또는 제4호의 요건을 갖추어야 한다.

1. 국토교통부령으로 정하는 **연령·운전경력** 등 운전업무에 필요한 요건을 갖출 것

> 화물자동차 운수사업의 운전업무에 종사할 수 있는 자(이하 "화물자동차 운전자"라 함)의 연령·운전경력 등의 요건은 다음과 같다(규칙 제18조).
> • 화물자동차를 운전하기에 적합한 「도로교통법」 제80조에 따른 운전면허를 가지고 있을 것
> • 20세 이상일 것
> • 운전경력이 2년 이상일 것. 다만, **여객자동차 운수사업용 자동차** 또는 **화물자동차 운수사업용 자동차**를 운전한 경력이 있는 경우에는 그 운전경력이 1년 이상이어야 한다.

> **주의** 21세 이상일 것 (×) [기출 13]
> **주의** 여객자동차 운수사업용 자동차를 운전한 경력이 있는 자가 화물자동차 운수사업의 운전업무에 종사하려면 그 운전경력이 2년 이상이어야 한다. (×) [기출 19]

2. 국토교통부령으로 정하는 **운전적성에 대한 정밀검사기준**에 맞을 것. 이 경우 운전적 성에 대한 정밀검사는 국토교통부장관이 시행한다.

3. 화물자동차 운수사업법령, 화물취급요령 등에 관하여 국토교통부장관이 시행하는 **시험에 합격**하고 정하여진 **교육**을 받을 것

4. 「교통안전법」에 따른 교통안전체험에 관한 연구·교육시설에서 교통안전체험, 화 물취급요령 및 화물자동차 운수사업법령 등에 관하여 국토교통부장관이 실시하는 **이론 및 실기 교육**을 이수할 것

② 화물운송 종사자격증 : 국토교통부장관은 ①에 따른 요건을 갖춘 자에게 화물자동차 운수사업의 운전업무에 종사할 수 있음을 표시하는 자격증(이하 "화물운송 종사자격 증"이라 함)을 내주어야 한다.

③ 그 밖의 필요한 사항 : ①과 ②에 따른 시험·교육·자격증의 교부 등에 필요한 사항은 국토교통부령(규칙 제18조의3)으로 정한다.

제9조【화물운송 종사자격의 결격사유】★☆☆

다음 각 호의 어느 하나에 해당하는 자는 제8조에 따른 화물운송 종사자격을 취득할 수 없다.

1. 화물자동차 운송사업 허가의 결격사유(법 제4조) 중 **제3호 또는 제4호**에 해당하는 자

   • 이 법을 위반하여 징역 이상의 실형(實刑)을 선고받고 그 집행이 끝나거나(집행이 끝난 것으로 보는 경우를 포함) 집행이 면제된 날부터 2년이 지나지 아니한 자(법 제4조 제3호)
   • 이 법을 위반하여 징역 이상의 형(刑)의 집행유예를 선고받고 그 유예기간 중에 있는 자(동조 제4호)

2. 제23조 제1항(제7호는 제외)에 따라 **화물운송 종사자격이 취소**(화물운송 종사자격을 취득한 자가 제4조 제1호에 해당하여 제23조 제1항 제1호에 따라 허가가 취소된 경우는 제외)된 날부터 **2년**이 지나지 아니한 자

3. 운전업무 종사자격 시험일 전 또는 이론 및 실기 교육일 전 **5년간** 다음 각 목의 어느 하나에 해당하는 사람

   가. 「도로교통법」상 면허취소 규정에 해당하여 **운전면허가 취소**된 사람
   나. 「도로교통법」을 위반하여 **운전면허를 받지 아니하거나 운전면허의 효력이 정지된 상태**로 자동차등을 운전하여 **벌금형** 이상의 형을 선고받거나 **운전면허가 취소**된 사람
   다. 운전 중 **고의 또는 과실**로 3명 이상이 **사망**(사고발생일부터 30일 이내에 사망한 경우를 포함)하거나 **20명** 이상의 **사상자**가 발생한 교통사고를 일으켜 「도로교통법」에 따라 **운전면허가 취소**된 사람

4. 운전업무 종사자격 시험일 전 또는 이론 및 실기 교육일 전 **3년간** 「도로교통법」상 **공동 위험행위 및 난폭운전**에 해당하여 **운전면허가 취소**된 사람

제9조의2【화물자동차 운수사업의 운전업무 종사의 제한】★☆☆

① 다음 각 호의 어느 하나에 해당하는 사람은 화물운송 종사자격의 취득에도 불구하고 대통령령으로 정하는 형태의 화물자동차 운수사업의 운전업무에는 종사할 수 없다.

   ①의 각 호 외의 부분에서 "대통령령으로 정하는 형태의 화물자동차 운수사업"이란 **화물을 집화·분류·배송하는 형태**의 화물자동차 운송사업을 말한다(영 제4조의10 제1항). 〈2022. 4. 13. 삭제〉

1. 다음 각 목의 어느 하나에 해당하는 죄를 범하여 **금고(禁錮) 이상**의 **실형을 선고**받고 그 집행이 끝나거나(집행이 끝난 것으로 보는 경우를 포함)면제된 날부터 **최대 20년의 범위**에서 범죄의 종류, 죄질, 형기의 장단 및 재범위험성 등을 고려하여 대통령령으로 정하는 기간이 지나지 아니한 사람

   가. 「특정강력범죄의 처벌에 관한 특례법」의 특정강력범죄에 따른 죄
   나. 「특정범죄 가중처벌 등에 관한 법률」의 약취·유인죄의 가중처벌, 상습 강도·절도죄 등의 가중처벌, 강도상해 등 재범자의 가중처벌, 보복범죄의 가중처벌 등 및 마약사범 등의 가중처벌에 따른 죄

다. 「마약류 관리에 관한 법률」에 따른 죄

라. 「성폭력범죄의 처벌 등에 관한 특례법」의 제2조 제1항 제2호부터 제4호까지, 제3조부터 제9조까지 및 제15조(제14조의 미수범은 제외)에 따른 죄

마. 「아동·청소년의 성보호에 관한 법률」의 아동·청소년대상 성범죄

2. 제1호에 따른 죄를 범하여 **금고 이상의 형의 집행유예**를 선고받고 그 유예기간 중에 있는 사람

② **국토교통부장관** 또는 **시·도지사**는 ①에 따른 범죄경력을 확인하기 위하여 필요한 정보에 한정하여 **경찰청장**에게 **범죄경력자료의 조회**를 요청할 수 있다.

제10조 【화물자동차 운전자 채용 기록의 관리】 ★☆☆

① **운송사업자**는 화물자동차의 운전자를 채용할 때에는 근무기간 등 **운전경력증명서의 발급**을 위하여 필요한 사항을 **기록·관리**하여야 한다.

② 이 법 해당 규정에 따라 설립된 **협회 및 연합회**(이하 "**사업자단체**"라 함)는 ①에 따른 근무기간 등을 **기록·관리하는 일** 등에 필요한 업무를 국토교통부령으로 정하는 바에 따라 행할 수 있다.

제10조의2(화물자동차 운전자의 교통안전 기록·관리】 ★☆☆

① **국토교통부장관**은 화물자동차의 안전운전을 확보하기 위하여 화물자동차 운전자의 교통사고, 교통법규 위반사항 및 범죄경력을 **기록·관리**하여야 한다. 이 경우 국토교통부장관은 **경찰청장**에게 필요한 자료의 제공 등 **협조를 요청할 수 있다.**

> **주의** 운송사업자는 화물자동차의 안전운전을 확보하기 위하여 화물자동차 운전자의 교통사고, 교통법규 위반사항 및 범죄경력을 기록·관리하여야 한다. (×) [기출 19]

② ①에 따라 협조요청을 받은 경찰청장은 특별한 사정이 없으면 그 요청에 따라야 한다.

③ **국토교통부장관**은 국토교통부령으로 정하는 화물자동차 운전자의 인명사상사고 및 교통법규 위반사항에 대하여는 해당 **시·도지사 및 사업자단체**에 그 내용을 **제공하여야 한다.** 다만, 범죄경력에 대하여는 **필요한 경우에 한정**하여 **시·도지사**에게 그 내용을 **제공할 수 있다.**

④ **국토교통부장관**은 ①에 따른 기록·관리를 위하여 **사업자단체 또는 운송사업자**에게 제10조에 따라 기록·관리하는 자료를 요청할 수 있다. 이 경우 사업자단체 또는 운송사업자는 특별한 사유가 없으면 **지체 없이** 자료를 제공하여야 한다.

참고 BOX

화물자동차 운전자의 관리(규칙 제19조)

① **운송사업자**는 화물자동차 운전자를 채용하거나 채용된 화물자동차 운전자가 **퇴직**하였을 때에는 그 명단(개인 화물자동차 운송사업자가 화물자동차를 직접 운전하는 경우에는 운송사업자 본인의 명단을 말한다)을 **채용 또는 퇴직한 날이 속하는 달의 다음 달 10일까지** 협회에 제출해야 하며, 협회는 이를 종합해서 제출받은 달의 말일까지 연합회에 보고해야 한다.

② ①에 따른 운전자 명단에는 운전자의 성명·생년월일과 운전면허의 종류·취득일 및 화물운송 종사자격의 취득일을 분명히 밝혀야 한다.

③ **운송사업자**는 폐업을 하게 되었을 때에는 화물자동차 운전자의 경력에 관한 기록 등 관련 서류를 <u>협회에</u> <u>이관하여야</u> 한다.

④ 삭제 〈2011.12.31.〉

⑤ **협회**는 개인화물자동차 운송사업자의 화물자동차를 운전하는 사람에 대한 경력증명서 발급에 필요한 사항을 기록·관리하고, 운송사업자로부터 경력증명서 발급을 요청받은 경우 **경력증명서**를 발급해야 한다.

⑥ <u>운송사업자</u>는 매 분기 말 현재 화물자동차 운전자의 취업 현황을 <u>다음 분기 첫 달 5일까지</u> 협회에 통지하여야 하며, 협회는 이를 종합하여 그 다음 달 말일까지 <u>시·도지사</u> 및 연합회에 보고하여야 한다.

⑦ **연합회**는 ① 및 ⑥에 따른 기록의 유지·관리를 위하여 **전산정보처리조직**을 운영하여야 한다.

제11조 【운송사업자의 준수사항】 ★★☆

① 운송사업자는 허가받은 사항의 범위에서 사업을 성실하게 수행하여야 하며, 부당한 운송조건을 제시하거나 정당한 사유 없이 운송계약의 인수를 거부하거나 그 밖에 화물 운송 질서를 현저하게 해치는 행위를 하여서는 아니 된다.

② 운송사업자는 화물자동차 운전자의 과로를 방지하고 안전운행을 확보하기 위하여 운전자를 과도하게 승차근무하게 하여서는 아니 된다.

③ 운송사업자는 제2조 제3호 후단에 따른 **화물의 기준**에 맞지 아니하는 화물을 운송하여서는 아니 된다.

④ 운송사업자는 고장 및 사고차량 등 화물의 운송과 관련하여 「자동차관리법」에 따른 **자동차관리사업자와 부정한 금품**을 주고받아서는 아니 된다.

> **주의** 화물자동차 운송사업자 및 화물자동차 운송사업에 종사하는 운수종사자는 고장 및 사고차량 등 화물의 운송과 관련하여 「자동차관리법」에 따른 자동차관리사업자와 부정한 금품을 주고받는 행위를 하여서는 아니 된다. (○)

⑤ 운송사업자는 해당 화물자동차 운송사업에 종사하는 운수종사자가 제12조에 따른 준수사항을 성실히 이행하도록 지도·감독하여야 한다.

⑥ 운송사업자는 화물운송의 대가로 받은 운임 및 요금의 전부 또는 일부에 해당하는 금액을 부당하게 화주, 다른 운송사업자 또는 화물자동차 운송주선사업을 경영하는 자에게 되돌려주는 행위를 하여서는 아니 된다.

⑦ 운송사업자는 택시(「여객자동차 운수사업법」에 따른 구역 여객자동차운송사업에 사용되는 승용자동차를 말함) 요금미터기의 장착 등 국토교통부령으로 정하는 택시 유사 표시행위를 하여서는 아니 된다.

> **주의** 택시 요금미터기의 장착 등 국토교통부령으로 정하는 택시 유사표시행위의 금지는 화물자동차 운송사업자 및 운수종사자 모두에게 적용되는 준수사항에 해당한다. (○)

⑧ 운송사업자는 운임 및 요금과 운송약관을 영업소 또는 화물자동차에 갖추어 두고 이용자가 요구하면 이를 내보여야 한다.

> **주의** 화물자동차 운수종사자는 운임 및 요금과 운송약관을 영업소 또는 화물자동차에 갖추어 두고 이용자가 요구하면 이를 내보여야 한다. (✕) [기출 12]

⑨부터 ⑫까지 삭제 〈2018. 4. 17.〉

⑬ 위·수탁차주나 개인 운송사업자에게 **화물운송을 위탁한 운송사업자**는 해당 위·수탁 차주나 개인 운송사업자가 **요구하면** 화물적재요청자와 화물의 종류·중량 및 운임 등 국토교통부령으로 정하는 사항을 적은 화물위탁증을 내주어야 한다.

> ⑬의 본문(법 제28조 및 제33조에 따라 준용되는 경우를 포함)에서 "화물적재요청자와 화물의 종류·중량 및 운임 등 국토교통부령으로 정하는 사항"이란 다음 각 호의 사항을 말한다(규칙 제21조의4 제1항).
> 1. 위탁자·수탁자의 성명 및 연락처
> 2. 화주의 성명 및 연락처. 다만, 다수의 화주가 동일한 위탁자에게 화물 운송을 위탁한 경우 기재하지 아니할 수 있다.
> 3. 관련 운송사업자, 운송주선사업자 또는 운송가맹사업자의 성명 및 연락처
> 4. 화물적재요청자(수탁자에게 화물의 적재에 관하여 제5호의 사항을 요청한 자를 말한다)
> 5. 적재요청사항(적재를 요청한 화물의 종류, 중량 및 부피를 말함, 부피를 기재할 때는 화물의 길이· 너비 및 높이를 각각 기재해야 함)
> 6. 화물의 출발지 및 도착지(출발 및 도착 일시 ×)
> 7. 운임(운임의 지급방법 ×)
> 8. 화물자동차와 관련된 다음의 정보 : 유형, 최대적재량, 자동차등록번호

다만, 운송사업자가 최대 적재량 1.5톤 이상의 「자동차관리법」에 따른 화물자동차를 소유한 위·수탁차주나 개인 운송사업자에게 화물운송을 위탁하는 경우 국토교통부 령으로 정하는 화물을 제외하고는 화물위탁증을 발급하여야 하며, 위·수탁차주나 개인 운송사업자는 화물위탁증을 수령하여야 한다.

> ⑬의 단서(법 제28조 및 제33조에 따라 준용되는 경우를 포함)에서 "국토교통부령으로 정하는 화물"이 란 다음 각 호의 화물을 말한다(규칙 제21조의4 제5항).
> 1. 사업자단체가 운영하는 화물정보망, 운송주선사업자가 운영하는 화물정보망 또는 법 제34조의4 제1 항에 따른 화물정보망(제1항 각 호의 사항을 실시간으로 확인할 수 있는 화물정보망만 해당)을 통하 여 운송을 위탁한 화물
> 2. 화물운송을 시작하기 전에 법 제2조 제4호에 따른 운송주선사업자가 해당 화물에 관하여 이 조 제1항 의 각 호의 사항이 기재된 문서를 발급한 이사화물(법 제28조에 따라 준용되는 경우만 해당한다)
> 3. 화물운송을 시작하기 전에 화주가 위·수탁차주나 개인화물자동차 운송사업자에게 해당 화물에 관 하여 같은 조 제1항 각 호의 사항이 기재된 문서를 발급한 화물
> 4. 「항만법 시행령」에 따른 항만별로 해당 항만의 구역 내에서만 운송되는 화물

 참고 BOX

화물위탁증의 발급(규칙 제21조의4 제2항부터 제4항)
② 화물위탁증(전자문서로 된 화물위탁증을 포함한다)은 운송사업자, 운송주선사업자 또는 운송가맹사업자가 그 발급을 요구받은 날부터 5일 이내에 발급하여야 한다.
③ 화물위탁증은 해당 화물의 운송을 시작하기 전에 발급하여야 한다. 이 경우 위탁자·수탁자, 화주, 화물의 출발지·도착지 및 적재요청사항이 모두 동일한 화물을 1일 1회 이상 운송하도록 위탁한 경우에는 1일 1회만 발급할 수 있다.
④ 운송사업자, 운송주선사업자 또는 운송가맹사업자는 ②에 따라 화물위탁증을 발급한 경우에는 화물운송 위탁 대장에 기록·관리하여야 한다.

⑭ 운송사업자는 화물자동차 운송사업을 양도·양수하는 경우에는 **양도·양수에 소요되는 비용**을 위·수탁차주에게 부담시켜서는 **아니 된다.**

⑮ 운송사업자는 위·수탁차주가 현물출자한 차량을 위·수탁차주의 동의 없이 타인에게 매도하거나 저당권을 설정하여서는 아니 된다. 다만, 보험료 납부, 차량 할부금 상환 등 위·수탁차주가 이행하여야 하는 차량관리 의무의 해태로 인하여 **운송사업자의 채무가 발생하였을 경우**에는 위·수탁차주에게 저당권을 설정한다는 사실을 **사전에 통지**하고 그 **채무액을 넘지 아니하는 범위**에서 **저당권**을 설정할 수 있다.

> **주의** 위·수탁차주가 현물출자한 차량에 대하여 보험료 납부 등 위·수탁차주가 이행하여야 하는 차량관리 의무의 해태로 인하여 운송사업자의 채무가 발생하였을 경우, 운송사업자는 재량으로 그 차량에 대하여 채무액을 초과하여 저당권을 설정할 수 있다. (×) [기출 19]

⑯ 운송사업자는 **위·수탁계약으로 차량을 현물출자 받은 경우**에는 위·수탁차주를 「자동차관리법」에 따른 자동차등록원부에 **현물출자자로 기재**하여야 한다.

⑰ 운송사업자는 위·수탁차주가 다른 운송사업자와 동시에 **1년 이상의 운송계약**을 체결하는 것을 **제한하거나** 이를 이유로 **불이익을 주어서는 아니 된다.**

⑱ 운송사업자는 화물운송을 위탁하는 경우 「도로법」 또는 「도로교통법」에 따른 **기준을 위반**하는 화물의 운송을 **위탁**하여서는 아니 된다.

⑲ 운송사업자는 운송가맹사업자의 화물정보망이나 「물류정책기본법」에 따라 인증 받은 화물정보망을 통하여 위탁 받은 물량을 **재위탁**하는 등 **화물운송질서를 문란하게 하는 행위**를 하여서는 아니 된다.

⑳ 운송사업자는 적재된 화물이 떨어지지 아니하도록 국토교통부령으로 정하는 기준 및 방법에 따라 **덮개·포장·고정장치 등 필요한 조치**를 하여야 한다.

㉑ 예외적 허가·증차를 수반하는 변경허가 대상 차량 규정(제3조 제7항 제1호 다목)에 따라 화물자동차 운송사업의 허가 또는 변경허가를 받은 운송사업자는 **허가 또는 변경허가의 조건을 위반**하여 다른 사람에게 차량이나 그 경영을 **위탁**하여서는 아니 된다.

> 「환경친화적 자동차의 개발 및 보급 촉진에 관한 법률」에 따른 전기자동차 또는 수소전기자동차로서 국토교통부령으로 정하는 최대 적재량(1.5톤 미만) 이하인 화물자동차에 대하여 해당 차량과 그 경영을 다른 사람에게 위탁하지 아니하는 것을 조건으로 허가 또는 변경허가를 신청하는 경우

㉒ 운송사업자는 화물자동차의 운전업무에 종사하는 운수종사자가 **교육**을 받는 데에 필요한 조치를 하여야 하며, 그 교육을 받지 아니한 화물자동차의 운전업무에 종사하는 운수종사자를 화물자동차 운수사업에 종사하게 하여서는 아니 된다.

㉓ 운송사업자는 「자동차관리법」을 위반하여 **전기·전자장치(최고속도제한장치에 한정)**를 무단으로 **해체하거나 조작**해서는 아니 된다.

㉔ 국토교통부장관은 ①부터 ㉓까지의 준수사항 외에 다음 각 호의 사항을 국토교통부령으로 정할 수 있다.

1. 화물자동차 운송사업의 **차고지** 이용과 **운송시설**에 관한 사항
2. 그 밖에 수송의 안전과 **화주의 편의**를 도모하기 위하여 운송사업자가 지켜야 할 사항

제11조의2 【운송사업자의 직접운송 의무 등】 ★★☆

① 운송사업자의 직접운송의 의무 : 국토교통부령으로 정하는 운송사업자(**일반화물자동차 운송사업자**를 말함)는 화주와 운송계약을 체결한 화물에 대하여 국토교통부령으로 정하는 비율로서 **연간 운송계약 화물**의 **100분의 50 이상**을 해당 운송사업자에게 **소속된 차량**으로 **직접 운송**하여야 한다.

> **사업기간이** 1년 미만인 **경우**에는 신규허가를 받은 날 또는 휴업 후 사업개시일부터 **그 해의 12월 31일까지**의 운송계약 화물을 기준으로 한다(규칙 제21조의5 제1항의 단서).

> **주의** 일반화물자동차 운송사업자는 사업기간이 1년 미만인 경우 신규허가를 받은 날 또는 휴업 후 사업개시일부터 그 해 12월 31일까지의 운송계약 화물을 기준으로 100분의 50 이상을 직접 운송하여야 한다. (○) [기출 15·13]

다만, 국토교통부령으로 정하는 차량으로 운송하는 경우 이를 **직접 운송한 것으로 본다.**

> ①의 단서에서 "국토교통부령으로 정하는 차량"이란 다음 각 호의 어느 하나에 해당하는 차량을 말한다 (규칙 제21조의5 제2항).
> 1. 일반화물자동차 운송사업자와 1년 이상 운송계약을 체결하고 그 계약에 따른 운송횟수(화물운송실적 관리시스템에 입력된 운송완료 횟수를 말하되, 1일 1회 이상인 경우에는 1일 1회로 계산)가 **연간 96회 이상**인 **다른 운송사업자 소속의 화물자동차**
> 2. 일반화물자동차 운송사업자와 1년 이상 운송계약을 체결하였으나 다음 각목의 어느 하나에 해당하는 사유로 인하여 그 계약에 따른 운송횟수가 연간 96회 미만인 **다른 운송사업자 소속의 화물자동차**
>   가. 화물자동차의 운전자가 사망·질병 또는 국외 체류 등의 사유로 화물운송을 할 수 없는 경우
>   나. 천재지변, 화재 또는 그 밖에 불가항력적인 사유로 화물운송을 할 수 없는 경우

② 화물운송의 위탁금지 : 운송사업자는 ①에 따라 직접 운송하는 화물 이외의 화물에 대하여 다음 각 호의 자 외의 자에게 운송을 위탁하여서는 아니 된다.
  1. 다른 운송사업자
  2. 다른 운송사업자에게 소속된 위·수탁차주

③ 다른 사업자로부터 화물운송을 위탁받은 운송사업자 : 다른 운송사업자나 운송주선사업자로부터 화물운송을 위탁받은 운송사업자와 운송가맹사업자로부터 화물운송을 위탁받은 운송사업자(운송가맹점인 운송사업자만 해당)는 **해당 운송사업자에게 소속된 차량으로 직접 화물을 운송하여야 한다.** 다만, 다른 운송사업자나 운송주선사업자로부터 화물운송을 위탁받은 운송사업자가 ①의 단서에 따른 국토교통부령으로 정하는 차량으로 운송하는 경우에는 이를 **직접 운송한 것으로 본다.**

> **주의** 운송가맹사업자로부터 화물운송을 위탁받은 운송가맹점인 운송사업자는 해당 운송사업자에게 소속되지 않은 차량으로만 화물을 운송하여야 한다. (×) [기출 17]

④ 동시사업영위 운송사업자 : **운송사업자가 운송주선사업을 동시에 영위하는 경우**에도 ①의 본문에 따른 직접운송 규정을 적용한다. 다만, 이 경우에는 ①의 규정에도 불구하고 **연간 운송계약 및 운송주선계약 화물**의 **100분의 30 이상**을 **직접 운송**하여야 한다.

> 사업기간이 **1년 미만**인 경우는 규칙 제21조의5 제1항 단서를 준용한다.

> **주의** 운송사업자가 운송주선업을 동시에 영위하는 경우에는 직접 운송의무를 부담하지 않는다. (×)

⑤ 화물정보망을 이용한 운송의 위탁 : 운송사업자(③에 따른 다른 운송사업자나 운송주선 사업자로부터 화물운송을 위탁받은 운송사업자를 포함)가 국토교통부령으로 정하는 바에 따라 **운송가맹사업자의 화물정보망**이나 「물류정책기본법」에 따라 인증 받은 **화물 정보망을 이용**하여 **운송을 위탁**하면 **직접 운송한 것으로 본다.**

> ⑤에 따른 따른 직접운송의 인정기준은 위탁운송 화물의 100분의 80에서 100분의 100의 범위에서 국토 교통부장관이 정하여 고시하는 기준에 따른다.

> **주의** 운송사업자가 위탁운송 화물의 100분의 50 이상을 운송가맹사업자의 화물정보망을 이용하여 운송 을 위탁한 경우 직접 운송한 것으로 본다. (×) [기출 15]

제12조 【운수종사자의 준수사항】 ★★☆

① 화물자동차 운송사업에 종사하는 운수종사자는 다음 각 호의 어느 하나에 해당하는 행위를 하여서는 아니 된다.

1. 정당한 사유 없이 화물을 **중도**에서 내리게(**하차**) 하는 행위
2. 정당한 사유 없이 화물의 **운송**을 **거부**하는 행위
3. **부당**한 운임 또는 요금을 **요구**하거나 받는 행위
4. 고장 및 사고차량 등 화물의 운송과 관련하여 자동차관리사업자와 부정한 **금품**을 주고받는 행위
5. 일정한 장소에 오랜 시간 정차하여 화주를 **호객**(呼客)하는 행위
6. **문**을 완전히 닫지 아니한 상태에서 자동차를 출발시키거나 운행하는 행위
7. 택시 요금미터기의 장착 등 국토교통부령으로 정하는 **택시 유사표시**행위
8. 덮개·포장·고정장치 등 필요한 **조치**를 하지 아니하고 화물자동차를 운행하는 행위
9. 「자동차관리법」을 위반하여 전기·전자장치(최고속도제한장치에 한정)를 무단으 로 **해체**하거나 **조작**하는 행위

> **주의** 운임 및 요금과 운송약관을 영업소 또는 화물자동차에 갖추어 두고 이용자가 요구하면 이를 내보여 야 하는 행위 (×) [기출 12]

> **주의** 운수종사자는 운송사업자에게 화물의 종류·무게 및 부피 등을 거짓으로 통보하는 행위를 하여서는 아니 된다. (×) [기출 19]

② 국토교통부장관은 ①에 따른 준수사항 외에 안전운행을 확보하고 화주의 편의를 도모 하기 위하여 운수종사자가 지켜야 할 사항을 국토교통부령(규칙 제22조)으로 정할 수 있다.

제13조 【개선명령】 ☆☆☆

국토교통부장관은 안전운행을 확보하고, 운송 질서를 확립하며, **화주의 편의를 도모**하기 위하여 필요하다고 인정되면 운송사업자에게 다음 각 호의 사항을 명할 수 있다.

1. 운송약관의 변경
2. 화물자동차의 구조변경 및 운송시설의 개선
3. 화물의 안전운송을 위한 조치

4. 적재물배상보험등의 가입과 「자동차손해배상 보장법」에 따라 운송사업자가 의무적으로 가입하여야 하는 보험·공제에 가입

5. 위·수탁계약에 따라 운송사업자 명의로 등록된 차량의 자동차등록번호판이 훼손 또는 분실된 경우 위·수탁차주의 요청을 받은 즉시 「자동차관리법」에 따른 등록번호판의 부착 및 봉인을 신청하는 등 운행이 가능하도록 조치

6. 위·수탁계약에 따라 운송사업자 명의로 등록된 차량의 노후, 교통사고 등으로 대폐차가 필요한 경우 위·수탁차주의 요청을 받은 즉시 운송사업자가 대폐차 신고 등 절차를 진행하도록 조치

7. 위·수탁계약에 따라 운송사업자 명의로 등록된 차량의 사용본거지를 다른 시·도로 변경하는 경우 즉시 자동차등록번호판의 교체 및 봉인을 신청하는 등 운행이 가능하도록 조치

8. 그 밖에 화물자동차 운송사업의 개선을 위하여 필요한 사항으로 대통령령으로 정하는 사항

제14조【업무개시 명령】★☆☆

① **국토교통부장관**은 운송사업자나 운수종사자가 정당한 사유 없이 **집단으로 화물운송을 거부**하여 화물운송에 커다란 지장을 주어 국가경제에 매우 심각한 위기를 초래하거나 초래할 우려가 있다고 인정할 만한 상당한 이유가 있으면 그 **운송사업자 또는 운수종사자**에게 업무개시를 **명할 수 있다.**

② 국토교통부장관은 ①에 따라 운송사업자 또는 운수종사자에게 업무개시를 명하려면 **국무회의의 심의**를 거쳐야 한다.

③ 국토교통부장관은 ①에 따라 업무개시를 명한 때에는 구체적 이유 및 향후 대책을 **국회 소관 상임위원회**에 보고하여야 한다.

④ 운송사업자 또는 운수종사자는 정당한 사유 없이 ①에 따른 명령을 **거부할 수 없다.**

> **주의** 국토교통부장관은 운송사업자가 정당한 사유 없이 집단으로 화물운송을 거부하여 화물운송에 커다란 지장을 주어 국가경제에 매우 심각한 위기를 초래하면 국무회의의 심의를 거쳐 그 운송사업자에게 업무개시를 명할 수 있다. (O) [기출 19]

제16조【화물자동차 운송사업의 양도와 양수 등】★★☆

① 양도·양수 신고 : 화물자동차 운송사업을 양도·양수하려는 경우에는 국토교통부령으로 정하는 바에 따라 양수인은 국토교통부장관에게 신고하여야 한다.

> **주의** 화물자동차 운송사업을 양도·양수하는 경우 양수인은 국토교통부장관으로부터 허가를 얻어야 한다. (×) [기출 17]

> **주의** 화물자동차 운송사업을 양도·양수하려는 경우에는 국토교통부령으로 정하는 바에 따라 양도인은 국토교통부장관에게 신고하여야 한다. (×) [기출 14]

② 법인의 합병 신고 : 운송사업자인 법인이 서로 합병하려는 경우(운송사업자인 법인이 운송사업자가 아닌 법인을 흡수 합병하는 경우는 제외)에는 국토교통부령으로 정하는 바에 따라 **합병으로 존속하거나 신설되는 법인**은 **국토교통부장관**에게 **신고**하여야 한다.

- ①에 따라 화물자동차 운송사업의 양도·양수 신고를 하려는 자는 양도·양수 신고서를 관할관청에 제출하여야 한다. 이 경우 양도·양수 신고서를 받은 관할관청은 양도인의 관할관청과 양도인 및 양수인의 관할 협회에 그 사실을 통지하여야 한다(규칙 제23조 제1항).
- ②에 따라 운송사업자인 법인의 합병 신고를 하려는 자는 법인합병 신고서를 관할관청에 제출하여야 한다(규칙 제24조 제1항).
- 화물자동차 운송사업의 양도는 **원칙적으로** 해당 화물자동차 운송사업의 **전부**를 대상으로 한다(규칙 제23조 제3항 본문).

③ 신고수리 여부의 통지 : 국토교통부장관은 ① 또는 ②에 따른 신고를 받은 날부터 5일 이내에 신고수리 여부를 신고인에게 통지하여야 한다.

④ 신고수리 기한의 연장 등 : 국토교통부장관이 ③에서 정한 기간 내에 신고수리 여부 또는 민원 처리 관련 법령에 따른 처리기간의 연장 여부를 신고인에게 통지하지 아니하면 **그 기간이 끝난 날의 다음 날**에 신고를 수리한 것으로 본다.

⑤ 양도·양수 및 합병의 제한 : **국토교통부장관**은 화물자동차의 **지역 간 수급균형**과 화물운송시장의 **안정과 질서유지**를 위하여 국토교통부령으로 정하는 바에 따라 ①과 ②에 따른 화물자동차 운송사업의 양도·양수와 합병을 **제한할 수 있다.**

> **주의** 국토교통부장관은 화물자동차의 어떠한 경우에도 화물자동차 운송사업의 양도·양수와 합병을 제한할 수 없다. (×)

⑥ 양도·양수 및 합병 신고의 효력 : ① 또는 ②에 따른 신고가 있으면 화물자동차 운송사업을 양수한 자는 화물자동차 운송사업을 **양도한 자**의 운송사업자로서의 지위를 승계(承繼)하며, 합병으로 설립되거나 존속되는 법인은 합병으로 **소멸되는 법인**의 운송사업자로서의 지위를 승계한다.

> **주의** 운송사업자인 법인들이 서로 합병하는 경우, 합병으로 설립되거나 존속되는 법인은 합병등기를 마친 때에 합병으로 소멸되는 법인의 운송사업자로서의 지위를 승계한다. (×) [기출 14]

> **주의** 합병 이후에 존속되는 법인은 합병으로 소멸되는 법인의 운송사업자로서의 지위를 승계하지 못하고 신규로 설립된 법인만이 지위를 승계한다. (×) [기출 10]

⑦ 결격사유 규정의 준용 : ① 또는 ②의 양수인, 합병으로 존속하거나 신설되는 법인의 결격사유에 관하여는 화물자동차 운송사업 허가의 결격사유 규정(제4조)을 준용한다.

⑧ 위·수탁계약에 대한 신고의 효력 : ① 또는 ②에 따른 신고가 있으면 화물자동차 운송사업을 양도한 자와 위·수탁계약을 체결한 위·수탁차주는 **그 동일한 내용**의 위·수탁계약을 화물자동차 운송사업을 양수한 자와 **체결한 것으로 보며**, 합병으로 소멸되는 법인과 위·수탁계약을 체결한 위·수탁차주는 **그 동일한 내용**의 위·수탁계약을 합병으로 존속하거나 신설되는 법인과 **체결한 것으로 본다.**

> **주의** 신고가 있으면 화물자동차 운송사업을 양도한 자와 위·수탁계약을 체결한 위·수탁차주는 그 동일한 내용의 위·수탁계약을 화물자동차 운송사업을 양수한 자와 다시 체결하여야 한다. (×)

⑨ 양도가 금지되는 사업자 : 다음 각 호의 어느 하나에 해당하는 운송사업자는 그 사업을 양도할 수 없다.

1. 임시허가를 받은 화물자동차 운송사업자
2. 예외적 허가·증차를 수반하는 변경허가 대상 차량 규정(제3조 제7항 제1호 다목)에 따라 **조건부**로 화물자동차 운송사업의 허가 또는 변경허가를 받은 운송사업자

제17조【화물자동차 운송사업의 상속】 ★★★

① **상속신고의 기한** : 운송사업자가 사망한 경우 상속인이 그 화물자동차 운송사업을 계속하려면 피상속인이 사망한 후 **90일 이내**에 **국토교통부장관**에게 **신고**하여야 한다.

> ①에 따라 화물자동차 운송사업의 상속 신고를 하려는 자는 상속 신고서를 관할관청에 제출하여야 한다 (규칙 제25조).
>
> **주의** 운송사업자가 사망한 경우 상속인이 그 화물자동차 운송사업을 계속하려면 피상속인이 사망한 후 30일 이내에 국토교통부장관에게 신고하여야 한다. (×) [기출 12]
>
> **주의** 운송사업자가 사망한 경우 상속인이 그 화물자동차 운송사업을 계속하려면 사망한 후 90일 이내에 국토교통부장관으로부터 허가를 얻어야 한다. (×) [기출 17]
>
> **주의** 운송사업자가 사망한 경우 상속인이 그 화물자동차 운송사업을 계속하려면 피상속인이 사망한 후 90일 이내에 시·도지사에게 신고하여야 한다. (×) [기출 10]

② **상속 신고수리 여부의 통지** : 국토교통부장관은 ①에 따른 신고를 받은 날부터 **5일 이내**에 신고수리 여부를 신고인에게 통지하여야 한다.

③ **상속 수리기한의 연장 등** : 국토교통부장관이 ②에서 정한 기간 내에 신고수리 여부 또는 민원 처리 관련 법령에 따른 처리기간의 연장 여부를 신고인에게 통지하지 아니하면 그 기간이 끝난 날의 다음 날에 신고를 수리한 것으로 본다.

④ **허가에 대한 상속신고의 효력** : 상속인이 ①의 신고를 하면 피상속인이 **사망한 날부터 신고한 날까지** 피상속인에 대한 화물자동차 운송사업의 허가는 **상속인에 대한 허가로 본다.**

⑤ **지위에 대한 상속신고의 효력** : ①에 따라 신고한 상속인은 피상속인의 운송사업자로서의 지위를 승계한다.

⑥ **결격사유 규정의 준용 등** : ①의 상속인의 결격사유에 관하여는 화물자동차 운송사업 허가의 결격사유 규정(제4조)을 준용한다. 다만, 상속인이 피상속인의 사망일부터 **3개월 이내**에 그 화물자동차 운송사업을 **다른 사람에게 양도하면** 피상속인의 **사망일부터 양도일까지** 피상속인에 대한 화물자동차 운송사업의 허가는 **상속인에 대한 허가로 본다.**

> **주의** 상속인이 피상속인의 화물자동차 운송사업을 다른 사람에게 양도하기 위해서는 상속인이 국토교통부장관으로부터 허가를 얻어야 한다. (×) [기출 17]

제18조【화물자동차 운송사업의 휴업 및 폐업 신고】 ★★☆

① **사업의 휴업·폐업 사전 신고** : 운송사업자가 화물자동차 운송사업의 **전부 또는 일부**를 **휴업**하거나 화물자동차 운송사업의 **전부를 폐업**하려면 국토교통부령으로 정하는 바에 따라 **미리 국토교통부장관**에게 **신고**하여야 한다.

> **주의** 화물자동차 운송사업의 일부의 폐업 (×) [기출 10]

> ①에 따라 화물자동차 운송사업의 휴업 또는 폐업 신고를 하려는 자는 별지 제19호서식의 사업 휴업 또는 폐업 신고서를 관할관청에 제출하여야 한다(규칙 제26조).

② 신고 의무의 이행 시기 : ①에 따른 신고가 신고서의 기재사항 및 첨부서류에 흠이 없고, 법령 등에 규정된 형식상의 요건을 충족하는 경우에는 **신고서가 접수기관**에 도달된 때에 신고 의무가 이행된 것으로 본다.

③ 휴업·폐업사실의 사전 게시 : 운송사업자가 화물자동차 운송사업의 전부 또는 일부를 휴업하거나 화물자동차 운송사업의 전부를 폐업하려면 **미리 그 취지를 영업소나 그 밖에 일반 공중(公衆)이 보기 쉬운 곳**에 게시하여야 한다.

주의 운송사업자가 화물자동차 운송사업의 폐업신고를 하는 경우 관할관청에 화물운송 종사자격증명을 반납하여여 한다. (×) [기출 19]

제19조【화물자동차 운송사업의 허가취소 등】★★★

국토교통부장관은 운송사업자가 다음 각 호의 어느 하나에 해당하면 그 허가를 **취소**하거나 6개월 이내의 기간을 정하여 그 사업의 **전부 또는 일부의 정지**를 명령하거나 **감차 조치**를 명할 수 있다. 다만, ❶·❽ 또는 ㉑의 경우에는 **그 허가를 취소**하여야 한다.

❶ 부정한 방법으로 허가를 받은 경우

② 허가를 받은 후 **6개월간의 운송실적**이 국토교통부령으로 정하는 기준에 **미달**한 경우

> 제1의2호에서 "국토교통부령으로 정하는 기준"이란 국토교통부장관이 매년 고시하는 연간 시장평균운송매출액(화물자동차의 종류별 연평균 운송매출액의 합계액)의 100분의 5 이상에 해당하는 운송매출액을 말한다(규칙 제28조의2).

③ 부정한 방법으로 변경허가를 받거나, 변경허기를 받지 아니하고 허가사항을 변경한 경우

④ 화물자동차 운송사업의 허가 또는 증차(增車)를 수반하는 변경허가의 기준을 충족하지 못하게 된 경우

⑤ 화물자동차 운송사업의 허가 또는 증차(增車)를 수반하는 변경허가기간에 따른 신고를 하지 아니하였거나 거짓으로 신고한 경우

⑥ 화물자동차 소유 대수가 2대 이상인 운송사업자가 영업소 설치 허가를 받지 아니하고 주사무소 외의 장소에서 상주하여 영업한 경우

⑦ 화물자동차 운송사업의 허가 또는 증차를 수반하는 변경허가에 따른 조건 또는 기한을 위반한 경우

❽ 화물자동차 운송사업 허가의 **결격사유** 규정(제4조) 각 호의 어느 하나에 해당하게 된 경우. 다만, 법인의 임원 중 결격사유의 어느 하나에 해당하는 자가 있는 경우에 **3개월 이내**에 그 임원을 개임(改任)하면 허가를 취소하지 아니한다.

> **주의** 법인이 아닌 화물운송사업자가 이 법을 위반하여 징역 이상의 실형을 선고받고 그 집행이 끝나거나 (집행이 끝난 것으로 보는 경우를 포함한다) 집행이 면제된 날부터 2년이 지나지 아니한 경우 국토교통부장관은 허가를 반드시 취소하여야 한다. (O) [기출 16]

> **주의** 법인의 임원 중 파산선고를 받고 복권되지 아니한 자가 있는 때에 3개월 이내에 그 임원을 개임한 경우 이는 화물자동차 운송사업의 허가를 반드시 취소해야 하는 사유에 해당한다. (×)

⑨ 화물운송 종사자격이 없는 자에게 화물을 운송하게 한 경우

⑩ 운송사업자의 준수사항에 따른 준수사항을 위반한 경우

⑪ 운송사업자의 직접운송 의무 등에 따른 직접운송 의무 등을 위반한 경우

⑫ 1대의 화물자동차를 본인이 직접 운전하는 운송사업자, 운송사업자가 채용한 운수종사자 또는 위·수탁차주가 일정한 장소에 오랜 시간 정차하여 화주를 호객하는 행위를 위반하여 과태료 처분을 1년 동안 3회 이상 받은 경우

⑬ 정당한 사유 없이 개선명령을 이행하지 아니한 경우

⑭ 정당한 사유 없이 업무개시명령을 이행하지 아니한 경우

⑮ 임시허가받은 운송사업자가 위반하여 사업을 양도한 경우

⑯ 이 조에 따른 사업정지처분 또는 감차 조치 명령을 위반한 경우

⑰ 중대한 교통사고 또는 빈번한 교통사고로 1명 이상의 사상자를 발생하게 한 경우

> **주의** 3대의 화물자동차를 소유한 운송사업자가 중대한 교통사고로 1명 이상의 사상자를 발생하게 한 경우에는 화물자동차 운송사업의 허가를 취소하여야 한다. (×) [기출 18]

⑱ 보조금의 지급 정지 등 규정(법 제44조의2 제1항)에 따라 보조금의 지급이 정지된 자가 그 날부터 5년 이내에 다시 같은 항 각 호의 어느 하나에 해당하게 된 경우

⑲ 실적신고 및 관리에 따른 신고를 하지 아니하였거나 거짓으로 신고한 경우

⑳ 실적신고 및 관리에 따른 기준을 충족하지 못하게 된 경우

㉑ 화물자동차 **교통사고**와 관련하여 **거짓**이나 그 밖의 **부정한 방법**으로 **보험금**을 청구하여 **금고 이상의 형을 선고받고 그 형이 확정**된 경우

> **주의** 화물자동차 교통사고와 관련하여 거짓이나 그 밖의 부정한 방법으로 보험금을 청구하여 벌금형을 선고받고 그 형이 확정된 경우 화물자동차 운송사업의 허가를 취소하여야 한다. (×) [기출 18·16]

㉒ 대통령령으로 정하는 연한 이상의 화물자동차를 「자동차관리법」에 따른 정기검사 또는 는 자동차종합검사를 받지 아니한 상태로 운행하거나 운행하게 한 경우

제20조 【자동차 사용의 정지】 ★☆☆

① **자동차 사용의 정지 사유** : <u>운송사업자</u>는 다음 각 호의 어느 하나에 해당하면 **해당 화물자동차의 자동차등록증과 자동차등록번호판**을 <u>국토교통부장관</u>에게 **반납**하여야 한다.

  1. 화물자동차 운송사업의 휴업·폐업신고를 한 경우

  2. 허가취소 또는 사업정지처분을 받은 경우

  3. 감차를 목적으로 허가사항을 변경한 경우(감차 조치 명령에 따른 경우를 포함)

  4. 임시허가 기간이 만료된 경우

  주의 운송사업자가 화물자동차 운송사업의 폐업신고를 한 경우 해당 화물자동차의 자동차등록증과 자동차등록번호판을 반납하여야 한다. (O) [기출 19]

② **자동차 사용의 정지해제** : 국토교통부상관은 다음 각 호의 어느 하나에 해당하면 ①에 따라 반납받은 자동차등록증과 자동차등록번호판을 해당 운송사업자에게 되돌려 주어야 한다.

  1. 신고한 휴업기간이 끝난 때

  2. 사업정지기간이 끝난 때

③ **봉인(封印)** : ②에 따라 자동차등록번호판을 되돌려 받은 운송사업자는 이를 해당 화물자동차에 달고 **시·도지사**의 **봉인**을 받아야 한다.

제21조 【과징금의 부과】 ★★★

① **과징금 부과 요건 및 기준금액** : **국토교통부장관**은 운송사업자가 허가취소 등 규정(제19조)의 어느 하나에 해당하여 **사업정지처분**을 하여야 하는 경우(요건 ❶)로서 그 사업정지처분이 해당 화물자동차 운송사업의 이용자에게 심한 불편을 주거나 그 밖에 공익을 해칠 우려(요건 ❷)가 있으면 **대통령령으로 정하는 바에 따라 사업정지처분을 갈음하여 2천만원 이하의 과징금**을 부과·징수할 수 있다.

  ①(운송주선사업 및 운송가맹사업에서 준용하는 경우를 포함)에 따라 과징금을 부과하는 위반행위의 종류와 과징금의 금액은 별표 2와 같으며, 또한 과징금을 부과할 때에는 운송사업자, 운송주선사업자 또는 운송가맹사업자의 사업규모, 사업지역의 특수성, 위반행위의 정도 및 위반횟수 등을 고려하여 과징금 금액의 2분의 1의 범위에서 그 금액을 늘리거나 줄일 수 있다. 다만, 늘리는 경우에도 과징금의 총액은 2천만원을 넘을 수 없다.

  주의 과징금을 부과하는 경우 그 액수는 총액이 1천만원 이하여야 한다. (×) [기출 20]

  주의 과징금을 부과하는 위반행위의 종류와 금액은 별표 2와 같으며, 그 금액을 가감할 수 없다. (×)

  주의 국토교통부장관은 운송사업지에게 이 법에 의한 감차 조치를 명하여야 하는 경우에는 이를 갈음하여 과징금을 부과·징수할 수 있다. (×) [기출 10]

  주의 과징금을 부과하려면 사업정지처분이 해당 화물자동차 운송사업의 이용자에게 심한 불편을 주거나 그 밖에 공익을 해칠 우려가 있어야 한다. (O)

② **위반행위의 종류·정도 등** : ①에 따라 과징금을 부과하는 위반행위의 종류·정도 등에 따른 과징금의 금액과 그 밖에 필요한 사항은 **대통령령(영 제7조 및 제8조)**으로 정한다.

과징금의 납부(영 제8조)

① 국토교통부장관은 과징금을 부과하는 위반행위를 한 자에게 과징금을 부과하려면 그 위반행위의 종류와 해당 과징금의 금액을 명시하여 이를 낼 것을 서면으로 통지(과징금 부과대상자가 원하는 경우에는 전자문서에 의한 통지를 포함)하여야 한다.

② ①에 따라 통지를 받은 자는 국토교통부령으로 정하는 수납기관에 납부통지일부터 30일 이내에 과징금을 내야 한다. 다만, 천재지변이나 그 밖의 부득이한 사유로 그 기간 내에 과징금을 낼 수 없는 경우에는 그 사유가 없어진 날부터 7일 이내에 내야 한다.

③ ②에 따라 과징금을 받은 수납기관은 과징금을 낸 자에게 과징금 영수증을 내주어야 한다.

④ 수납기관은 ③에 따라 과징금 영수증을 내주었을 때에는 지체 없이 국토교통부장관에게 영수확인통지서를 송부하여야 한다.

---

③ **과징금 미납시 처리** : 국토교통부장관은 ①에 따라 과징금 부과처분을 받은 자가 과징금을 정한 기한에 내지 아니하면 **국세 체납처분의 예**에 따라 징수한다.

> **주의** 국토교통부장관은 과징금 부과처분을 받은 자가 과징금을 정한 기한에 내지 아니하면 지방세 체납처분의 예에 따라 징수한다. (×)

④ **징수된 과징금의 사용** : ①에 따라 징수한 과징금은 다음 각 호 외의 용도로는 사용(보조 또는 융자를 포함)할 수 없다.

1. 화물 터미널의 건설과 확충
2. 공동차고지(사업자단체, 운송사업자 또는 운송가맹사업자가 운송사업자 또는 운송가맹사업자에게 공동으로 제공하기 위하여 설치하거나 임차한 차고지를 말함)의 건설과 확충
3. 경영개선이나 그 밖에 화물에 대한 정보 제공사업 등 화물자동차 운수사업의 발전을 위하여 필요한 사업
4. 신고포상금 지급 등 규정(법 제60조의2 제1항)에 따른 신고포상금의 지급

⑤ **징수된 과징금 운용계획** : 국토교통부장관은 국토교통부령으로 정하는 바에 따라 과징금으로 징수한 금액의 운용계획을 수립·시행하여야 한다.

- 국토교통부장관 또는 관할관청은 ⑤(운송주선사업 및 운송가맹사업에서 준용하는 경우를 포함)에 따라 **매년 10월 31일까지** 다음 해의 과징금운용계획을 수립하여 시행하여야 한다.
- 시·도지사는 전년도의 과징금 부과 실적, 징수 실적 및 사용 실적을 **매년 3월 31일까지** 국토교통부장관에게 제출하여야 한다.

제22조 【청문】 ★☆☆

국토교통부장관은 다음 각 호의 어느 하나에 해당하는 처분을 하려면 **청문**을 하여야 한다.

1. 삭제 〈2015. 6. 22.〉
2. 화물자동차 운송사업의 허가 취소
3. 화물운송 종사자격의 취소(제23조 ① 제7호의 사유에 따른 취소는 제외)

4. 화물자동차 운송주선사업의 허가 취소
5. 화물자동차 운송가맹사업의 허가 취소

주의 우수업체 인증의 취소 (×), 화물자동차 운수사업자가 설립한 공제조합의 인가취소 (×) [기출 19 · 12]

제23조 【화물운송 종사자격의 취소】 ★☆☆

① **국토교통부장관**은 화물운송 종사자격을 취득한 자가 다음 각 호의 어느 하나에 해당하면 그 자격을 **취소**하거나 **6개월 이내의 기간**을 정하여 그 자격의 효력을 **정지시킬 수 있다**. 다만, **제1호 · 제2호 · 제5호 · 제6호 · 제7호 · 제9호 및 제10호**의 경우에는 그 자격을 **취소하여야 한다**.

1. 화물운송 종사자격의 취득과 관련하여 본 규정에서 준용하는 운송사업 허가의 **결격 사유**(법 제4조) 각 호의 어느 하나에 해당하게 된 경우
2. **거짓**이나 그 밖의 **부정한 방법**으로 화물운송 종사자격을 취득한 경우
3. 정당한 사유 없이 업무개시 명령을 거부할 수 없음에도 이를 위반한 경우
4. 화물운송 중에 고의나 과실로 교통사고를 일으켜 사람을 사망하게 하거나 다치게 한 경우
5. 화물운송 종사자격증을 다른 사람에게 빌려(대여)준 경우
6. 화물운송 종사자격 **정지기간 중**에 화물자동차 운수사업의 운전 업무에 종사한 경우
7. 화물자동차를 운전할 수 있는 「도로교통법」에 따른 **운전면허가 취소**된 경우
7의2. 「도로교통법」를 위반하여 화물자동차를 운전할 수 있는 운전면허가 정지된 경우
8. 운수종사자의 준수사항 규정(제12조 제1항) 제3호 · 제7호 및 제9호를 위반한 경우

   • 부당한 운임 또는 요금을 요구하거나 받는 행위(제3호)
   • 택시 요금미터기의 장착 등 국토교통부령으로 정하는 택시 유사표시행위(제7호)
   • 전기 · 전자장치(최고속도제한장치에 한정)를 무단으로 해체하거나 조작하는 행위(제9호)

9. 화물자동차 교통사고와 관련하여 거짓이나 그 밖의 부정한 방법으로 보험금을 청구하여 금고 이상의 형을 선고받고 그 형이 확정된 경우
10. 화물자동차 운수사업의 운전업무 **종사의 제한** 규정(제9조의2 제1항)을 위반한 경우
② ①에 따른 처분의 기준 및 절차에 필요한 사항은 국토교통부령으로 정한다.

출제 POINT 빈칸 문제

⋯ 일반화물자동차 운송사업자가 운송주선사업을 동시에 영위하는 경우에는 그 운송사업자는 연간 운송계약 및 운송주선계약 화물의 100분의 (❶) 이상을 직접 운송하여야 한다.
⋯ 화물자동차 운송사업을 양도 · 양수하려는 경우에는 국토교통부령으로 정하는 바에 따라 (❷)은 국토교통부장관에게 신고하여야 한다.
⋯ 상속인이 그 화물자동차 운송사업을 계속하려면 피상속인이 사망한 후 (❸)일 이내에 국토교통부장관에게 신고하여야 한다.
⋯ 국토교통부장관은 신고를 받은 날부터 (❹)일 이내에 신고수리 여부를 신고인에게 통지하여야 한다.

- ⋯ 운송사업자가 화물자동차 운송사업의 (❺)를 폐업하려면 국토교통부령으로 정하는 바에 따라 미리 국토교통부장관에게 신고하여야 한다.
- ⋯ 운송사업자는 화물자동차 운송사업의 휴업 또는 폐업 신고를 하는 경우에는 (❻)에 화물운송 종사자격증명을 반납하여야 한다.
- ⋯ 국토교통부장관이 과징금을 부과하는 경우 그 액수는 총액이 (❼)원 이하여야 하고, 과징금 부과 처분을 받은 자가 과징금을 정한 기한에 내지 아니하면 (❽) 체납처분의 예에 따라 징수한다.
- ⋯ 국토교통부장관은 화물자동차 운송사업의 허가취소, 화물자동차 운송주선사업의 허가취소, 화물자동차 운송가맹사업의 허가취소 및 화물운송 (❾)의 취소(화물자동차 운전면허의 취소에 따른 취소는 제외) 중 어느 하나에 해당하는 처분을 하려면 (❿)을 하여야 한다.

❶ 30 ❷ 양수인 ❸ 90(일) ❹ 5(일) ❺ 전부 ❻ 협회 ❼ 2천만 ❽ 국세 ❾ 종사자격 ❿ 청문 **정답**

제3장 화물자동차 운송주선사업

제24조【화물자동차 운송주선사업의 허가 등】★★★

① 운송주선사업의 허가권자 등 : 화물자동차 운송주선사업을 경영하려는 자는 국토교통부령으로 정하는 바에 따라 국토교통부장관의 허가를 받아야 한다. 다만, **화물자동차 운송가맹사업의 허가를 받은 자**는 허가를 받지 아니한다.

> ①의 본문에 따라 화물자동차 운송주선사업의 허가를 받으려는 자는 화물자동차 운송주선사업 허가신청서를 관할관청에 제출하여야 하며, 허가신청서에는 **주사무소·영업소 및 화물취급소의 명칭·위치 및 규모를 적은 서류**를 첨부하여야 한다. 이 경우 관할관청은 「전자정부법」에 따른 행정정보의 공동이용을 통하여 법인 등기사항증명서(신청인이 법인인 경우만 해당함)를 확인하여야 한다(규칙 제34조).

② 허가사항의 변경신고 : ①의 본문에 따라 화물자동차 운송주선사업의 허가를 받은 자(이하 "**운송주선사업자**"라 함)가 **허가사항을 변경**하려면 국토교통부령으로 정하는 바에 따라 **국토교통부장관**에게 **변경신고**하여야 한다.

참고 BOX

화물자동차 운송주선사업의 허가절차(규칙 제35조)

① 관할관청은 화물자동차 운송주선사업의 허가신청을 받았을 때에는 첨부 서류를 갖추었는지와 국토교통부장관이 화물의 운송주선 수요를 고려하여 고시하는 공급기준에 맞는지를 심사한 후 화물자동차 운송주선사업 **예비허가증을** 발급하여야 한다.

② 관할관청은 ①에 따라 화물자동차 운송주선사업 예비허가증을 발급하였을 때에는 신청일부터 **20일 이내에** 결격사유(법 제4조 각 호)가 있는지, 화물자동차 운송주선사업의 허가기준(동규칙 별표4)에 맞는지와 적재물 배상보험등에 가입하였는지를 확인한 후 화물자동차 운송주선사업 **허가증을 발급하여야 한다.**

③ 관할관청은 ②에 따라 화물자동차 운송주선사업 허가증을 발급하였을 때에는 그 사실을 협회에 통지하고 화물자동차 운송주선사업 **허가대장에 기록**하여 관리하여야 한다.

④ ③의 화물자동차 운송주선사업 허가대장은 전자적 처리가 불가능한 특별한 사유가 없으면 **전자적 처리가** 가능한 방법으로 작성하여 관리하여야 한다.

화물자동차 운송가맹사업의 허가를 받은 자라도 화물자동차 운송주선사업을 경영하기 위해서는 별도의 허가를 받아야 한다. (×) [기출 16 · 13]

화물자동차 운송주선사업의 허가를 받은 자가 허가사항을 변경하려면 국토교통부장관에게 그에 대한 변경 허가를 다시 받아야 한다. (×) [기출 15]

운송주선사업 허가신청서에는 주사무소 · 영업소 및 차고지의 명칭 · 위치 및 규모를 적은 서류를 첨부하여야 한다. (×) [기출 18]

③ 변경신고 수리여부의 통지 : **국토교통부장관**은 ②에 따른 허가사항의 변경신고를 받은 날부터 **5일 이내**에 신고수리 여부를 신고인에게 **통지**하여야 한다.

운송주선사업의 허가사항에 대한 변경신고의 수리 여부는 변경신고를 받은 날부터 3일 이내에 신고인에게 통지되어야 한다. (×)

④ 변경신고 수리기한의 연장 등 : 국토교통부장관이 ③에서 정한 기간 내에 신고수리 여부 또는 민원 처리 관련 법령에 따른 처리기간의 연장 여부를 신고인에게 통지하지 아니하면 **그 기간이 끝난 날의 다음 날**에 신고를 수리한 것으로 본다.

⑤ 삭 제 〈2018. 4. 17.〉

⑥ 화물자동차 운송주선사업의 허가기준 : ①에 따른 화물자동차 운송주선사업의 허가기준은 다음과 같다.

1. 국토교통부장관이 **화물의 운송주선 수요를 고려하여 고시하는** 공급기준에 맞을 것
2. 사무실의 면적 등 **국토교통부령(규칙 제38조 별표4)**으로 정하는 기준에 맞을 것

참고 BOX

화물자동차 운송주선사업의 허가기준 (규칙 제38조 [별표 4])

항 목	허가기준
사무실	영업에 필요한 면적. 다만, 관리사무소 등 부대시설이 설치된 민영 노외주차장을 소유하거나 그 사용계약을 체결한 경우에는 사무실을 확보한 것으로 본다.

---

⑦ 허가기준에 관한 사항의 신고의무 : 운송주선사업자의 허가기준에 관한 사항의 신고에 관하여는 법 제3조 제9항을 준용한다. 이에 따라 운송주선사업자는 ①에 따른 허가를 받은 날부터 **5년의 범위**에서 대통령령으로 정하는 기간 **5년 마다** 국토교통부령으로 정하는 바에 따라 허가기준에 관한 사항을 **국토교통부장관**에게 **신고**하여야 한다.

화물자동차 운송주선사업의 허가를 받은 자는 2년마다 허가기준에 관한 사항을 국토교통부장관에게 신고하여야 한다. (×) [기출 12]

⑧ 영업소의 설치 : 운송주선사업자는 **주사무소 외의 장소에서 상주**하여 영업하려면 국토교통부령으로 정하는 바에 따라 **국토교통부장관의 허가를 받아 영업소를 설치**하여야 한다.

운송주선사업자는 주사무소 외의 장소에서 상주하여 영업하려면 국토교통부령으로 정하는 바에 따라 국토교통부장관에게 신고하고 영업소를 설치하여야 한다. (×) [기출 20]

제25조【운송주선사업자의 명의이용 금지】★☆☆

운송주선사업자는 자기 명의로 다른 사람에게 화물자동차 운송주선사업을 경영하게 할 수 없다.

> **주의** 화물자동차 운송주선사업자는 운송사업자나 운송가맹사업자와 달리 자기 명의로 다른 사람에게 화물자 동차 운송주선사업을 경영하게 할 수 있다. (×)

> **주의** 법인인 운송주선사업자는 자기 명의로 자기의 자회사에게 화물자동차 운송주선사업을 경영하게 할 수 있다. (×) [기출 17]

제26조【운송주선사업자의 준수사항】★★★

① 재계약의 금지 : 운송주선사업자는 자기의 명의로 운송계약을 체결한 화물에 대하여 그 계약금액 중 일부를 제외한 나머지 금액으로 다른 운송주선사업자와 재계약하여 이를 운송하도록 하여서는 아니 된다. 다만, 화물운송을 효율적으로 수행할 수 있도록 **위·수탁차주나 개인 운송사업자**에게 화물운송을 직접 위탁하기 위하여 **다른 운송주선사업자**에게 **중개 또는 대리**를 의뢰하는 때에는 그러하지 아니하다.

② 중개 또는 대리의 금지 : 운송주선사업자는 화주로부터 중개 또는 대리를 의뢰받은 화물에 대하여 **다른 운송주선사업자**에게 **수수료**나 그 밖의 대가를 받고 **중개 또는 대리**를 의뢰하여서는 아니 된다.

③ 거짓 통보 또는 기준을 위반한 주선행위의 금지 : 운송주선사업자는 운송사업자에게 **화물의 종류·무게 및 부피 등**을 거짓으로 통보하거나 「도로법」·「도로교통법」에 따른 기준을 **위반**하는 화물의 운송을 주선하여서는 아니 된다.

④ 재계약 등으로 보지 않는 행위 : **운송주선사업자**가 **운송가맹사업자**에게 화물의 운송을 주선하는 행위는 ① 및 ②에 따른 **재계약·중개 또는 대리**로 보지 아니한다.

⑤ 그 밖의 준수사항 등 : 위에서 규정한 사항 외에 화물운송질서의 확립 및 화주의 편의를 위하여 운송주선사업자가 지켜야 할 사항은 국토교통부령(규칙 제38조의3)으로 정한다.

 참고 BOX

운송주선사업자의 준수사항(규칙 제38조의3)

화물운송 질서의 확립 및 화주의 편의를 위하여 운송주선사업자가 준수하여야 할 사항은 다음 각 호와 같다.
1. 신고한 운송주선약관을 준수할 것
2. 적재물배상보험 등에 가입한 상태에서 운송주선사업을 영위할 것
3. 자가용 화물자동차의 소유자 또는 사용자에게 화물운송을 주선하지 아니할 것
4. 허가증에 기재된 상호만 사용할 것
5. 운송주선사업자가 이사화물운송을 주선하는 경우 화물운송을 시작하기 전에 다음 각 목의 사항이 포함된 견적서 또는 계약서(전자문서를 포함한다. 이하 이 호에서 같다)를 화주에게 발급할 것. 다만, 화주가 견적서 또는 계약서의 발급을 원하지 아니하는 경우는 제외한다.
   가. 운송주선사업자의 성명 및 연락처
   나. 화주의 성명 및 연락처
   다. 화물의 인수 및 인도 일시, 출발지 및 도착지

라. 화물의 종류, 수량

마. 운송 화물자동차의 종류 및 대수, 작업인원, 포장 및 정리 여부, 장비사용 내역

바. 운임 및 그 세부내역(포장 및 보관 등 부대서비스 이용 시 해당 부대서비스의 내용 및 가격을 포함한다)

6. 운송주선사업자가 이사화물 운송을 주선하는 경우에 포장 및 운송 등 이사 과정에서 화물의 멸실, 훼손 또는 연착에 대한 사고확인서를 발급할 것(화물의 멸실, 훼손 또는 연착에 대하여 사업자가 고의 또는 과실이 없음을 증명하지 못한 경우로 한정한다)

제26조의2 【국제물류주선업자에 대한 운송주선사업자의 준수사항 등 적용】 ☆☆☆

「물류정책기본법」에 따라 국제물류주선업을 등록한 자가 수출입화물의 국내 운송을 위하여 화물자동차 운송을 주선하는 때에는 운송주선사업자의 준수사항에 관하여 제26조를 적용한다.

제27조 【화물자동차 운송주선사업의 허가취소 등】 ★☆☆

국토교통부장관은 운송주선사업자가 다음 각 호의 어느 하나에 해당하면 그 허가를 취소하거나 6개월 이내의 기간을 정하여 그 사업의 정지를 명할 수 있다. 다만, ❶·❷ 및 ⓫의 경우에는 그 허가를 취소하여야 한다.

❶ 본 규정에서 준용하는 허가의 결격사유(법 제4조) 각 호의 어느 하나에 해당하게 된 경우. 다만, 법인의 임원 중 결격사유에 해당하는 자가 있는 경우 3개월 이내에 그 임원을 개임한 경우에는 취소하지 아니한다.

❷ 거짓이나 그 밖의 부정한 방법으로 화물자동차 운송주선사업의 허가를 받은 경우

③ 화물자동차 운송주선사업의 허가기준을 충족하지 못하게 된 경우

④ 허가기준에 관한 사항의 신고를 하지 아니하거나 거짓으로 신고한 경우

⑤ 영업소 설치 허가를 받지 아니하고 주사무소 외의 장소에서 상주하여 영업한 경우

⑥ 운송주선사업자의 명의이용 금지 의무를 위반한 경우

⑦ 운송주선사업자의 준수사항을 위반한 경우

⑧ 본 규정에서 준용하는 법 제11조(같은 조 제3항·제4항·제7항·제14항부터 제18항까지 및 제20항부터 제24항까지는 제외)에 준수사항을 위반한 경우

⑨ 본 규정에서 준용하는 법 제13조(같은 조 제2호 및 제5호부터 제7호까지는 제외)에 따른 개선명령을 이행하지 아니한 경우

⑩ 제47조의2 제1항에 따른 신고를 하지 아니하였거나 거짓으로 신고한 경우

⓫ 이 조에 따른 사업정지명령을 위반하여 그 사업정지기간 중에 사업을 한 경우

제28조 【준용 규정】 ☆☆☆

화물자동차 운송주선사업에 관하여는 제4조, 제6조, 제7조, 제11조(같은 조 제3항·제4항·제7항·제10항·제14항부터 제18항까지 및 제20항부터 제24항까지는 제외), 제12조(같은 조 제1항 제4호는 제외), 제13조(같은 조 제2호 및 제5호부터 제7호까지는 제외), 제16조부터 제18조까지 및 제21조를 준용한다. 이 경우 "운송약관"은 "운송주선약관"으로, "운송사업자"는 "운송주선사업자"로 본다.

⋯ 화물자동차 운송주선사업을 경영하려는 자는 국토교통부령으로 정하는 바에 따라 국토교통부장관의 허가를 받아야 한다. 다만, 화물자동차 (❶)의 허가를 받은 자는 허가를 받지 아니한다.

⋯ 운송주선사업의 허가를 받으려는 자는 화물자동차 운송주선사업 허가신청서를 (❷)에 제출하여야 한다.

⋯ 운송주선사업 허가신청서에는 주사무소·영업소 및 (❸)의 명칭·위치 및 규모를 적은 서류를 첨부하여야 한다.

⋯ 운송주선사업자는 허가사항의 변경신고(영업소의 허가사항을 변경하는 경우를 포함)를 하려면 화물자동차 운송주선사업 허가사항 변경신고서를 (❹)에 제출하여야 한다.

⋯ 운송주선사업의 허가사항에 대한 변경신고의 수리 여부는 변경신고를 받은 날부터 (❺)일 이내에 신고인에게 통지되어야 한다.

⋯ 운송주선사업자는 주사무소 외의 장소에서 상주하여 영업하려면 국토교통부령으로 정하는 바에 따라 국토교통부장관의 (❻)를 받아 영업소를 설치하여야 한다.

⋯ 화물자동차 운송주선사업을 양도·양수하려는 경우에는 양수인은 (❼)에게 신고해야 한다.

⋯ 운송주선사업자는 자기 명의로 다른 사람에게 화물자동차 운송주선사업을 경영하게 할 수 (❽).

⋯ 운송주선사업자가 운송가맹사업자에게 화물의 운송을 주선하는 행위는 재계약·중개 또는 대리로 (❾).

---

❶ 운송가맹사업 ❷ 관할관청 ❸ 화물취급소 ❹ 협회 ❺ 5 ❻ 허가(승인X) ❼ 국토교통부장관 ❽ 없다 **정답**
❾ 보지 않는다

제4장 화물자동차 운송가맹사업 및 화물정보망

제29조【화물자동차 운송가맹사업의 허가 등】★★★

① 운송가맹사업의 허가권자 등 : 화물자동차 **운송가맹사업**을 경영하려는 자는 국토교통부령으로 정하는 바에 따라 **국토교통부장관**에게 허가를 받아야 한다.

> ①에 따라 **화물자동차 운송가맹사업의 허가를 받은 자는** 이 법에 따른 화물자동차 운송사업 또는 운송주선사업에 대한 별도의 허가를 받지 아니한다.

② 허가사항에 대한 변경 허가 및 신고 : ①에 따라 허가를 받은 운송가맹사업자는 허가사항을 변경하려면 국토교통부령으로 정하는 바에 따라 **국토교통부장관**의 **변경허가**를 받아야 한다. 다만, 대통령령으로 정하는 경미한 사항을 변경하려면 국토교통부령으로 정하는 바에 따라 **국토교통부장관**에게 신고하여야 한다.

> ②의 단서에 따라 **변경신고**를 하여야 하는 사항은 다음 각 호와 같다(영 제9조의2).
> 1. 대표자의 변경(법인인 경우만 해당)
> 2. 화물취급소의 설치 및 폐지
> 3. 화물자동차의 대폐차(화물자동차를 직접 소유한 운송가맹사업자만 해당)
> 4. 주사무소·영업소 및 화물취급소의 이전
> 5. 화물자동차 운송가맹계약의 체결 또는 해제·해지

③ **허가 또는 증차를 수반하는 변경허가의 기준** : ① 및 ②의 본문에 따른 화물자동차 운송가맹사업의 허가 또는 증차를 수반하는 변경허가의 기준은 다음과 같다.

1. 국토교통부장관이 **화물의 운송수요를 고려하여 고시**하는 공급기준에 맞을 것
2. 화물자동차의 대수(운송가맹점이 보유하는 화물자동차의 대수를 포함), **운송시설**, 그 밖에 **국토교통부령(규칙 제41조의7 별표5)**으로 정하는 기준에 맞을 것

 참고 BOX

화물자동차 운송가맹사업의 허가기준(규칙 제41조의7 별표5)

항 목	허가기준
허가기준 대수	50대 이상(운송가맹점이 소유하는 화물자동차 대수를 포함하되, 8개 이상의 시 · 도에 각각 5대 이상 분포되어야 한다)
자본금 또는 자산평가액	(삭 제)
사무실 및 영업소	영업에 필요한 면적
최저보유차고면적	화물자동차 1대당 그 화물자동차의 길이와 너비를 곱한 면적(화물자동차를 직접 소유하는 경우만 해당)
화물자동차의 종류	규칙 제3조에 따른 화물자동차(화물자동차를 직접 소유하는 경우만 해당)
그 밖의 운송시설	화물운송전산망을 갖출 것

※ 비 고
- 화물운송전산망은 운송가맹사업자와 운송가맹점이 그 전산망을 통하여 물량배정 여부, 공차 위치 등을 확인할 수 있어야 하며, 운임 지급 등의 <u>결제시스템이 구축되어야 한다.</u>
- 운송가맹사업자의 차고 소유 여부, 최저보유 차고면적 기준의 산정, 차고면적 및 최저보유 차고면적 기준의 감경에 관하여는 별표1(비고 제2호~제4호 및 제7호)을 준용한다. 이 경우 "관할관청"을 "국토교통부장관"으로, "운송사업자"를 "운송가맹사업자"로 본다.
- 운송사업자가 화물자동차 운송가맹사업 허가를 신청하는 경우 운송사업자의 지위에서 보유하고 있던 화물자동차 운송사업용 화물자동차는 화물자동차 운송가맹사업의 허가기준 대수로 <u>겸용할 수 없다.</u>

④ **허가기준에 관한 사항의 신고의무** : 운송가맹사업자의 허가기준에 관한 사항의 신고에 관하여는 제3조 제9항을 준용한다. 이에 따라 운송가맹사업자는 ①에 따른 허가받은 날부터 **5년의 범위**에서 대통령령으로 정하는 기간 **5년 마다** 국토교통부령으로 정하는 바에 따라 허가기준에 관한 사항을 **국토교통부장관**에게 **신고**하여야 한다.

⑤ **영업소의 설치** : 운송가맹사업자는 **주사무소 외의 장소**에서 상주하여 영업하려면 국토교통부령으로 정하는 바에 따라 **국토교통부장관의 허가**를 받아 **영업소를 설치**하여야 한다.

⑥ 허가·신고수리 여부의 통지 : 국토교통부장관은 ①, ② 또는 ⑤에 따른 허가·변경허가의 신청을 받거나 변경신고를 받은 날부터 **20일 이내**에 허가 또는 신고수리 여부를 신청인에게 통지하여야 한다.

⑦ 허가·신고수리 기한의 연장 등 : 국토교통부장관이 ⑥에서 정한 기간 내에 허가 또는 신고수리 여부나 민원 처리 관련 법령에 따른 처리기간의 연장 여부를 신청인에게 통지하지 아니하면 그 기간이 끝난 날의 다음 날에 허가 또는 신고수리를 한 것으로 본다.

 참고 BOX

국토교통부장관의 신고 등 수리 여부의 통지 기한의 정리

권 한	대 상	신고수리 여부의 통지 기한
국토교통부 장관	① 화물자동차 운송사업에 대한 허가사항의 변경신고 ② 화물자동차 운송사업자의 운송약관 신고 또는 변경신고 ※ 비고 : 화물자동차 운송주선사업 및 화물자동차 운송가맹사업에 대하여는 ②를 준용함	신고를 받은 날부터 3일 이내
	① 화물자동차 운송주선사업에 대한 허가사항의 변경신고 ② 양도와 양수 등 신고 ③ 상속의 신고 ※ 비고 : 화물자동차 운송주선사업 및 화물자동차 운송가맹사업에 대하여는 ②, ③을 준용함	신고를 받은 날부터 5일 이내
	• 화물자동차 운송사업자의 운임 및 요금의 신고 또는 변경신고 ※ 비고 : 화물자동차 운송가맹사업에 대하여는 이를 준용함	신고를 받은 날부터 14일 이내
	• 화물자동차 운송가맹사업의 허가·변경허가 또는 변경신고	신청·신고를 받은 날부터 20일 이내

※ 국토교통부장관이 위에서 정한 기간 내에 허가 또는 신고수리 여부나 민원 처리 관련 법령에 따른 처리기간의 연장 여부를 신청인에게 통지하지 아니하면 **그 기간이 끝난 날의 다음 날**에 허가 또는 신고수리를 한 것으로 본다.

제30조【운송가맹사업자 및 운송가맹점의 역할 등】★☆☆

① 운송가맹사업자의 역할 : 운송가맹사업자는 화물자동차 운송가맹사업의 원활한 수행을 위하여 다음 각 호의 사항을 성실히 이행하여야 한다.

1. 운송가맹사업자의 직접운송물량과 운송가맹점의 운송물량의 **공정한 배정**

2. 효율적인 **운송기법**의 개발과 보급

3. 화물의 원활한 운송을 위한 **화물정보망**의 설치·운영

   주의 공동전산망의 설치·운영 (×), 공동차고지의 설치·운영 (×)

   주의 운송가맹점은 화물자동차 운송가맹사업의 원활한 수행을 위하여 화물의 원활한 운송을 위한 화물정보망을 설치·운영하여야 한다. (×) [기출 15]

② 운송가맹점의 역할 : **운송가맹점**은 화물자동차 운송가맹사업의 원활한 수행을 위하여 다음 각 호의 사항을 성실히 이행하여야 한다.
  1. 운송가맹사업자가 정한 기준에 맞는 운송서비스의 제공(**운송사업자 및 위·수탁차주인 운송가맹점만 해당**)
  2. 화물의 원활한 운송을 위한 차량 위치의 통지(운송사업자 및 위·수탁차주인 운송가맹점만 해당)
  3. 운송가맹사업자에 대한 운송화물의 확보·공급(**운송주선사업자인 운송가맹점만 해당**)

  주의 운송사업자인 운송가맹점은 화물자동차 운송가맹사업의 원활한 수행을 위하여 운송가맹사업자에 대한 운송화물의 확보·공급을 성실히 이행하여야 한다. (×) [기출 12]

③ 분쟁발생시 조정 : 운송가맹사업자와 운송가맹점 간의 분쟁조정에 관하여는 <u>법 제7조 제3항부터 제6항까지의 규정을 준용한다</u>. 이 경우 "화주"를 "운송가맹사업자 또는 운송가맹점"으로 본다.

  ③에 따라 국토교통부장관은 손해배상에 관하여 운송가맹사업자 또는 운송가맹점이 요청하면 국토교통부령으로 정하는 바에 따라 분쟁을 조정(調停)할 수 있다(법 제7조 제3항의 준용).

제31조 【개선명령】 ★☆☆

국토교통부장관은 안전운행의 확보, 운송질서의 확립 및 화주의 편의를 도모하기 위하여 필요하다고 인정하면 운송가맹사업자에게 다음 각 호의 사항을 명할 수 있다.
1. 운송약관의 변경
2. 화물자동차의 구조변경 및 운송시설의 개선
3. 화물의 안전운송을 위한 조치
4. 「가맹사업거래의 공정화에 관한 법률」에 따른 정보공개서의 제공의무 등, 가맹금의 반환, 가맹계약서의 기재사항 등, 가맹계약의 갱신 등의 통지
5. 적재물배상보험등과 「자동차손해배상 보장법」에 따라 운송가맹사업자가 의무적으로 가입하여야 하는 보험·공제의 가입
6. 그 밖에 화물자동차 운송가맹사업의 개선을 위하여 필요한 사항으로서 대통령령으로 정하는 사항

주의 감차 조치는 안전운행의 확보, 운송질서의 확립 및 화주의 편의를 도모하기 위하여 필요하다고 인정될 경우 운송가맹사업자에 대하여 발령될 수 있는 개선명령에 해당한다. (×) [기출 18]

제32조 【화물자동차 운송가맹사업의 허가취소 등】 ★★☆

국토교통부장관은 운송가맹사업자가 다음 각 호의 어느 하나에 해당하면 그 **허가를 취소**하거나 **6개월 이내의 기간**을 정하여 그 사업의 **전부 또는 일부의 정지**를 명하거나 **감차 조치**를 명할 수 있다. 다만, ❶ 및 ❹의 경우에는 그 허가를 취소하여야 한다.

❶ 본 규정에서 준용하는 **결격사유**(법 제4조)의 어느 하나에 해당하게 된 경우. 다만, 법인의 임원 중 결격사유의 어느 하나에 해당하는 자가 있는 경우 3개월 이내에 그 임원을 개임하면 취소하지 아니한다.

② 화물운송 **종사자격**이 없는 자에게 화물을 운송하게 한 경우

③ **업무개시 명령**을 정당한 사유 없이 이행하지 아니한 경우

❹ 거짓이나 그 밖의 **부정한 방법**으로 **허가**를 받은 경우

⑤ 거짓이나 그 밖의 부정한 방법으로 **변경허가**를 받은 경우

⑥ 허가 또는 변경허가의 **기준**을 충족하지 못하게 된 경우

⑦ 운송가맹사업자의 **허가기준**에 관한 사항의 신고를 하지 아니하였거나 **거짓**으로 **신고**한 경우

⑧ **영업소 설치허가**를 받지 아니하고 주사무소 외의 장소에서 상주하여 영업한 경우

⑨ 정당한 사유 없이 **개선명령**을 이행하지 아니한 경우

⑩ 운송사업자의 **준수사항** 및 운송주선사업자의 **명의이용 금지**(소속 운송가맹점에 자기의 영업표지를 사용하게 하는 경우는 제외)를 위반한 경우

⑪ 가맹사업거래의 공정화에 관한 법률 제7조(정보공개서의 제공의무 등), 제9조(허위·과장된 정보제공 등의 금지), 제10조(가맹금의 반환), 제11조(가맹계약서의 기재사항 등)와 제13조(가맹계약의 갱신 등) 및 제14조(가맹계약해지의 제한)를 **위반**한 경우(개선명령을 받은 경우는 제외)

⑫ 이 조에 따른 **사업정지명령** 또는 **감차조치명령**을 위반한 경우

⑬ **중대한 교통사고** 또는 **빈번한 교통사고**로 **1명 이상의 사상자**를 발생하게 한 경우

⑭ 보조금 지급이 정지된 자가 그 날부터 **5년 이내**에 다시 **보조금지급정지** 사유의 어느 하나에 해당하게 된 경우

⑮ 실적 신고 및 관리 등에 따른 신고를 하지 아니하였거나 **거짓**으로 **신고**한 경우

⑯ 대통령령으로 정하는 연한 이상의 화물자동차를 「자동차관리법」에 따른 정기검사 또는 자동차종합검사를 받지 아니한 상태로 운행하거나 운행하게 한 경우

> **주의** 운송가맹사업자가 거짓이나 그 밖의 부정한 방법으로 변경허가를 받은 경우 그 허가를 취소하여야 한다. (×)

> **주의** 국토교통부장관은 운송사업자가 정당한 사유 없이 업무개시 명령을 거부하면 그 허가를 취소하거나 6개월 이내의 기간을 정하여 그 사업의 전부 또는 일부의 정지를 명령하거나 감차 조치를 명할 수 있다. (○) [기출 10]

제33조 【준용 규정】 ☆☆☆

화물자동차 운송가맹사업에 관하여는 제4조(결격사유), 제5조(운임 및 요금 등), 제6조(운송약관), 제7조(운송사업자의 책임), 제10조(화물자동차 운전자 채용 기록의 관리), 제10조의2(화물자동차 운전자의 교통안전 기록·관리), 제11조(운송사업자의 준수사항), 제11조의2(운송사업자의 직접운송 의무 등), 제12조(운수종사자의 준수사항), 제12조의2(운행 중인 화물자동차에 대한 조사 등), 제13조(개선명령), 제14조(업무개시 명령), 제16조(화물자동차 운송사업의 양도와 양수)부터 제18조(화물자동차 운송사업의 휴업 및 폐업 신고)까지, 제20조(자동차 사용의 정지), 제21조(과징금의 부과) 및 제25조(운송주선사업자의 명의이용금지, 소속 운송가맹점에 자기의 영업표지를 사용하게 하는 경우는

제외)를 준용한다. 이 경우 "운송약관"은 "운송가맹약관"으로, "운송사업자"는 "운송가맹사업자"로 본다.

제34조의4【화물정보망 등의 이용】 ★☆☆

① 운송사업자가 **다른 운송사업자나 다른 운송사업자에게 소속된 위·수탁차주**에게 화물운송을 위탁하는 경우에는 운송가맹사업자의 화물정보망이나 「물류정책기본법」에 따라 인증 받은 **화물정보망**을 이용할 수 있다.

② 운송주선사업자가 **운송사업자나 위·수탁차주**에게 화물운송을 위탁하는 경우에는 운송가맹사업자의 화물정보망이나 「물류정책기본법」에 따라 인증 받은 **화물정보망**을 이용할 수 있다.

> **주의** 운송주선사업자가 위·수탁차주에게 화물운송을 위탁하는 경우에는 운송가맹사업자의 화물정보망만을 이용할 수 있다. (×)

출제 POINT | 빈칸 문제

⋯ 화물자동차 운송가맹사업을 경영하려는 자는 국토교통부령으로 정하는 바에 따라 (❶)에게 허가를 받아야 한다. 이에 따라 화물자동차 운송가맹사업의 허가를 받은 자는 이 법에 따른 화물자동차 운송사업 또는 운송주선사업의 허가를 받지 아니한다.

⋯ 화물자동차 운송가맹사업의 허가를 받은 운송가맹사업자는 대통령령으로 정하는 경미한 사항을 변경하려면 국토교통부령으로 정하는 바에 따라 국토교통부장관에게 신고하여야 하는 바 이에는 (❷)의 변경에 관한 사항은 포함되지 않지만 화물자동차 운송가맹계약의 체결 또는 해제·해지에 관한 사항은 포함된다.

⋯ (❸)는 화물자동차운송가맹사업의 원활한 수행을 위하여 운송가맹사업자의 직접운송물량과 운송가맹점의 운송물량의 공정한 배정에 관한 사항을 성실히 이행하여야 한다.

⋯ 국토교통부장관은 손해배상에 관하여 운송가맹사업자 또는 운송가맹점이 요청하면(❹)으로 정하는 바에 따라 분쟁을 조정(調停)할 수 있다.

⋯ 국토교통부장관은 안전운행의 확보, 운송질서의 확립 및 화주의 편의를 도모하기 위하여 필요하다고 인정하면 운송가맹사업자에게 적재물배상보험 등에 가입하도록 명(❺).

⋯ 국토교통부장관은 운송가맹사업자가 화물운송 종사자격이 없는 자에게 화물을 운송하게 한 경우에는 그 허가를 취소(❻).

⋯ 국토교통부장관은 운송가맹사업자가 거짓이나 그 밖의 부정한 방법으로 허가를 받은 경우에는 그 허가를 취소(❼).

⋯ 운송사업자가 다른 운송사업자나 다른 운송사업자에게 소속된 위·수탁차주에게 화물운송을 위탁하는 경우에는 운송가맹사업자의 (❽)을 이용할 수 있다.

❶ 국토교통부장관 ❷ 상호 ❸ 운송가맹사업자 ❹ 국토교통부령 ❺, ❻ 할 수 있다 ❼ 하여야 한다 **정답**
❽ 화물정보망

제5장 적재물배상보험등의 가입 등

제35조 【적재물배상보험등의 의무 가입】 ★★★

다음 각 호의 어느 하나에 해당하는 자는 제7조 제1항에 따른 손해배상 책임을 이행하기 위하여 **대통령령(영 제9조의7)**으로 정하는 바에 따라 적재물배상 책임보험 또는 공제(이하 "적재물배상보험등"이라 함)에 가입하여야 한다.

1. **최대 적재량**이 **5톤 이상**이거나 **총 중량**이 **10톤 이상**인 화물자동차 중 <u>국토교통부령으로 정하는 화물자동차를 소유하고 있는 운송사업자</u>

   > 제1호에서 "국토교통부령으로 정하는 화물자동차"란 규칙 제3조에 따른 화물자동차 중 **일반형 · 밴형 및 특수용도형 화물자동차와 견인형 특수자동차**를 말한다. 다만, 다음 각 호의 어느 하나에 해당하는 화물자동차는 제외한다(규칙 제41조의13 제1항).
   > 1. 건축폐기물 · 쓰레기 등 경제적 가치가 없는 화물을 운송하는 차량으로서 국토교통부장관이 정하여 고시하는 화물자동차
   > 2. 「대기환경보전법」에 따른 배출가스저감장치를 차체에 부착함에 따라 총중량이 10톤 이상이 된 화물자동차 중 최대 적재량이 5톤 미만인 화물자동차
   > 3. 특수용도형 화물자동차 중 「자동차관리법」에 따른 <u>피견인자동차</u>

2. 국토교통부령으로 정하는 화물(이사화물을 말함)을 취급하는 **운송주선사업자**

3. **운송가맹사업자**

> **주의** 건축폐기물 · 쓰레기 등 경제적 가치가 없는 화물을 운송하는 차량으로서 국토교통부장관이 정하여 고시하는 화물자동차는 적재물배상보험등의 가입 대상에서 제외된다. (○) [기출 20]

> **주의** 최대 적재량이 5톤 이상인 특수용도형 화물자동차 중 「자동차관리법」에 따른 피견인자동차를 소유하고 있는 운송사업자는 적재물배상보험 등에 가입하여야 한다. (×) [기출 19]

> **주의** 최대 적재량이 3톤이고 총 중량이 5톤인 화물자동차를 소유하고 있는 운송사업자는 적재물배상 책임보험에 가입하여야 한다. (×) [기출 18]

참고 BOX

적재물배상 책임보험 등의 가입 범위(영 제9조의7)

적재물배상 책임보험 또는 공제에 가입하려는 자는 다음의 구분에 따라 **사고 건당 2천만원(운송주선사업자가 이사화물운송만을 주선하는 경우에는 500만원 이상)** 이상의 금액을 지급할 책임을 지는 적재물배상보험등에 가입하여야 한다.
1. 운송사업자 : 각 **화물자동차별로 가입**
2. 운송주선사업자 : 각 **사업자별로 가입**
3. 운송가맹사업자 : 화물자동차를 직접 소유한 자는 각 화물자동차별 및 각 사업자별로, 그 외의 자는 각 사업자별로 가입

> **주의** 적재물배상보험 등에 가입하려는 자는 각 사업자당 3천만원 이상의 금액을 지급할 책임을 지는 적재물배상보험 등에 가입하여야 한다. (×) [기출 17 · 16]

> **주의** 운송주선사업자의 경우 각 화물자동차별로 적재물배상보험등에 가입하여야 한다. (×) [기출 20 · 19]

제36조【적재물배상보험등 계약의 체결 의무】★★★

① 책임보험계약등 계약의 체결 의무 : 「보험업법」에 따른 보험회사(적재물배상책임 공제 사업을 하는 자를 포함. 이하 "보험회사등"이라 함)는 적재물배상보험등에 가입하여야 하는 자(이하 "보험등 의무가입자"라 함)가 적재물배상보험등에 가입하려고 하면 **대통령령으로 정하는 사유가 있는 경우** 외에는 **적재물배상보험등의 계약**(이하 "책임보험계약등"이라 함)**의 체결을 거부할 수 없다.**

② 책임보험계약등 다수 공동 계약 : 보험등 의무가입자가 적재물사고를 일으킬 개연성이 높은 경우 등 **국토교통부령(규칙 제41조의14)**으로 정하는 사유에 해당하면 ①에도 불구하고 다수의 보험회사등이 공동으로 책임보험계약등을 체결할 수 있다.

🌱참고 BOX

책임보험계약등을 공동으로 체결할 수 있는 경우(규칙 제41조의14)

1. 운송사업자의 화물자동차 운전자가 그 운송사업자의 사업용 화물자동차를 운전하여 과거 2년 동안 다음 각 목의 어느 하나에 해당하는 사항을 2회 이상 위반한 경력이 있는 경우
   가. 「도로교통법」에 따른 무면허운전 등의 금지
   나. 「도로교통법」에 따른 술에 취한 상태에서의 (음주)운전금지
   다. 「도로교통법」에 따른 사고발생 시 조치의무
2. 보험회사가 「보험업법」에 따라 허가를 받거나 신고한 적재물배상보험요율과 책임준비금 산출기준에 따라 손해배상책임을 담보하는 것이 현저히 곤란하다고 판단한 경우

주의 보험회사가 「보험업법」에 따라 허가를 받거나 신고한 적재물배상보험요율과 책임준비금 산출기준에 따라 손해배상책임을 담보하는 것이 현저히 곤란하다고 판단한 경우에는 다수의 보험회사 등이 공동으로 책임보험계약 등을 체결할 수 있다. (○) [기출 20·19·16]

주의 보험 등 의무가입자인 운송사업자의 화물자동차 운전자가 그 운송사업자의 사업용 화물자동차를 운전하여 과거 2년 동안 「도로교통법」 제44조 제1항에 따른 술에 취한 상태에서의 운전금지를 4회 위반한 경력이 있는 경우에는 보험회사 등은 계약의 체결 및 공동인수를 거부할 수 있다. (×) [기출 17·14]

주의 운송사업자의 화물자동차 운전자가 그 운송사업자의 사업용 화물자동차를 운전하여 과거 2년 동안 「도로교통법」에 따른 위험방지 등의 조치의무를 2회 이상 위반한 경력이 있는 경우에는 보험회사 등은 계약의 체결 및 공동인수를 거부할 수 있다. (×) [기출 14]

제37조【책임보험계약등의 해제】★★★

보험등 의무가입자 및 보험회사등은 다음 각 호의 어느 하나에 해당하는 경우 **외에는** 책임보험계약등의 전부 또는 일부를 해제하거나 해지하여서는 아니 된다.

1. 화물자동차 **운송사업**의 **허가사항이 변경**(감차만을 말함)된 경우
2. 화물자동차 **운송사업(운송주선사업 및 운송가맹사업에서 준용하는 경우를 포함)을 휴업**하거나 **폐업**한 경우
3. 화물자동차 **운송사업**의 **허가가 취소**되거나 **감차 조치 명령**을 받은 경우
4. 화물자동차 **운송주선사업**의 **허가가 취소**된 경우
5. 화물자동차 **운송가맹사업**의 **허가사항이 변경**(감차만을 말함)된 경우

6. 화물자동차 **운송가맹사업**의 **허가가 취소**되거나 **감차 조치 명령**을 받은 경우

7. 적재물배상보험등에 **이중으로 가입**되어 하나의 책임보험계약등을 해제하거나 해지하려는 경우

8. 보험회사등이 **파산 등**의 사유로 영업을 계속할 수 없는 경우

9. 그 밖에 제1호부터 제8호까지의 규정에 준하는 경우로서 **대통령령**으로 정하는 경우

> 주의 화물자동차 운송주선사업의 감차 조치 명령을 받은 경우 보험회사등은 책임보험계약등의 전부 또는 일부를 해제하거나 해지할 수 있다. (×) [기출 16 · 11]

> 주의 이 법에 따라 화물자동차 운송사업을 휴업한 경우 보험회사등은 책임보험계약등의 전부 또는 일부를 해제하거나 해지할 수 있다. (○) [기출 20 · 14]

> 주의 화물자동차 운송가맹사업자가 감차 조치 명령을 받은 경우에도 책임보험계약 등의 전부 또는 일부를 해제하거나 해지하여서는 아니 된다. (×) [기출 18]

> 주의 보험 등 의무가입자 및 보험회사 등은 화물자동차 운송사업의 허가사항 중 차량대수의 변경(증차만을 말한다)이 있는 경우에도 책임보험계약 등의 전부 또는 일부를 해제할 수 있다. (×) [기출 17]

제38조 【책임보험계약등의 계약 종료일 통지 등】 ★★☆

① 계약 종료일의 통지 : 보험회사등은 자기와 책임보험계약등을 체결하고 있는 보험등 의무가입자에게 그 계약종료일 **30일 전까지** 그 계약이 끝난다는 사실을 알려야 한다.

② 새로운 계약을 체결하지 않는 경우 : 보험회사등은 자기와 책임보험계약등을 체결한 보험등 의무가입자가 그 계약이 끝난 후 새로운 계약을 체결하지 아니하면 그 사실을 **지체 없이** **국토교통부장관**에게 알려야 한다.

③ 통지의 방법 · 절차 : ① 및 ②에 따른 통지의 방법 · 절차에 필요한 사항은 **국토교통부령**(규칙 제41조의15)으로 정한다.

참고 BOX

책임보험계약등의 계약 종료사실 통지(규칙 제41조의15)

① 보험회사등은 자기와 책임보험계약등을 체결하고 있는 자에게 계약기간이 종료된다는 사실을 해당 **계약 종료일** 30일 전과 10일 전에 **각각 통지**하여야 한다.

② 통지에는 계약기간이 종료된 후 적재물배상보험에 가입하지 아니하는 경우에는 **500만원 이하**의 과태료가 부과된다는 사실에 관한 안내가 포함되어야 한다.

③ 보험회사등이 관할관청에 알리는 내용에는 적재물배상보험등에 가입하여야 하는 운수사업자의 **상호 · 성명** 및 주민등록번호(법인인 경우에는 법인명칭 · 대표자 및 법인등록번호를 말함)와 자동차등록번호가 포함되어야 한다.

> 주의 보험회사등은 자기와 책임보험계약등을 체결하고 있는 자에게 계약기간이 종료된다는 사실을 해당 계약 종료일 50일 전까지 한번만 통지하면 된다. (×)

> 주의 통지에는 계약기간이 종료된 후 적재물배상보험등에 가입하지 아니하는 경우에는 500만원 이상의 과태료가 부과된다는 사실에 관한 안내가 포함되어야 한다. (×)

제6장 경영의 합리화

제39조【경영합리화 등의 노력】☆☆☆

운수사업자는 화물운송 질서의 확립, 경영관리의 건전화, 화물운송 기법의 개발 등 경영합리화와 수송서비스 향상을 위하여 노력하여야 한다.

제40조【경영의 위탁】★★★

① 경영의 일부 위탁 : **운송사업자**는 화물자동차 운송사업의 효율적인 수행을 위하여 필요하면 **다른 사람**(운송사업자를 제외한 개인)에게 차량과 그 경영의 일부를 위탁하거나 **차량을 현물출자한 사람**에게 그 경영의 일부를 위탁할 수 있다.

② 경영위탁의 제한 : **국토교통부장관**은 화물운송시장의 질서유지 및 운송사업자의 운송서비스 향상을 유도하기 위하여 필요한 경우 ①에도 불구하고 경영의 위탁을 **제한할 수 있다.**

③ 위·수탁계약 체결 및 신의성실한 계약이행 의무 : 운송사업자와 위·수탁차주는 대등한 입장에서 합의에 따라 공정하게 위·수탁계약을 체결하고, 신의에 따라 성실하게 계약을 이행하여야 한다.

④ 계약서 작성 등 : ③에 따른 **계약의 당사자**는 그 계약을 체결하는 경우 차량소유자·계약기간, 그 밖에 국토교통부령(규칙 제41조의16)으로 정하는 사항을 계약서에 **명시**하여야 하며, **서명날인한 계약서**를 서로 교부하여 보관하여야 한다. 이 경우 **국토교통부장관**은 건전한 거래질서의 확립과 공정한 계약의 정착을 위하여 **표준 위·수탁계약서**를 고시하여야 하고, 이를 우선적으로 사용하도록 **권고할 수 있다.**

⑤ 위·수탁 계약의 기간 : ③에 따른 위·수탁계약의 기간은 **2년 이상**으로 하여야 한다.

> **주의** 국토교통부장관이 건전한 거래질서의 확립과 공정한 계약의 정착을 위하여 표준 위·수탁계약서를 고시한 경우에는 계약당사자의 위·수탁계약은 이에 따라야 한다. (×) [기출 20]

> **주의** 운송사업자와 위·수탁차주는 대등한 입장에서 합의에 따라 공정하게 위·수탁계약을 체결·이행하여야 하며, 위·수탁계약의 기간은 1년 이상으로 하여야 한다. (×) [기출 15]

⑥ 분쟁조정협의회의 설치·운영 : **시·도지사**는 ③에 따른 위·수탁계약의 체결·이행으로 발생하는 분쟁의 해결을 지원하기 위하여 **대통령령**(영 제9조의9)으로 정하는 바에 따라 **화물운송사업분쟁조정협의회**를 설치·운영할 수 있다.

> **주의** 화물운송사업분쟁조정협의회는 위·수탁계약의 체결·이행으로 발생하는 분쟁의 해결을 지원하기 위하여 국토교통부장관이 설치·운영하는 조직이다. (×) [기출 17]

화물운송사업분쟁조정협의회의 심의·조정 사항(영 제9조의9 제1항)

1. 운송사업자와 경영의 일부를 위탁받은 사람(이하 "위·수탁차주"라 한다) 간 금전지급에 관한 분쟁
2. 운송사업자와 위·수탁차주 간 차량의 소유권에 관한 분쟁
3. 운송사업자와 위·수탁차주 간 차량의 대폐차에 관한 분쟁
4. 운송사업자와 위·수탁차주 간 화물자동차 운송사업의 양도·양수에 관한 분쟁
5. 그 밖에 분쟁의 성격·빈도 및 중요성 등을 고려하여 **국토교통부장관이 정하여 고시하는 사항**에 관한 분쟁

⑦ 불공정 계약의 한정 무효 : ③에 따른 위·수탁계약의 내용이 당사자 일방에게 현저하게 불공정한 경우로서 다음 각 호의 어느 하나에 해당하는 경우에는 그 부분에 **한정하여 무효**로 한다.

1. 운송계약의 형태·내용 등 관련된 모든 사정에 비추어 계약체결 당시 예상하기 어려운 내용에 대하여 상대방에게 책임을 떠넘기는 경우
2. 계약내용에 대하여 구체적인 정함이 없거나 당사자 간 이견이 있는 경우 계약내용을 일방의 의사에 따라 정함으로써 상대방의 정당한 이익을 침해한 경우
3. 계약불이행에 따른 당사자의 손해배상책임을 과도하게 경감하거나 가중하여 정함으로써 상대방의 정당한 이익을 침해한 경우
4. 「민법」 및 이 법 등 관계 법령에서 인정하고 있는 상대방의 권리를 상당한 이유 없이 배제하거나 제한하는 경우
5. 그 밖에 위·수탁계약의 내용 중 일부가 당사자 일방에게 현저하게 불공정하여 해당 부분을 무효로 할 필요가 있는 경우로서 대통령령으로 정하는 경우

> **주의** 위·수탁계약의 내용이 당사자 일방에게 현저하게 불공정한 경우로서 운송계약의 형태·내용 등 관련된 모든 사정에 비추어 계약체결 당시 예상하기 어려운 내용에 대하여 상대방에게 책임을 전가하는 경우에는 그 계약의 전부를 무효로 한다. (×) [기출 20·16]

제40조의2 【위·수탁계약의 갱신 등】 ★★☆

① 계약기간 갱신 요구의 기한 및 거절사유 : **운송사업자**는 위·수탁차주가 위·수탁계약기간 **만료 전 150일부터 60일까지 사이**에 위·수탁계약의 갱신을 요구하는 때에는 다음 각 호의 어느 하나에 해당하는 경우를 **제외**하고는 이를 **거절할 수 없다**.

1. 최초 위·수탁계약기간을 포함한 전체 위·수탁계약기간이 **6년 이하**인 경우로서 다음 각 목의 어느 하나에 해당하는 경우
   가. 위·수탁차주가 **거짓**이나 그 밖의 **부정한 방법**으로 위·수탁계약을 체결한 경우
   나. 그 밖에 운송사업자가 위·수탁계약을 갱신하기 어려운 **중대한 사유**로서 <u>대통령령(영 제9조의10 제1항)</u>으로 정하는 사유에 해당하는 경우

> 나목에서 대통령령으로 정하는 사유에 해당하는 경우란 다음에 해당하는 경우를 말한다.
> 1. 위·수탁차주가 계약기간 동안 법 제12조에 따른 운수종사자의 준수사항을 위반하여 처벌 또는 과태료 처분을 받은 경우
> 2. 위·수탁차주가 계약기간 동안 화물운송 종사자격의 취소 처분을 받은 경우
> 3. 다음 각 목의 어느 하나에 해당하는 운송사업자의 요청 또는 지도·감독을 위·수탁차주가 정당한 사유 없이 따르지 아니한 경우
>   가. 화물자동차 운송사업 허가기준에 관한 사항의 신고에 필요한 자료의 제출 요청
>   나. 운송사업자의 지도·감독

> **주의** 운송사업자는 위·수탁차주가 위·수탁계약기간 만료 전 200일부터 30일까지 사이에 위·수탁계약의 갱신을 요구하는 경우, 위·수탁차주가 거짓으로 위·수탁계약을 체결한 경우에는 이를 거절할 수 있다. (×) [기출 18·15]

2. 최초 위·수탁계약기간을 포함한 전체 위·수탁계약기간이 **6년을 초과**하는 경우로 서 다음 각 목의 어느 하나에 해당하는 경우

　　가. 제1호 각 목의 어느 하나에 해당하는 경우

　　나. 위·수탁차주가 운송사업자에게 지급하기로 한 위·수탁계약상의 **월지급액**(월 2회 이상 지급하는 것으로 계약한 경우에는 해당 월에 지급하기로 한 금액의 합을 말함)을 **6회 이상** 지급하지 아니한 경우(위·수탁계약상의 월지급액이 같은 업종의 통상적인 월지급액보다 뚜렷하게 높은 경우는 제외)

　　다. 표준 위·수탁계약서에 기재된 계약 조건을 위·수탁차주가 준수하지 아니한 경우

　　라. 그 밖에 운송사업자가 운송사업의 경영을 정상적으로 유지하기 어려운 사유로서 대통령령으로 정하는 사유(운송사업의 **전부를 폐업**하는 경우)에 해당하는 경우

② **거절의 통지** : 운송사업자가 ①에 따른 갱신 요구를 거절하는 경우에는 그 요구를 받은 날부터 **15일 이내**에 위·수탁차주에게 거절 사유를 적어 **서면**으로 통지하여야 한다.

> **주의** 운송사업자가 위·수탁 계약의 갱신 요구를 거절하는 경우에는 그 요구를 받은 날부터 7일 이내에 위·수탁차주에게 거절 사유를 적어 서면으로 통지하여야 한다. (×) [기출 16]

③ **통지의 효력** : 운송사업자가 ②의 거절 통지를 하지 아니하거나 위·수탁계약기간 만료 전 150일부터 60일까지 사이에 위·수탁차주에게 계약 조건의 변경에 대한 통지 나 위·수탁계약을 갱신하지 아니한다는 사실의 통지를 서면으로 하지 아니한 경우에 는 계약 만료 전의 위·수탁계약과 **같은 조건**으로 다시 위·수탁계약을 **체결한 것으로** 본다. 다만, 위·수탁차주가 계약이 만료되는 날부터 **30일 전**까지 이의를 제기하거나 운송사업자나 위·수탁차주에게 천재지변이나 그 밖에 <u>대통령령으로 정하는 부득이한 사유</u>가 있는 경우에는 그러하지 아니하다.

> ③의 단서에서 대통령령으로 정하는 부득이한 사유가 있는 경우란 다음 각 호의 어느 하나에 해당하는 경우를 말한다(영 제9조의10 제3항).
> 1. 운송사업자가 사고·질병 등 일신상의 사유로 위·수탁계약의 갱신에 관한 의사표시를 할 수 없는 경우
> 2. 위·수탁차주의 소재 불명이나 국외 이주 등으로 운송사업자가 위·수탁차주에게 위·수탁계약의 갱신에 관한 의사표시를 할 수 없는 경우

제40조의3 【위·수탁계약의 해지 등】 ★★☆

① **위·수탁계약의 해지 절차** : 운송사업자는 위·수탁계약을 해지하려는 경우에는 위· 수탁차주에게 **2개월 이상**의 유예기간을 두고 계약의 위반 사실을 구체적으로 밝히고 이를 시정하지 아니하면 그 계약을 해지한다는 사실을 **서면으로 2회 이상** 통지하여야 한다. 다만, **대통령령(영 제9조의11)**으로 정하는 바에 따라 위·수탁계약을 지속하기 어려운 중대한 사유가 있는 경우에는 그러하지 아니하다.

> **주의** 운송사업자는 위·수탁계약을 해지하려는 경우에는 위·수탁차주에게 1개월 이상의 유예기간을 두고 계약의 위반 사실을 구체적으로 밝히고 이를 시정하지 아니하면 그 계약을 해지한다는 사실을 서면 등의 방법으로 3회 이상 통지하여야 한다. (×) [기출 16·15]

위·수탁계약 해지 절차의 예외(영 제9조의11)

①의 단서에 따른 위·수탁계약을 지속하기 어려운 중대한 사유가 있는 경우는 다음 각 호의 어느 하나에 해당하는 경우로 한다.

1. 위·수탁차주가 화물운송 종사자격을 갖추지 아니한 경우
2. 위·수탁차주가 계약기간 동안 운수종사자의 준수사항을 위반하여 처벌 또는 과태료 처분을 받은 경우
3. 위·수탁차주가 계약기간 동안 화물운송 종사자격의 취소 처분을 받은 경우
4. 위·수탁차주가 사고·질병 또는 국외 이주 등 일신상의 사유로 더 이상 위탁받은 운송사업을 경영할 수 없게 된 경우

---

② **절차를 위반한 계약해지의 효력** : ①에 따른 절차를 거치지 아니한 위·수탁계약의 해지는 그 효력이 없다.

③ **계약해지로 의제되는 경우** : **운송사업자가** 다음의 어느 하나에 해당하는 사유로 **허가취소** 또는 **감차 조치**(위·수탁차주의 화물자동차가 감차 조치 대상이 된 경우에만 해당)를 받은 경우 해당 운송사업자와 위·수탁차주의 위·수탁계약은 **해지된 것으로 본다.**

　㉠ 부정한 방법으로 **허가**를 받은 경우

　㉡ 부정한 방법으로 **변경허가**를 받거나, 변경허가를 받지 않고 허가사항을 변경한 경우

　㉢ 화물자동차 운송사업의 허가 또는 증차를 수반하는 **변경허가의 기준**을 충족하지 못하게 된 경우

　㉣ **결격사유**(제4조)의 어느 하나에 해당하게 된 경우. 다만, 법인의 임원 중 결격사유의 어느 하나에 해당하는 자가 있는 경우에 3개월 이내에 그 임원을 개임(改任)하면 허가를 취소하지 아니한다.

　㉤ 그 밖에 운송사업자의 **귀책사유**(위·수탁차주의 고의에 의해 허가취소·감차 조치될 수 있는 경우는 제외)로 허가취소·감차 조치되는 경우로서 대통령령으로 정하는 경우

　주의 운송사업자가 화물자동차 운송사업자의 직접운송 의무를 위반한 경우 (×) [기출 19]

　주의 운송사업자가 부정한 방법으로 변경허가를 받은 사유로 위·수탁차주의 화물자동차가 감차 조치를 받은 경우 해당 운송사업자와 위·수탁차주의 위·수탁계약은 해지된 것으로 본다. (○) [기출 20]

④ **위·수탁차주에 대한 지원** : 국토교통부장관 또는 연합회는 ③에 따라 해지된 위·수탁계약의 위·수탁차주였던 자가 다른 운송사업자와 위·수탁계약을 체결할 수 있도록 지원하여야 한다. 이 경우 해당 위·수탁차주였던 자와 위·수탁계약을 체결한 운송사업자는 위·수탁계약의 체결을 명목으로 **부당한 금전지급**을 요구하여서는 아니 된다.

제40조의4 【위·수탁계약의 양도·양수】

① **위·수탁계약의 양도 및 거절** : **위·수탁차주**는 운송사업자의 동의를 받아 위·수탁계약상의 지위를 타인에게 **양도할 수 있다.** 다만, 다음 각 호의 어느 하나의 해당하는 사유가 발생하는 경우에는 운송사업자는 양수인이 화물운송 종사자격을 갖추지 못한

경우 등 대통령령으로 정하는 경우를 제외하고는 위·수탁계약의 **양도에 대한 동의**를 거절할 수 없다.

1. 업무상 부상·질병의 발생 등 자신이 위탁받은 경영의 일부를 수행할 수 없는 경우
2. 그 밖에 위·수탁차주에게 부득이한 사유가 발생하는 경우로 대통령령으로 정하는 경우

② **양도의 효력** : ①에 따라 위·수탁계약상의 지위를 양수한 자는 양도인의 위·수탁계약상 권리와 의무를 승계한다.

③ **양도사실의 통지** : ① 단서에 따라 위·수탁계약상의 지위를 양도하는 경우 위·수탁차주는 운송사업자에게 양도 사실을 서면으로 통지하여야 한다.

④ **통지의 효력** : ③의 통지가 있은 날부터 1개월 이내에 운송사업자가 양도에 대한 동의를 거절하지 아니하는 경우에는 운송사업자가 양도에 동의한 것으로 본다.

제40조의5 【위·수탁계약의 실태조사 등】 ★☆☆

① 국토교통부장관 또는 시·도지사는 정기적으로 위·수탁계약서의 작성 여부에 대한 **실태조사**를 할 수 있다.

② 국토교통부장관 또는 시·도지사는 위·수탁계약의 당사자에게 계약과 관련된 자료를 요청할 수 있다. 이 경우 자료를 요청받은 계약의 당사자는 특별한 사정이 없으면 요청에 따라야 한다.

③ ①에 따른 실태조사의 시기·범위 및 방법 등에 필요한 사항은 **대통령령(영 제9조의12)**으로 정한다.

참고 BOX

위·수탁계약 실태조사의 시기 등(영 제9조의12 제1항, 제2항)

① 실태조사의 시기 : 위·수탁계약서의 작성 여부에 대한 실태조사는 매년 1회 이상 실시한다.
② 실태조사의 범위 : 위·수탁계약서의 작성 여부에 관한 사항, 표준 위·수탁계약서의 사용에 관한 사항, 위·수탁계약 내용의 불공정성에 관한 사항, 위·수탁계약의 체결 절차·과정에 관한 사항, 그 밖에 화물운송시장의 질서 확립 및 건전한 발전을 위하여 조사가 필요한 사항
③ 그 밖의 사항 등 : 국토교통부장관 또는 시·도지사는 위·수탁계약의 당사자에게 계약과 관련된 자료를 요청할 때에는 위·수탁계약의 당사자에게 자료의 범위와 내용, 요청 사유 및 제출기한 등을 명시한 문서(전자문서를 포함한다)로 요청하여야 한다.

주의 국토교통부장관 또는 시·도지사는 위·수탁계약서의 작성 여부에 대한 실태 조사를 격년으로 실시한다.
(×) [기출 16]

제41조 【경영 지도】 ★☆☆

① **국토교통부장관 또는 시·도지사**는 화물자동차 운수사업의 경영개선 또는 운송서비스의 향상을 위하여 다음 각 호의 어느 하나에 해당하는 경우 운수사업자를 **지도할 수 있다.**

1. 운수사업자의 준수사항에 대한 지도가 필요한 경우
2. 과로, 과속, 과적 운행의 예방 등 안전한 수송을 위한 지도가 필요한 경우
3. 그 밖에 화물자동차의 운송에 따른 안전 확보 및 운송서비스 향상에 필요한 경우

② **국토교통부장관 또는 시·도지사**는 재무관리 및 사업관리 등 경영실태가 부실하다고 인정되는 운수사업자에게는 경영개선에 관한 **권고를 할 수 있으며**, 필요하면 경영개선에 관한 중·장기 또는 연차별 계획 등을 **제출하게 할 수 있다.**

> **주의** 국토교통부장관은 경영실태가 부실하다고 인정되는 운수사업자에게는 경영개선을 명할 수 있으며, 경영개선에 관한 중·장기 또는 연차별 계획 등을 제출하도록 하여야 한다. (×) [기출 15]

③ **국토교통부장관 또는 시·도지사**는 ②에 따라 운수사업자가 제출한 경영개선에 관한 계획 등이 불합리하다고 인정되면 변경할 것을 **권고할 수 있다.**

제42조【경영자 연수교육】 ☆☆☆

시·도지사는 운수사업자의 경영능력 향상을 위하여 필요하다고 인정하면 경영을 담당하는 임원(개인인 경우에는 운수사업자를 말함)에게 경영자 **연수교육**을 **실시할 수 있다.**

제43조【재정지원】 ★★☆

① **국가**는 **지방자치단체**, 「공공기관의 운영에 관한 법률」에 따른 공공기관 중 대통령령으로 정하는 공공기관, **「지방공기업법」에 따른 지방공사**, 사업자단체 또는 **운수사업자**가 다음 각 호의 어느 하나에 해당하는 사업을 수행하는 경우로서 재정적 지원이 필요하다고 인정되면 대통령령으로 정하는 바에 따라 소요자금의 일부를 **보조하거나 융자할 수 있다.**

1. 공동차고지 및 **공영차고지** 건설
2. 화물자동차 운수사업의 **정보화**
3. 낡은 차량의 **대체**
4. 연료비가 절감되거나 환경친화적인 화물자동차 등으로의 **전환** 및 이를 위한 **시설·장비**의 투자
5. 화물자동차 **휴게소**의 건설
6. 화물자동차 운수사업의 서비스 향상을 위한 시설·장비의 확충과 개선
7. 그 밖에 화물자동차 운수사업의 경영합리화를 위한 사항으로서 <u>국토교통부령으로 정하는 사항</u>

> 제7호에서 국토교통부령으로 정하는 사항이란 **화물자동차**의 감차 및 그 밖에 **긴급한 공익적 목적을 위하여 일시적으로 화물운송에 대체 사용된 차량에** 대한 <u>피해의 보상</u>을 말한다(규칙 제43조).

> **주의** 공영차고지의 건설, 화물자동차휴게소의 건설, 환경친화적인 화물자동차 등으로의 전환, 낡은 차량의 대체, 화물자동차 운수사업의 정보화는 지방자치단체, 사업자단체 또는 운수사업자에 대하여 재정적 지원이 필요하다고 인정되면 국가가 소요자금의 일부를 보조하거나 융자할 수 있는 사업에 해당한다. (○) [기출 15]

> **주의** 화물자동차의 감차는 소요자금의 보조 또는 융자의 대상이 아니다. (×) [기출 11]

② **특별시장·광역시장·특별자치시장·특별자치도지사·시장** 또는 **군수**(광역시의 군수를 포함)는 운송사업자, 운송가맹사업자 및 화물자동차 운수사업을 위탁받은 자(이하 "운송사업자등"이라 함)에게 **유류(油類)**에 부과되는 다음 각 호의 **세액 등의 인상액에 상당하는 금액**의 전부 또는 일부를 대통령령으로 정하는 바에 따라 보조할 수 있다.

1. 교육세법 등 관계 법령에 따라 **경유**에 각각 부과되는 교육세, 교통·에너지·환경세, 자동차세
2. 개별소비세법 등 관계 법령에 따라 석유가스 중 **부탄**에 각각 부과되는 개별소비세·교육세·부과금

> **주의** 국토교통부장관은 운수사업자에게 유류에 부과되는 세액 등의 인상액에 상당하는 금액의 전부 또는 일부를 보조할 수 있다. (×) [기출 11]

③ 특별시장·광역시장·특별자치시장·특별자치도지사·시장 또는 군수는 운송사업자등이 「친환경자동차법」에 따른 수소전기자동차를 운행하기 위하여 수소를 구매하는 경우 그 비용의 전부 또는 일부를 대통령령으로 정하는 바에 따라 보조할 수 있다.

제44조 【보조금의 사용 등】 ☆☆☆

① 제43조 ①에 따라 보조 또는 융자받은 자는 그 자금을 보조 또는 융자받은 **목적 외의 용도**로 사용하여서는 아니 된다.

② **국토교통부장관**·특별시장·광역시장·특별자치시장·특별자치도지사·시장 또는 군수는 제43조 ①에 따라 보조 또는 융자를 받은 자가 그 자금을 적정하게 사용하도록 **지도·감독**하여야 한다.

③ **국토교통부장관**·특별시장·광역시장·특별자치시장·특별자치도지사·시장 또는 군수는 거짓이나 부정한 방법으로 제43조 ①부터 ③까지의 규정에 따른 보조금이나 융자금을 교부받은 사업자단체 또는 운송사업자등에게 보조금이나 융자금의 **반환을 명하여야 하며**, 이에 따르지 아니하면 **국세 또는 지방세 체납처분의 예**에 따라 회수할 수 있다.

출제 POINT | 빈칸 문제

···› 운송사업자는 화물자동차 운송사업의 효율적인 수행을 위하여 필요하면 다른 사람(운송사업자를 제외한 개인을 말함)에게 차량과 그 경영의 (❶)를 위탁할 수 있다.

···› 계약불이행에 따른 당사자의 손해배상책임을 과도하게 경감하거나 가중하여 정함으로써 상대방의 정당한 이익을 침해한 경우에는 (❷) 무효로 한다.

···› 운송사업자는 위·수탁차주가 위·수탁계약기간 만료 전 (❸)일부터 (❹)일까지 사이에 위·수탁계약의 갱신을 요구하는 때에는 이를 거절할 수 없다.

···› 최초 위·수탁계약기간을 포함한 전체 위·수탁계약기간이 (❺)년 이하인 경우로서 위·수탁차주가 거짓이나 그 밖의 부정한 방법으로 위·수탁계약을 체결한 경우에는 위·수탁계약의 갱신 요구를 거절할 수 있다.

···› 운송사업자는 위·수탁계약을 해지하려는 경우에는 위·수탁차주에게 (❻)개월 이상의 유예기간을 두고 계약의 위반 사실을 구체적으로 밝히고 이를 시정하지 아니하면 그 계약을 해지한다는 사실을 서면으로 (❼)회 이상 통지하여야 한다.

···› 운송사업자가 화물자동차 운송사업의 허가기준을 충족하지 못하게 된 경우에 해당하는 사유로 화물자동차 운송사업허가의 취소를 받은 경우에는 해당 운송사업자와 위·수탁차주의 위·수탁계약은 (❽)된 것으로 본다.

❶ 일부 ❷ 그 부분에 한정하여(전부×) ❸ 150(일) ❹ 60(일) ❺ 6(년) ❻ 2(개월) ❼ 2(회) ❽ 해지 **정답**

제45조 【공영차고지의 설치】 ★☆☆

① 법 제2조 제9호 각 목의 어느 하나에 해당하는 자는 공영차고지(公營車庫地)를 설치하여 **직접** 운영하거나 다음의 어느 하나에 해당하는 자에게 **임대**(운영의 위탁을 포함)할 수 있다.

1. 사업자단체
2. 운송사업자
3. 운송가맹사업자
4. 운송사업자로 구성된 협동조합

② ①에 따라 공영차고지를 설치한 자(이하 "차고지설치자"라 함)는 공영차고지를 설치하려면 공영차고지의 설치 · 운영에 관한 계획(이하 "설치 · 운영계획"이라 함)을 수립하여야 한다.

③ ②에 따라 **시 · 도지사를 제외**한 **차고지설치자가 설치 · 운영계획을 수립하는 경우**에는 **미리 시 · 도지사의 인가**를 받아야 한다. 인가받은 계획을 **변경**하려는 경우에도 또한 같다.

> **주의** 시 · 도지사를 제외한 차고지설치자가 인가받은 공영차고지의 설치 · 운영에 관한 계획을 변경하려면 미리 시 · 도지사에게 신고하여야 한다. (×) [기출 19]

④ **차고지설치자**는 ② 또는 ③에 따라 설치 · 운영계획을 수립 · 변경하거나 인가 · 변경인가를 받은 때에는 이를 **공보에 고시**하거나 **일간신문 등에 게재**하여야 한다.

⑤ **시 · 도지사**가 ② 및 ③에 따라 설치 · 운영계획을 수립하거나 시 · 도지사를 제외한 차고지설치자의 설치 · 운영계획을 인가하는 경우에 그에 관련된 각종 인가 · 허가 등에 관하여는 제46조의4를 준용한다.

제46조의2 【화물자동차 휴게소의 확충】 ★☆☆

① 휴게소 종합계획의 수립 : **국토교통부장관**은 화물자동차 운전자의 근로 여건을 개선하고 화물의 원활한 운송을 도모하기 위해 **운송경로 및 주요 물류거점**에 화물자동차 휴게소를 확충하기 위한 종합계획(이하 "**휴게소 종합계획**"이라 함)을 **5년** 단위로 **수립하여야 한다.**

② 휴게소 종합계획 포함 사항 : 휴게소 종합계획에는 다음 각 호의 사항이 포함되어야 한다.

1. 화물자동차 휴게소의 현황 및 장래수요에 관한 사항
2. 화물자동차 휴게소의 계획적 공급에 관한 사항
3. 화물자동차 휴게소의 연도별 · 지역별 배치에 관한 사항
4. 화물자동차 휴게소의 기능 개선 및 효율화에 관한 사항
5. 그 밖에 화물자동차 휴게소 확충과 관련된 사항으로서 국토교통부령으로 정하는 사항

> 제5호에서 국토교통부령으로 정하는 사항이란 다음 각 호의 사항을 말한다(규칙 제43조의2 제1항).
> 1. 국내 주요 물류시설의 **현황 및 건설계획**에 관한 사항
> 2. 화물자동차의 **운행실태**에 관한 사항
> 3. 화물자동차 **교통량의 연구분석 및 변동예측**에 관한 사항

③ 휴게소 종합계획의 변경 : **국토교통부장관**은 휴게소 종합계획을 수립하거나 <u>국토교통부령으로 정하는 사항</u>을 변경하려는 경우 <u>미리</u> **시·도지사의 의견**을 듣고 **관계 중앙행정기관의 장**과 **협의**하여야 한다.

> ③에서 국토교통부령으로 정하는 사항이란 다음 각 호의 사항을 말한다(규칙 제43조의2 제2항).
> 1. 화물자동차 휴게소의 **계획적** 공급에 관한 사항
> 2. 화물자동차 휴게소의 **연도별·지역별** 배치에 관한 사항

> **주의** 국토교통부장관이 화물자동차 휴게소의 기능 개선 및 효율화에 관한 사항을 변경하려는 경우에는 미리 시·도지사의 의견을 듣고 관계 중앙행정기관의 장과 협의하여야 한다. (×) [기출 16]

④ 휴게소 종합계획 수립·변경사실의 고시 : **국토교통부장관**은 휴게소 종합계획을 ①에 따라 수립하거나 ③에 따라 변경한 때에는 이를 관보에 **고시**하여야 한다.

⑤ 휴게소 종합계획 변경요청 : 제46조의3 ②에 따른 <u>사업시행자</u>는 필요한 경우 **국토교통부장관**에게 휴게소 종합계획을 변경하도록 **요청**할 수 있다.

⑥ 상충·중복의 금지 : **국토교통부장관** 또는 **시·도지사**는 제46조의3 ⑥ 및 ⑦에 따라 화물자동차 휴게소 **건설계획**의 **승인 또는 변경승인**을 할 때에는 **휴게소 종합계획**과 상충하거나 중복되지 아니하도록 하여야 한다.

⑦ 그 밖의 필요한 사항 : 휴게소 종합계획의 수립 등에 필요한 사항은 **대통령령**(영 제9조의17)으로 정한다.

 참고 BOX

화물자동차 휴게소 종합계획 수립(영 제9조의18)

① 국토교통부장관은 사업시행자가 휴게소 종합계획의 변경을 요청하는 경우에는 해당 사업시행자에게 그 변경에 관련된 자료의 제출이나 그 밖의 필요한 협력을 요청할 수 있다.
② 국토교통부장관은 휴게소 종합계획의 수립이나 변경을 위하여 필요하다고 인정하는 경우에는 물류 관련 기관이나 단체 또는 전문가 등에 대하여 의견 및 자료제출 또는 그 밖의 필요한 협력을 요청할 수 있다.

제46조의3【화물자동차 휴게소의 건설사업 시행 등】★★☆

① 휴게소의 건설사업 시행자 : 화물자동차 휴게소 건설사업을 할 수 있는 자는 다음의 어느 하나에 해당하는 자로 한다.

1. **국가** 또는 지방자치단체
2. 「공공기관의 운영에 관한 법률」에 따른 공공기관 중 <u>대통령령으로 정하는</u> **공공기관**

> 제2호에서 대통령령으로 정하는 공공기관이란 다음 각 호의 기관을 말한다(영 제9조의19).
> - 한국철도공사   • 한국토지주택공사   • 한국도로공사   • 한국수자원공사
> - 한국농어촌공사   • 항만공사   • 인천국제공항공사   • 한국공항공사
> - 한국교통안전공단   • <u>국가철도공단(구 한국철도시설공단)</u>

3. 「지방공기업법」에 따른 지방공사
4. 대통령령으로 정하는 바에 따라 제1호부터 제3호까지의 자로부터 지정을 받은 법인

> **주의** 「한국철도시설공단법」에 따른 한국철도시설공단은 화물자동차 휴게소 건설사업을 할 수 있는 공공기관에 해당하지 않는다. (×) [기출 20]

② 휴게소 건설계획의 수립 : ①에 따라 화물자동차 휴게소 건설사업을 시행하려는 자(이하 "사업시행자"라 함)는 사업의 명칭·목적, 사업을 시행하려는 위치와 면적 등 대통령령으로 정하는 사항이 포함된 화물자동차 휴게소 건설에 관한 계획(이하 "건설계획"이라 함)을 수립하여야 한다.

③ 휴게소 건설 대상지역 및 시설기준 : 화물자동차 휴게소의 **건설 대상지역 및 시설기준**은 **국토교통부령(규칙 제43조의3)**으로 정한다.

 참고 BOX

화물자동차 휴게소의 건설 대상지역(규칙 제43조의3 제1항)

③에 따른 화물자동차 휴게소의 건설 대상지역은 다음 각 호의 어느 하나에 해당하는 지역을 말한다.

1. 「항만법」에 따른 항만 또는 「산업입지 및 개발에 관한 법률」에 따른 산업단지 등이 위치한 지역으로서 화물자동차의 일일 평균 왕복 교통량이 1만5천대 이상인 지역
2. 「항만법」에 따른 국가관리항이 위치한 지역
3. 「물류시설의 개발 및 운영에 관한 법률」에 따른 물류단지 중 면적이 50만 제곱미터 이상인 물류단지가 위치한 지역
4. 「도로법」에 따른 고속국도, 일반국도, 지방도 또는 국가지원지방도에 인접한 지역으로서 화물자동차의 일일 평균 편도 교통량이 3천5백대 이상인 지역

④ 수립한 건설계획의 공고·열람 등 : **사업시행자**는 ②에 따라 건설계획을 수립한 때에는 대통령령으로 정하는 바에 따라 이를 **공고**하고, **관계 서류의 사본**을 **20일 이상** 일반인이 **열람**할 수 있도록 하여야 한다.

> **주의** 사업시행자는 화물자동차 휴게소 건설에 관한 계획을 수립한 때에는 이를 공고하고, 관계 서류의 사본을 30일 이상 일반인이 열람할 수 있도록 하여야 한다. (×)

⑤ 의견서 제출 및 반영 : 화물자동차 휴게소 건설사업의 이해관계인은 ④에 따른 열람기간에 사업시행자에게 건설계획에 대한 의견서를 제출할 수 있으며, 사업시행자는 제출된 의견이 타당하다고 인정하는 경우에는 이를 건설계획에 반영하여야 한다.

⑥ 건설계획의 승인 : 사업시행자는 ④에 따른 공고 및 열람을 마친 후 그 건설계획에 대하여 **시·도지사**의 **승인**을 받아야 한다. 다만, **국가, ①의 제2호**에 해당하는 사업시행자 및 국가 또는 ①의 제2호에 해당하는 사업시행자로부터 지정을 받은 자는 **국토교통부장관**의 **승인**을 받아야 한다.

> **주의** 「지방공기업법」에 따른 지방공사가 사업시행자인 경우에 사업시행자는 화물자동차 휴게소 건설에 관한 계획에 대하여 공고 및 열람을 마친 후 국토교통부장관의 승인을 받아야 한다. (×) [기출 14]

> **주의** 「한국철도시설공단법」에 따른 한국철도시설공단이 사업시행자인 경우에 사업시행자는 화물자동차 휴게소 건설에 관한 계획에 대하여 공고 및 열람을 마친 후 국토교통부장관의 승인을 받아야 한다. (○)

⑦ 건설계획의 변경승인 : ⑥에 따라 승인을 받은 사업시행자는 승인받은 건설계획 중 사업을 시행하려는 위치와 면적 등 대통령령으로 정하는 사항(영 제9조의19 제6항)을 변경하려면 해당 **승인권자**의 **변경승인**을 받아야 한다.

⑦에서 사업을 시행하려는 위치와 면적 등 대통령령으로 정하는 사항이란 **다음** 각 호 외의 **사항**을 말한다.
1. 전체 사업시행 면적의 100분의 10 범위에서의 면적의 감소
2. 전체 사업비의 100분의 10 범위에서의 사업비의 변경. 다만, 해당 사업비의 변경에 따라 해당 사업에 대한 보조금이 변경되는 경우는 제외한다.
3. 전체 사업을 분할하여 시행하는 경우에는 해당 분할사업에서의 면적의 변경. 다만, 전체 사업면적이 변경되지 아니하는 경우만 해당한다.
4. 「공간정보의 구축 및 관리 등에 관한 법률」에 따른 지적확정측량의 결과에 따른 부지 면적의 변경
5. 그 밖에 계산착오, 오기, 누락 또는 이에 준하는 사유로서 그 변경근거가 분명한 사항의 변경

> **주의** 사업시행자는 승인받은 건설계획 중 「공간정보의 구축 및 관리 등에 관한 법률」제45조 제2호에 따른 지적확정측량의 결과에 따른 부지 면적의 변경을 하려면 해당 승인권자의 변경승인을 받아야 한다. (×) [기출 14]

> **주의** 사업시행자는 승인받은 건설계획 중 전체 사업시행면적의 100분의 10 범위를 초과하는 면적의 증가에 따른 변경을 하려면 해당 승인권자의 변경승인을 받아야 한다. (○)

⑧ 건설계획 승인·변경승인의 결정기한 등 : **국토교통부장관 또는 시·도지사**는 ⑥ 또는 ⑦에 따른 건설계획의 승인 또는 변경승인의 신청을 받은 경우에는 특별한 사유가 없으면 승인 또는 변경승인 신청을 받은 날부터 60일 이내에 **승인 또는 변경승인 여부를 결정**하여야 하며, 건설계획의 승인 또는 변경승인을 한 경우에는 이를 **고시하여야 한다.**

⑨ 결정기한 경과 시 효력 : 국토교통부장관 또는 시·도지사가 ⑥ 또는 ⑦에 따른 건설계획의 승인 또는 변경승인 신청을 받은 날부터 60일 이내에 승인 또는 변경승인 여부를 결정하지 아니하였을 때에는 **승인 또는 변경승인을 한 것으로 본다.**

⑩ 건설계획 승인의 취소 등 : 국토교통부장관 또는 시·도지사는 사업시행자가 다음의 어느 하나에 해당하는 경우에는 건설계획의 승인을 취소 또는 변경하거나 그 밖에 필요한 조치를 명할 수 있다. 다만, **제1호에 해당하는 경우**에는 건설계획의 승인을 **취소하여야 한다.**
1. 거짓 또는 그 밖의 **부정한 방법**으로 ⑥에 따른 건설계획의 **승인**을 받은 경우
2. ⑦에 따른 변경승인을 받지 아니하고 건설계획을 변경하여 사업을 진행한 경우

제46조의6 【화물자동차 휴게소 운영의 위탁】 ☆☆☆

① 사업시행자는 화물자동차 휴게소의 운영을 사업자단체 등 대통령령으로 정하는 자에게 위탁할 수 있다.
② ①에 따른 화물자동차 휴게소 운영의 위탁 기간 및 위탁 방법 등에 필요한 사항은 국토교통부령으로 정한다.

제47조의2 【실적 신고 및 관리 등】 ☆☆☆

① 운송사업자(개인 운송사업자는 제외), 운송주선사업자 및 운송가맹사업자는 국토교통부령으로 정하는 바에 따라 운송 또는 주선 실적을 관리하고 이를 국토교통부장관에게 신고하여야 한다.
② 직접운송 의무가 있는 운송사업자는 국토교통부령으로 정하는 기준 이상으로 화물을 운송하여야 한다. 이 경우 기준내역에 관하여는 국토교통부령으로 정한다.

③ 국토교통부장관은 ①의 운송 또는 주선 실적 등 화물운송정보를 체계적으로 관리하기 위한 화물운송실적관리시스템을 구축·운영할 수 있다.

④ 국토교통부장관은 화물운송실적관리시스템의 운영을 국토교통부령으로 정하는 자에게 위탁할 수 있으며, 필요한 비용을 지원할 수 있다.

⑤ 화물운송실적관리시스템 운영방식 및 활용방법 등 필요한 사항은 국토교통부령으로 정한다.

제47조의4 【화물운송실적관리시스템의 보안대책】 ☆☆☆

화물운송실적관리시스템의 관리자는 화물운송실적관리시스템에 대한 제3자의 불법적인 접근, 입력된 정보의 변경, 훼손, 파괴, 해킹, 유출 등에 대비한 기술적·물리적·관리적 보안대책을 세워야 한다.

제47조의5 【화물운송실적관리자료의 비밀유지】 ☆☆☆

다음 각 호 어느 하나에 해당하거나 해당하였던 자는 그 직무와 관련하여 알게 된 화물운송실적관리자료를 다른 사람에게 제공 또는 누설하거나 그 목적 외의 용도로 사용해서는 안 된다.

1. 국토교통부 소속 공무원
2. 지방자치단체 소속 공무원
3. 제64조에 따라 화물운송실적관리와 관련한 업무를 위탁받은 자

출제 POINT **빈칸 문제**

⋯ 시·도지사를 제외한 차고지설치자가 인가받은 공영차고지의 설치·운영에 관한 계획을 변경하려면 미리 (❶)에게 인가를 받아야 한다.

⋯ 국토교통부장관은 화물자동차 운전자의 근로여건을 개선하고 화물의 원활한 운송을 도모하기 위하여 운송경로 및 주요 물류거점에 화물자동차 휴게소를 확충하기 위한 종합계획(휴게소 종합계획)을 (❷)년 단위로 수립하여야 한다.

⋯ 휴게소 종합계획에는 화물자동차 (❸)의 연구분석 및 변동예측에 관한 사항이 포함되어야 한다.

⋯ 국토교통부장관은 휴게소 종합계획을 수립하려는 경우 미리 시·도지사의 의견을 듣고 관계 중앙행정기관의 장과 (❹)하여야 한다.

⋯ 「한국철도시설공단법」에 따른 한국철도시설공단은 화물자동차 휴게소 건설사업을 할 수 있는 (❺)에 해당한다.

⋯ 화물자동차 휴게소 건설사업을 시행하려는 자는 사업의 명칭·목적, 사업을 시행하려는 위치와 면적 등 (❻)으로 정하는 사항이 포함된 건설계획을 수립하여야 한다.

⋯ 「도로법」에 따른 고속국도, 일반국도, 지방도 또는 국가지원지방도에 인접한 지역으로서 화물자동차의 일일 평균 교통량이 (❼)대 이상인 지역은 화물자동차 휴게소의 건설 대상지역이다.

⋯ (❽)이 휴게소 종합계획을 수립하거나 변경한 때에는 이를 관보에 고시하여야 한다.

⋯ 사업시행자는 건설계획을 수립한 때에는 이를 공고하고, 관계 서류의 사본을 (❾)일 이상 일반인이 열람할 수 있도록 하여야 한다.

❶ 시·도지사 ❷ 5(년) ❸ 교통량 ❹ 협의 ❺ 공공기관 ❻ 대통령령 ❼ 3천5백(대) ❽ 국토교통부장관 **정답**
❾ 20(일)

제7장 사업자단체

제48조 【협회의 설립】 ★☆☆

① 협회설립의 인가권자 등 : 운수사업자는 화물자동차 운수사업의 건전한 발전과 운수사업자의 공동이익을 도모하기 위하여 **국토교통부장관**의 **인가**를 받아 화물자동차 운송사업, 화물자동차 운송주선사업 및 화물자동차 운송가맹사업의 종류별 또는 시·도별로 **협회**를 설립할 수 있다.

② 협회의 주체 : 협회는 **법인**으로 한다.

③ 협회의 성립 : 협회는 주된 사무소의 소재지에서 **설립등기**를 함으로써 성립한다.

④ 협회설립의 절차 : 협회를 설립하려면 해당 협회의 회원 자격이 있는 자의 **5분의 1 이상**이 발기하고, 회원 자격이 있는 자의 **3분의 1 이상**의 **동의**를 받아 창립총회에서 정관을 작성한 후 국토교통부장관에게 인가를 신청하여야 한다.

⑤ 협회의 가입 : 운수사업자는 **정관으로 정하는 바**에 따라 협회에 가입할 수 있다.

⑥ 협회구성 등 대한 사항 : 회원의 자격, 임원의 정수(定數) 및 선출방법, 그 밖에 협회의 운영에 필요한 사항은 **정관**으로 정한다.

⑦ 정관의 변경 : 정관을 변경하려면 **국토교통부장관**의 **인가**를 받아야 한다.

⑧ 정관의 기재사항 및 감독 등 : 협회의 정관의 기재사항과 감독에 필요한 사항은 국토교통부령으로 정한다.

⑨ 타 법규의 준용 : 협회에 관하여는 이 법에 규정된 사항 외에는 「민법」 중 **사단법인**에 관한 규정을 준용한다.

제49조 【협회의 사업】 ☆☆☆

협회는 다음 각 호의 사업을 한다.

1. 화물자동차 운수사업의 건전한 발전과 운수사업자의 **공동이익**을 도모하는 사업
2. 화물자동차 운수사업의 진흥 및 발전에 필요한 통계의 작성 및 관리, **외국 자료의 수집**·조사 및 연구사업
3. 경영자와 운수종사자의 **교육훈련**
4. 화물자동차 운수사업의 경영개선을 위한 **지도**
5. 이 법에서 협회의 업무로 정한 사항
6. **국가**나 지방자치단체로부터 **위탁**받은 업무
7. 제1호부터 제5호까지의 사업에 따르는 업무

제50조 【연합회】 ★☆☆

① 연합회 설립 : 운송사업자로 구성된 협회, 운송주선사업자로 구성된 협회 및 운송가맹사업자로 구성된 협회는 그 공동목적을 달성하기 위하여 국토교통부령으로 정하는 바에 따라 각각 연합회를 설립할 수 있다. 이 경우 운송사업자로 구성된 협회, 운송주선사업자로 구성된 협회 및 운송가맹사업자로 구성된 협회는 각각 그 연합회의 회원이 된다.

② 타 법규의 준용 : 연합회의 설립 및 사업에 관하여는 법 제48조와 제49조를 준용한다.

제51조 【공제사업】 ★☆☆

① 공제사업의 허가 등 : 운수사업자가 설립한 협회의 연합회는 **대통령령(영 제10조)**으로 정하는 바에 따라 **국토교통부장관의 허가**를 받아 운수사업자의 자동차 사고로 인한 손해배상 책임의 보장사업 및 적재물배상 공제사업 등을 할 수 있다.

② 공제조합 규정의 준용 : 공제사업의 분담금, 운영위원회, 공제사업의 범위, 공제규정 (共濟規程), 보고·검사, 개선명령, 공제사업을 관리·운영하는 연합회의 임직원에 대한 제재, 재무건전성의 유지 등에 관하여는 공제조합의 규정을 준용한다.

공제사업의 허가(영 제10조)

① 연합회는 공제사업의 허가를 신청할 때에는 허가신청서에 공제규정, 사업계획서, 수지계산서를 첨부하여 국토교통부장관에게 제출하여야 한다.

② 공제사업에 관한 회계는 다른 사업에 관한 회계와 구분하여 경리하여야 한다.

주의 공제사업에 관한 회계는 다른 사업에 관한 회계와 통합하여 경리하여야 한다. (×)

제51조의2 【공제조합의 설립 등】 ★★☆

① 공제조합의 설립 : 운수사업자는 상호간의 협동조직을 통하여 조합원이 자주적인 경제활동을 영위할 수 있도록 지원하고 조합원의 자동차 사고로 인한 손해배상책임의 보장사업 및 적재물배상 공제사업을 하기 위하여 대통령령으로 정하는 바에 따라 **국토교통부장관의 인가**를 받아 공제조합(이하 "공제조합"이라 함)을 설립할 수 있다.

주의 운수사업자는 국토교통부장관 또는 시·도지사의 허가를 받아 공제조합을 설립할 수 있다. (×)

② 공제조합의 주체 : 공제조합은 **법인**으로 한다.

③ 공제조합의 성립 : 공제조합은 주된 사무소의 소재지에 **설립등기**를 함으로써 성립된다.

④ 공제조합의 가입 : 운수사업자는 **정관**으로 정하는 바에 따라 공제조합에 가입할 수 있다.

⑤ 분담금의 부담 : 공제조합의 조합원은 공제사업에 필요한 **분담금**을 부담하여야 한다.

⑥ 조합원의 자격 등 대한 사항 : 조합원의 자격과 임원에 관한 사항, 그 밖에 공제조합의 운영에 필요한 사항은 **정관**으로 정한다.

⑦ 정관의 기재사항 및 감독 등 : 정관의 기재 사항, 그 밖에 공제조합의 감독에 필요한 사항은 대통령령(영 제11조의2·3)으로 정한다.

제51조의3 【공제조합의 설립인가 절차 등】 ★★☆

① 설립인가 절차 : 공제조합을 설립하려면 공제조합의 조합원 자격이 있는 자의 **10분의 1 이상**이 발기하고, 조합원 자격이 있는 자 **200인 이상**의 **동의**를 받아 창립총회에서 정관을 작성한 후 국토교통부장관에게 인가를 신청하여야 한다.

② 인가 사실의 공고 : **국토교통부장관**은 ①에 따른 인가를 한 경우 이를 **공고**하여야 한다.

공제조합을 설립하려면 공제조합의 조합원 자격이 있는 자의 5분의 1 이상이 발기하고, 조합원 자격이 있는 자 3분의 1 이상의 동의를 받아 창립총회에서 정관을 작성한 후 국토교통부장관에게 인가를 신청하여야 한다. (×) [기출 20 · 18]

제51조의4 【공제조합의 운영위원회】 ★☆☆

① **공제조합의 운영위원회** : 공제조합은 공제조합사업에 관한 사항을 심의 · 의결하고 그 업무집행을 감독하기 위하여 운영위원회를 둔다.

② **운영위원회 구성** : 운영위원회 위원은 조합원, 운수사업 · 금융 · 보험 · 회계 · 법률 분야 전문가, 관계 공무원 및 그 밖에 화물자동차 운수사업 관련 이해관계자로 구성하되, 그 수는 25명 이내로 한다. 다만, **연합회가 공제사업을 하는 경우**의 운영위원회 위원은 시 · 도별 협회의 대표 전원을 포함하여 **37명 이내**로 한다.

> 주의 연합회가 공제사업을 하는 경우의 공제조합 운영위원회 위원은 시 · 도별 협회의 대표 전원을 포함하여 25명 이내로 한다. (×) [기출 18]

③ **그 밖의 필요한 사항** : 이 법에서 규정한 사항 외에 운영위원회의 구성과 운영에 필요한 사항은 대통령령(영 제11조의4)으로 정한다.

제51조의5 【운영위원회 위원의 결격 사유】 ★☆☆

① 다음 각 호의 어느 하나에 해당하는 사람은 운영위원회의 위원이 될 수 없다.

1. **미성년자**, 피성년후견인 또는 피한정후견인
2. **파산선고**를 받고 복권되지 아니한 사람
3. 이 법 또는 「보험업법」 등 대통령령으로 정하는 금융 관련 법률을 위반하여 금고 이상의 형의 **집행유예**를 선고받고 그 유예기간 중에 있는 사람
4. 이 법 또는 「보험업법」 등 대통령령으로 정하는 금융 관련 법률을 위반하여 **벌금 이상의 실형**을 선고받고 그 집행이 끝나거나(집행이 끝난 것으로 보는 경우를 포함) 집행이 면제된 날부터 **5년**이 지나지 아니한 사람
5. 이 법에 따른 공제조합의 업무와 관련하여 **벌금 이상의 형**을 선고받고 그 집행이 끝나거나(집행이 끝난 것으로 보는 경우를 포함)집행이 면제된 날부터 **5년**이 지나지 아니한 사람
6. 징계 · 해임의 요구 중에 있거나 **징계 · 해임의 처분**을 받은 후 **3년**이 지나지 아니한 사람

> 주의 파산선고를 받고 복권된 사람은 공제조합의 운영위원회의 위원이 될 수 없다. (×) [기출 18]

> 주의 징계 · 해임의 요구 중에 있거나 징계 · 해임의 처분을 받은 후 2년이 지나지 아니한 사람 (×)

② 운영위원회의 위원이 ①의 각 호 결격사유의 어느 하나에 해당하게 된 때에는 그 날로 위원자격을 잃는다.

③ 국토교통부장관은 ①의 제3호부터 제5호까지의 범죄경력자료의 조회를 경찰청장에게 요청하여 공제조합에 제공할 수 있다.

제51조의6 【공제조합사업】 ★★☆

① **공제조합사업의 종류** : 공제조합은 다음 각 호의 사업을 한다.

1. 조합원의 **사업용 자동차**의 사고로 생긴 **배상 책임** 및 **적재물배상**에 대한 공제

2. 조합원이 **사업용 자동차**를 소유·사용·관리하는 동안 발생한 사고로 그 자동차에 생긴 손해에 대한 공제
3. 운수종사자가 조합원의 **사업용 자동차**를 소유·사용·관리하는 동안에 발생한 사고로 입은 **자기 신체의 손해**에 대한 공제
4. 공제조합에 고용된 자의 업무상 재해로 인한 손실을 보상하기 위한 공제
5. 공동이용시설의 설치·운영 및 관리, 그 밖에 조합원의 편의 및 복지 증진을 위한 사업
6. 화물자동차 운수사업의 경영 개선을 위한 조사·연구 사업
7. 제1호부터 제6호까지의 사업에 딸린 사업으로서 정관으로 정하는 사업

> **주의** 조합원의 비사업용 자동차의 사고로 생긴 배상책임에 대한 공제 (×) [기출 15]

② **공제규정 설정 및 인가** : 공제조합은 ①의 제1호부터 제4호까지의 규정에 따른 공제사업을 하려면 공제규정을 정하여 **국토교통부장관의 인가**를 받아야 한다. 인가받은 사항을 변경하려는 경우에도 또한 같다.

> **주의** 공제조합은 공동이용시설의 설치·운영 및 관리, 그 밖에 조합원의 편의 및 복지 증진을 위한 사업을 하려면 공제규정을 정하여 국토교통부장관의 인가를 받아야 한다. (×)

> **주의** 공제조합이 조합에 고용된 자의 업무상 재해로 인한 손실을 보상하기 위한 공제사업을 하려면 공제규정을 정하여 국토교통부장관의 인가를 받아야 한다. (○) [기출 18]

③ **공제규정의 포함사항** : ②의 공제규정에는 공제사업의 범위, 공제계약의 내용과 분담금, 공제금, 공제금에 충당하기 위한 책임준비금, 지급준비금의 계상 및 적립 등 공제사업의 운영에 필요한 사항이 포함되어야 한다.

④ **책임준비금·지급준비금** : 공제조합은 결산기(決算期)마다 그 사업의 종류에 따라 공제규정의 책임준비금 및 지급준비금을 계상하고 이를 적립하여야 한다.

⑤ **보험업법의 미적용** : ①의 제1호부터 제4호까지의 규정에 따른 공제사업에는 「보험업법」 (「보험업법」 제193조는 제외)을 적용하지 아니한다.

제51조의7 【보고서의 제출 명령 등】 ★☆☆

① **국토교통부장관**은 필요하다고 인정하면 공제조합에 대하여 다음의 조치를 할 수 있다.
1. 교통사고 피해자에 대한 피해보상에 관한 보고서의 제출 명령
2. 공제자금의 운용이나 그 밖에 공제사업과 관련된 사항에 관한 보고서의 제출 명령
3. 소속 공무원에게 공제조합의 업무 또는 회계의 상황을 조사하게 하는 조치
4. 소속 공무원에게 공제조합의 장부나 그 밖의 서류를 검사하게 하는 조치

② ①에 따른 조사나 검사를 하려면 조사 또는 검사 **7일 전**에 조사 또는 검사할 내용, 일시, 이유 등에 대한 계획서를 공제조합에 알려야 한다. 다만, **긴급한 경우** 또는 사전통지를 하면 **증거인멸** 등으로 조사목적을 달성할 수 없다고 인정하는 경우에는 그러하지 아니하다.

③ ①에 따라 조사나 검사를 하는 공무원은 그 권한을 표시하는 증표를 지니고 이를 관계인에게 내보여야 하며, 출입할 때에는 출입자의 성명, 출입시간, 출입목적 등이 표시된 문서를 관계인에게 내주어야 한다.

제51조의8 【공제조합업무의 개선명령】 ☆☆☆

국토교통부장관은 공제조합의 업무 운영이 적정하지 아니하거나 자산상황이 불량하여 교통사고 피해자 및 공제 가입자 등의 권익을 해칠 우려가 있다고 인정하면 다음 각 호의 조치를 명할 수 있다.

1. 업무집행방법의 변경
2. 자산예탁기관의 변경
3. 자산의 장부가격의 변경
4. 불건전한 자산에 대한 적립금의 보유
5. 가치가 없다고 인정되는 자산의 손실 처리

제51조의9(공제조합 임직원에 대한 제재 등】 ☆☆☆

국토교통부장관은 공제조합의 임직원이 다음 각 호의 어느 하나에 해당하여 공제사업을 건전하게 운영하지 못할 우려가 있다고 인정하면 임직원에 대한 징계・해임을 요구하거나 해당 위반행위를 시정하도록 명할 수 있다.

1. 제51조의6(공제조합사업) ②에 따른 공제규정을 위반하여 업무를 처리한 경우
2. 공제조합업무의 개선명령을 이행하지 아니한 경우
3. 재무건전성 기준을 지키지 아니한 경우

제51조의10(재무건전성의 유지】 ★☆☆

① 공제조합은 공제금 지급능력과 경영의 건전성을 확보하기 위하여 다음 각 호의 사항에 관하여 대통령령(영 제11조의6 제2항)으로 정하는 재무건전성 기준을 지켜야 한다.

  1. 자본의 적정성에 관한 사항
  2. 자산의 건전성에 관한 사항
  3. 유동성의 확보에 관한 사항

  > ①에서 공제조합이 준수하여야 하는 재무건전성 기준은 다음과 같다(영 제11조의6 제2항).
  > 1. 지급여력비율은 100분의 100 이상을 유지할 것
  > 2. 구상채권 등 보유자산의 건전성을 정기적으로 분류하고 대손충당금을 적립할 것

  주의 공제조합은 지급여력금액을 지급여력기준금액으로 나눈 비율을 100분의 50 이상으로 유지하는 재무건전성 기준을 준수하여야 한다. (×) [기출 14]

② 국토교통부장관은 공제조합이 ①의 기준을 지키지 아니하여 경영의 건전성을 해칠 우려가 있다고 인정하면 대통령령(영 제11조의6 제3항)으로 정하는 바에 따라 자본금의 증액을 명하거나 주식 등 위험자산의 소유를 제한하는 조치를 취할 수 있다.

참고 BOX

이 조에서 사용하는 용어의 뜻
(영 제11조의6 제1항)

이 법에 따라 물류시설분과위원회의 심의를 거쳐야 하는 사항은 다음과 같다.

- 지급여력금액 : 자본금, 대손충당금, 이익잉여금 및 그 밖에 이에 준하는 것으로서 국토교통부장관이 정하는 금액을 합산한 금액에서 영업권, 선급비용 등 국토교통부장관이 정하는 금액을 뺀 금액
- 지급여력기준금액 : 공제사업을 운영함에 따라 발생하게 되는 위험을 국토교통부장관이 정하는 방법에 따라 금액으로 환산한 것
- 지급여력비율 : 지급여력금액을 지급여력기준금액으로 나눈 비율

제51조의12 【다른 법률과의 관계】 ☆☆☆

공제조합에 관하여 이 법에 규정된 사항 외에는 「민법」 중 사단법인에 관한 규정과 「상법」 제3편 제4장 제7절을 준용한다.

제54조 【감독】 ☆☆☆

① 국토교통부장관은 협회 및 연합회를 지도·감독한다.

② 국토교통부장관은 다음 각 호의 어느 하나에 해당하는 경우 협회 및 연합회에 대하여 업무(제49조 및 제50조에 따른 협회 및 연합회의 업무만 해당한다. 이하 이 조에서 같다)에 관한 보고서의 제출이나 그 밖에 필요한 조치를 명하거나 소속 공무원에게 업무상황이나 회계상황을 조사하게 하거나 장부를 비롯한 서류를 검사하게 할 수 있다.

   1. 이 법의 위반 여부에 대한 확인이 필요하거나 민원 등이 발생한 경우
   2. 이 법에 따른 허가·신고·인가 또는 승인 등의 업무를 적정하게 수행하기 위하여 필요한 경우
   3. 그 밖에 화물자동차 운수사업과 관련된 정책수립을 위하여 필요한 경우

③ ②에 따라 조사 또는 검사를 하는 공무원은 그 권한을 표시하는 증표를 지니고 이를 관계인에게 내보여야 한다.

출제 POINT   빈칸 문제

→ 운수사업자는 화물자동차 운수사업의 건전한 발전과 운수사업자의 공동이익을 도모하기 위하여 국토교통부장관의 (❶)를 받아 화물자동차 운송사업, 화물자동차 운송주선사업 및 화물자동차 운송가맹사업의 종류별 또는 시·도별로 협회를 설립할 수 있다.

→ 운송사업자로 구성된 협회, 운송주선사업자로 구성된 협회 및 운송가맹사업자로 구성된 협회는 그 공동목적을 달성하기 위하여 국토교통부령으로 정하는 바에 따라 각각 (❷)를 설립할 수 있다.

→ 연합회가 공제사업을 하는 경우의 공제조합 운영위원회 위원은 시·도별 협회의 대표 전원을 포함하여 (❸)명 이내로 한다.

→ 공제사업에 관한 회계는 다른 사업에 관한 회계와 (❹)하여 경리하여야 한다.

→ 공제조합을 설립하려면 공제조합의 조합원 자격이 있는 자의 (❺) 이상이 발기하고, 조합원 자격이 있는 자 (❻)인 이상의 동의를 받아 창립총회에서 정관을 작성한 후 국토교통부장관에게 인가를 신청하여야 한다. 국토교통부장관은 인가를 한 경우 이를 공고하여야 한다.

→ 조합원의 (❼) 자동차의 사고로 생긴 배상책임 및 적재물배상에 대한 공제는 화물자동차 운수사업법상 공제조합의 사업으로 명시되어 있는 사업에 해당한다.

→ 공제조합이 준수하여야 하는 재무건전성 기준으로 지급여력비율은 100분의 (❽) 이상을 유지해야 한다.

→ (❾)이란 자본금, 대손충당금, 이익잉여금 및 그 밖에 이에 준하는 것으로서 국토교통부장관이 정하는 금액을 합산한 금액에서 영업권, 선급비용 등 국토교통부장관이 정하는 금액을 뺀 금액을 말한다.

❶ 인가 ❷ 연합회 ❸ 37(명) ❹ 구분 ❺ 10분의 1 ❻ 200(인) ❼ 사업용 ❽ 100 ❾ 지급여력금액 **정답**

제8장 자가용 화물자동차의 사용

제55조 【자가용 화물자동차 사용신고】 ★★★

① 사용신고 대상 및 신고기관 : 화물자동차 운송사업과 화물자동차 운송가맹사업에 이용되지 아니하고 **자가용으로 사용되는 화물자동차**(이하 "자가용 화물자동차"라 함)로서 대통령령으로 정하는 화물자동차로 사용하려는 자는 **국토교통부령**(규칙 제48조)으로 정하는 사항을 **시·도지사**에게 **신고**하여야 한다. 신고한 사항을 **변경**하려는 때에도 또한 같다.

> ①에서 대통령령으로 정하는 화물자동차란 다음의 어느 하나에 해당하는 화물자동차를 말한다(영 제12조).
> 1. 국토교통부령(규칙 제48조 제1항 및 별표 1)으로 정하는 **특수자동차**
> 2. **특수자동차를 제외한** 화물자동차로서 **최대 적재량**이 **2.5톤 이상**인 화물자동차

> 주의 특수자동차를 제외한 화물자동차로서 최대 적재량이 2.5톤 이상인 자가용 화물자동차는 사용신고 대상이다. (○) [기출 20]

> 주의 자가용 화물자동차를 국토교통부령으로 정하는 특수자동차로 사용하려는 자는 시·도지사의 허가를 받아야 한다. (×) [기출 20·17]

 참고 **BOX**

자가용 화물자동차의 사용신고(규칙 제48조 제2·3·5·6항)

① 법 제55조 ①에 따라 자가용 화물자동차의 사용을 신고하려는 자는 「자동차관리법」에 따라 자동차등록을 신청할 때에 자가용 화물자동차 사용신고서를 차고시설 소재지를 관할하는 시·도지사에게 제출(전자문서에 의한 제출을 포함)하여야 한다.
② 자가용 화물자동차 사용신고서에는 차고시설(임대 차고를 포함)을 확보하였음을 증명하는 서류를 첨부하여야 한다.
③ 시·도지사는 ②에 따른 자가용 화물자동차의 사용에 관한 신고를 받으면 신고 내용을 확인한 후 신고확인증을 발급하여야 하며, 자가용 화물자동차의 소유자는 그 자가용 화물자동차에 신고확인증을 갖추어 두고 운행하여야 한다.
④ ③에 따라 신고확인증을 발급받은 자는 ②에 따른 차고시설을 변경하였을 때에는 변경한 날부터 10일 이내에 변경신고서를 시·도지사에게 제출하여야 한다.

> 주의 자가용 화물자동차 사용신고확인증을 발급받은 자는 차고시설을 변경하였을 때에는 변경한 날부터 30일 이내에 변경신고서를 시·도지사에게 제출하여야 한다. (×) [기출 16]

② 신고수리 여부의 통지 : **시·도지사**는 ①에 따른 **신고 또는 변경신고**를 받은 날부터 10일 이내에 신고수리 여부를 신고인에게 통지하여야 한다.

> 주의 시·도지사는 자가용 화물자동차의 사용에 관한 허가 신청을 받은 날부터 10일 이내에 허가 여부를 신청인에게 통지하여야 한다. (×) [기출 17·16]

③ 신고수리 기한의 연장 등 : **시·도지사**가 ②에서 정한 기간 내에 신고수리 여부 또는 민원 처리 관련 법령에 따른 처리기간의 연장 여부를 신고인에게 통지하지 아니하면 **그 기간이 끝난 날의 다음 날**에 신고를 수리한 것으로 본다.

제56조 【유상운송의 금지】 ★★★

자가용 화물자동차의 소유자 또는 사용자는 자가용 화물자동차를 **유상**(그 자동차의 운행에 필요한 경비를 포함)으로 화물운송용으로 **제공**하거나 **임대**하여서는 아니 된다. 다만, 국토교통부령으로 정하는 사유에 해당되는 경우로서 **시·도지사의 허가**를 받으면 화물운송용으로 제공하거나 임대할 수 있다.

> 법 제56조 단서에서 국토교통부령으로 정하는 사유에 해당되는 경우란 다음 각 호의 어느 하나에 해당하는 경우를 말한다(규칙 제49조).
> 1. 천재지변이나 이에 준하는 비상사태로 인하여 수송력 공급을 긴급히 증가시킬 필요가 있는 경우
> 2. 사업용 화물자동차·철도 등 화물운송수단의 운행이 불가능하여 이를 일시적으로 대체하기 위한 수송력 공급이 긴급히 필요한 경우
> 3. 「농어업경영체 육성 및 지원에 관한 법률」에 따라 설립된 영농조합법인이 그 사업을 위하여 화물자동차를 직접 소유·운영하는 경우

> **주의** 천재지변으로 인하여 수송력 공급을 긴급히 증가시킬 필요가 있는 경우 자가용 화물자동차의 소유자는 시·도지사의 허가를 받아 자가용 화물자동차를 유상으로 화물운송용으로 제공할 수 있다. (○) [기출 18]

> **주의** 자가용 화물자동차의 소유자는 천재지변으로 인하여 수송력 공급을 긴급히 증가시킬 필요가 있는 경우에는 시·도지사의 허가를 받지 아니하여도 자가용 화물자동차를 유상으로 화물운송용으로 제공할 수 있다. (×) [기출 17]

유상운송 허가조건 등(규칙 제51조)

① 시·도지사는 영농조합법인에 대하여 자가용 화물자동차의 유상운송을 허가하려는 경우에는 다음의 조건을 붙여야 한다.
 1. 자동차의 운행으로 사람이 사망하거나 부상한 경우의 손해배상책임을 보장하는 보험에 계속 가입할 것
 2. 차량안전점검과 정비를 철저히 하고 각종 교통 관련 법규를 성실히 준수할 것
② 영농조합법인이 소유하는 자가용 화물자동차에 대한 유상운송 허가기간은 3년 이내로 하여야 한다.
③ 시·도지사는 영농조합법인의 신청에 의하여 유상운송 허가기간의 연장을 허가할 수 있다. 이 경우 영농조합법인은 허가기간 만료일 30일 전까지 시·도지사에게 유상운송 허가기간의 연장을 신청하여야 한다.

> **주의** 영농조합법인이 소유하는 자가용 화물자동차에 대한 유상운송 허가기간은 2년 이내로 한다. (×)

> **주의** 시·도지사는 영농조합법인의 유상운송 허가기간의 연장을 허가할 수 없다. (×) [기출 17]

제56조의2 【자가용 화물자동차 사용의 제한 또는 금지】 ★★☆

① **시·도지사**는 자가용 화물자동차의 소유자 또는 사용자가 다음 각 호의 어느 하나에 해당하면 **6개월 이내**의 기간을 정하여 그 자동차의 사용을 **제한**하거나 **금지**할 수 있다.
 1. 자가용 화물자동차를 사용하여 화물자동차 운송사업을 **경영**한 경우
 2. 자가용 화물자동차의 소유자가 시·도지사의 허가를 받지 아니하고 자가용 화물자동차를 **유상**으로 운송에 제공하거나 임대한 경우

주의 자가용 화물자동차의 소유자가 시·도지사의 허가를 받지 아니하고 자가용 화물자동차를 유상으로 임대한 경우, 시·도지사는 12개월 이내의 기간을 정하여 그 자동차의 사용을 제한하여야 한다. (×) [기출 17·16]

주의 자가용 화물자동차를 사용하여 화물자동차 운송사업을 경영한 경우 국토교통부장관은 6개월 이내의 기간을 정하여 그 자동차의 사용을 제한하거나 금지할 수 있다. (×) [기출 20]

② **시·도지사**가 자가용 화물자동차의 <u>사용을 금지</u>한 경우에는 제20조(자동차 사용의 정지)를 준용한다.

제57조 【차량충당조건】 ★☆☆

① 화물자동차 운송사업 및 화물자동차 운송가맹사업의 신규등록, 증차 또는 대폐차(代廢車 : 차령이 만료된 차량 등을 다른 차량으로 대체하는 것을 말함)에 충당되는 화물자동차는 차령이 <u>3년의 범위</u>에서 <u>대통령령으로 정하는 연한</u> 이내여야 한다. 다만, 국토교통부령(규칙 제52조의2)으로 정하는 차량은 차량충당조건을 달리 할 수 있다.

> 화물자동차 운송사업 및 화물자동차 운송가맹사업에 충당되는 화물자동차는 차령 3년 이내의 차량으로 하며, 이에 따른 <u>차령의 기산일</u>은 다음 「자동차관리법시행령」 제3조에 따른다(영 제13조).
> 1. 제작연도에 등록된 자동차 : **최초의 신규등록일**
> 2. 제작연도에 등록되지 아니한 자동차 : **제작연도의 말일**

② ①에 따른 대폐차의 대상, 기한, 절차 및 방법 등에 필요한 사항은 국토교통부령(규칙 제52조의3)으로 정한다.

출제 POINT | 빈칸 문제

... 특수자동차를 제외한 화물자동차로서 최대 적재량이 (❶)톤 이상인 자가용 화물자동차는 사용신고 대상이다.

... 영농조합법인이 소유하는 자가용 화물자동차에 대한 유상운송 허가기간은 (❷)년 이내로 하여야 한다.

... 자가용 화물자동차를 사용하여 화물자동차 운송사업을 경영한 경우 (❸)는 (❹)개월 이내의 기간을 정하여 그 자동차의 사용을 제한하거나 금지할 수 있다.

... 화물자동차 운송사업 및 화물자동차 운송가맹사업의 신규등록, 증차 또는 (❺)(차령이 만료된 차량 등을 다른 차량으로 대체하는 것)에 충당되는 화물자동차는 차령이 (❻)년의 범위에서 대통령령으로 정하는 연한 이내여야 한다.

❶ 2.5(톤) ❷ 3(년) ❸ 시·도지사 ❹ 6(개월) ❺ 대폐차 ❻ 3(년) **정답**

제9장 보칙

제58조【압류금지】 ☆☆☆

위·수탁 계약으로 운송사업자에게 현물출자된 차량 및 지급된 금품과 이를 받을 권리는 압류하지 못한다. 다만, 현물출자된 차량에 대한 세금 또는 벌금·과태료 미납 및 저당권의 설정으로 인하여 해당 차량을 압류하는 경우에는 그러지 아니하다.

제59조【운수종사자의 교육 등】 ★☆☆

① 화물자동차의 운전업무에 종사하는 운수종사자는 국토교통부령으로 정하는 바에 따라 **시·도지사**가 실시하는 다음 각 호의 사항에 관한 교육을 **매년 1회 이상** 받아야 한다.

  1. 화물자동차 운수사업 관계 법령 및 도로교통 관계 법령
  2. 교통안전에 관한 사항
  3. 화물운수와 관련한 업무수행에 필요한 사항
  4. 그 밖에 화물운수 서비스 증진 등을 위하여 필요한 사항

② 시·도지사는 ①에 따른 교육을 효율적으로 실시하기 위하여 필요하면 그 시·도의 조례로 정하는 바에 따라 운수종사자 연수기관을 직접 설립·운영하거나 이를 지정할 수 있으며, 운수종사자 연수기관의 운영에 필요한 비용을 지원할 수 있다.

③ ②에 따른 운수종사자 **연수기관**은 ①에 따른 교육을 받은 운수종사자의 현황을 **시·도지사**에게 제출하여야 하고, **시·도지사**는 이를 취합하여 **매년 국토교통부장관**에게 제출하여야 한다.

④ ③에 따른 교육현황의 제출 시기·방법에 관해 필요한 사항은 **국토교통부령(규칙 제53조)**으로 정한다.

🎓 참고 BOX

운수종사자 교육 등(규칙 제53조)

- **실시계획의 수립 및 통지 : 관할관청**은 운수종사자 교육을 실시하는 때에는 운수종사자 교육계획을 수립하여 운수사업자에게 교육을 시작하기 **1개월 전**까지 통지하여야 한다.
- **교육시간 :** 운수종사자 교육의 교육시간은 **4시간**으로 한다. 다만, 법 제12조의 운수종사자 준수사항을 위반하여 벌칙 또는 과태료 부과처분을 받은 사람 및 특별검사 대상자, 이동통신단말장치를 장착해야 하는 위험물질 운송차량을 운전하는 사람에 대한 교육시간은 **8시간**으로 한다.
- **교육대상 :** 운수종사자 교육은 **교육을 실시하는 해의 전년도 10월 31일**을 기준으로 「도로교통법」에 따른 무사고 · 무벌점 기간이 10년 미만인 운수종사자를 대상으로 한다. 다만, 교육을 실시하는 해에 이 법 제8조 제1항 제3호 또는 제4호에 따른 교육을 이수한 운수종사자는 제외한다.
- **교육방법 및 절차 등 :** 교육을 실시할 때에 교육방법 및 절차 등 교육 실시에 필요한 사항은 **관할관청**이 정한다.
- **교육 현황의 보고 :** 지정된 운수종사자 연수기관은 운수종사자 교육 현황을 **매달 20일까지 시·도지사**에게 제출하여야 하며, 시·도지사는 이를 분기별로 취합하여 매 분기의 다음달 10일까지 **국토교통부장관**에게 제출하거나 화물자동차 운전자의 교통안전 관리전산망에 입력해야 한다.

주의 운수종사자 교육의 교육시간은 4시간으로 한다. 다만, 법 제12조의 운수종사자 준수사항을 위반하여 벌칙 또는 과태료 부과처분을 받은 사람 및 특별검사 대상자에 대한 교육시간은 6시간으로 한다. (×)

제61조 【보고와 검사】 ☆☆☆

국토교통부장관 또는 시·도지사는 다음 각 호의 어느 하나에 해당하는 경우에는 운수사업자나 화물자동차의 소유자 또는 사용자에 대하여 그 사업 및 운임에 관한 사항이나 그 화물자동차의 소유 또는 사용에 관하여 보고하게 하거나 서류를 제출하게 할 수 있으며, 필요하면 소속 공무원에게 운수사업자의 사업장에 출입하여 장부·서류, 그 밖의 물건을 검사하거나 관계인에게 질문을 하게 할 수 있다.

1. 화물자동차 운수사업 허가기준에 맞는지를 확인하기 위하여 필요한 경우
2. 화물운송질서 등의 문란행위를 파악하기 위하여 필요한 경우
3. 운수사업자의 위법행위 확인 및 운수사업자에 대한 허가취소 등 행정 처분을 위하여 필요한 경우

제63조 【권한의 위임】 ★☆☆

① 국토교통부장관 본래의 권한 : 국토교통부장관은 이 법에 따른 권한의 일부를 대통령령(영 제14조)으로 정하는 바에 따라 시·도지사에게 위임할 수 있다.
② 권한 일부의 재위임 : 시·도지사는 ①에 따라 국토교통부장관으로부터 위임받은 권한의 일부를 국토교통부장관의 승인을 받아 시장·군수 또는 구청장에게 재위임할 수 있다.
③ 시·도지사 본래의 권한 : 시·도지사는 이 법에 따른 권한의 일부를 시·도의 조례로 정하는 바에 따라 시장·군수 또는 구청장에게 위임할 수 있다.

 참고 BOX

국토교통부장관이 시·도지사에게 위임할 수 있는 권한의 범위(영 제14조)

- 화물자동차 운송사업의 허가
- 허가기준에 관한 사항의 신고
- 화물자동차 운송사업 영업소의 허가
- 특별시도, 광역시도, 지방도, 시도, 군도 및 구도, 일반국도에서 운행 중인 화물자동차에 대한 조사명령
- 개선명령
- 상속의 신고
- 운송사업의 허가취소, 사업정지처분 및 감차 조치 명령
- 화물자동차 자동차등록증과 자동차등록번호판 반납 및 반환
- 과징금의 부과·징수 및 과징금 운용계획의 수립·시행
- 운송주선사업의 허가취소 및 사업정지처분
- 운송가맹사업의 변경허가 및 변경신고
- 운송가맹사업의 허가취소, 사업정지처분 및 감차 조치 명령

- 화물자동차 운송사업의 허가사항 변경허가
- 화물자동차 운송사업의 임시허가
- 운송약관의 신고 및 변경신고
- 양도·양수 또는 합병의 신고
- 사업의 휴업 및 폐업 신고
- 청문
- 화물운송 종사자격의 취소 및 효력의 정지
- 화물자동차 운송주선사업의 허가
- 화물자동차 운송가맹사업의 허가
- 통지의 수령
- 협회의 설립인가
- 과태료의 부과 및 징수
- 협회사업의 지도·감독
- 자료 제공 요청(종사자격 취소나 효력 정지에 필요한 자료만)

국토교통부장관은 화물자동차 운송사업의 전부폐업 신고에 관한 권한을 시·도지사에게 위임한다. (○)

제64조 【권한의 위탁 등】 ☆☆☆

① **권한의 위탁 대상 :** 국토교통부장관 또는 시·도지사는 이 법에 따른 권한의 일부를 대통령령 또는 시·도의 조례로 정하는 바에 따라 협회·연합회, 「한국교통안전공단법」에 따른 한국교통안전공단, 「자동차손해보험보장법」에 따른 자동차손해배상진흥원 또는 대통령령으로 정하는 전문기관에 위탁할 수 있다. 이 경우 시·도지사가 업무를 위탁하는 경우에는 미리 국토교통부장관의 승인을 받아야 한다.

② **벌칙 적용에서 공무원 의제 :** ①에 따라 위탁받은 업무에 종사하는 협회·연합회, 「한국교통안전공단법」에 따른 한국교통안전공단, 「자동차손해보험보장법」에 따른 자동차손해배상진흥원 또는 전문기관의 임원과 직원은 「형법」 제129조부터 제132조까지의 규정에 따른 벌칙을 적용할 때에는 공무원으로 본다.

제10장 벌칙

제66조부터 제68조까지 【벌칙】 ★★☆

① **5년 이하의 징역 또는 2천만원 이하의 벌금(법 제66조)**
  ㉠ 적재된 화물이 떨어지지 아니하도록 국토교통부령으로 정하는 기준 및 방법에 따라 덮개·포장·고정장치 등 필요한 조치를 하지 아니하여 사람을 상해(傷害) 또는 사망에 이르게 한 운송사업자
  ㉡ 적재된 화물이 떨어지지 아니하도록 국토교통부령으로 정하는 기준 및 방법에 따라 덮개·포장·고정장치 등 필요한 조치를 하지 아니하고 화물자동차를 운행하여 사람을 상해(傷害) 또는 사망에 이르게 한 운수종사자

② **3년 이하의 징역 또는 3천만원 이하의 벌금(법 제66조의2)**
  ㉠ 정당한 사유 없이 업무개시 명령을 거부한 자
  ㉡ 거짓이나 부정한 방법으로 제43조 제2항 또는 제3항에 따른 보조금을 교부받은 자
  ㉢ 제44조의2 제1항 제1호부터 제5호까지의 어느 하나에 해당하는 행위에 가담하였거나 이를 공모한 주유업자등

③ **2년 이하의 징역 또는 2천만원 이하의 벌금(법 제67조)**
  ㉠ **화물자동차 운송사업의** 허가를 받지 아니하거나 **거짓**이나 그 밖의 **부정한 방법**으로 허가를 받고 화물자동차 운송사업을 경영한 자
  ㉡ 화주와 운수사업자·화물차주가 **운임 지급**과 관련하여 서로 **부정한 금품**을 주고받은 자

ⓒ **운송사업자**의 준수사항 중 고장 및 사고차량 등 화물의 운송과 관련하여 자동차관리사업자와 **부정한 금품**을 주고 받은 운송사업자

ⓔ **운수종사자**의 준수사항 중 고장 및 사고차량 등 화물의 운송과 관련하여 자동차관리사업자와 **부정한 금품**을 주고 받은 운수종사자

ⓜ **차량등록번호판**의 부착 및 봉인 신청 등에 따른 **개선명령**을 이행하지 아니한 자

ⓗ 임시사업 등 사업의 **양도를 금지**하는 규정(제16조 제9항)을 위반하여 양도한 자

ⓢ **화물자동차 운송주선사업의** 허가를 받지 아니하거나 거짓이나 그 밖의 **부정한 방법** 으로 **허가**를 받고 화물자동차 운송주선사업을 경영한 자

ⓞ **명의이용**의 금지 의무를 위반한 자

ⓩ **화물자동차 운송가맹사업의** 허가를 받지 아니하거나 거짓이나 그 밖의 **부정한 방법** 으로 **허가**를 받고 화물자동차 운송가맹사업을 경영한 자

ⓐ **화물운송실적관리시스템**의 정보를 변경, 삭제하거나 그 밖의 방법으로 이용할 수 없게 한 자 또는 권한 없이 정보를 검색, 복제하거나 그 밖의 방법으로 이용한 자

ⓚ 직무와 관련하여 알게 된 **화물운송실적관리자료**를 다른 사람에게 제공 또는 누설하거나 그 목적 외의 용도로 사용한 자

ⓣ **자가용 화물자동차**를 유상으로 화물운송용으로 제공하거나 임대한 자

④ 1년 이하의 징역 또는 1천만원 이하의 벌금

　ⓖ 다른 사람에게 자신의 화물운송 종사자격증을 빌려 준 사람

　ⓛ 다른 사람의 화물운송 종사자격증을 빌린 사람

　ⓒ 위의 ⓖ과 ⓛ의 행위를 알선한 사람

주의 운송사업자 또는 운수종사자가 정당한 사유 없이 업무개시 명령을 거부하면 1년 이하의 징역 또는 1천만원 이하의 벌금에 처한다. (×) [기출 10]

주의 부정한 방법으로 허가를 받고 화물자동차 운송주선사업을 경영한 자에 대하여는 500만원 이하의 과태료를 부과한다. (×) [기출 20]

주의 자가용 화물자동차의 소유자 또는 사용자가 유상운송의 금지의무를 위반하여 자가용 화물자동차를 유상으로 화물운송용으로 제공하거나 임대한 자는 2년 이하의 징역 또는 2천만원 이하의 벌금에 처한다. (○) [기출 16]

제69조 【양벌규정】 ☆☆☆

① 법인의 대표자, 대리인, 사용인, 그 밖의 종업원이 그 법인의 업무에 관하여 제67조의 위반행위를 하면 그 행위자를 벌할 뿐만 아니라 그 **법인**에도 해당 조문의 **벌금형**을 과(科)한다. 다만, 법인이 그 위반행위를 방지하기 위하여 해당 업무에 관하여 **상당한 주의**와 **감독**을 게을리하지 아니한 때에는 그러하지 아니하다.

② 개인의 대리인, 사용인, 그 밖의 종업원이 그 개인의 업무에 관하여 제67조의 위반행위를 하면 그 행위자를 벌할 뿐만 아니라 그 **개인**에게도 해당 조문의 **벌금형**을 과한다. 다만, 개인이 그 위반행위를 방지하기 위하여 해당 업무에 관하여 상당한 주의와 감독을 게을리하지 아니한 때에는 그러하지 아니하다.

제70조 【과태료】 ★☆☆

처분행위	과태료 기준금액
• 국토교통부장관이 공표한 화물자동차 안전운임보다 적은 운임을 지급한 자 • 공제조합업무의 개선명령을 따르지 아니한 자 • 공제조합 임직원에 대한 징계 · 해임의 요구에 따르지 아니하거나 시정명령을 따르지 아니한 자	1천만원 이하의 과태료
• 허가사항 변경신고를 하지 아니한 자 • 운임 및 요금에 관한 신고를 하지 아니한 자 • 약관의 신고를 하지 아니한 자 • 화물운송 종사자격증을 받지 않고 화물자동차 운수사업의 운전 업무에 종사한 자 • 거짓이나 그 밖의 부정한 방법으로 화물운송 종사자격을 취득한 자 • 화물자동차 운전자채용 기록의 관리를 위반한 자 • 화물자동차 운전자의 교통안전 기록 · 관리에 있어서 자료를 제공하지 아니하거나 거짓으로 제공한 자 • 운송사업자 준수사항(제11조 제3항 및 제4항은 제외하며, 제28조 및 제33조에서 준용하는 경우를 포함)을 위반한 운송사업자 • 운송종사자 준수사항(제12조 제1항 제4호는 제외하며, 제28조 및 제33조에서 준용하는 경우를 포함)을 위반한 운수종사자 • 정당한 사유 없이 운행 중인 화물자동차에 대한 조사를 거부 · 방해 또는 기피한 자 • 개선명령을 이행하지 아니한 운송사업자(제28조에서 준용하는 경우를 포함) • 화물자동차 운송사업의 양도 · 양수, 합병 또는 상속의 신고를 하지 아니한 자 • 휴업 · 폐업신고를 하지 아니한 자 • 자동차등록증 또는 자동차등록번호판을 반납하지 아니한 자 • 허가사항 변경신고를 하지 아니한 자 • 운송주선업자의 준수사항을 위반한 운송주선사업자 • 운송주선사업자의 준수사항을 위반한 국제물류주선업자 • 화물자동차 운송가맹사업의 허가사항 변경신고를 하지 아니한 자 • 개선명령을 이행하지 아니한 운송가맹사업자 • 적재물배상보험 등에 가입하지 아니한 자 • 책임보험계약 등의 체결을 거부한 보험회사 등 • 책임보험계약 등을 해제하거나 해지한 보험 등 의무가입자 또는 보험회사 등 • 책임보험계약 등의 계약 종료일 통지사항을 위반하여 해당 사항을 알리지 아니한 보험회사 등 • 서명날인한 계약서를 위 · 수탁차주에게 교부하지 아니한 운송사업자 • 위 · 수탁계약의 체결을 명목으로 부당한 금전지급을 요구한 운송사업자 • 보조금 또는 융자금을 보조받거나 융자받은 목적 외의 용도로 사용한 자 • 화물운송서비스평가를 위한 자료제출 등 요구 또는 실지조사를 거부하거나 거짓으로 자료제출 등을 한 자 • 조치명령을 이행하지 아니하거나 조사 또는 검사를 거부 · 방해 또는 기피한 자 • 자가용 화물자동차의 사용을 신고하지 아니한 자 • 운수종사자 교육을 받지 아니한 자 • 화물자동차의 소유 또는 사용에 관하여 보고를 하지 아니하거나 거짓으로 보고한 자 • 화물자동차의 소유 또는 사용에 관하여 서류를 제출하지 아니하거나 거짓 서류를 제출한 자	500만원 이하의 과태료

- 화물자동차의 소유 또는 사용에 관하여 검사를 거부·방해 또는 기피한 자
- 화물자동차 안전운송원가의 산정을 위한 자료 제출 또는 의견 진술의 요구를 거부하거나 거짓으로 자료 제출 또는 의견을 진술한 자

주의 이 법을 위반하여 자가용 화물자동차를 유상으로 화물운송용으로 제공하거나 임대한 자에게는 1천만원 이하의 과태료를 부과한다. (×) [기출 20]

제71조【과태료 규정 적용에 관한 특례】☆☆☆

과태료에 관한 규정을 적용할 경우 허가 또는 종사자격을 취소하거나 사업 또는 종사자격의 정지, 감차 조치를 명하는 행위 및 과징금을 부과한 행위에 대하여는 과태료를 부과할 수 없다.

출제 POINT 빈칸 문제

··· 위·수탁 계약으로 운송사업자에게 현물출자된 차량 및 지급된 금품과 이를 받을 권리는 (❶)하지 못한다.
··· 화물자동차의 운전업무에 종사하는 운수종사자는 화물자동차 운수사업 관계 법령 및 도로교통 관계 법령, 교통안전에 관한 사항, 화물운수와 관련한 업무수행에 필요한 사항, 그 밖에 화물운수 서비스 증진 등을 위하여 필요한 사항에 관한 교육을 매년 (❷)회 이상 받아야 한다.
··· (❸)는 교육을 효율적으로 실시하기 위하여 필요하면 운수종사자 연수기관을 직접 설립·운영하거나 이를 지정할 수 있으며, 운수종사자 연수기관의 운영에 필요한 비용을 지원할 수 있다.
··· 국토교통부장관은 화물자동차 운송사업의 (❹)에 관한 권한의 일부를 시·도지사에게 위임할 수 있다.
··· 시·도지사가 국토교통부장관으로부터 위임받은 권한의 일부를 국토교통부장관의 (❺)을 받아 시장·군수 또는 구청장에게 재위임할 수 있다.
··· 시·도지사는 이 법에 따른 권한의 일부를 시·도의 (❻)로 정하는 바에 따라 시장·군수 또는 구청장에게 위임할 수 있다.
··· 국토교통부장관은 화물운송 종사자격증의 발급에 관한 권한의 일부를 (❼)에 위탁할 수 있다.
··· 국토교통부장관은 과적 운행, 과로 운전, 과속 운전의 예방 등 안전한 수송을 위한 지도·계몽에 관한 권한의 일부를 (❽)에 위탁할 수 있다.
··· 위탁받은 업무에 종사하는 협회·연합회, 「한국교통안전공단법」에 따른 한국교통안전공단 또는 전문기관의 임원과 직원은 「형법」의 규정에 따른 벌칙을 적용할 때에는 (❾)으로 본다.
··· 부정한 방법으로 허가를 받고 화물자동차 운송주선사업을 경영한 자에 대하여는 (❿)년 이하의 징역 또는 (❿)천만원 이하의 벌금에 처한다.

❶ 압류 ❷ 1(회) ❸ 시·도지사 ❹ 허가 ❺ 승인 ❻ 조례 ❼ 한국교통안전공단 ❽ 연합회 ❾ 공무원 **정답**
❿ 2년, 천만원)

PART 04

유통산업발전법

제1장 총 칙

제1조 【목적】 ☆☆☆

이 법은 유통산업의 효율적인 진흥과 균형 있는 발전을 꾀하고, 건전한 상거래질서를 세움으로써 소비자를 보호하고 국민경제의 발전에 이바지함을 목적으로 한다.

제2조 【정의】 ★★★

이 법에서 사용하는 용어의 뜻은 다음과 같다.

1. 유통산업 : 농산물·임산물·축산물·수산물(가공물 및 조리물을 포함) 및 공산품의 도매·소매 및 이를 경영하기 위한 보관·배송·포장과 이와 관련된 정보·용역의 제공 등을 목적으로 하는 산업
2. 매장 : 상품의 판매와 이를 지원하는 용역의 제공에 **직접 사용**되는 장소. 이 경우 매장에 포함되는 용역의 제공 장소의 범위는 **대통령령(영 제2조)**으로 정한다.

참고**BOX**

용역제공장소의 범위(영 제2조)

제2호 후단에 따라 매장에 포함되는 용역의 제공 장소는 다음에 해당하는 시설이 설치되는 장소로 한다.
1. 「건축법 시행령」 별표 1 제3호 나목부터 마목까지의 규정에 따른 제1종 근린생활시설
2. 같은 표 제4호에 따른 제2종 근린생활시설
3. 같은 표 제5호에 따른 문화 및 집회시설
4. 같은 표 제13호에 따른 운동시설
5. 같은 표 제14호 나목에 따른 일반업무시설(오피스텔은 제외)

주의 매장이란 상품 판매와 이를 지원하는 용역의 제공에 직·간접 사용되는 장소를 말한다. (×) [기출 19]

주의 「건축법 시행령」에 따른 수련시설이 상품판매를 위한 용역의 제공에 사용되는 경우 '매장'에 포함된다. (×) [기출 12]

3. 대규모점포 : 다음 각 목의 요건을 **모두** 갖춘 매장을 보유한 **점포의 집단**으로서 **[별표]**에 규정된 것
   가. 하나 또는 대통령령으로 정하는 둘 이상의 <u>연접되어 있는</u> **건물 안**에 하나 또는 여러 개로 나누어 설치되는 매장일 것
   나. **상시 운영**되는 매장일 것
   다. 매장면적의 합계가 **3천제곱미터** 이상일 것

○ 가목에서 대통령령으로 정하는 둘 이상의 연접되어 있는 건물이란 건물 간의 가장 가까운 거리가 50미터 이내이고 소비자가 통행할 수 있는 지하도 또는 지상통로가 설치되어 있어 하나의 대규모점포로 기능할 수 있는 것을 말한다.
○ 다목의 매장면적 산정시 「집합건물의 소유 및 관리에 관한 법률」이 적용되는 건물 내의 매장과 바로 접한 공유부분인 복도가 있는 경우에는 그 복도의 면적을 포함한다.

주의 대규모점포를 구성하는 매장은 매장면적의 합계가 2천제곱미터 이상이어야 한다. (×) [기출 19]
주의 매장면적 합계가 1만 제곱미터 이상일 때에는 상시 운영되는 매장이 아니더라도 '대규모점포'에 해당한다. (×) [기출 12]

 참고 BOX

대규모점포의 종류(법 제2조 제3호 관련 [별표])

종 류	정 의
대형마트	대통령령으로 정하는 **용역의 제공장소를 제외**한 매장면적의 합계가 3천제곱미터 **이상**인 점포의 집단으로서 식품·가전 및 생활용품을 중심으로 **점원의 도움 없이 소비자에게 소매하는** 점포의 집단
전문점	용역의 제공장소를 제외한 매장면적의 합계가 3천제곱미터 이상인 점포의 집단으로서 의류·가전 또는 가정용품 등 **특정 품목에 특화**한 점포의 집단
백화점	용역의 제공장소를 제외한 매장면적의 합계가 3천제곱미터 이상인 점포의 집단으로서 다양한 상품을 구매할 수 있도록 현대적 판매시설과 소비자 편익시설이 설치된 점포로서 **직영의 비율이 30퍼센트 이상**인 점포의 집단
쇼핑센터	용역의 제공장소를 제외한 매장면적의 합계가 3천제곱미터 이상인 점포의 집단으로서 다수의 대규모점포 또는 소매점포와 각종 편의시설이 일체적으로 설치된 점포로서 **직영 또는 임대의 형태**로 운영되는 점포의 집단
복합쇼핑몰	용역의 제공장소를 제외한 매장면적의 합계가 3천제곱미터 이상인 점포의 집단으로서 쇼핑, 오락 및 업무 기능 등이 한 곳에 집적되고, 문화·관광 시설로서의 역할을 하며, **1개의 업체가 개발·관리 및 운영**하는 점포의 집단
그 밖의 대규모점포	위 규정에 해당하지 아니하는 점포의 집단으로서 다음의 어느 하나에 해당하는 것 • 용역의 제공장소를 제외한 매장면적의 합계가 3천제곱미터 이상인 점포의 집단 • 용역의 제공장소를 포함하여 매장면적의 합계가 3천제곱미터 이상인 점포의 집단으로서 용역의 제공장소를 제외한 매장면적의 합계가 전체 매장면적의 **100분의 50 이상**을 차지하는 점포의 집단. 다만, 시장·군수 또는 구청장이 지역경제의 활성화를 위하여 필요하다고 인정하는 경우에는 매장면적의 100분의 10의 범위에서 용역의 제공장소를 제외한 **매장의 면적 비율을 조정할 수 있다.**

주의 대규모점포로서 대형마트는 용역의 제공장소를 포함하여 매장면적의 합계가 3천제곱미터 이상이어야 한다. (×) [기출 12·10]

4. **준대규모점포** : 다음의 어느 하나에 해당하는 점포로서 대통령령으로 정하는 것
   가. 대규모점포를 경영하는 회사 또는 그 계열회사가 직영하는 점포
   나. 상호출자제한기업집단의 계열회사가 직영하는 점포
   다. 직영점형 체인사업 및 프랜차이즈형 체인사업의 형태로 운영하는 점포

5. **임시시장** : 다수(多數)의 수요자와 공급자가 <u>일정한 기간</u> 동안 상품을 매매하거나 용역을 제공하는 <u>일정한 장소</u>

6. **체인사업** : 같은 업종의 여러 소매점포를 **직영**(자기가 소유하거나 임차한 매장에서 자기의 책임과 계산하에 직접 매장을 운영하는 것을 함)하거나 **같은 업종**의 여러 소매점포에 대하여 계속적으로 경영을 **지도**하고 상품·원재료 또는 용역을 **공급**하는 다음 각 목의 어느 하나에 해당하는 사업

   가. **직영점형 체인사업** : 체인본부가 주로 소매점포를 직영하되, 가맹계약을 체결한 일부 소매점포(이하 이 호에서 "가맹점"이라 함)에 대하여 상품의 공급 및 경영지도를 계속하는 형태의 체인사업

   나. **프랜차이즈형 체인사업** : 독자적인 상품 또는 판매·경영 기법을 개발한 체인본부가 상호·판매방법·매장운영 및 광고방법 등을 결정하고, 가맹점으로 하여금 그 결정과 지도에 따라 운영하도록 하는 형태의 체인사업

   다. **임의가맹점형 체인사업** : 체인본부의 계속적인 경영지도 및 체인본부와 가맹점 간의 협업에 의하여 가맹점의 취급품목·영업방식 등의 표준화사업과 공동구매·공동판매·공동시설활용 등 공동사업을 수행하는 형태의 체인사업

   라. **조합형 체인사업** : 같은 업종의 소매점들이 「중소기업협동조합법」에 따른 중소기업협동조합, 「협동조합기본법」에 따른 협동조합, 협동조합연합회, 사회적협동조합 또는 사회적협동조합연합회를 설립하여 공동구매·공동판매·공동시설활용 등 사업을 수행하는 형태의 체인사업

   주의 다른 업종이더라도 동일인이 여러 소매점포를 소유하여 직영하는 경우 체인사업에 해당한다. (×)

   주의 "프랜차이즈형 체인사업"이란 체인본부의 계속적인 경영지도 및 체인본부와 가맹점 간의 협업에 의하여 가맹점의 취급품목·영업방식 등의 표준화사업과 공동구매·공동판매·공동시설활용 등 공동사업을 수행하는 형태의 체인사업을 말한다. (×) [기출 19]

7. **상점가** : 일정 범위의 가로(街路) 또는 지하도에 **대통령령**(영 제5조)으로 정하는 수 이상의 **도매점포·소매점포** 또는 **용역점포**가 밀집하여 있는 지구

참고 BOX

상점가의 범위(영 제5조)

제7호에서 일정 범위의 가로 또는 지하도에 대통령령으로 정하는 수 이상의 도매점포·소매점포 또는 용역점포가 밀집하여 있는 지구란 다음 각 호의 어느 하나에 해당하는 지구를 말한다.

1. 2천제곱미터 이내의 가로 또는 지하도에 30개 이상의 **도매점포·소매점포** 또는 용역점포가 밀집하여 있는 지구
2. 상품 또는 영업활동의 특성상 전시·판매 등을 위하여 넓은 면적이 필요한 동일 업종의 도매점포 또는 소매점포(특성업종도소매점포라 함)를 포함한 점포가 밀집하여 있다고 특별자치시장·시장·군수·구청장이 인정하는 지구로서 다음의 요건을 모두 충족하는 지구
   가. 가로 또는 지하도의 면적이 특성업종도소매점포의 평균면적에 도매점포 또는 소매점포의 수를 합한 수를 곱한 면적과 용역점포의 면적을 합한 면적 이내일 것

나. 도매점포·소매점포 또는 용역점포가 30개 이상 밀집하여 있을 것

다. 특성업종도소매점포의 수가 나목에 따른 점포 수의 100분의 50 이상일 것

주의 상점가는 도매점포 또는 소매점포가 밀집된 지구를 말하며, 용역점포가 밀집된 지구는 포함되지 않는다. (×) [기출 12]

8. **전문상가단지** : 같은 업종을 경영하는 여러 도매업자 또는 소매업자가 일정 지역에 점포 및 부대시설 등을 집단으로 설치하여 만든 상가단지

9. **무점포판매** : 상시 운영되는 매장을 가진 점포를 두지 아니하고 상품을 판매하는 것으로서 **산업통상자원부령(규칙 제2조)**으로 정하는 것

10. **유통표준코드** : 상품·상품포장·포장용기 또는 운반용기의 표면에 표준화된 체계에 따라 표기된 숫자와 바코드 등으로서 **산업통상자원부령(규칙 제3조)**으로 정하는 것

🏆 **참고 BOX**

무점포판매의 유형(규칙 제2조)

- 방문판매 및 가정 내 진열판매
- 전화권유판매
- 텔레비전홈쇼핑
- 인터넷쇼핑몰 또는 사이버몰 등 전자상거래
- 이동통신기기를 이용한 판매
- 다단계판매
- 카탈로그판매
- 인터넷 멀티미디어 방송(IPTV)을 통한 상거래
- 온라인 오픈마켓 등 전자상거래중개
- 자동판매기를 통한 판매

유통표준코드(규칙 제3조)

- 공통상품코드용 바코드심벌(KS X 6703)
- 유통상품코드용 바코드심벌(KS X 6704)
- 물류정보시스템용 응용식별자와 UCC/EAN-128바코드심벌(KS X 6705)

---

11. **유통표준전자문서** : 「전자문서 및 전자거래 기본법」에 따른 전자문서 중 **유통부문**에 관하여 **표준화되어 있는 것**으로서 산업통상자원부령(규칙 제4조)으로 정하는 것

12. **판매시점 정보관리시스템** : 상품을 판매할 때 활용하는 시스템으로서 **광학적 자동판독 방식**에 따라 상품의 **판매·매입 또는 배송 등에 관한 정보**가 수록된 것

13. **물류설비** : 화물의 수송·포장·하역·운반과 이를 관리하는 물류정보처리활동에 사용되는 **물품·기계·장치 등**의 설비

14. **도매배송서비스** : 집배송시설을 이용하여 자기의 계산으로 매입한 상품을 도매하거나 위탁받은 상품을 「화물자동차 운수사업법」에 따른 화물자동차 운송사업 또는 운송가맹사업의 허가를 받은 자가 수수료를 받고 **도매점포 또는 소매점포에 공급**하는 것

15. **집배송시설** : 상품의 주문처리·재고관리·수송·보관·하역·포장·가공 등 집하(集荷) 및 배송에 관한 활동과 이를 유기적으로 조정하거나 지원하는 정보처리활동에 사용되는 기계·장치 등의 일련의 시설

16. **공동집배송센터** : 여러 유통사업자 또는 제조업자가 **공동으로 사용**할 수 있도록 집배송 시설 및 부대업무시설이 설치되어 있는 **지역 및 시설물**

제3조 【유통산업시책의 기본방향】 ☆☆☆

정부는 제1조의 목적을 달성하기 위하여 다음 각 호의 시책을 마련하여야 한다.

1. 유통구조의 선진화 및 유통기능의 효율화 촉진
2. 유통산업에서의 소비자 편익의 증진
3. 유통산업의 지역별 균형발전의 도모
4. 유통산업의 종류별 균형발전의 도모
5. **중소유통기업**(유통산업을 경영하는 자로서 「중소기업기본법」에 따른 중소기업자에 해당하는 자를 말함)의 구조개선 및 경쟁력 강화
6. 유통산업의 **국제경쟁력** 제고
7. 유통산업에서의 건전한 상거래질서의 확립 및 공정한 경쟁여건의 조성
8. 그 밖에 유통산업의 발전을 촉진하기 위하여 필요한 사항

제4조 【적용 배제】 ★☆☆

다음 각 호의 시장·사업장 및 매장에 대하여는 이 법을 적용하지 아니한다.

1. 「농수산물 유통 및 가격안정에 관한 법률」에 따른 농수산물도매시장·농수산물공판장·민영농수산물도매시장 및 농수산물종합유통센터
2. 「축산법」에 따른 가축시장

> **주의** 「전통시장 및 상점가 육성을 위한 특별법」제2조에 따른 전통시장 (×) [기출 19]

출제 POINT **빈칸 문제**

··· (❶)이란 상품의 판매와 이를 지원하는 용역의 제공에 직접 사용되는 장소를 말한다.
··· 대규모점포는 연접되어 있는 건물 안에 하나 또는 여러 개로 나누어 설치되는 매장이어야 하고, 상시 운영되어야 하며, 매장면적의 합계가 (❷)제곱미터 이상이어야 한다
··· (❸)형 체인사업이란 체인본부의 계속적인 경영지도 및 체인본부와 가맹점 간의 협업에 의하여 가맹점의 취급품목·영업방식 등의 표준화사업과 공동구매·공동판매·공동시설활용 등 (❹)을 수행하는 형태의 체인사업을 말한다.
··· (❺)이란 다수의 수요자와 공급자가 일정한 기간 동안 상품을 매매하거나 용역을 제공하는 일정한 장소를 말한다.
··· (❻)이란 용역의 제공장소를 제외한 매장면적의 합계가 3천제곱미터 이상인 점포의 집단으로서 의류·가전 또는 가정용품 등 특정 품목에 특화한 점포의 집단을 말한다.
··· 농수산물도매시장·(❼)·민영농수산물도매시장 및 농수산물종합유통센터, (❽)에 대하여는 「유통산업발전법」을 적용하지 아니한다.

❶ 매장 ❷ 3천 ❸ 임의가맹점 ❹ 공동사업 ❺ 임의시장 ❻ 전문점 ❼ 농수산물공판장 ❽ 가축시장 **정답**

제2장 유통산업발전계획 등

제5조【기본계획의 수립·시행 등】★★☆

① **기본계획의 수립·시행** : **산업통상자원부장관**은 유통산업의 발전을 위하여 **5년마다** 유통산업발전기본계획(이하 "**기본계획**"이라 함)을 **관계 중앙행정기관의 장**과 **협의**를 거쳐 세우고 시행하여야 한다.

> **주의** 산업통상자원부장관은 10년마다 유통산업발전기본계획을 수립하여야 한다. (×) [기출 21]

② **기본계획 포함사항** : 기본계획에는 다음 각 호의 사항이 포함되어야 한다.

1. 유통산업 발전의 기본방향
2. 유통산업의 국내외 여건 변화 전망
3. 유통산업의 현황 및 평가
4. 유통산업의 **지역별**·종류별 발전 방안
5. 산업별·지역별 유통기능의 효율화·고도화 방안
6. 유통전문인력·부지 및 시설 등의 수급(需給) 변화에 대한 전망
7. **중소유통기업**의 구조개선 및 경쟁력 강화 방안
8. 대규모점포와 중소유통기업 및 중소제조업체 사이의 건전한 상거래질서의 유지 방안
9. 그 밖에 유통산업의 규제완화 및 제도개선 등 유통산업의 발전을 촉진하기 위하여 필요한 사항

> **주의** 대규모점포의 규제 및 상호간 경쟁제한 방안은 유통산업발전기본계획에 포함되어야 할 사항에 해당한다. (×) [기출 13]

③ **자료의 제출 요청** : **산업통상자원부장관**은 기본계획을 세우기 위하여 필요하다고 인정하는 경우에는 관계 **중앙행정기관의 장**에게 필요한 자료를 요청할 수 있다. 이 경우 자료를 요청받은 관계 중앙행정기관의 장은 특별한 사정이 없으면 요청에 따라야 한다.

④ **기본계획의 통지** : 산업통상자원부장관은 기본계획을 특별시장·광역시장·특별자치시장·도지사·특별자치도지사(이하 "**시·도지사**"라 함)에게 알려야 한다.

> **주의** 산업통상자원부장관은 유통산업발전기본계획을 시·도지사와 시장·군수·구청장에게 알려야 한다. (×) [기출 17]

제6조【시행계획의 수립·시행 등】★★☆

① **시행계획의 수립·시행** : **산업통상자원부장관**은 기본계획에 따라 **매년** 유통산업발전시행계획(이하 "**시행계획**"이라 함)을 **관계 중앙행정기관의 장**과 **협의**를 거쳐 세워야 한다.

> **주의** 산업통상자원부장관은 기본계획에 따라 2년마다 시행계획을 세워야 한다. (×) [기출 21]

> **주의** 시행계획을 세울 때 관계 중앙행정기관의 장과 협의를 거칠 필요가 없다. (×)

② **자료의 제출 요청** : 산업통상자원부장관은 시행계획을 세우기 위하여 필요하다고 인정하는 경우에는 관계 **중앙행정기관의 장**에게 필요한 자료를 요청할 수 있다. 이 경우 자료를 요청받은 관계 중앙행정기관의 장은 특별한 사정이 없으면 요청에 따라야 한다.

③ 시행계획의 시행 및 재원확보 : **산업통상자원부장관 및 관계 중앙행정기관의 장**은 시행계획 중 소관 사항을 시행하고 이에 필요한 재원을 확보하기 위하여 노력하여야 한다.

④ 시행계획의 통지 : **산업통상자원부장관**은 시행계획을 **시·도지사**에게 알려야 한다.

참고 BOX

기본계획 등의 수립을 위한 자료의 제출요청 등(영 제6조)

• 산업통상자원부장관은 관계중앙행정기관의 장에게 유통산업발전기본계획의 수립을 위하여 필요한 자료를 해당 기본계획 개시연도의 전년도 10월 말일까지 제출하여 줄 것을 요청할 수 있다.

• 관계중앙행정기관의 장은 시행계획의 집행실적을 다음 연도 2월 말일까지 산업통상자원부장관에게 제출하여야 한다.

• 산업통상자원부장관은 관계중앙행정기관의 장에게 유통산업발전시행계획의 수립을 위하여, 유통산업발전시책의 기본방향, 사업주체 및 내용, 필요한 자금과 그 조달방안, 사업의 시행방법, 그 밖에 시행계획의 수립에 필요한 사항 등 필요한 사항이 포함된 자료를 매년 3월 말일까지 제출하여 줄 것을 요청할 수 있다.

주의 시·도지사는 유통산업발전시행계획의 집행실적을 다음 연도 1월 말일까지 산업통상자원부장관에게 제출하여야 한다. (×) [기출 21]

제7조 【지방자치단체의 사업시행 등】 ★★☆

① **지역별 시행계획의 수립·시행 : 시·도지사**는 **기본계획 및 시행계획에 따라** 다음 각 호의 사항을 포함하는 **지역별 시행계획**을 세우고 시행하여야 한다. 이 경우 **시·도지사(특별자치시장은 제외)**는 **미리 시장**(「제주특별자치도 설치 및 국제자유도시 조성을 위한 특별법」에 따른 행정시장을 포함)·**군수·구청장**(자치구의 구청장)의 **의견**을 들어야 한다.

1. 지역유통산업 발전의 기본방향
2. 지역유통산업의 여건 변화 전망
3. 지역유통산업의 현황 및 평가
4. 지역유통산업의 종류별 발전 방안
5. 지역유통기능의 효율화·고도화 방안
6. 유통전문인력·부지 및 시설 등의 수급 방안
7. 지역중소유통기업의 구조개선 및 경쟁력 강화 방안
8. 그 밖에 지역유통산업의 규제완화 및 제도개선 등 지역유통산업의 발전을 촉진하기 위하여 필요한 사항

주의 대규모점포와 지역 중소유통기업 및 중소제조업체 사이의 건전한 상거래질서의 유지 방안은 시·도지사가 유통산업발전 기본계획 및 시행계획에 따라 수립·시행하는 지역별 시행계획에 포함되어야 할 사항에 해당한다. (×) [기출 16]

주의 시장·군수·구청장은 유통산업발전기본계획 및 유통산업발전시행계획에 따라 지역별 유통산업발전시행계획을 세우고 시행하여야 한다. (×) [기출 17]

② **필요한 조치의 요청 : 관계 중앙행정기관의 장**은 유통산업의 발전을 위하여 필요하다고 인정하는 경우에는 **시·도지사 또는 시장·군수·구청장**에게 시행계획의 시행에 필요한 조치를 할 것을 요청할 수 있다.

제7조의4 【유통산업의 실태조사】 ★☆☆

① 유통산업의 실태조사 : **산업통상자원부장관**은 기본계획 및 시행계획 등을 효율적으로 수립·추진하기 위하여 유통산업에 대한 **실태조사**를 할 수 있다.

> **주의** 시장·군수·구청장은 기본계획 및 시행계획 등을 효율적으로 수립·추진하기 위하여 유통산업에 대한 실태조사를 할 수 있다. (×) [기출 12]

② 필요한 자료의 요청 : 산업통상자원부장관은 유통산업의 실태조사를 위하여 필요하다고 인정하는 경우에는 관계 중앙행정기관의 장, 지방자치단체의 장, 공공기관의 장, 유통사업자 및 관련 단체 등에 필요한 자료를 요청할 수 있다. 이 경우 자료를 요청받은 관계 중앙행정기관의 장 등은 특별한 사정이 없으면 요청에 따라야 한다.

③ 유통산업 실태조사의 범위 등 : 유통산업의 실태조사를 위한 범위 등 필요한 사항은 **대통령령(영 제6조의4)**으로 정한다.

유통산업 실태조사의 범위(영 제6조의4)

① 유통산업 실태조사의 범위는 다음 각 호와 같다.
  1. 대규모점포, 무점포판매 및 도·소매점포의 현황, 영업환경, 물품구매, 영업실태 및 사업체 특성 등에 관한 사항
  2. 지역별·업태별 유통기능효율화를 위한 물류표준화·정보화 및 물류공동화에 관한 사항
  3. 그 밖에 산업통상자원부장관이 유통산업발전 정책수립을 위하여 실태조사가 필요하다고 인정하는 사항
② 산업통상자원부장관은 ①에 따른 실태조사를 다음 각 호의 구분에 따라 실시한다.
  1. 정기조사 : 유통산업에 관한 계획 및 정책수립과 집행에 활용하기 위하여 3년마다 실시하는 조사
  2. 수시조사 : 산업통상자원부장관이 기본계획 및 시행계획 등의 효율적인 수립을 위하여 필요하다고 인정하는 경우 특정 업태 및 부문 등을 대상으로 실시하는 조사

> **주의** 정기조사는 유통산업에 관한 계획 및 정책수립과 집행에 활용하기 위하여 2년마다 실시하는 조사를 말한다. (×) [기출 10]

제7조의5 【유통업상생발전협의회】 ★★★

① 협의회의 설치 등 : 대규모점포 및 준대규모점포(이하 "대규모점포등"이라 함)와 지역 중소유통기업의 균형발전을 협의하기 위하여 **특별자치시장·시장·군수·구청장 소**속으로 유통업상생발전협의회(이하 "협의회"라 함)를 둔다.

② 구성 및 운영 등 : 협의회 구성 및 운영 등에 필요한 사항은 **산업통상자원부령(규칙 제4조의2 및 제4조의3)**으로 정한다.

> **주의** 대규모점포등과 지역중소유통기업의 균형발전을 협의하기 위하여 특별자치시장·시장·군수·구청장 소속으로 유통업상생발전협의회를 두며, 구성 및 운영 등에 필요한 사항은 해당 지방자치단체의 조례로 정한다. (×) [기출 17]

> **주의** 유통업상생발전협의회의 구성 및 운영 등에 필요한 사항은 대통령령으로 정한다. (×) [기출 10]

유통업상생발전협의회의 구성(규칙 제4조의2)

① **협의회의 구성** : 유통업상생발전협의회는 성별 및 분야별 대표성 등을 고려하여 회장 1명을 포함한 11명 이내의 위원으로 구성한다.

② **협의회의 회장 및 위원** : 회장은 부시장(특별자치시의 경우 행정부시장을 말함) · 부군수 · 부구청장이 되고, 위원은 특별자치시장 · 시장(제주 행정시장을 포함) · 군수 · 구청장(자치구의 구청장)이 임명하거나 위촉하는 다음 각 호의 자가 된다.

1. 해당 지역에 대규모점포 등을 개설하였거나 개설하려는 대형유통기업의 대표 3명
2. 해당 지역의 전통시장, 슈퍼마켓, 상가 등 중소유통기업의 대표 3명
3. 다음 각 목의 어느 하나에 해당하는 자
   가. 해당 지역의 소비자단체의 대표 또는 주민단체의 대표
   나. 해당 지역의 유통산업분야에 관한 학식과 경험이 풍부한 자
   다. 그 밖에 대 · 중소유통 협력업체 · 납품업체 · 농어업인 등 이해관계자
4. 해당 특별자치시 · 시 · 군 · 구의 유통업무를 담당하는 과장급 공무원

③ **위원의 임기** : 위원의 임기는 2년으로 한다.

④ **위원의 해촉 사유** : 특별자치시장 · 시장 · 군수 · 구청장은 ②의 제1호부터 제3호까지의 위원이 다음 각 호의 어느 하나에 해당하는 경우에는 해당 위원을 해촉(解囑)할 수 있다.

1. 금고 이상의 형을 선고받은 경우
2. 직무와 관련된 비위사실이 있는 경우
3. 위원이 6개월 이상 장기 출타 또는 심신장애로 인하여 직무를 수행하기 어려운 경우
4. 직무태만, 품위 손상 또는 그 밖의 사유로 인하여 위원으로 적합하지 아니하다고 인정되는 경우

⑤ **그 밖의 사항** : ①부터 ④까지에서 규정한 사항 외에 협의회의 구성 등에 필요한 사항은 협의회의 의결을 거쳐 회장이 정한다.

주의 협의회는 회장 1명을 포함한 9명 이내의 위원으로 구성한다. (×) [기출 20]

주의 위원의 임기는 3년으로 한다. (×) [기출 20 · 17]

주의 특별자치시장 · 시장 · 군수 · 구청장은 유통업상생발전협의회 위원이 금고 이상의 형을 선고받은 경우에는 해당 위원을 해촉하여야 한다. (×) [기출 20 · 17]

협의회의 운영 등(규칙 제4조의3)

① **의결정족수** : 협의회의 회의는 재적위원 3분의 2 이상의 출석으로 개의하고, 출석위원 3분의 2 이상의 찬성으로 의결한다.

② **회의의 소집** : 회장은 회의를 소집하려는 경우에는 회의 개최일 5일 전까지 회의의 날짜 · 시간 · 장소 및 심의 안건을 각 위원에게 통지하여야 한다. 다만, 긴급한 경우나 부득이한 사유가 있는 경우에는 그러하지 아니하다.

③ **사무처리** : 협의회의 사무를 처리하기 위하여 간사 1명을 두되, 간사는 유통업무를 담당하는 공무원으로 한다.

④ **회의 개최 주기** : 협의회는 분기별로 1회 이상 개최하는 것을 원칙으로 하되, 회장은 필요에 따라 그 개최 주기를 달리할 수 있다.

⑤ **의견 제시** : 협의회는 대형유통기업과 지역중소유통기업의 균형발전을 촉진하기 위하여 다음 각 호의 사항에 대해 특별자치시장 · 시장 · 군수 · 구청장에게 의견을 제시할 수 있다.

1. 대형유통기업과 지역중소유통기업 간의 상생협력촉진을 위한 지역별 시책의 수립에 관한 사항

1의2. 상권영향평가서 및 지역협력계획서 검토에 관한 사항

2. 대규모점포등에 대한 영업시간의 제한 등에 관한 사항

3. 전통상업보존구역의 지정 등에 관한 사항

4. 그 밖에 대·중소유통기업 간의 상생협력촉진, 공동조사연구, 지역유통산업발전, 전통시장 또는 전통상점가 보존을 위한 협력 및 지원에 관한 사항

⑥ **그 밖의 사항** : ①부터 ⑤까지에서 규정한 사항 외에 협의회의 운영 등에 필요한 사항은 협의회의 의결을 거쳐 회장이 정한다.

주의 유통업상생발전협의회의 회의는 재적위원 2분의 1 이상의 출석으로 개의하고, 출석위원 2분의 1 이상의 찬성으로 의결한다. (×) [기출 20·17]

주의 협의회의 회의는 재적위원 3분의 2 이상의 출석으로 개의하고, 출석위원 과반수의 찬성으로 의결한다. (×) [기출 18]

출제 POINT 빈칸 문제

··· 산업통상자원부장관은 유통산업의 발전을 위하여 (❶)년마다 유통산업발전(❷)을 관계중앙행정기관의 장과 협의를 거쳐 세우고 시행하여야 한다.

··· 산업통상자원부장관은 관계중앙행정기관의 장에게 유통산업발전(❷)의 수립을 위하여 필요한 자료를 해당 기본계획 개시연도의 전년도 (❸)월 말일까지 제출하여 줄 것을 요청할 수 있다.

··· 대규모점포의 규제 및 상호간 경쟁제한 방안은 유통산업발전기본계획에 포함되어야 할 사항에 해당 (❹).

··· (❺)는 기본계획 및 시행계획에 따라 지역별 시행계획을 세우고 시행하여야 한다.

··· 산업통상자원부장관이 실시하는 실태조사 중 정기조사는 유통산업에 관한 계획 및 정책수립과 집행에 활용하기 위하여 (❻)년마다 실시하는 조사를 말하고, 수시조사는 산업통상자원부장관이 기본계획 및 시행계획 등의 효율적인 수립을 위하여 필요하다고 인정하는 경우 특정 업태 및 부문 등을 대상으로 실시하는 조사를 말한다.

··· 대규모점포 및 준대규모점포와 지역중소유통기업의 균형발전을 협의하기 위하여 (❼)·시장·군수·구청장 소속으로 유통업상생발전협의회를 둔다.

··· 유통업상생발전협의회는 성별 및 분야별 대표성 등을 고려하여 회장 1명을 포함한 (❽)명 이내의 위원으로 구성하며, 회장은 부시장(특별자치시의 경우 행정부시장)·부군수·부구청장이 된다.

··· 협의회의 회의는 재적위원 (❾) 이상의 출석으로 개의하고, 출석위원 3분의 2 이상의 찬성으로 의결한다.

··· 협의회는 분기별로 (❿)회 이상 개최하는 것을 원칙으로 하되, 회장은 필요에 따라 그 개최 주기를 달리할 수 있다.

··· 규정한 사항 외에 협의회의 운영 등에 필요한 사항은 협의회의 의결을 거쳐 (⓫)이 정한다.

❶ 5(년) ❷ 기본계획 ❸ 10(월) ❹ 하지 않는다 ❺ 시·도지사 ❻ 3(년) ❼ 특별자치시장 ❽ 11(명) **정답**
❾ 3분의 2 ❿ 1(회) ⓫ 회장

제3장 대규모점포 등

제8조【대규모점포등의 개설등록 및 변경등록】★★★

① 개설 및 변경 등록기관 : 대규모점포를 개설하거나 전통상업보존구역에 준대규모점포를 개설하려는 자는 **영업을 시작하기 전에** 산업통상자원부령(규칙 제5조)으로 정하는 바에 따라 **상권영향평가서 및 지역협력계획서를 첨부**하여 **특별자치시장·시장·군수·구청장에게 등록하여야 한다.** 등록한 내용을 변경하려는 경우에도 또한 같다.

①에 따라 대규모점포 및 준대규모점포(대규모점포등)의 개설등록을 하려는 자는 대규모점포등 개설등록신청서에 정한 서류를 첨부하여 특별자치시장·시장·군수 또는 구청장에게 제출하여야 한다.

 참고 BOX

대규모점포등의 개설등록 등(규칙 제5조)

구 분	내 용	구 분	내 용
개설등록시 첨부서류 (제1항)	• 사업계획서 • 상권영향평가서 • 지역협력계획서 : 지역 상권 및 경제를 활성화하거나 전통시장 및 중소상인과 상생협력을 강화하는 등의 지역협력을 위한 사업계획서 • 대지 또는 건축물의 소유권 또는 그 사용에 관한 권리를 증명하는 서류 : 토지 등기사항증명서 및 건물 등기사항증명서 외의 서류	확인서류 (제7항)	대규모점포 등 개설등록신청서를 제출받은 특별자치시장·시장·군수 또는 구청장은 전자정부법에 따른 행정정보의 공동이용을 통하여 다음의 서류를 확인하여야 한다. 다만, 주민등록표 초본의 경우 신청인이 확인에 동의하지 않는 경우에는 이를 첨부하도록 하여야 한다. • 법인 등기사항증명서(신청인이 법인인 경우) • 주민등록표 초본(신청인이 개인인 경우) • 토지 등기사항증명서 • 건물 등기사항증명서 • 건축물의 건축 또는 용도변경 등에 관한 허가서 또는 신고필증
변경등록 사항 (제4항)	• 법인의 명칭, 개인 또는 법인 대표자의 성명, 개인 또는 법인의 주소 • 개설등록(매장면적을 변경등록한 경우 변경등록) 당시 매장면적의 10분의 1 이상의 변경 • 업태 변경(대규모점포만 해당) • 점포의 소재지·상호		

주의 대규모점포등 개설등록신청서에 첨부하여 제출하여야 하는 서류에는 대규모점포개설지침서가 포함된다. (×) [기출 14]

주의 종사자수 등 인력관리계획의 변경은 대규모점포등 개설등록 내용의 변경등록 사항에 해당한다. (×) [기출 18]

주의 개설등록 당시 매장면적의 10분의 1 이상을 변경할 경우 변경등록을 하여야 한다. (○) [기출 19]

주의 대규모점포등 개설등록신청서를 제출받은 특별자치시장·시장·군수 또는 구청장은 별도의 서류확인절차 없이 그 신청에 따라 등록하여야 한다. (×) [기출 19]

② 첨부서류 제출 기한 및 보완 요청 : 특별자치시장·시장·군수·구청장은 ①에 따라 제출받은 상권영향평가서 및 지역협력계획서가 미진하다고 판단하는 경우에는 제출 받은 날부터 대통령령(영 제6조의5)으로 정하는 기간 내에 그 사유를 명시하여 보완을 요청할 수 있다.

> ②에서 대통령령으로 정하는 기간이란 30일을 말한다. 이 경우 토요일 및 공휴일은 산입하지 아니한다.

> **주의** 특별자치시장·시장·군수·구청장은 대규모점포를 개설하려는 자가 제출한 상권영향평가서 및 지역협력계획서가 미진하다고 판단하는 경우 제출받은 날부터 60일 이내에 그 사유를 명시하여 보완을 요청할 수 있다. (×) [기출 15]

③ 등록의 제한 및 조건 : **특별자치시장·시장·군수·구청장**은 ①에 따라 개설등록 또는 변경등록[점포의 소재지를 변경하거나 매장면적이 개설등록(매장면적을 변경등록한 경우에는 변경등록) 당시의 매장면적보다 **10분의 1 이상 증가**하는 경우로 한정]을 하려 는 **대규모점포등의 위치가 전통상업보존구역에 있을 때에는 등록을 제한하거나 조건을 붙일 수 있다.**

> **주의** 특별자치시장·시장·군수·구청장은 개설등록을 하려는 대규모점포 등의 위치가 전통상업보존구 역에 있을 때에는 등록을 제한하거나 조건을 붙일 수 있다. (○) [기출 19·18]

> **주의** 개설등록을 하고자 하는 대규모점포의 위치가 전문상가단지에 있을 때에는 등록을 제한하거나 조건 을 붙일 수 있다. (×) [기출 12]

④ 등록제한 등의 세부 사항 : ③에 따른 등록 제한 및 조건에 관한 세부 사항은 **해당 지방자치단체**의 조례로 정한다.

⑤ 등록신청 등 사실의 통보 : **특별자치시장·시장·군수·구청장**은 개설등록 또는 변경등 록하려는 점포의 소재지로부터 산업통상자원부령으로 정하는 거리 이내의 범위 일부 가 인접 특별자치시·시·군·구(자치구를 말함)에 속하여 있는 경우 **인접지역의 특별 자치시장·시장·군수·구청장**에게 개설등록 또는 변경등록을 신청 받은 사실을 통보 하여야 한다.

> ⑤에서 산업통상자원부령으로 정하는 거리란 다음 각 호의 어느 하나에 해당하는 거리를 말한다.
> 1. 대규모점포의 경우 점포의 경계로부터 반경 3킬로미터
> 2. 매장면적 330제곱미터 이상인 준대규모점포의 경우 점포의 경계로부터 반경 500미터
> 3. 매장면적 330제곱미터 미만인 준대규모점포의 경우 점포의 경계로부터 반경 300미터

⑥ 의견의 제시 : ⑤에 따라 신청 사실을 통보받은 **인접지역의 특별자치시장·시장·군수 ·구청장**은 신청 사실을 통보받은 날로부터 **20일 이내**에 개설등록 또는 변경등록에 대한 의견을 제시할 수 있다.

⑦ 협의회의 의견청취 등 : **특별자치시장·시장·군수·구청장**은 ①에 따라 제출받은 상권 영향평가서 및 지역협력계획서를 검토하는 경우 협의회의 **의견을 청취**하여야 하며, 필요한 때에는 대통령령으로 정하는 전문기관(대한상공회의소 또는 산업연구원)에 이 에 대한 **조사**를 하게 할 수 있다.

※ [제48조의2의 규정에 의해 본조 ① 및 ② 중 준대규모점포와 관련된 부분, 본조 ③, ④는 2025년 11월 23일까지 유효함]

제8조의2 【지역협력계획서의 내용 및 이행실적 평가 · 점검】 ☆☆☆

① 제8조에 따른 지역협력계획서에는 지역 중소유통기업과의 상생협력, 지역 고용 활성화 등의 사항을 포함할 수 있다.

② 특별자치시장 · 시장 · 군수 · 구청장은 지역협력계획서의 이행실적을 점검하고, 이행실적이 미흡하다고 판단되는 경우에는 개선을 권고할 수 있다.

제8조의3 【대규모점포등의 개설계획 예고】 ★☆☆

대규모점포를 개설하려는 자는 영업을 개시하기 60일 전까지, 준대규모점포를 개설하려는 자는 영업을 시작하기 30일 전까지 산업통상자원부령(규칙 제5조의2)으로 정하는 바에 따라 개설 지역 및 시기 등을 포함한 개설계획을 예고하여야 한다.

> **주의** 준대규모점포 등을 개설하려는 자는 영업을 시작하기 60일 전까지 개설 지역 및 시기 등을 포함한 개설계획을 예고하여야 한다. (×) [기출 15]

제9조 【허가등의 의제 등】 ☆☆☆

대규모점포 등을 등록하는 경우 다음의 신고 · 지정 · 등록 또는 허가(허가 등)에 관하여 특별자치시장 · 시장 · 군수 · 구청장이 다른 행정기관의 장과 협의를 한 사항에 대하여는 해당 허가 등을 받은 것으로 본다.

제10조 【등록의 결격사유】 ★★☆

다음 각 호의 어느 하나에 해당하는 자는 대규모점포등의 등록을 할 수 없다.

1. **피성년후견인** 또는 **미성년자**
2. **파산선고**를 받고 복권되지 아니한 자
3. **유통산업발전법**을 위반하여 **징역의 실형**을 선고받고 그 집행이 끝나거나(집행이 끝난 것으로 보는 경우를 포함) 집행이 면제된 날부터 **1년**이 지나지 아니한 사람
4. **유통산업발전법**을 위반하여 **징역형의 집행유예**선고를 받고 그 유예기간 중에 있는 사람
5. **등록이 취소**(제11조 제1호 또는 제2호에 해당하여 등록이 취소된 경우는 제외)된 후 **1년**이 지나지 아니한 자
6. **대표자**가 제1호부터 제5호까지의 어느 하나에 해당하는 법인

> **주의** 형법을 위반하여 징역형의 집행유예선고를 받고 그 유예기간 중에 있는 자는 대규모점포등의 등록을 할 수 없다. (×) [기출 20 · 12]

> **주의** 파산선고를 받고 복권된 후 3개월이 지난 자는 대규모점포등의 등록에 대한 결격사유가 있는 자에 해당한다. (×) [기출 20]

제11조 【등록의 취소 등】 ★★☆

① 등록취소의 사유 : **특별자치시장 · 시장 · 군수 · 구청장**은 대규모점포등의 개설등록을 한 자(이하 "**대규모점포등개설자**"라 함)가 다음 각 호의 어느 하나에 해당하는 경우에는 그 **등록을 취소하여야 한다**.

이 경우 특별자치시장·시장·군수·구청장은 제9조에 따라 허가 등으로 의제되는 사항에 대하여는 해당 사항과 관련되는 행정기관의 장에게 등록의 취소에 관한 사항을 **지체 없이** 알려야 한다.

1. 대규모점포등개설자가 정당한 사유 없이 **1년 이내**에 **영업**을 시작하지 아니한 경우. 이 경우 대규모점포등의 건축에 정상적으로 소요되는 기간은 산입(算入)하지 아니한다.
2. 대규모점포등의 영업을 정당한 사유 없이 **1년 이상** 계속하여 **휴업**한 경우
3. 제10조(대규모점포등의 **등록결격사유**) 각 호의 어느 하나에 해당하게 된 경우
4. 제8조 제3항에 따라 붙인 **등록의 조건**을 이행하지 아니한 경우

> **주의** 특별자치시장·시장·군수·구청장은 대규모점포등 개설자가 정당한 사유 없이 등록 후 6개월 이내에 영업을 시작하지 아니한 경우에는 그 등록을 취소하여야 한다. (×) [기출 15]

② **등록취소의 유예** : 다음의 어느 하나에 해당하는 경우에는 법인의 대표자가 결격사유에 해당하게 된 날 또는 상속을 개시한 날부터 **6개월**이 지난 날까지는 ①을 적용하지 아니한다.

1. 법인의 **대표자**가 등록허가의 결격사유에 해당하게 된 경우
2. 대규모점포등개설자의 지위를 승계한 **상속인**이 등록허가의 결격사유에 해당하는 경우

> **주의** 대규모점포등개설자의 지위를 승계한 상속인이 피성년후견인 또는 미성년자인 경우에는 상속 후 1개월이 지난 후 그 등록을 취소한다. (×) [기출 16]

제12조【대규모점포등개설자의 업무 등】★★☆

① **대규모점포등개설자의 업무** : **대규모점포등개설자**는 다음 각 호의 업무를 수행한다.
1. 상거래질서의 확립
2. 소비자의 안전유지와 소비자 및 인근 지역주민의 피해·불만의 신속한 처리
3. 그 밖에 대규모점포등을 유지·관리하기 위하여 필요한 업무

> **주의** 대규모점포등개설자는 소비자의 안전유지와 소비자 및 인근 지역주민의 피해·불만을 신속히 처리하는 업무를 수행한다. (O) [기출 15]

② **대규모점포등관리자** : 매장이 분양된 대규모점포 및 등록 준대규모점포에서는 다음의 어느 하나에 해당하는 자(이하 "**대규모점포등관리자**"라 함)가 ① 각 호의 업무를 수행한다.

1. 매장면적의 **2분의 1 이상**을 **직영**하는 자가 **있는** 경우에는 그 직영하는 자
2. 매장면적의 **2분의 1 이상**을 **직영**하는 자가 **없는** 경우에는 다음에 해당하는 자
   가. 해당 대규모점포 또는 등록 준대규모점포에 입점(入店)하여 영업을 하는 상인 (이하 "**입점상인(入店商人)**"이라 함) 3분의 2 이상이 동의(동의를 얻은 입점상인이 운영하는 매장면적의 합은 전체 매장면적의 2분의 1 이상이어야 함)하여 설립한 「민법」 또는 「상법」에 따른 **법인**
   나. 입점상인 **3분의 2 이상**이 동의하여 설립한 「중소기업협동조합법」에 따른 **협동조합** 또는 사업협동조합(이하 "사업조합"이라 함)

다. 입점상인 **3분의 2 이상**이 동의하여 조직한 **자치관리단체**. 이 경우 **6개월 이내**에 가목 또는 나목에 따른 법인 · 협동조합 또는 사업조합의 자격을 갖추어야 한다.

라. 가목부터 다목까지의 어느 하나에 해당하는 자가 **없는** 경우에는 입점상인 **2분의 1 이상**이 동의하여 **지정하는 자**. 이 경우 **6개월 이내**에 가목 또는 나목에 따른 법인 · 협동조합 또는 사업조합을 설립하여야 한다.

> **주의** 매장이 분양된 대규모점포 및 등록 준대규모점포에서는 입점상인(入店商人) 2분의 1 이상이 동의하여 설립한 「민법」 또는 「상법」에 따른 법인이 상거래질서의 확립의 업무를 수행한다. (×)

> **주의** 매장이 분양된 대규모점포 및 등록 준대규모점포에서는 매장면적의 3분의 1 이상을 직영하는 자가 있는 경우 그 직영하는 자는 소비자의 안전유지의 업무를 수행한다. (×)

③ **대규모점포등관리자의 신고 등** : 대규모점포등관리자는 산업통상자원부령(규칙 제6조)으로 정하는 바에 따라 **특별자치시장 · 시장 · 군수 · 구청장**에게 **신고**를 하여야 한다. 신고한 사항을 변경하려는 경우에도 또한 같다.

> 대규모점포등관리자는 업무를 수행하게 된 날부터 **20일 이내**에 대규모점포등관리자 신고서에 다음의 서류를 첨부하여 특별자치시장 · 시장 · 군수 또는 구청장에게 신고하여야 한다(규칙 제6조 제1항).
> • 대규모점포등관리자(법 제12조 제2항)에 해당함을 증명하는 서류
> • 입점상인의 현황
> • 정관 또는 자치규약

④ **구분소유에 관한 사항** : 매장이 분양된 대규모점포 및 등록 준대규모점포에서는 ① 각 호의 업무 중 구분소유(區分所有)와 관련된 사항에 대하여는 「집합건물의 소유 및 관리에 관한 법률」에 따른다.

⑤ **그 밖의 필요한 사항** : ②에 따른 입점상인의 동의자 수 산정방법과 그 밖에 필요한 사항은 대통령령(영 제7조의2)으로 정한다.

제12조의2 【대규모점포등에 대한 영업시간의 제한 등】 ★★☆

① **영업시간 제한 등의 목적 및 대상**

㉠ **본문 규정** : **특별자치시장 · 시장 · 군수 · 구청장**은 건전한 유통질서 확립, 근로자의 건강권 및 대규모점포등과 중소유통업의 **상생발전(相生發展)**을 위하여 필요하다고 인정하는 경우 **대형마트**(대규모점포에 개설된 점포로서 대형마트의 요건을 갖춘 점포를 포함)와 준대규모점포에 대하여 **영업시간 제한**을 명하거나 의무휴업일을 지정하여 **의무휴업**을 명할 수 있다.

㉡ **단서 규정** : 다만, 연간 총매출액 중 「농수산물 유통 및 가격안정에 관한 법률」에 따른 농수산물의 매출액 비중이 **55퍼센트 이상**인 대규모점포등으로서 **해당 지방자치단체의 조례**로 정하는 대규모점포등에 대하여는 그러하지 아니하다.

> **주의** 대형마트와 준대규모점포에 대하여 영업시간제한 또는 의무휴업을 명하여야 한다. (×) [기출 19]

> **주의** 대규모점포에 대해 영업시간을 제한하거나 의무휴업을 명할 수 있는 권한은 시 · 도지사가 가지며, 대규모점포 중 영업규제의 대상은 대형마트로 등록된 대규모점포에 한정된다. (×) [기출 16 · 12]

> **주의** 농수산물의 매출액 비중이 50퍼센트 이상인 대규모점포등 (×) [기출 16]

② 영업시간의 제한 범위 : 특별자치시장·시장·군수·구청장은 ①에 따라 **오전 0시부터 오전 10시까지의 범위**에서 영업시간을 제한할 수 있다.

> **주의** 특별자치시장·시장·군수·구청장은 오전 0시부터 오전 11시까지의 범위에서 영업시간을 제한할 수 있다 (×) [기출 19·16·12]

③ 의무휴업일의 지정 : 위 특별자치시장·시장·군수·구청장은 ①에 따라 **매월 이틀**을 의무휴업일로 **지정하여야 한다.** 이 경우 의무휴업일은 **공휴일** 중에서 지정하되, 이해당사자와 **합의**를 거쳐 **공휴일이 아닌 날**을 의무휴업일로 **지정할 수 있다.**

> **주의** 의무휴업일은 매월 1일 이상 3일 이내의 범위에서 지정할 수 있으며, 의무휴업일 지정을 통한 의무휴업을 명하기 위해서는 미리 산업통상자원부장관의 승인을 받아야 한다. (×) [기출 12]

> **주의** 특별자치시장·시장·군수·구청장은 의무휴업일을 지정할 경우 공휴일 중에서 지정하여야하고, 이해당사자와 합의를 거치더라도 공휴일이 아닌 날을 의무휴업일로 지정할 수는 없다. (×)

④ 그 밖의 필요한 사항 : ①부터 ③까지의 규정에 따른 영업시간 제한 및 의무휴업일 지정에 필요한 사항은 해당 **지방자치단체의 조례**로 정한다.

제12조의3 【대규모점포등의 관리비 등】 ★☆☆

① **관리비** : 대규모점포등관리자는 대규모점포등을 유지·관리하기 위한 관리비를 입점 상인에게 청구·수령하고 그 금원을 **관리**할 수 있다.

② **관리비의 내용** : ①에 따른 관리비의 내용 등에 필요한 사항은 대통령령으로 정한다.

③ **사용료 등** : 대규모점포등관리자는 입점상인이 납부하는 대통령령으로 정하는 사용료 등을 입점상인을 **대행**하여 그 사용료 등을 받을 자에게 **납부**할 수 있다.

④ **내역의 공개** : 대규모점포등관리자는 다음 각 호의 내역(항목별 산출내역을 말하며, 매장별 부과내역은 제외)을 대통령령으로 정하는 바에 따라 해당 대규모점포등의 인터 넷 홈페이지(인터넷 홈페이지가 없는 경우에는 해당 대규모점포등의 관리사무소나 게시판 등을 말함)에 공개하여야 한다.
  1. ①에 따른 관리비
  2. ③에 따른 사용료 등
  3. 그 밖에 **대통령령**(영 제7조의3)으로 정하는 사항

⑤ **위탁관리 등 계약** : 대규모점포등관리자가 대규모점포등의 유지·관리를 위하여 위탁 관리, 공사 또는 용역 등을 위한 계약을 체결하는 경우 계약의 성질 및 규모 등을 고려하여 대통령령으로 정하는 경우를 제외하고는 대통령령으로 정하는 **입찰방식**으로 계약을 체결하여야 한다.

⑥ **위탁 등 계약 정보의 공개** : 대규모점포등관리자가 ⑤의 계약을 체결하는 경우에 계약 체결일부터 **1개월 이내**에 그 계약서를 해당 대규모점포등의 인터넷 홈페이지에 공개하 여야 한다. 이 경우 개인의 사생활 정보는 제외하고 공개하여야 한다.

> **주의** 대규모점포등관리자가 위탁관리 계약을 체결하는 경우에 계약체결일부터 3개월 이내에 그 계약서 를 해당 대규모점포등의 인터넷 홈페이지에 공개하여야 한다. (×)

제12조의4 【회계서류의 작성·보관】 ☆☆☆

① 대규모점포등관리자는 제12조의3 ④의 관리비 등 각 호의 금전을 입점상인에게 청구·수령하거나 그 금원을 관리하는 행위 등 모든 거래행위에 관하여 장부를 **월별**로 작성하여 그 증빙서류와 함께 해당 회계연도 종료일부터 **5년간** 보관하여야 한다.

② 대규모점포등관리자가 매장면적의 2분의 1 이상을 점포를 직영하는 자(제12조 제2항 제1호)의 경우에는 대규모점포등관리자의 **고유재산**과 **분리**하여 회계처리를 하여야 한다.

③ 대규모점포등관리자는 입점상인이 ①에 따른 장부나 증빙서류, 그 밖에 대통령령으로 정하는 정보의 열람을 요구하거나 자기의 비용으로 복사를 요구하는 때에는 다음 각 호의 정보는 제외하고 이에 응하여야 한다. 이 경우 관리규정에서 열람과 복사를 위한 방법 등 필요한 사항을 정할 수 있다.

    1. 「개인정보 보호법」에 따른 고유식별정보 등 개인의 사생활의 비밀 또는 자유를 침해할 우려가 있는 정보

    2. 의사결정과정 또는 내부검토과정에 있는 사항 등으로서 공개될 경우 업무의 공정한 수행에 현저한 지장을 초래할 우려가 있는 정보

제12조의5 【대규모점포등관리자의 회계감사】 ☆☆☆

① 대규모점포등관리자는 대통령령으로 정하는 바에 따라 「주식회사의 외부감사에 관한 법률」에 따른 감사인의 회계감사를 **매년 1회 이상** 받아야 한다. 다만 입점상인의 **3분의 2 이상**이 서면으로 회계감사를 받지 아니하는 데 동의한 연도에는 회계감사를 받지 아니할 수 있다.

② 대규모점포등관리자는 ①에 따른 회계감사결과를 제출받은 날부터 **1개월 이내**에 대규모점포등의 인터넷 홈페이지에 그 결과를 공개하여야 한다.

③ 대규모점포등관리자는 특별자치시장·시장·군수·구청장 또는 「공인회계사법」에 따른 한국공인회계사회에 감사인의 추천을 의뢰할 수 있다.

④ ①에 따라 회계감사를 받는 대규모점포등관리자는 다음 각 호의 어느 하나에 해당하는 행위를 하여서는 아니 된다.

    1. 정당한 사유 없이 감사인의 자료 열람·등사·제출 요구 또는 조사를 거부·방해·기피하는 행위

    2. 감사인에게 거짓 자료를 제출하는 등 부정한 방법으로 회계감사를 방해하는 행위

제12조의6 【관리규정】 ☆☆☆

① 대규모점포등관리자는 대규모점포등의 관리 또는 사용에 관하여 입점상인의 **3분의 2 이상**의 동의를 얻어 **관리규정**을 제정하여야 하며 관리규정에 따라 대규모점포등을 관리하여야 한다.

② 관리규정을 제정·개정하는 방법 등에 필요한 사항은 **대통령령(영 제7조의7)**으로 정한다.

③ 대규모점포등관리자는 입점상인이 제1항에 따른 관리규정의 열람이나 복사를 요구하는 때에는 이에 응하여야 한다.

④ 시 · 도지사는 이 법을 적용받는 대규모점포등의 효율적이고 공정한 관리를 위하여 **대통령령**으로 정하는 바에 따라 표준관리규정을 마련하여 보급하여야 한다.

참고 BOX

관리규정의 제정 · 개정 방법(영 제7조의7)

① 관리규정을 제정하려는 대규모점포등관리자는 신고를 한 날부터 3개월 이내에 표준관리규정을 참조하여 관리규정을 제정하여야 한다.

② 대규모점포등관리자는 관리규정을 개정하려는 경우 제안내용에 개정안, 개정 목적, 현행의 관리규정과 달라진 내용, 표준관리규정과 다른 내용에 관한 사항을 적어 입점상인의 3분의 2 이상의 동의를 얻어야 한다.

③ 대규모점포등관리자는 관리규정을 제정하거나 개정하려는 경우 해당 대규모점포등 인터넷 홈페이지에 제안내용을 공고하고 입점상인들에게 **개별적으로 통지하여야 한다.**

④ 대규모점포등관리자가 관리규정을 제정하거나 개정하려는 경우 입점상인의 동의자 수 산정방법 및 동의권 행사방법에 관하여는 영 제7조의2(동의자 수 산정방법 등) 제1항부터 제3항까지의 규정을 준용한다.

제13조 【대규모점포등개설자의 지위승계】 ★★☆

① 다음 각 호의 어느 하나에 해당하는 자는 종전의 대규모점포등개설자의 지위를 승계한다.

  1. 대규모점포등개설자가 사망한 경우 그 상속인

  2. 대규모점포등개설자가 대규모점포등을 양도한 경우 그 양수인

  3. 법인인 대규모점포등개설자가 다른 법인과 합병한 경우 합병 후 존속하는 법인이나 합병으로 설립되는 법인

② ①에 따라 지위를 승계한 자에 대하여는 제10조(등록의 결격사유)를 준용한다.

주의 대규모점포등개설자가 대규모점포등을 양도한 경우 그 양수인은 대규모점포등개설자의 지위를 승계할 수 없다. (×) [기출 15 · 12]

주의 법인인 대규모점포등개설자가 다른 법인과 합병한 경우 합병 이후에 존속되는 법인은 합병으로 소멸되는 법인의 지위를 승계하지 못하고 신규로 설립된 법인만이 지위를 승계한다. (×) [기출 16]

제13조의2 【대규모점포등의 휴업 · 폐업 신고】 ☆☆☆

대규모점포등개설자(제12조 제3항에 따라 신고한 자를 포함)가 대규모점포등을 휴업하거나 폐업하려는 경우에는 산업통상자원부령(규칙 제6조의2)으로 정하는 바에 따라 특별자치시장 · 시장 · 군수 · 구청장에게 신고를 하여야 한다.

참고 BOX

대규모점포등의 휴업 등의 신고 등(규칙 제6조의2)

① 대규모점포등의 개설등록을 한 자 또는 대규모점포등관리자가 대규모점포등의 영업을 휴업하거나 폐업하려는 때에는 대규모점포등휴업 · 폐업신고서를 특별자치시장 · 시장 · 군수 또는 구청장에게 제출하여야 한다.

② 특별자치시장 · 시장 · 군수 또는 구청장은 ①에 따른 신고사항을 대규모점포등개설(변경)등록관리대장에 기록 · 관리하되, 대규모점포 안에 위치하는 준대규모점포의 영업을 휴업하거나 폐업하려는 신고가 있는 경우에는 해당 대규모점포의 대규모점포등개설(변경)등록관리대장에도 그 사실을 덧붙여 적어야 한다.

제13조의3 【전통상업보존구역의 지정】 ★★☆

① **특별자치시장·시장·군수·구청장**은 지역 유통산업의 전통과 역사를 보존하기 위하여 「전통시장 및 상점가 육성을 위한 특별법」에 따른 **전통시장**이나 **중소벤처기업부장관**이 정하는 **전통상점가**(이하 "**전통시장등**"이라 함)의 경계로부터 **1킬로미터 이내의 범위**에서 해당 지방자치단체의 조례로 정하는 지역을 **전통상업보존구역**으로 **지정할 수 있다.**

② ①에 따라 전통상업보존구역을 지정하려는 특별자치시장·시장·군수·구청장은 관할구역 전통시장등의 경계로부터 1킬로미터 이내의 범위 일부가 인접 특별자치시·시·군·구에 속해 있는 경우에는 인접지역의 특별자치시장·시장·군수·구청장에게 해당 지역을 전통상업보존구역으로 지정할 것을 **요청할 수 있다.**

③ ②에 따라 요청을 받은 인접지역의 특별자치시장·시장·군수·구청장은 요청한 특별자치시장·시장·군수·구청장과 협의하여 해당 지역을 전통상업보존구역으로 **지정하여야 한다.**

④ ①부터 ③까지에 따른 전통상업보존구역의 범위, 지정 절차 및 지정 취소 등에 관하여 필요한 사항은 해당 **지방자치단체**의 조례로 정한다.

 ※ [제48조의2의 규정에 의해 본조는 2025년 11월 23일까지 유효함]

 주의 전통상업보존구역은 산업통상자원부장관이 지정한다. (×) [기출 12]

 주의 전통상업보존구역으로 지정할 수 있는 지역은 시장·군수·구청장이 정하는 전통상점가의 경계로부터 1킬로미터 이내의 범위이다. (×) [기출 11]

 주의 전통상업보존구역의 지정과 관련된 규정은 2025년 11월 23일까지 그 효력을 가진다. (○) [기출 18]

제13조의4 【영업정지】 ★☆☆

특별자치시장·시장·군수·구청장은 다음 각 호의 어느 하나에 해당하는 경우에는 **1개월** 이내의 기간을 정하여 **영업의 정지**를 명할 수 있다.

1. **영업시간 제한 명령**을 1년 이내에 3회 이상 위반하여 영업제한시간에 영업을 한 자, 또는 **지정된 의무휴업 명령**을 1년 이내에 3회 이상 위반하여 의무휴업일에 영업을 한 자. 이 경우 각각의 명령위반의 횟수는 합산한다.

2. 이 조에 따른 **영업정지 명령**을 위반하여 영업정지기간 중 영업을 한 자

 주의 영업시간 제한을 1년 이내에 3회 이상 위반하여 영업제한시간에 영업을 한 자, 또는 지정된 의무휴업일을 1년 이내에 3회 이상 위반하여 의무휴업일에 영업을 한 자에 대하여는 특별자치시장·시장·군수·구청장이 1개월 이내의 기간을 정하여 영업정지를 명할 수 있다. 이 경우 각각의 명령위반 횟수는 합산한다. (○) [기출 16]

제14조 【임시시장의 개설 등】 ☆☆☆

① 임시시장의 개설방법·시설기준과 그 밖에 임시시장의 운영·관리에 관한 사항은 **특별자치시·시·군·구**의 조례로 정한다.

② **지방자치단체의 장**은 임시시장의 활성화를 위하여 임시시장을 체계적으로 육성·**지원**하여야 한다.

⋯ 대규모점포를 개설하거나 전통상업보존구역에 준대규모점포를 개설하려는 자는 영업을 시작하기 전에 산업통상자원부령으로 정하는 바에 따라 상권영향평가서 및 지역협력계획서를 첨부하여 특별자치시장·시장·군수·구청장에게 (❶)하여야 한다.

⋯ 특별자치시장은 개설등록을 하려는 대규모점포등의 위치가 (❷)에 있을 때에는 등록을 제한하거나 조건을 붙일 수 있다.

⋯ 대규모점포등의 등록신청 사실을 통보받은 인접지역의 특별자치시장·시장·군수·구청장은 신청 사실을 통보받은 날로부터 (❸)일 이내에 개설등록 또는 변경등록에 대한 의견을 제시할 수 있다.

⋯ 대규모점포를 개설하려는 자는 영업을 개시하기 (❹)일 전까지, 준대규모점포를 개설하려는 자는 영업을 시작하기 (❺)일 전까지 산업통상자원부령으로 정하는 바에 따라 개설 지역 및 시기 등을 포함한 개설계획을 예고하여야 한다.

⋯ 이 법을 위반하여 (❻)의 집행유예선고를 받고 그 유예기간 중에 있는 자는 대규모점포의 등록을 할 수 없다.

⋯ 시장은 대규모점포 등 개설자가 정당한 사유 없이 (❼) 이내에 영업을 시작하지 아니한 경우 그 등록을 취소하여야 한다.

⋯ 연간 총매출액 중 「농수산물 유통 및 가격안정에 관한 법률」에 따른 농수산물의 매출액 비중이 (❽)퍼센트 이상인 대규모점포 등으로서 해당 지방자치단체의 조례로 정하는 대규모점포 등에 대하여는 영업시간제한 또는 의무휴업을 명하여서는 아니 된다.

❶ 등록 ❷ 전통상업보존구역 ❸ 20(일) ❹ 60(일) ❺ 30(일) ❻ 징역형 ❼ 1년 ❽ 55(퍼센트) **정답**

제4장 유통산업의 경쟁력 강화

제15조【분야별 발전시책】★☆☆

① **시책의 수립·시행** : 산업통상자원부장관은 유통산업의 경쟁력을 강화하기 위하여 다음 각 호의 시책을 수립·시행할 수 있다.

1. 체인사업의 발전시책
2. 무점포판매업의 발전시책
3. 그 밖에 유통산업의 분야별 경쟁력 강화를 위하여 필요한 시책

② **시책수립시 포함사항** : ①의 각 호의 시책에는 다음 각 호의 사항이 포함되어야 한다.

1. 국내외 사업현황
2. 산업별·유형별 발전전략에 관한 사항
3. 유통산업에 대한 인식의 제고에 관한 사항
4. 전문인력의 양성에 관한 사항
5. 관련 정보의 원활한 유통에 관한 사항
6. 그 밖에 유통산업의 분야별 발전 또는 경쟁력 강화를 위하여 필요한 사항

③ 재래시장의 지원 : **정부**는 **재래시장의 활성화**에 필요한 시책을 수립·시행하여야 하고, **정부 또는 지방자치단체의 장**은 이에 필요한 **행정적·재정적 지원**을 할 수 있다.

④ **중소유통기업의 지원** : **정부 또는 지방자치단체의 장**은 다음 각 호의 사항이 포함된 중소유통기업의 구조개선 및 경쟁력 강화에 필요한 시책을 수립·시행할 수 있고, 이에 필요한 **행정적·재정적 지원**을 할 수 있다.

1. 중소유통기업의 창업을 지원하기 위한 사항
2. 중소유통기업에 대한 자금·경영·정보·기술·인력의 지원에 관한 사항
3. 선진유통기법의 도입·보급 등을 위한 중소유통기업자의 교육·연수의 지원에 관한 사항
4. 중소유통공동도매물류센터의 설립·운영 등 중소유통기업의 공동협력사업 지원에 관한 사항
5. 그 밖에 중소유통기업의 구조개선을 촉진하기 위하여 필요하다고 인정되는 사항으로서 대통령령으로 정하는 사항

지방자치단체의 장이 행정적·재정적 지원을 할 수 있는 대상

• 재래시장의 활성화(법 제15조 제3항)
• 전문상가단지의 건립(법 제20조 제1항)
• 중소유통공동도매물류센터의 건립 및 운영(법 제17조의2 제1항)
• 중소유통기업의 창업 지원 등 중소유통기업의 구조개선 및 경쟁력 강화(법 제15조 제4항)

주의 비영리법인의 판매사업 활성화 (×) [기출 20]

제16조 【체인사업자의 경영개선사항 등】 ★☆☆

① 체인점포의 경영개선 : 체인사업자는 직영하거나 체인에 가입되어 있는 점포(이하 "체인점포"라 함)의 경영을 개선하기 위하여 다음 각 호의 사항을 추진하여야 한다.

1. 체인점포의 시설 현대화
2. 체인점포에 대한 원재료·상품 또는 용역 등의 원활한 공급
3. 체인점포에 대한 점포관리·품질관리·판매촉진 등 경영활동 및 영업활동에 관한 지도
4. 체인점포 종사자에 대한 유통교육·훈련의 실시
5. 체인사업자와 체인점포 간의 유통정보시스템의 구축
6. 집배송시설의 설치 및 공동물류사업의 추진
7. 공동브랜드 또는 자기부착상표의 개발·보급
8. 유통관리사의 고용 촉진
9. 그 밖에 **중소벤처기업부장관**이 체인사업의 경영개선을 위해 필요하다고 인정하는 사항

주의 그 밖에 산업통상자원부장관이 체인사업의 경영개선을 위해 필요하다고 인정하는 사항 (×)

② 자금 등 지원 : **산업통상자원부장관 · 중소벤처기업부장관 또는 지방자치단체의 장**은 체인사업자 또는 체인사업자단체가 ①의 각 호의 사업을 추진하는 경우에는 **예산의 범위**에서 필요한 자금 등을 지원할 수 있다.

> 주의 유통산업의 경쟁력 강화를 위하여 지방자치단체의 장은 체인사업자가 유통관리사의 고용 촉진 사업을 추진하는 경우 예산의 범위에서 필요한 자금을 지원할 수 있다. (O) [기출 18]

제17조의2 【중소유통공동도매물류센터에 대한 지원】 ★★☆

① 지원대상 등 : **산업통상자원부장관, 중소벤처기업부장관 또는 지방자치단체의 장**은 「중소기업기본법」에 따른 중소기업자 중 대통령령(영 제7조의9)으로 정하는 **소매업자 50인 또는 도매업자 10인 이상의 자**(이하 "**중소유통기업자단체**"라 함)가 공동으로 중소유통기업의 경쟁력 향상을 위하여 다음 각 호의 사업을 하는 물류센터(이하 "**중소유통공동도매물류센터**"라 함)를 설립하거나 운영하는 경우에는 필요한 **행정적 · 재정적 지원**을 할 수 있다.

1. 상품의 보관 · 배송 · 포장 등 공동물류사업
2. 상품의 전시
3. 유통 · 물류정보시스템을 이용한 정보의 수집 · 가공 · 제공
4. 중소유통공동도매물류센터를 이용하는 중소유통기업의 서비스능력 향상을 위한 교육 및 연수
5. 그 밖에 중소유통공동도매물류센터 운영의 고도화를 위하여 산업통상자원부장관이 필요하다고 인정하여 공정거래위원회와 협의를 거친 사업

> 주의 기획재정부장관 (×), 소매업자 40인 또는 도매업자 5인 이상의 자 (×) [기출 20 · 17]

② 운영의 위탁 : **지방자치단체의 장**은 중소유통공동도매물류센터를 건립하여 다음 각 호의 단체 또는 법인에 그 운영을 위탁할 수 있다.

1. 중소유통기업자단체
2. 중소유통공동도매물류센터를 운영하기 위하여 **지방자치단체**와 중소유통기업자단체가 출자하여 설립한 법인

③ 유지 · 관리 등 비용의 충당 : ②에 따라 **지방자치단체**가 중소유통공동도매물류센터를 건립하여 운영을 위탁하는 경우에는 운영주체와 협의하여 해당 중소유통공동도매물류센터의 **매출액의 1천분의 5 이내**에서 시설 및 장비의 이용료를 징수하여 시설물 및 장비의 유지 · 관리 등에 드는 비용에 충당할 수 있다.

> 주의 지방자치단체가 중소유통공동도매물류센터를 건립하여 운영을 위탁하는 경우 해당 중소유통공동도매물류센터 매출액의 1천분의 10 이내에서 시설 및 장비 이용료를 징수할 수 있다. (×) [기출 18 · 12]

④ 그 밖의 필요한 사항 : 중소유통공동도매물류센터의 건립, 운영 및 관리 등에 필요한 사항은 **중소벤처기업부장관**이 정하여 고시한다.

> 주의 중소유통공동도매물류센터의 건립, 운영 및 관리 등에 필요한 사항은 산업통상자원부장관이 정하여 고시한다. (×) [기출 21 · 20]

제18조【상점가진흥조합】★★☆

① **상점가진흥조합의 결성** : 상점가에서 **도매업·소매업·용역업**이나 그 밖의 영업을 하는 자는 해당 상점가의 진흥을 위하여 상점가진흥조합을 결성할 수 있다.

② **조합원의 자격** : 상점가진흥조합의 조합원이 될 수 있는 자는 ①의 자로 「중소기업기본법」에 따른 **중소기업자에 해당하는 자**로 한다.

③ **결성 요건** : 상점가진흥조합은 ②에 따른 조합원의 자격이 있는 자의 **3분의 2** 이상의 동의를 받아 결성한다. 다만, 조합원의 자격이 있는 자 중 **같은 업종**을 경영하는 자가 **2분의 1** 이상인 경우 그 같은 업종을 경영하는 자의 **5분의 3** 이상의 동의를 받아 결성할 수 있다.

④ **설립** : 상점가진흥조합은 **협동조합** 또는 **사업조합**으로 설립한다.

⑤ **구역중복의 금지** : 상점가진흥조합의 구역은 다른 상점가진흥조합의 구역과 중복되어서는 아니 된다.

> **주의** 상점가진흥조합의 구역은 다른 상점가진흥조합의 구역과 중복될 수 있다. (×) [기출 21]

> **주의** 도·소매업을 영위하는 자에 한하여 상점가진흥조합을 결성할 수 있다. (×) [기출 16]

> **주의** 「중소기업기본법」에 따른 중소기업자가 아닌 자도 상점가진흥조합의 조합원이 될 수 있다. (×)

> **주의** 상점가진흥조합은 조합원의 자격이 있는 자 중 같은 업종을 경영하는 자가 3분의 1 이상인 경우에는 그 같은 업종을 경영하는 자의 5분의 3 이상의 동의를 받아 결성할 수 있다. (×) [기출 18]

> **주의** 상점가진흥조합을 결성하기 위해서는 조합원자격이 있는 자의 5분의 4 이상의 동의를 얻어야 한다 (×) [기출 12]

> **주의** 상점가진흥조합은 사업조합으로 설립할 수 없다. (×) [기출 18]

제19조【상점가진흥조합에 대한 지원】★☆☆

지방자치단체의 장은 상점가진흥조합이 다음 각 호의 사업을 하는 경우에는 예산의 범위에서 필요한 자금을 지원할 수 있다.

1. 점포시설의 표준화 및 현대화
2. 상품의 매매·보관·수송·검사 등을 위한 공동시설의 설치
3. 주차장·휴게소 등 공공시설의 설치
4. 조합원의 판매촉진을 위한 공동사업
5. 가격표시 등 상거래질서의 확립
6. 조합원과 그 종사자의 자질향상을 위한 연수사업 및 정보제공
7. 그 밖에 지방자치단체의 장이 상점가 진흥을 위하여 필요하다고 인정하는 사업

> **주의** 유통·물류정보시스템을 이용한 정보의 수집·가공·제공 (×) [기출 13]

제20조【전문상가단지 건립의 지원 등】★☆☆

① **산업통상자원부장관, 관계 중앙행정기관의 장** 또는 **지방자치단체의 장**은 다음 각 호의 어느 하나에 해당하는 자가 전문상가단지를 세우려는 경우에는 필요한 **행정적·재정적 지원**을 할 수 있다.

1. 도매업자 또는 소매업자로 구성되는 「중소기업협동조합법」에 따른 협동조합·사업협동조합·협동조합연합회 또는 중소기업중앙회로서 산업통상자원부령(규칙 제8조 제1항)으로 정하는 기준에 해당하는 자

   > 제1호에서 산업통상자원부령으로 정하는 기준에 해당하는 자란 다음의 요건을 갖춘 자를 말한다.
   > 1. 5천제곱미터 이상의 부지를 확보하고 있을 것
   > 2. 단지 내에 입주하는 조합원이 50인 이상일 것

2. 제1호에 해당하는 자와 신탁계약을 체결한 「자본시장과 금융투자업에 관한 법률」에 따른 신탁업자로서 자본금 또는 연간 매출액이 산업통상자원부령(규칙 제8조 제2항)으로 정하는 금액 이상인 자

   > 제2호에서 산업통상자원부령으로 정하는 금액이란 100억원을 말한다.

② ①에 따른 지원을 받으려는 자는 전문상가단지 조성사업계획을 작성하여 산업통상자원부장관, 관계 중앙행정기관의 장 또는 지방자치단체의 장에게 제출하여야 한다.

출제 POINT | **빈칸 문제**

⇢ 지방자치단체의 장이 행정적·재정적 지원을 할 수 있는 대상에는 (❶)의 활성화, (❷)의 건립, 중소유통공동도매물류센터의 건립 및 운영, 중소유통기업의 창업 지원 등 중소유통기업의 구조개선 및 경쟁력 강화에 관한 사항이 있다.

⇢ 중소유통공동도매물류센터의 건립, 운영 및 관리 등에 필요한 사항은 (❸)이 정하여 고시한다.

⇢ 상점가진흥조합은 조합원의 자격이 있는 자의 (❹) 이상의 동의를 받아 결성한다. 다만, 조합원의 자격이 있는 자 중 같은 업종을 경영하는 자가 (❺) 이상인 경우에는 그 같은 업종을 경영하는 자의 5분의 3 이상의 동의를 받아 결성할 수 있다.

⇢ 상점가진흥조합은 협동조합 또는 (❻)으로 설립한다.

⇢ 산업통상자원부장관, 관계 중앙행정기관의 장 또는 지방자치단체의 장은 도매업자 또는 소매업자로 구성되는 「중소기업협동조합법」에 규정된 협동조합·사업협동조합·협동조합연합회 또는 중소기업중앙회로서 (❼) 제곱미터 이상의 부지를 확보하고 있고, 단지 내에 입주하는 조합원이 (❽)인 이상인 요건을 갖춘 자가 전문상가단지를 세우려는 경우에는 필요한 행정적·재정적 지원을 할 수 있다.

⇢ (❾)은 상점가진흥조합이 상품의 매매·보관·수송·검사 등을 위한 공동시설의 설치와 관련된 사업을 하는 경우에는 예산의 범위에서 필요한 자금을 지원할 수 있다.

❶ 재래시장 ❷ 전문상가단지 ❸ 중소벤처기업부장관 ❹ 3분의 2 ❺ 2분의 1 ❻ 사업조합 ❼ 5천 ❽ 50 **정답**
❾ 지방자치단체의 장

제5장 유통산업발전기반의 조성

제21조【유통정보화시책 등】★☆☆

① **산업통상자원부장관**은 유통정보화의 촉진 및 유통부문의 전자거래기반을 넓히기 위하여 다음 각 호의 사항이 포함된 유통정보화시책을 세우고 시행하여야 한다.

1. 유통표준코드의 보급
2. 유통표준전자문서의 보급
3. 판매시점 정보관리시스템의 보급
4. 점포관리의 효율화를 위한 재고관리시스템·매장관리시스템 등의 보급
5. 상품의 전자적 거래를 위한 전자장터 등의 시스템의 구축 및 보급
6. 다수의 유통·물류기업 간 기업정보시스템의 연동을 위한 시스템의 구축 및 보급
7. 유통·물류의 효율적 관리를 위한 무선주파수 인식시스템의 적용 및 실용화 촉진
8. 유통정보 또는 유통정보시스템의 표준화 촉진
9. 그 밖에 유통정보화를 촉진하기 위하여 필요하다고 인정되는 사항

> 제9호에서 그 밖에 유통정보화를 촉진하기 위하여 필요하다고 인정되는 사항이라 함은 다음 각 호의 사항을 말한다(규칙 제3조).
> 1. 상품의 전자적 거래를 위한 전자장터 등의 시스템의 구축
> 2. 다수의 유통물류기업간 기업정보시스템의 연동을 위한 시스템의 구축

② 산업통상자원부장관은 유통정보화에 관한 시책을 세우기 위하여 필요하다고 인정하는 경우에는 **과학기술정보통신부장관**에게 유통정보화서비스를 제공하는 전기통신사업자에 관한 자료를 요청할 수 있다.

③ 산업통상자원부장관은 유통사업자·제조업자 또는 유통 관련 단체가 ① 각 호의 사업을 추진하는 경우에는 예산의 범위에서 필요한 자금을 지원할 수 있다.

> **주의** 산업통상자원부장관이 다수의 유통·물류기업 간 기업정보시스템의 연동을 위한 시스템의 구축 및 보급을 위한 시책을 시행하기 위해서는 과학기술정보통신부장관과 협의하여야 한다. (×) [기출 13]

제22조【유통표준전자문서 및 유통정보의 보안 등】★☆☆

① **누구든지** 유통표준전자문서를 **위작 또는 변작**하거나 위작 또는 변작된 전자문서를 **사용**하거나 **유통**시켜서는 아니 된다.

② 유통정보화서비스를 제공하는 자는 유통표준전자문서 또는 컴퓨터 등 정보처리조직의 파일에 기록된 유통정보를 공개하여서는 아니 된다. 다만, <u>국가의 안전보장에 위해(危害)가 없고 타인의 비밀을 침해할 우려가 없는 정보로서 **대통령령**으로 정하는 것은 그러하지 아니하다.</u>

> ②에서 대통령령으로 정하는 것이란 다음 각 호의 어느 하나에 해당하는 정보를 말한다(영 제8조).
> 1. 관계 행정기관의 장, 특별시장·광역시장·도지사 또는 특별자치도지사가 행정목적상 필요에 의하여 신청하는 정보
> 2. 수사기관이 수사목적상 필요에 의하여 신청하는 정보
> 3. 법원이 제출을 명하는 정보

시장·군수·구청장이 행정목적상 필요에 의하여 신청하는 정보는 유통산업발전법령상 유통정보화서비스를 제공하는 자가 유통표준전자문서 또는 컴퓨터 등 정보처리조직의 파일에 기록된 유통정보를 공개할 수 있는 경우에 해당한다(단, 국가의 안전보장에 위해가 없고 타인의 비밀을 침해할 우려가 없는 정보에 한함). (×) [기출 13]

③ 유통정보화서비스를 제공하는 자는 유통표준전자문서를 대통령령으로 정하는 기간 (3년을 말함) 동안 보관하여야 한다.

유통정보화서비스를 제공하는 자는 유통표준전자문서를 5년 동안 보관하여야 한다. (×)

제23조 【유통전문인력의 양성】 ★☆☆

① 유통전문인력 양성사업의 시행 : 산업통상자원부장관 또는 중소벤처기업부장관은 유통전문인력을 양성하기 위하여 다음 각 호의 사업을 할 수 있다.
   1. 유통산업에 종사하는 사람의 자질 향상을 위한 교육·연수
   2. 유통산업에 종사하려는 사람의 취업·재취업 또는 창업의 촉진을 위한 교육·연수
   3. 선진유통기법의 개발·보급
   4. 그 밖에 유통전문인력을 양성하기 위하여 필요하다고 인정되는 사업

② 양성사업의 지원 및 대상 : 산업통상자원부장관 또는 중소벤처기업부장관은 다음 각호의 기관이 ①의 각 호의 사업을 하는 경우에는 예산의 범위에서 그 사업에 필요한 경비의 전부 또는 일부를 지원할 수 있다.
   1. 정부출연연구기관
   2. 대학 또는 대학원
   3. **유통연수기관**

③ 유통연수기관 : ②의 제3호의 유통연수기관이란 다음의 어느 하나에 해당하는 기관을 말한다.
   1. 「상공회의소법」에 따른 대한상공회의소
   2. 「산업발전법」에 따른 한국생산성본부
   3. 유통인력 양성을 위한 대통령령(영 제9조의2)으로 정하는 시설·인력 및 연수 실적의 기준에 적합한 법인으로서 **산업통상자원부장관**이 **지정**하는 기관

유통연수기관은 중소벤처기업부장관이 지정한다 (×) [기출 12]

④ 지정 유통연수기관의 지정절차 등 : ③의 제3호에 따른 지정유통연수기관의 지정절차 등에 관하여 필요한 사항은 산업통상자원부령(규칙 제10조)으로 정한다.

④에 따라 유통연수기관으로 지정을 받으려는 자는 유통연수기관지정신청서에 법으로 정한 서류를 갖추어 산업통상자원부장관에게 제출하여야 한다(규칙 제10조 제1항).

⑤ 유통연수기관의 지정 취소 또는 정지 사유 : 산업통상자원부장관은 지정유통연수기관이 제1호에 해당하는 경우에는 그 지정을 취소하여야 하고, 제2호에 해당하는 경우에는 그 지정을 취소하거나 3개월 이내의 기간을 정하여 지정의 효력을 정지할 수 있다.
   1. 거짓이나 그 밖의 부정한 방법으로 지정받은 경우
   2. ③의 제3호에 따른 지정기준에 적합하지 아니한 경우

⑥ **해산 사실의 통보** : 지정유통연수기관이 해산되는 경우 해당 기관의 장은 산업통상자원
부령으로 정하는 바에 따라 산업통상자원부장관에게 통보하여야 한다.

제25조【유통산업의 국제화 촉진】☆☆☆

산업통상자원부장관은 유통사업자 또는 유통사업자단체가 다음 각 호의 사업을 추진하는
경우에는 예산의 범위에서 필요한 경비의 전부 또는 일부를 지원할 수 있다.

1. 유통 관련 정보·기술·인력의 국제교류
2. 유통 관련 국제 표준화·공동조사·연구·기술 협력
3. 유통 관련 국제학술대회·국제박람회 등의 개최
4. 해외유통시장의 조사·분석 및 수집정보의 체계적인 유통
5. 해외유통시장에 공동으로 진출하기 위한 공동구매·공동판매망의 구축 등 공동협력
   사업
6. 그 밖에 유통산업의 국제화를 위하여 필요하다고 인정되는 사업

제6장 유통기능의 효율화

제26조【유통기능 효율화 시책】★☆☆

① <u>산업통상자원부장관</u>은 유통기능을 효율화하기 위하여 다음 각 호의 사항에 관한 **시책**을 마련하여야 한다.

1. 물류표준화의 촉진
2. 물류정보화 기반의 확충
3. 물류공동화의 촉진
4. 물류기능의 외부 위탁 촉진
5. 물류기술·기법의 고도화 및 선진화
6. 집배송시설 및 공동집배송센터의 확충 및 효율적 배치
7. 그 밖에 유통기능의 효율화를 촉진하기 위하여 필요하다고 인정되는 사항

> **주의** 산업통상자원부장관은 유통기능을 효율화하기 위하여 공동집배송센터의 확충 및 효율적 배치에 관한 시책을 마련하여야 한다. (O) [기출 16]

② 산업통상자원부장관은 ①의 제5호에 따른 물류기술·기법의 고도화 및 선진화를 위하여 다음 각 호의 사업을 할 수 있다.

1. 국내외 물류기술 수준의 조사
2. 물류기술·기법의 연구개발 및 개발된 물류기술·기법의 활용
3. 물류에 관한 기술협력·기술지도 및 기술이전
4. 그 밖에 물류기술·기법의 개발 및 그 수준의 향상을 위해 필요하다고 인정되는 사업

③ 산업통상자원부장관은 유통사업자·제조업자·물류사업자 또는 관련 단체가 ① 및 ②의 각 호의 사업을 하는 경우에는 산업통상자원부령으로 정하는 바에 따라 예산의 범위에서 필요한 자금을 지원할 수 있다.

제29조【공동집배송센터의 지정 등】★★★

① 공동집배송센터의 지정 : 산업통상자원부장관은 **물류공동화를 촉진**하기 위하여 필요한 경우에는 <u>시·도지사의 추천</u>을 받아 부지 면적, 시설 면적 및 유통시설로의 접근성 등 <u>산업통상자원부령(규칙 제19조)</u>으로 정하는 요건에 해당하는 지역 및 시설물을 **공동집배송센터로 지정할 수 있다.**

> ①에서 산업통상자원부령으로 정하는 요건이라 함은 다음 각 호의 요건을 말한다(규칙 제19조).
> 1. **부지면적**이 3만제곱미터 이상(상업지역 또는 공업지역의 경우에는 2만제곱미터 이상)이고, **집배송시설면적**이 1만제곱미터 이상일 것
> 2. 도시 내 유통시설로의 접근성이 우수하여 **집배송기능**이 효율적으로 이루어질 수 있는 지역 및 시설물

> **주의** 상업지역 내에서 부지면적이 1만제곱미터이고, 집배송시설면적이 5천제곱미터인 지역 및 시설물은 공동집배송센터로 지정할 수 있다. (×) [기출 21]

② 지정 추천의 신청 : ①에 따른 **공동집배송센터의 지정을 받으려는 자**는 산업통상자원부령(규칙 제20조)으로 정하는 바에 따라 공동집배송센터의 조성·운영에 관한 사업계획을 첨부하여 <u>시·도지사</u>에게 공동집배송센터 지정 추천을 **신청**하여야 한다.

공동집배송센터의 지정을 받으려는 자는 공동집배송센터의 조성·운영에 관한 사업계획을 첨부하여 산업통상자원부장관에게 공동집배송센터 지정을 신청하여야 한다. (×) [기출 16·12]

공동집배송센터의 지정 또는 변경지정에 관한 권한은 산업통상자원부장관에게 있다. (○) [기출 12]

③ **타당성 검토 등** : ②에 따라 추천 신청을 받은 **시·도지사**는 그 사업의 타당성 등을 검토한 결과 해당 지역 집배송체계의 효율화를 위하여 필요하다고 인정하는 경우에는 추천 사유서와 산업통상자원부령으로 정하는 서류를 **산업통상자원부장관**에게 **제출**하여야 한다.

④ **공동집배송센터의 변경지정** : ①에 따라 지정받은 공동집배송센터를 조성·운영하려는 자(이하 "공동집배송센터사업자"라 함)는 지정받은 사항 중 산업통상자원부령으로 정하는 중요 사항을 변경하려면 **산업통상자원부장관의 변경지정**을 받아야 한다.

> ④에서 산업통상자원부령으로 정하는 중요 사항이라 함은 다음에 해당하는 사항을 말한다(규칙 제21조).
> 1. 공동집배송센터의 배치계획 및 [별표 6] 제1호에 해당하는 주요시설
> 2. 공동집배송센터사업자
> ④에 따라 변경지정을 받고자 하는 자는 별지 제12호서식의 공동집배송센터변경지정신청서에 변경사실을 증명하는 서류 및 공동집배송센터지정서를 첨부하여 산업통상자원부장관에게 제출하여야 한다.

지정받은 공동집배송센터를 조성·운영하려는 자가 지정받은 사항 중 산업통상자원부령으로 정하는 중요 사항을 변경하려는 경우에는 공동집배송변경지정신청서를 시·도지사에게 제출하여야 한다. (×) [기출 17]

공동집배송센터의 지정을 받아 운영하는 사업자가 지정받은 공동집배송센터사업자를 변경하고자 하는 때에는 산업통상자원부장관에게 신고하여야 한다. (×) [기출 12]

⑤ **지정 또는 변경지정 전 협의** : 산업통상자원부장관은 공동집배송센터를 지정하거나 변경지정하려면 미리 관계 중앙행정기관의 장과 협의하여야 한다.

⑥ **지정 사실의 고시** : 산업통상자원부장관은 ①에 따라 공동집배송센터를 지정하였을 때에는 **산업통상자원부령**(규칙 제22조)으로 정하는 바에 따라 고시하여야 한다.

산업통상자원부장관은 공동집배송센터를 지정하였을 때에는 대통령령으로 정하는 바에 따라 고시하여야 한다. (×)

⑦ **공동집배송센터의 설치** : 공동집배송센터사업자는 **산업통상자원부령**(규칙 제23조)으로 정하는 시설기준(별표 6) 및 운영기준(별표 7)에 따라 공동집배송센터를 설치하고 운영하여야 한다.

참고 BOX

공동집배송센터의 시설기준(규칙 제23조 제1항 [별표6])

구 분	내 용
주요시설 (제1호)	주요시설은 다음에 해당하는 **집배송시설**을 갖추어야 하며, 그 연면적이 공동집배송센터 전체 연면적의 100분의 50 이상이 되도록 하여야 한다. • 보관·하역시설 : 창고·하역장 또는 이와 유사한 것, 화물적치용 건조물 또는 이와 유사한 것, 보관·하역 관련 물류자동화설비

	• **분류·포장 및 가공시설** : 공장(제조에 사용되는 시설을 제외) 또는 이와 유사한 것, 분류·포장 관련 물류자동화설비 • **수송·배송시설** : 상품의 입하·출하시설 또는 이와 유사한 시설, 수송·배송 관련 물류자동화 설비 • **정보 및 주문처리시설** : 전자주문시스템(EOS), 전자문서교환(EDI), 판매시점관리시스템(POS) 등 집배송시설 이용 상품의 흐름 및 거래업체간 상품의 주문, 수주·발주 활동을 자동적으로 파악·처리할 수 있는 정보화 시설
부대시설 (제2호)	부대시설은 집배송시설의 기능을 원활히 하기 위한 다음에 해당하는 시설이 **우선적으로 설치·운영**되도록 노력하여야 한다. • 소매점 및 휴게음식점, 전시장, 도매시장, 소매시장, 상점, 일반업무시설, 그 밖의 후생복리시설 • 일반음식점, 휴게음식점, 금융업소, 사무소, 부동산중개업소, 결혼상담소 등 소개업소, 출판사, 제조업소, 수리점, 세탁소 또는 이와 유사한 것

주의 공동집배송센터의 시설기준으로서의 전자주문시스템(EOS)은 집배송시설 기능의 원활화를 위하여 우선적으로 설치되도록 노력하여야 하는 부대시설에 해당한다. (×) [기출 18]

주의 정보 및 주문처리시설은 공동집배송센터가 갖추어야 하는 주요시설에 해당한다. (○) [기출 12]

제31조【공동집배송센터의 지원】★☆☆

① <u>산업통상자원부장관</u>은 법 제29조 ①에 따라 지정받은 공동집배송센터의 조성에 필요한 자금 등을 **지원**할 수 있다.

② 산업통상자원부장관은 공동집배송센터의 조성을 위하여 필요하다고 인정하는 경우에는 부지의 확보, 도시·군계획의 변경 또는 도시·군계획시설의 설치 등에 관하여 **시·도지사**에게 협조를 요청할 수 있다.

제32조【공동집배송센터의 신탁개발】★☆☆

① **공동집배송센터사업자**는 「자본시장과 금융투자업에 관한 법률」에 따른 신탁업자와 신탁계약을 체결하여 공동집배송센터를 **신탁개발**할 수 있다.

② ①에 따라 신탁계약을 체결한 신탁업자는 **공동집배송센터사업자의 지위**를 **승계**한다. 이 경우 공동집배송센터사업자는 계약체결일부터 **14일** 이내에 신탁계약서 사본을 **산업통상자원부장관**에게 **제출**하여야 한다.

주의 공동집배송센터를 신탁개발하는 경우 신탁계약을 체결한 신탁업자는 공동집배송센터사업자의 지위를 승계하지 않는다. (×) [기출 21]

주의 공동집배송센터사업자와 신탁계약을 체결한 신탁업자는 공동집배송센터사업자와 공동사업자의 지위를 가진다. (×) [기출 12]

주의 공동집배송센터의 신탁개발을 위하여 신탁계약을 체결한 경우 신탁업자는 계약 체결일부터 10일 이내에 신탁계약서 사본을 산업통상자원부장관에게 제출하여야 한다. (×) [기출 18·16]

제33조【시정명령 및 지정취소】★☆☆

① 시정명령 : <u>산업통상자원부장관</u>은 제29조 ① 및 ⑦에 따른 공동집배송센터의 지정요건 및 시설·운영 기준에 **미달하는 경우**에는 산업통상자원부령으로 정하는 바에 따라 공동집배송센터사업자에 대하여 **시정명령**을 할 수 있다.

② 지정취소 등 : **산업통상자원부장관**은 다음의 어느 하나에 해당하는 경우에는 공동집배송센터의 지정을 취소할 수 있다. 다만, **제1호**에 해당하는 경우에는 그 지정을 취소하여야 한다.

1. **거짓**이나 그 밖의 **부정한 방법**으로 공동집배송센터의 지정을 받은 경우
2. 공동집배송센터의 지정을 받은 날부터 정당한 사유 없이 **3년 이내**에 **시공**을 하지 아니하는 경우
3. ①에 따른 **시정명령**을 이행하지 아니하는 경우
4. 공동집배송센터사업자의 파산 등 대통령령(영 제15조)으로 정하는 사유로 정상적인 사업추진이 곤란하다고 인정되는 경우

> ②의 제4호에서 대통령령으로 정하는 사유로 정상적인 사업추진이 곤란하다고 인정되는 경우란 다음 각 호의 경우를 말한다(영 제15조).
> 1. 공동집배송센터사업자가 파산한 경우
> 2. 공동집배송센터사업자인 법인, 조합 등이 해산된 경우
> 3. 공동집배송센터의 시공후 공사가 6월 이상 중단된 경우
> 4. 공동집배송센터의 지정을 받은 날부터 5년 이내에 준공되지 아니한 경우

주의 산업통상자원부장관은 거짓이나 그 밖의 부정한 방법으로 공동집배송센터의 지정을 받은 경우에는 공동집배송센터의 지정을 취소하여야 한다. (O) [기출 17·15]

주의 산업통상자원부장관은 공동집배송센터의 지정을 받은 날부터 5년 이내에 준공되지 아니하여 정상적인 사업추진이 곤란하다고 인정되는 경우에는 공동집배송센터의 지정을 취소하여야 한다. (×)

주의 공동집배송센터의 지정을 받은 날부터 정당한 사유 없이 3년 이내에 시공을 하지 아니하는 경우 산업통상자원부장관은 그 지정을 취소하여야 한다. (×) [기출 12]

주의 공동집배송센터의 지정을 받은 날부터 정당한 사유 없이 3년 이내에 시공을 하지 아니하는 경우 산업통상자원부장관은 그 지정을 취소할 수 있다. (O) [기출 21]

제34조【공동집배송센터 개발촉진지구의 지정 등】★★☆

① 촉진지구의 지정 요청 : 시·도지사는 집배송시설의 집단적 설치를 촉진하고 집배송시설의 효율적 배치를 위하여 공동집배송센터 개발촉진지구(이하 "촉진지구"라 함)의 지정을 <u>산업통상자원부장관</u>에게 요청할 수 있다. 이 경우 지정을 요청하고자 하는 시·도지사는 다음의 서류를 산업통상자원부장관에게 제출하여야 한다.

ㄱ 촉진지구사업계획서(촉진지구의 명칭·위치 및 면적, 개발주체 및 개발방식, 센터의 배치계획 및 주요시설의 설치계획을 포함)

ㄴ 부지 및 시설배치를 표시한 축척 2만5천분의 1 이상 평면도

② 촉진지구의 지정 및 고시 : 산업통상자원부장관은 시·도지사가 ①에 따라 요청한 지역이 산업통상자원부령으로 정하는 요건에 적합하다고 판단하는 경우에는 촉진지구로 지정하고, 그 내용을 <u>산업통상자원부령으로 정하는</u> 바에 따라 고시하여야 한다.

③ 촉진지구의 지정 전 협의 : 산업통상자원부장관은 촉진지구를 지정하려면 미리 관계 <u>중앙행정기관</u>의 장과 협의하여야 한다.

④ ① 및 ②에 따른 지정의 요건 및 절차 등에 관하여 필요한 사항은 **산업통상자원부령(규칙 제24조)**으로 정한다.

촉진지구의 지정요건 및 절차(규칙 제24조 제2항 및 제3항)

구 분	내 용
지정요건 (제2항)	1. 부지의 면적이 10만제곱미터 이상일 것 2. 집배송시설 또는 공동집배송센터가 2 이상 설치되어 있을 것 3. 다음의 어느 하나에 해당하는 지역일 것 가. 「외국인투자촉진법」에 따른 외국인투자지역 나. 「자유무역지역의 지정 및 운영에 관한 법률」에 따른 자유무역지역 다. 「경제자유구역의 지정 및 운영에 관한 특별법」에 따른 경제자유구역 라. 「물류시설의 개발 및 운영에 관한 법률」에 따른 물류단지 마. 「산업입지 및 개발에 관한 법률」에 따른 국가산업단지, 일반산업단지 및 도시첨단산업단지 바. 「항공법」에 따른 공항 및 배후지 사. 「항만법」에 따른 항만 및 배후지
고시사항 (제3항)	산업통상자원부장관은 시·도지사로부터 지정요청을 받은 지역이 규정에 의한 지정요건에 적합하다고 인정하여 촉진지구로 지정한 경우에는 다음의 사항을 고시하여야 한다. 1. 촉진지구의 명칭·위치 및 면적 2. 촉진지구의 개발주체 및 개발방식 3. 센터의 배치계획 및 주요시설의 설치계획 등

주의 공사업시행기간(착공 및 준공예정일을 포함한다)은 산업통상자원부장관이 공동집배송센터 개발촉진지구를 지정한 경우 고시하는 내용에 해당한다. (×) [기출 14]

주의 부지의 면적이 8만제곱미터인 지역은 공동집배송센터개발촉진지구로 지정할 수 없다. (○) [기출 18·12]

주의 촉진지구로 지정되기 위한 요건의 하나로서, 집배송시설 또는 공동집배송센터가 2 이상 설치되어 있어야 한다. (○) [기출 12]

제35조 【촉진지구에 대한 지원】 ★☆☆

① **촉진지구에 대한 지원 : 산업통상자원부장관 또는 시·도지사**는 촉진지구의 개발을 활성화하기 위하여 촉진지구에 설치되거나 촉진지구로 이전하는 집배송시설에 대하여 자금이나 그 밖에 필요한 사항을 지원할 수 있다.

② **공동집배송센터의 직권 지정 : 산업통상자원부장관**은 촉진지구의 집배송시설에 대하여는 제29조 ①에도 불구하고 시·도지사의 추천이 없더라도 공동집배송센터로 지정할 수 있다.

> **주의** 공동집배송센터 개발촉진지구의 집배송시설에 대하여는 시·도지사가 공동집배송센터로 지정할 수 있다. (×) [기출 21]

> **주의** 촉진지구 안의 집배송시설을 공동집배송센터로 지정하기 위해서는 시·도지사의 지정추천이 있어야 한다. (×) [기출 12]

제35조의2 【국유재산·공유재산의 매각 등】 ☆☆☆

① **국가 또는 지방자치단체**는 법 제8조에 따른 대규모점포의 개설과 중소유통공동도매물류센터의 건립을 위하여 필요한 경우로서 대통령령으로 정하는 경우에는 「국유재산법」 또는 「공유재산 및 물품 관리법」에도 불구하고 국유재산·공유재산을 **수의계약**으로 매각할 수 있다. 이 경우 국유재산·공유재산의 매각의 내용 및 조건에 관하여는 「국유재산법」 또는 「공유재산 및 물품 관리법」에서 정하는 바에 따른다.

② 대규모점포를 개설하려는 자 또는 중소유통공동도매물류센터를 건립하려는 자는 도로의 개설에 관한 업무를 대통령령(영 제15조의3)으로 정하는 바에 따라 **국가기관** 또는 **지방자치단체**에 위탁하여 시행할 수 있다.

③ 대규모점포를 개설하려는 자 또는 중소유통공동도매물류센터를 건립하려는 자가 ②에 따라 도로의 개설에 관한 업무를 국가기관 또는 지방자치단체에 위탁하여 시행하는 경우에는 **산업통상자원부령**(규칙 제24조의2)으로 정하는 요율의 위탁수수료를 지급하여야 한다.

출제 POINT 빈칸 문제

···→ 산업통상자원부장관은 유통기능을 효율화하기 위하여 공동집배송센터의 확충 및 효율적 (❶)에 관한 시책을 마련하여야 한다.

···→ 공동집배송센터의 지정을 받으려는 자는 산업통상자원부령으로 정하는 바에 따라 공동집배송센터의 조성·운영에 관한 사업계획을 첨부하여 (❷)에게 공동집배송센터 지정추천을 신청하여야 한다.

···→ 산업통상자원부장관은 공동집배송센터를 지정하거나 변경지정하려면 미리 (❸)과 협의하여야 한다.

···→ 산업통상자원부장관은 공동집배송센터를 지정하였을 때에는 산업통상자원부령으로 정하는 바에 따라 (❹)하여야 한다.

···→ 공동집배송센터의 시설기준으로서 주요시설의 연면적은 공동집배송센터 전체 연면적의 (❺) 이상이 되어야 한다.

···→ 공동집배송센터의 시설기준으로서의 전자주문시스템(EOS)은 집배송시설 기능의 원활화를 위하여 우선적으로 설치되도록 노력하여야 하는 부대시설에 해당(❻).

···→ 공동집배송센터사업자는 「자본시장과 금융투자업에 관한 법률」에 따른 신탁업자와 신탁계약을 체결하여 공동집배송센터를 신탁개발할 수 있으며, 신탁계약을 체결한 신탁업자는 공동집배송센터사업자의 지위를 승계한다. 이 경우 공동집배송센터사업자는 계약체결일부터 (❼)일 이내에 신탁계약서 사본을 산업통상자원부장관에게 제출하여야 한다.

···→ 산업통상자원부장관은 공동집배송센터의 지정을 받은 날부터 (❽)년 이내에 준공되지 아니하여 정상적인 사업추진이 곤란하다고 인정되는 경우에는 그 지정을 취소할 수 있다.

···→ 시·도지사는 촉진지구의 지정을 산업통상자원부장관에게 요청할 수 있다. 이 경우 촉진지구로 지정되기 위한 요건의 하나로서, 부지의 면적은 (❾)만 제곱미터 이상이어야 하며, 집배송시설 또는 공동집배송센터는 (❿) 이상 설치되어 있어야 한다.

---

❶ 배치 ❷ 시·도지사 ❸ 관계 중앙행정기관의 장 ❹ 고시 ❺ 100분의 50 ❻ 하지 않는다. ❼ 14(일) **정답**
❽ 5(년) ❾ 10(만) ❿ 2

제7장 상거래질서의 확립

제36조【유통분쟁조정위원회】★☆☆

① **위원회의 설치 및 목적** : 유통에 관한 다음의 분쟁을 조정하기 위하여 특별시·광역시·특별자치시·도·특별자치도(이하 "시·도"라 함) 및 시(행정시를 포함)·군·구에 **각각** 유통분쟁조정위원회를 둘 수 있다.

　1. 등록된 대규모점포등과 인근 지역의 도매업자·소매업자 사이의 영업활동에 관한 분쟁. 다만, 「**독점규제 및 공정거래에 관한 법률**」을 적용받는 사항은 **제외한다**.

　2. 등록된 대규모점포등과 중소제조업체 사이의 영업활동에 관한 사항. 다만, 「독점규제 및 공정거래에 관한 법률」을 적용받는 사항은 제외한다.

　3. 등록된 대규모점포등과 인근 지역의 주민 사이의 생활환경에 관한 분쟁

　4. 대규모점포등개설자의 업무 수행과 관련한 분쟁

> **주의** 대규모점포등과 관련된 「독점규제 및 공정거래에 관한 법률」을 적용받는 사항의 조정을 원하는 자는 특별자치시·시(행정시를 포함한다. 이하 같다)·군·구의 유통분쟁조정위원회에 분쟁의 조정을 신청할 수 있다. (×) [기출 16]

② **위원회의 구성** : 위원회는 **위원장 1명을 포함**하여 **11명 이상 15명 이하**의 위원으로 구성한다.

③ **위원장** : 위원회의 위원장은 위원 중에서 **호선(互選)**한다.

④ **위원** : 위원회의 위원은 다음 각 호의 사람이 된다.

　1. 다음의 어느 하나에 해당하는 사람으로서 해당 **지방자치단체의 장이 위촉**하는 사람

　　가. 판사·검사 또는 변호사의 자격이 있는 사람

　　나. 대한상공회의소의 임원 또는 직원

　　다. **소비자단체**의 대표

　　라. 유통산업 분야에 관한 학식과 경험이 풍부한 사람

　　마. 해당 지방자치단체에 거주하는 **소비자**

　2. 해당 지방자치단체의 도매업·소매업에 관한 업무를 담당하는 **공무원**으로서 그 **지방자치단체의 장이 지명**하는 사람

⑤ **위원의 임기** : 공무원이 아닌 위원의 임기는 **2년**으로 한다.

> **주의** 유통분쟁조정위원회의 위원 중 해당 지방자치단체의 장이 위촉한 소비자단체의 대표의 임기는 2년으로 한다. (○) [기출 17]

⑥ **분쟁의 범위** : ①의 각 호에 따른 대규모점포등, 영업활동 및 생활환경의 범위에 대하여는 **대통령령**(영 제15조의4)으로 정한다.

> ⑥에 따른 생활환경은 다음 각 호의 어느 하나로 한다.
> 1. 대규모점포등의 개설로 인한 인근지역의 교통 혼잡
> 2. 대규모점포등의 개설로 인한 인근지역의 소음, 진동 및 악취
> 3. 대규모점포등의 개설로 인한 인근지역의 대기오염, 토양오염, 수질오염 및 해양오염
> 4. 그 밖에 대규모점포등의 개설로 인하여 발생하는 인근지역 주민의 생활 불편

⑦ 그 밖의 필요한 사항 : ①부터 ⑤까지에서 규정한 사항 외에 위원회의 조직 및 운영 등에 필요한 사항은 해당 **지방자치단체**의 **조례**로 정한다.

제37조 【분쟁의 조정】 ★★★

① 분쟁조정의 신청 : 제36조에 따른 대규모점포등과 관련된 분쟁의 조정을 원하는 자는 **특별자치시·시·군·구의 위원회**에 분쟁의 조정을 신청할 수 있다.

　㉠ 분쟁조정 신청서의 제출 : ①에 따라 대규모점포등과 관련된 분쟁의 조정을 신청하려는 자는 다음의 사항을 기재한 신청서를 특별자치시·시·군·구의 유통분쟁조정위원회에 제출하여야 한다(영 제16조의2).

　　1. 신청인의 성명(법인인 경우에는 그 명칭과 대표자의 성명)·주소 및 연락처

　　2. 상대방의 성명(법인인 경우에는 그 명칭과 대표자의 성명)·주소 및 연락처

　　3. 분쟁의 발단 및 경위

　　4. 상대방의 영업활동으로 인한 피해 또는 생활환경에 대한 피해

　　5. 조정을 요청하는 사항

　　6. 그 밖에 조정이 필요한 사항

　㉡ **사실의 통보** : 유통분쟁조정위원회는 유통분쟁조정신청을 받은 경우 신청일부터 **3일 이내**에 **신청인 외의 관련 당사자**에게 분쟁의 조정신청에 관한 사실과 그 내용을 **통보**하여야 한다(영 제16조 제1항).

　　　주의 유통분쟁조정신청을 받은 위원회는 신청일부터 7일 이내에 신청인 외의 관련 당사자에게 분쟁의 조정신청에 관한 사실과 그 내용을 통보하여야 한다. (×) [기출 20·11·10]

　㉢ **다수 분쟁조정신청의 통합조정** : 유통분쟁조정위원회는 동일한 **시기**에 동일한 **사안**에 대하여 **다수의 분쟁조정이 신청된 경우**에는 그 다수의 분쟁조정신청을 **통합**하여 조정할 수 있다(영 제16조의3).

　　　주의 유통분쟁조정위원회는 동일한 시기에 동일한 사안에 대하여 다수의 분쟁조정이 신청된 경우라도 그 다수의 분쟁조정신청을 통합하여 조정할 수는 없다. (×) [기출 20·17·11]

② 조정의 심사 및 조정안 작성 등 : ①에 따라 분쟁의 조정신청을 받은 위원회는 신청을 받은 날부터 **60일 이내**에 이를 심사하여 **조정안**을 작성하여야 한다. 다만, 부득이한 사정이 있는 경우에는 위원회의 의결로 그 기간을 연장할 수 있다.

　　주의 특별자치시·시·군·구의 유통분쟁조정위원회는 조정신청을 받은 날부터 60일 이내에 이를 심사하여 조정안을 작성하여야 하며, 그 기간을 연장할 수 없다. (×) [기출 16]

③ 조정안 불복 시 재조정의 신청 : ②에 따른 시(특별자치시는 제외함)·군·구의 위원회의 **조정안에 불복하는 자**는 조정안을 제시받은 날부터 **15일 이내**에 **시·도의 위원회**에 조정을 신청할 수 있다.

　　주의 시(특별자치시는 제외한다)·군·구의 유통분쟁조정위원회의 조정안에 불복하는 자는 조정안을 제시받은 날부터 30일 이내에 특별시·광역시·특별자치시·도·특별자치도의 위원회에 조정을 신청할 수 있다. (×) [기출 16]

④ 재조정의 심사 및 조정안 작성 등 : ③에 따라 조정신청을 받은 **시·도의 위원회**는 그 신청 내용을 **시·군·구의 위원회 및 신청인 외의 당사자**에게 **통지**하고, 조정신청을 받은 날부터 **30일 이내**에 이를 심사하여 **조정안**을 작성하여야 한다. 다만, 부득이한 사정이 있는 경우에는 위원회의 의결로 그 기간을 연장할 수 있다.

⑤ 심사기한 연장 시 당사자 통보 : 위원회는 ②의 단서 및 ④의 단서에 따라 기간을 연장하는 경우에는 기간을 연장하게 된 사유 등을 당사자에게 통보하여야 한다.

제38조【자료 요청 등】☆☆☆

① 자료 요청 : 위원회는 분쟁조정을 위해 필요한 자료를 제공하여 줄 것을 당사자 또는 참고인에게 요청할 수 있다. 이 경우 해당 당사자는 정당한 사유가 없으면 요청에 따라야 한다.

② 의견 청취 : 위원회는 필요하다고 인정하는 경우에는 당사자 또는 참고인으로 하여금 위원회에 출석하게 하여 그 의견을 들을 수 있다.

제39조【조정의 효력】★★☆

① 조정안 제시 : 위원회는 제37조에 따라 조정안을 작성하였을 때에는 **지체 없이** 조정안을 각 당사자에게 제시하여야 한다.

② 수락 여부의 통보 : ①에 따라 조정안을 제시받은 당사자는 그 제시를 받은 날부터 **15일 이내**에 그 수락 여부를 위원회에 통보하여야 한다.

③ 조정서의 작성 : 당사자가 조정안을 수락하였을 때에는 위원회는 **즉시** 조정서를 작성하여야 하며, **위원장 및 각 당사자**는 조정서에 기명날인하거나 서명하여야 한다.

④ 합의의 성립 : 당사자가 ③에 따라 조정안을 수락하고 조정서에 기명날인하거나 서명하였을 때에는 당사자 간에 조정서와 동일한 내용의 **합의가 성립**된 것으로 본다.

> **주의** 유통분쟁조정위원회가 작성한 조정안을 제시받은 당사자 및 이해관계인은 그 제시를 받은 날로부터 30일 이내에 그 수락 여부를 유통분쟁조정위원회에 통보하여야 한다. (×) [기출 17·10]

> **주의** 당사자가 조정안을 수락하였을 때에는 유통분쟁조정위원회는 즉시 조정서를 작성하여야 하며, 위원장 및 각 위원이 조정서에 기명날인 또는 서명함으로써 효력이 발생한다. (×) [기출 16]

> **주의** 당사자가 조정안을 수락하면 재판상 화해가 성립된 것으로 본다. (×) [기출 20·16]

제40조【조정의 거부 및 중지】★☆☆

① 조정의 거부 : 위원회는 분쟁의 성질상 위원회에서 조정함이 적합하지 아니하다고 인정하거나 부정한 목적으로 신청되었다고 인정하는 경우에는 **조정을 거부할 수 있다**. 이 경우 조정거부의 사유 등을 당사자에게 통보하여야 한다.

② 조정의 정지 : 위원회는 신청된 조정사건에 대한 처리절차의 진행 중에 한쪽 당사자가 **소(訴)를 제기한 때**에는 그 조정의 처리를 **중지**하고 그 사실을 당사자에게 통보하여야 한다.

> **주의** 유통분쟁조정위원회는 유통분쟁조정이 부정한 목적으로 신청된 경우를 제외하고는 당해 조정을 거부할 수 없다. (×) [기출 17·11]

제41조 【조정절차 등】 ☆☆☆

제36조부터 제40조까지에서 규정한 사항 외에 분쟁의 조정방법, 조정절차, 조정업무의 처리 및 조정비용의 분담 등에 필요한 사항은 대통령령으로 정한다.

유통분쟁조정비용의 분담(영 제17조)

유통분쟁의 조정을 위한 연구용역이 필요한 경우로서 당사자가 그 용역의뢰에 합의한 경우 그에 필요한 비용은 당사자가 같은 비율로 부담한다. 다만, 당사자간 비용분담에 대하여 다른 약정이 있는 경우에는 그 약정에 따른다.

제42조 【비영리법인에 대한 권고】 ☆☆☆

① 지방자치단체의 장은 「민법」이나 그 밖의 법률에 따라 설립된 비영리법인이 판매사업을 할 때 그 법인의 목적사업의 범위를 벗어남으로써 인근 지역의 도매업자 또는 소매업자의 이익을 현저히 해치고 있다고 인정하는 경우에는 해당 법인에 대하여 목적사업의 범위를 벗어난 판매사업을 중단하도록 권고할 수 있다.

② 지방자치단체의 장은 제1항에 해당하는 비영리법인에 대하여 판매사업에 관한 현황 등의 자료를 제공하여 줄 것을 요청할 수 있다.

제43조 【상거래의 투명화】 ☆☆☆

정부는 유통부문에서 공정하고 투명한 상거래가 이루어질 수 있도록 노력하여야 한다.

출제 POINT 빈칸 문제

···유통에 관한 분쟁을 조정하기 위하여 시·도 및 시(행정시를 포함)·군·구에 (❶) 유통분쟁조정위원회를 둘 수 있다.

···유통분쟁조정위원회는 위원장 1명을 포함하여 (❷)의 위원으로 구성한다.

···유통분쟁조정위원회의 위원 중 해당 지방자치단체의 장이 위촉한 소비자단체의 대표의 임기는 (❸)년으로 한다.

···대규모점포등과 관련된 분쟁의 조정을 원하는 자[대규모점포등과 관련된 「독점규제 및 공정거래에 관한 법률」을 적용받는 사항의 조정을 원하는 자 (❹)]는 특별자치시·시·군·구의 위원회에 분쟁의 조정을 신청할 수 있다.

···유통분쟁조정위원회는 유통분쟁조정신청을 받은 경우 신청일부터 (❺)일 이내에 신청인 외의 관련 당사자에게 분쟁조정신청에 관한 사실과 그 내용을 통보해야 한다. 이 경우 위원회는 분쟁의 성질상 위원회에서 조정함이 적합하지 않다고 인정하는 경우 조정을 거부할 수 있다.

···분쟁의 조정신청을 받은 시(특별자치시는 제외)·군·구의 위원회는 신청을 받은 날부터 (❻) 이내에 이를 심사하여 조정안을 작성하여야 한다. 다만, 부득이한 사정이 있는 경우에는 위원회의 의결로 그 기간을 연장할 수 있다.

···시(특별자치시는 제외)·군·구의 위원회의 조정안에 불복하는 자는 조정안을 제시받은 날부터 (❼) 이내에 시·도의 위원회에 조정을 신청할 수 있다. 조정신청을 받은 시·도의 위원회는 그 신청내용을 시·군·구의 위원회 및 신청인 외의 당사자에게 통지하고, 조정신청을 받은 날부터 (❽) 이내에 이를 심사하여 조정안을 작성하여야 한다.

··· 조정안을 제시받은 당사자는 그 제시를 받은 날부터 (❾) 이내에 그 수락 여부를 위원회에 통보하여야 한다.

··· 당사자가 조정안을 수락하고 조정서에 기명날인하거나 서명하였을 때에는 당사자 간에 조정서와 동일한 내용의 (❿)가 성립된 것으로 본다.

··· 유통분쟁의 조정을 위한 연구용역이 필요한 경우로서 당사자가 그 용역의뢰에 합의한 경우 그에 필요한 비용은 당사자가 (⓫) 비율로 부담한다.

❶ 각각 ❷ 11명 이상 15명 이하 ❸ 2(년) ❹ 제외 ❺ 3(일) ❻ 60(일) ❼ 15(일) ❽ 30(일) ❾ 15(일) **정답**
❿ 합의 ⓫ 같은

제8장 보칙

제44조【청문】★☆☆

산업통상자원부장관, **중소벤처기업부장관** 또는 특별자치시장·시장·군수·구청장은 다음 각 호의 어느 하나에 해당하는 처분을 하려면 **청문**을 하여야 한다.

1. 대규모점포등 개설등록의 취소
2. 지정유통연수기관의 취소
3. 유통관리사 자격의 취소
4. 공동집배송센터 지정의 취소

주의 유통관리사 자격의 정지 (×) 전통상업보존구역 지정의 취소 (×), 공동집배송센터 개발촉진지구 지정의 취소 (×) [기출 13·09]

제44조의2【대규모점포등의 관리현황 점검·감독 등】☆☆☆

① **산업통상자원부장관** 또는 **특별자치시장·시장·군수·구청장**은 대규모점포등관리자의 업무집행 및 비용의 징수·관리 등에 관하여 확인이 필요하다고 인정될 때에는 **대규모점포등관리자**에 대하여 그 업무에 관한 사항을 보고하게 하거나 자료를 제출하게 할 수 있으며, 관계 공무원에게 사업장 등을 출입하여 관계 서류 등을 검사하게 할 수 있다.

② ①에 따른 검사를 하려는 공무원은 검사 3일 전까지 그 일시·목적 및 내용을 검사대상자에게 통지하여야 한다. 다만, 긴급히 검사하여야 하거나 사전에 알리면 증거인멸 등으로 검사목적을 달성할 수 없다고 인정하는 경우에는 그러하지 아니하다.

③ ①에 따라 출입·검사를 하는 공무원은 그 권한을 표시하는 **증표**를 지니고 이를 관계인에게 보여 주어야 한다.

④ **산업통상자원부장관**은 **특별자치시장·시장·군수·구청장**으로 하여금 대규모점포등관리자의 현황, 업무의 집행 및 비용의 징수·관리 등에 관한 사항을 보고하게 할 수 있다.

제45조 【보고】 ☆☆☆

① **시 · 도지사** 또는 **시장 · 군수 · 구청장**은 산업통상자원부령으로 정하는 바에 따라 다음 각 호의 사항을 **산업통상자원부장관**에게 보고하여야 한다.

1. 지역별 시행계획 및 추진 실적
2. 대규모점포등 개설등록 · 취소 및 대규모점포등개설자의 업무를 수행하는 자의 신고현황
3. 분쟁의 조정 실적
4. **비영리법인**에 대한 권고 실적

② 산업통상자원부장관, 중소벤처기업부장관 또는 **지방자치단체의 장**은 이 법에 따른 자금 등의 지원을 위하여 특히 필요하다고 인정하는 경우에는 다음 각 호에 해당하는 자에 대하여 사업실적 등 산업통상자원부령으로 정하는 사항을 보고하게 할 수 있다.

1. 중소유통공동도매물류센터운영자 또는 공동집배송센터사업시행자
2. 유통사업자단체
3. 제23조 ②의 각 호의 유통연수기관

제46조 【권한 또는 업무의 위임 · 위탁】 ☆☆☆

① 이 법에 따른 산업통상자원부장관의 권한은 대통령령으로 정하는 바에 따라 그 일부를 **국가기술표준원장**에게 위임할 수 있다.

② 이 법에 따른 산업통상자원부장관 또는 중소벤처기업부장관의 권한은 대통령령으로 정하는 바에 따라 그 일부를 **시 · 도지사**에게 위임할 수 있다.

③ 이 법에 따른 산업통상자원부장관의 권한은 대통령령으로 정하는 바에 따라 그 일부를 **중소벤처기업부장관**에게 위탁할 수 있다.

④ 산업통상자원부장관은 제24조에 따른 유통관리사 자격시험의 실시에 관한 업무를 대통령령으로 정하는 바에 따라 **대한상공회의소**에 위탁할 수 있다.

⑤ 산업통상자원부장관은 제7조의4에 따른 유통산업의 실태조사에 관한 업무를 「통계법」제15조에 따른 **통계작성지정기관**에 위탁할 수 있다.

제47조 【벌칙 적용 시의 공무원 의제】 ☆☆☆

제46조 제4항에 따라 위탁한 업무에 종사하는 대한상공회의소의 임원 및 직원은 「형법」제129조부터 제132조까지(수뢰 · 사전수뢰, 제3자뇌물제공, 수뢰후부정처사 · 사후수뢰, 알선수뢰)의 규정을 적용할 때에는 **공무원**으로 본다.

제48조 【수수료】 ☆☆☆

제8조에 따라 대규모점포등의 개설등록을 하려는 자는 산업통상자원부령으로 정하는 범위(**10만원**을 말함)에서 특별자치시 · 시 · 군 · 구의 조례로 정하는 바에 따라 수수료를 내야 한다.

제48조의2 【규제의 존속기한】 ☆☆☆

제2조제4호, 제8조 제1항 · 제2항 중 준대규모점포와 관련된 부분, 제8조 제3항 · 제4항 및 제13조의3(전통상업보존구역의 지정)은 **2025년 11월 23일**까지 그 효력을 가진다.

제9장 벌칙

제49조 · 제50조 【벌칙】 ★★☆

① 10년 이하의 징역 또는 1억원 이하의 벌금 : 유통표준전자문서를 <u>위작 또는 변작</u>하거나 위작 또는 변작된 전자문서를 <u>사용</u>하거나 <u>유통</u>시킨 자(미수범은 처벌한다).

② 1년 이하의 징역 또는 3천만원 이하의 벌금

   1. <u>개설등록</u>을 하지 아니하고 대규모점포등을 개설하거나 거짓이나 그 밖의 부정한 방법으로 대규모점포등의 개설등록을 한 자

   2. 대규모점포등관리자 <u>신고</u>를 하지 아니하고 대규모점포등개설자의 업무를 수행하거나 거짓이나 그 밖의 부정한 방법으로 대규모점포등개설자의 업무수행신고를 한 자

③ 1년 이하의 징역 또는 1천만원 이하의 벌금 : 유통표준전자문서를 의무기간 <u>3년 동안</u> 보관하지 아니한 자

④ 1천만원 이하의 벌금 : 법령에 위반하여 유통표준전자문서 또는 컴퓨터 등 정보처리조직의 파일에 기록된 <u>유통정보를 공개</u>한 자

> **주의** 유통표준전자문서를 위작 또는 변작하거나 위작 또는 변작된 전자문서를 사용하거나 유통시킨 대규모점포개설자는 5년 이하의 징역 또는 5천만원 이하의 벌금에 처한다. (×) [기출 10]

> **주의** 개설등록을 하지 아니하고 대규모점포 등을 개설한 자는 1년 이하의 징역 또는 1천만원 이하의 벌금에 처한다. (×) [기출 18]

> **주의** 법령에 위반하여 법령에 위반하여 유통표준전자문서 또는 컴퓨터 등 정보처리조직의 파일에 기록된 유통정보를 공개한 자는 3천만원 이하의 벌금에 처한다. (×) [기출 12]

제51조 【양벌규정】 ☆☆☆

법인의 대표자나 법인 또는 개인의 대리인, 사용인, 그 밖의 종업원이 그 법인 또는 개인의 업무에 관하여 제49조 또는 제50조의 위반행위를 하면 그 행위자를 벌하는 외에 그 법인 또는 개인에게도 해당 조문의 벌금형을 과(科)한다. 다만, 법인 또는 개인이 그 위반행위를 방지하기 위하여 해당 업무에 관하여 상당한 주의와 감독을 게을리하지 아니한 경우에는 그러하지 아니하다.

> **주의** 법인의 대표자나 법인 또는 개인의 대리인, 사용인, 그 밖의 종업원이 그 법인 또는 개인의 업무에 관하여 법령에서 정한 위반행위를 하면 그 행위자를 벌하는 외에 그 법인 또는 개인에게도 해당 조문의 형을 과한다. (×)

제52조 【과태료】 ★☆☆

처분행위	과태료 금액
• 명령을 위반하여 대규모점포등에 대한 영업제한시간에 영업을 한 자 • 대규모점포등의 의무휴업 명령을 위반한 자	1억원 이하의 과태료
• 회계감사를 받지 아니하거나 부정한 방법으로 받은 자 • 회계감사를 방해하는 등에 해당하는 행위를 한 자	1천만원 이하의 과태료

• 대규모점포등의 변경등록을 하지 아니하거나 거짓이나 그 밖의 부정한 방법으로 변경 등록을 한 자 • 법으로 정한 대규모점포등개설자의 업무를 수행하지 아니한 자 • 대규모점포등의 관리비 등의 내역을 공개하지 아니하거나 거짓으로 공개한 자 • 법령을 위반하여 입찰방식이 아닌 다른 방식으로 계약을 체결한 자 • 계약서를 공개하지 아니하거나 거짓으로 공개한 자 • 장부 및 증빙서류를 작성 또는 보관(5년)하지 아니하거나 거짓으로 작성한 자 • 매장면적의 2분의 1 이상의 점포를 직영하는 대규모점포등 관리자가 고유재산과 분리 하지 않고 회계처리를 한 자 • 장부나 증빙서류 등의 정보에 대한 열람, 복사의 요구에 응하지 아니하거나 거짓으로 응한 자 • 회계감사의 결과를 공개하지 아니하거나 거짓으로 공개한 자 • 관리규정에 대한 열람이나 복사의 요구에 응하지 아니하거나 거짓으로 응한 자 • 법령을 위반하여 임시시장을 개설한 자 • 법령을 위반하여 공동집배송센터의 지정받은 사항 중 중요 사항에 대한 변경지정을 받지 아니한 자 • 산업통상자원부장관의 시정명령을 이행하지 아니한 공동집배송센터 사업자 • 사업실적 등 산업통상자원부령으로 정하는 사항에 대한 보고를 거짓으로 한 자	500만원 이하의 과태료

※ 위의 규정에 따른 과태료는 대통령령으로 정하는 바에 따라 산업통상자원부장관, 중소벤처기업부장관 또는 지방자치단체의 장이 부과·징수한다.

출제 POINT 빈칸 문제

⋯ 산업통상자원부장관, 중소벤처기업부장관 또는 특별자치시장·시장·군수·구청장은 법 제44조 에서 정한 처분을 하려면 청문을 하여야 한다. 여기서 법 제44조에서 정한 처분이란 대규모점포등 개설등록의 취소, (❶)의 취소, (❷) 자격의 취소, 공동집배송센터 지정의 취소에 해당하는 처분 을 말한다.

⋯ 시·도지사 또는 시장·군수·구청장은 지역별 유통산업발전 시행계획 및 추진 실적, 대규모점포 등 개설등록·취소 및 대규모점포 등 개설자의 업무를 수행하는 자의 신고현황, 유통분쟁의 조정실 적, (❸)법인에 대한 권고실적에 관한 사항을 (❹)에게 보고하여야 한다.

⋯ 유통표준전자문서를 의무기간 3년 동안 보관하지 아니한 자에게는 (❺) 이하의 징역 또는 (❻)원 이하의 벌금에 처한다.

⋯ 대규모점포등에 대한 의무휴업 명령을 위반한 자는 (❼)원 이하의 과태료를 부과한다.

❶ 지정유통연수기관 ❷ 유통관리사 ❸ 비영리 ❹ 산업통상자원부장관 ❺ 1년 ❻ 1천만 ❼ 1억(원) **정답**

PART 05

항만운송사업법

제1장 총 칙

제1조 【목적】 ☆☆☆

이 법은 항만운송에 관한 질서를 확립하고, 항만운송사업의 건전한 발전을 도모하여 공공의 복리를 증진함을 목적으로 한다.

제2조 【정의】 ★★★

① 항만운송 : 타인의 수요에 응하여 하는 행위로서 다음 ㉠~㉤ 중의 어느 하나에 해당하는 것을 말한다.

㉠ 선박을 이용하여 **운송된 화물**을 화물주(貨物主) 또는 선박운항업자의 위탁을 받아 항만에서 선박으로부터 인수하거나 화물주에게 인도하는 행위

㉡ 선박을 이용하여 **운송될 화물**을 화물주 또는 선박운항업자의 위탁을 받아 항만에서 화물주로부터 인수하거나 선박에 인도하는 행위

㉢ ㉠ 또는 ㉡의 행위에 **선행**하거나 **후속하여** ㉣부터 ㉤까지의 행위를 **하나로 연결**하여 하는 행위

㉣ 항만에서 화물을 선박에 **싣거나** 선박으로부터 **내리는 일**

㉤ 항만에서 선박 또는 부선(艀船)을 이용하여 화물을 운송하는 행위, 해양수산부령으로 정하는 **항만과 항만 외의 장소와의 사이**(이하 "**지정구간**"이라 함)에서 부선 또는 범선을 이용하여 화물을 운송하는 행위와 항만 또는 지정구간에서 부선 또는 뗏목을 **예인선**으로 끌고 항해하는 행위. 다만, 다음 각 목의 어느 하나에 해당하는 운송은 제외한다.

(▼ "항만운송"으로 보지 않는 운송).

가. 「해운법」에 따른 **해상화물운송사업자**가 하는 운송

나. 「해운법」에 따른 **해상여객운송사업자**가 여객선을 이용하여 하는 **여객운송**에 수반되는 화물 운송

다. 해양수산부령으로 정하는 운송

> 다목에서 해양수산부령으로 정하는 운송이란 다음의 운송을 말한다(규칙 제2조).
> 1. 선박에서 사용하는 물품을 공급하기 위한 운송
> 2. 선박에서 발생하는 분뇨 및 폐기물의 운송
> 3. 탱커선 또는 어획물운반선(어업장에서부터 양륙지까지 어획물 또는 그 제품을 운반하는 선박)에 의한 운송

주의 선박에서 발생하는 폐기물의 운송은 항만운송에 해당한다. (×) [기출 17]

주의 해운법에 따른 해상화물운송사업자가 하는 운송은 항만운송에서 제외된다. (○) [기출 15]

주의 선박에서 사용하는 물품을 공급하기 위한 운송은 타인의 수요에 응하여 하는 행위로서 항만운송에 해당한다. (×) [기출 20]

ㅂ) 항만에서 선박 또는 부선을 이용하여 운송된 화물을 **창고 또는 하역장**[수면(水面) 목재저장소는 제외함]에 들여놓는 행위

ㅅ) 항만에서 선박 또는 부선을 이용하여 운송될 화물을 하역장에서 내가는 행위

ㅇ) 항만에서 ㅂ) 또는 ㅅ)에 따른 화물을 하역장에서 싣거나 내리거나 보관하는 행위

ㅈ) 항만에서 ㅂ) 또는 ㅅ)에 따른 화물을 부선에 싣거나 부선으로부터 내리는 행위

ㅊ) 항만이나 지정구간에서 **목재를 뗏목으로 편성**하여 운송하는 행위

ㅋ) 항만에서 뗏목으로 편성하여 운송된 목재를 수면 목재저장소에 들여놓는 행위나, 선박 또는 부선을 이용하여 운송된 목재를 수면 목재저장소에 들여놓는 행위

ㅌ) 항만에서 뗏목으로 편성하여 운송될 목재를 수면 목재저장소로부터 내가는 행위나, 선박 또는 부선을 이용하여 운송될 목재를 수면 목재저장소로부터 내가는 행위

ㅍ) 항만에서 ㅋ) 또는 ㅌ)에 따른 목재를 수면(水面) 목재저장소에서 싣거나 내리거나 보관하는 행위

ㅎ) 선적화물(船積貨物)을 싣거나 내릴 때 그 **화물의 개수를 계산**하거나 그 화물의 **인도 · 인수를 증명**하는 일[이하 "**검수(檢數)**"라 함]

ㄲ) 선적화물 및 선박(부선을 포함)에 관련된 **증명 · 조사 · 감정**을 하는 일[이하 "**감정(鑑定)**"이라 함]

ㄸ) 선적화물을 싣거나 내릴 때 그 화물의 **용적 또는 중량을 계산**하거나 **증명**하는 일[이하 "**검량(檢量)**"이라 함]

주의 통선(通船)으로 본선과 육지 간의 연락을 중계하는 행위는 항만운송의 유형으로 분류할 수 없다. (○) [기출 21]

주의 항만에서 목재를 뗏목으로 편성하여 운송하는 행위는 항만운송에 해당한다. (○) [기출 17]

주의 검량은 선적화물을 싣거나 내릴 때 그 화물의 개수를 계산하거나 그 화물의 인도 · 인수를 증명하는 일로서 항만운송에 해당한다. (×) [기출 20]

주의 항만운송의 종류 중 보증이란 선적화물 및 선박(부선을 포함한다)에 관련된 증명 · 조사 · 감정을 하는 일을 말한다. (×) [기출 13 · 11]

② **항만운송사업** : 영리를 목적으로 하는지 여부에 **관계없이** 항만운송을 하는 사업을 말한다.

주의 항만운송사업이란 영리를 목적으로 항만운송을 하는 사업을 말한다. (×) [기출 13]

③ **항만** : 다음 각 호의 어느 하나에 해당하는 것을 말한다.

1. 「항만법」에 따른 항만 중 해양수산부령으로 지정하는 항만(항만시설을 포함)

2. 「항만법」에 따른 항만 외의 항만으로서 해양수산부령으로 수역(水域)을 정하여 지정하는 항만(항만시설을 포함)

3. 「항만법」에 따라 해양수산부장관이 지정 · 고시한 항만시설

주의 이 법에서 항만이란 「항만법」에 따른 항만 중 대통령령으로 지정하는 항만만을 말한다. (×) [기출 09]

④ 항만운송관련사업 : 항만에서 선박에 물품이나 역무(役務)를 제공하는 **항만용역업·선용품공급업·선박연료공급업·선박수리업 및 컨테이너수리업**을 말하며, 업종별 사업의 내용은 **대통령령(영 제2조)**으로 정한다. 이 경우 **선용품공급업**은 건조 중인 선박 또는 해상구조물 등에 선용품을 공급하는 경우를 포함한다.

 참고 BOX

항만운송관련사업의 업종별 사업(영 제2조)

종 류	정 의
항만용역업	다음의 행위를 하는 사업을 말함 • 통선(通船)으로 본선(本船)과 육지 사이에서 사람이나 문서 등을 운송하는 행위 • 본선을 경비(警備)하는 행위나 본선의 이안(離岸) 및 접안(接岸)을 보조하기 위하여 줄잡이 역무(役務)를 제공하는 행위 • 선박의 청소[유창(油艙) 청소는 제외], 오물 제거, 소독, 폐기물의 수집·운반, 화물 고정, 칠 등을 하는 행위 • 선박에서 사용하는 맑은 물을 공급하는 행위
선용품공급업	선박(건조 중인 선박 및 해양구조물 등을 포함한다)에 음료, 식품, 소모품, 밧줄, 수리용 예비부분품 및 부속품, 집기, 그 밖에 이와 유사한 선용품을 공급하는 사업
선박연료공급업	선박용 연료를 공급하는 사업
선박수리업	선체, 기관 등 선박시설 및 설비를 수리, 교체 또는 도색하는 사업
컨테이너수리업	컨테이너를 수리하는 사업

주의 항만운송관련사업의 업종별 사업 중 선박용 연료를 공급하는 사업은 항만용역업에 속하는 사업에 해당한다. (×) [기출 18]

주의 항만운송관련사업의 업종별 사업 중 선체, 기관 등 선박시설 및 설비를 수리, 교체 또는 도색하는 사업은 항만운송관련사업에 속한다. (×) [기출 18 · 15]

주의 항만운송관련사업의 업종별 사업 중 선박의 유창(油艙) 청소를 하는 행위는 항만용역업의 내용에서 제외되는 사업에 속한다. (○) [기출 15 · 12]

주의 항만운송관련사업 중 선박에서 사용하는 맑은 물을 공급하는 행위를 하는 사업은 선용품공급업이다. (×) [기출 14 · 13]

⑤ 검수사 : 직업으로서 검수에 종사하는 자를, "**감정사**"란 직업으로서 감정에 종사하는 자를, "**검량사**"란 직업으로서 검량에 종사하는 자를 말한다.

⑥ 부두운영회사 : 제3조 제1호에 따른 항만하역사업 및 그 부대사업을 수행하기 위하여 「항만법」에 따른 항만시설운영자 또는 「항만공사법」에 따른 항만공사(이하 "**항만시설운영자등**"이라 함)와 부두운영계약을 체결하고, 「항만법」에 따른 항만시설 및 그 항만시설의 운영에 필요한 장비·부대시설 등을 일괄적으로 임차하여 사용하는 자를 말한다. 다만, 다음 각 호의 어느 하나에 해당하는 자는 **제외한다(▼ "부두운영회사"로 보지 않는 임차 사용자).**

1. 「항만공사법」에 따른 항만공사와 임대차계약을 체결하고, 해양수산부장관이 컨테이너 부두로 정하여 고시한 **항만시설을 임차**하여 사용하는 자
2. 그 밖에 특정 화물에 대하여 전용 사용되는 등 **해양수산부장관**이 부두운영회사가 운영하기에 적합하지 아니하다고 인정하여 고시한 **항만시설을 임차**하여 사용하는 자

⑦ **관리청** : 항만운송사업 및 항만운송관련사업의 등록, 신고 및 관리 등에 관한 행정업무를 수행하는 다음 각 호의 구분에 따른 **행정관청**을 말한다. 다만, 제3조 제3호 및 제4호에 따른 감정사업 및 검량사업에 관한 경우에는 **해양수산부장관**을 말한다.
1. 「항만법」에 따른 국가관리무역항 및 국가관리연안항 : 해양수산부장관
2. 「항만법」에 따른 지방관리무역항 및 지방관리연안항 : 특별시장·광역시장·도지사 또는 특별자치도지사(이하 "시·도지사"라 함)

제3조 【사업의 종류】 ★☆☆

항만운송사업의 종류는 다음 각 호와 같다.
1. 항만하역사업(법 제2조 ① ㉠부터 ㉒까지의 행위를 하는 사업)
2. 검수사업(법 제2조 ① ㉭의 행위를 하는 사업)
3. 감정사업(법 제2조 ① ㉮의 행위를 하는 사업)
4. 검량사업(법 제2조 ① ㉯의 행위를 하는 사업)

> **주의** 선적화물을 싣거나 내릴 때 그 화물의 용적 또는 중량을 계산하거나 증명하는 일을 하는 사업은 검수사업이다. (×) [기출 14·13]

출제 POINT 빈칸 문제

··· 선박에서 사용하는 물품을 공급하기 위한 운송, 선박에서 발생하는 분뇨 및 폐기물의 운송, 탱커선 또는 어획물운반선(어업장에서부터 양륙지까지 어획물 또는 그 제품을 운반하는 선박)에 의한 운송은 항만운송에서 (❶)되는 운송이다.

··· 항만운송사업이란 영리를 목적으로 하는지 여부에 (❷) 항만운송을 하는 사업을 말한다.

··· (❸)란 선적화물(船積貨物)을 싣거나 내릴 때 그 화물의 개수를 계산하거나 그 화물의 인도·인수를 증명하는 일을 말한다.

··· (❹)이란 선적화물을 싣거나 내릴 때 그 화물의 용적 또는 중량을 계산하거나 증명하는 일을 말한다.

··· (❺)이란 항만에서 선박에 물품이나 역무(役務)를 제공하는 항만용역업·선용품공급업·선박연료공급업·선박수리업 및 컨테이너수리업을 말한다.

··· 본선을 경비(警備)하는 행위나 본선의 이안(離岸) 및 접안(接岸)을 보조하기 위하여 줄잡이 역무(役務)를 제공하는 행위를 하는 사업은 (❻)에 속하는 사업이다.

··· 선박운항에 필요한 물품 및 주식·부식을 공급하고 선박의 침구류 등을 세탁하는 사업은 (❼)이다.

··· (❽)이란 항만운송사업 및 항만운송관련사업의 등록, 신고 및 관리 등에 관한 행정업무를 수행하는 다음의 구분에 따른 행정관청을 말한다.

❶ 제외 ❷ 관계없이 ❸ 검수 ❹ 검량 ❺ 항만운송관련사업 ❻ 항만용역업 ❼ 선용품공급업 ❽ 관리청 **정답**

제2장 항만운송사업

제4조 【사업의 등록】 ★★☆

① 사업의 등록 : 항만운송사업을 하려는 자는 제3조에 따른 사업의 **종류별**로 **관리청**에 **등록**하여야 한다.

② 항만별 등록 : **항만하역사업**과 **검수사업**은 **항만별**로 **등록**한다.

③ 항만하역사업의 등록구분 : **항만하역사업의 등록**은 이용자별·취급화물별 또는「항만법」의 항만시설별로 등록하는 **한정하역사업**과 그 외의 **일반하역사업**으로 구분하여 행한다.

> **주의** 항만하역사업과 검수사업, 감정사업 및 검량사업 모두를 영위하려는 자는 사업을 통합하여 항만운송사업으로 해양수산부장관에게 등록할 수 있다. (×) [기출 14]

> **주의** 항만하역사업과 감정사업은 항만별로 등록한다. (×) [기출 19·13]

제5조 【등록의 신청】 ★☆☆

① 등록신청 방법 : **항만운송사업의 등록을 신청하려는 자**는 해양수산부령으로 정하는 바에 따라 사업계획을 첨부한 등록신청서를 **관리청**에 **제출**하여야 한다.

①에 따라 항만운송사업의 등록을 신청하려는 자는 항만운송사업 등록신청서(전자문서로 된 신청서를 포함)에 사업계획서와 법정 구분 서류를 첨부하여 해양수산부장관, 지방해양수산청장 또는 특별시장·광역시장·도지사·특별자치도지사(이하 "시·도지사"라 함)에게 제출하여야 한다(규칙 제4조 제1항).

② 등록요건 검토 및 등록증 발급 : **관리청**은 ①에 따른 등록신청을 받으면 사업계획과 제6조의 **등록기준**을 검토한 후 등록요건을 모두 갖추었다고 인정하는 경우에는 해양수산부령으로 정하는 바에 따라 **등록증**을 발급하여야 한다.

해양수산부장관, 지방해양수산청장 또는 시·도지사는 ①에 따른 등록신청이 같은 조 ②에 따른 등록요건을 모두 갖추었다고 인정하는 경우에는 항만운송사업 등록증을 발급하여야 한다(규칙 제6조).

제6조 【등록기준】 ★☆☆

제4조에 따른 등록에 필요한 시설·자본금·노동력 등에 관한 기준은 **대통령령(영 제4조 별표 1·2)**으로 정한다. 다만, 관리청은 제4조 ③에 따른 **한정하역사업**에 대하여는 이용자·취급화물 또는 항만시설의 특성을 고려하여 그 등록기준을 완화할 수 있다.

제7조 【검수사등의 자격 및 등록】 ★☆☆

① **검수사·감정사 또는 검량사**(이하 "검수사등"이라 함)가 되려는 자는 해양수산부장관이 실시하는 **자격시험에 합격**한 후 해양수산부령(규칙 제10조)으로 정하는 바에 따라 해양수산부장관에게 **등록**하여야 한다.

①에 따라 검수사등의 등록을 하려는 사람은 검수사등 등록신청서에 주민등록증 사본 등 법정 서류를 첨부하여 한국검수검정협회의 장(이하 "한국검수검정협회장"이라 함)에게 제출하여야 한다.

> **주의** 검수사등 등록신청서를 시·도지사에게 제출하여야 한다. (×)

② 검수사등 자격시험의 시행일을 기준으로 제8조의 **결격사유**에 해당하는 사람은 검수사
등 자격시험에 응시할 수 없다.

③ ①에 따른 자격시험의 응시자격, 시험과목 및 시험방법 등에 관하여 필요한 사항은
대통령령(영 제5조부터 제9조까지)으로 정한다.

제7조의2 【부정행위자에 대한 제재】 ★☆☆

① 해양수산부장관은 제7조 제1항에 따른 검수사등의 자격시험에서 **부정행위**를 한 응시
자에 대하여 그 시험을 **정지 또는 무효**로 하고, 그 시험을 정지하거나 무효로 한 날부터
3년간 같은 종류의 자격시험 응시자격을 정지한다.

② 해양수산부장관은 ①에 따른 처분을 하려는 경우에는 미리 그 처분 내용과 사유를
부정행위를 한 응시자에게 통지하여 **소명할 기회**를 주어야 한다.

제8조 【결격사유】 ★☆☆

다음 각 호의 어느 하나에 해당하는 사람은 검수사등의 자격을 취득할 수 없다.

1. **미성년자**
2. 피성년후견인 또는 피한정후견인
3. 이 법 또는 「관세법」에 따른 죄를 범하여 **금고** 이상의 형의 선고를 받고 그 집행이
끝나거나(집행이 끝난 것으로 보는 경우를 포함) 집행이 면제된 날부터 **3년**이 지나지
아니한 사람
4. 이 법 또는 「관세법」에 따른 죄를 범하여 금고 이상의 형의 **집행유예**를 선고받고 그
유예기간 중에 있는 사람
5. 검수사등의 자격이 **취소**된 날부터 **2년**이 지나지 아니한 사람

주의 파산선고를 받은 사람 (×) [기출 17]

주의 검수사등의 자격이 정지된 날부터 3년이 지나지 아니한 사람 (×) [기출 18]

제8조의2 【자격증 대여 등의 금지】 ☆☆☆

① 검수사등은 다른 사람에게 자기의 성명을 사용하여 검수사등의 업무를 하게 하거나
자기의 검수사등의 자격증을 양도 또는 대여하여서는 아니 된다.

② 누구든지 다른 사람의 검수사등의 자격증을 양수하거나 대여받아 사용하여서는 아니
된다.

③ 누구든지 다른 사람의 검수사등의 자격증의 양도·양수 또는 대여를 알선해서는 아니
된다.

제8조의3 【자격의 취소 등】 ☆☆☆

① 해양수산부장관은 다음 각 호의 어느 하나에 해당하는 경우에는 검수사등의 자격을
취소하여야 한다.

1. **거짓**이나 그 밖의 **부정한 방법**으로 검수사등의 자격을 취득한 경우
2. 다른 사람에게 자기의 성명을 사용하여 **검수사등의 업무**를 하게 하거나 검수사등의
자격증을 다른 사람에게 **양도 또는 대여**한 경우

② 해양수산부장관은 ①에 따라 검수사등의 자격을 취소한 때에는 해양수산부령으로 정하는 바에 따라 이를 **공고**하여야 한다.

제9조 【등록의 말소】 ☆☆☆

해양수산부장관은 검수사등이 업무를 **폐지**한 경우 또는 **사망**한 경우에 해당하면 그 **등록을 말소**하여야 한다.

제10조 【운임 및 요금】 ★★☆

① 항만하역운임 및 요금의 인가 · 변경인가 : 항만하역사업의 등록을 한 자는 해양수산부령으로 정하는 바에 따라 운임과 요금을 정하여 **관리청**의 **인가**를 받아야 한다. 이를 변경할 때에도 또한 같다.

② 항만하역운임 및 요금의 신고 · 변경신고 : ①에도 불구하고 **해양수산부령(규칙 제15조의2)**으로 정하는 항만시설에서 하역하는 화물 또는 해양수산부령으로 정하는 품목에 해당하는 화물에 대하여는 해양수산부령으로 정하는 바에 따라 그 운임과 요금을 정하여 **관리청**에 **신고**하여야 한다. 이를 변경할 때에도 또한 같다.

　　항만하역사업의 등록을 한 자가 ① 및 ②에 따라 운임 및 요금의 설정 또는 변경의 인가신청이나 신고를 할 때에는 항만하역운임 및 요금 인가(변경인가) 신청서 또는 신고(변경신고)서를 지방해양수산청장 또는 시 · 도지사에게 제출하여야 한다(규칙 제15조 제1항).

　　주의 항만하역사업의 등록을 한 자는 해양수산부령으로 정하는 항만시설에서 하역하는 화물에 대하여 해양수산부령으로 정하는 바에 따라 그 운임과 요금을 정하여 관리청의 인가를 받아야 한다. 이를 변경할 때에도 또한 같다. (×) [기출 19 · 13]

🏺참고 BOX

해양수산부령으로 정하는 항만시설 및 품목에 해당하는 화물(규칙 제15조의2)

· **해양수산부령으로 정하는 항만시설** : 특정 화물주(貨物主)의 화물만을 취급하는 항만시설 또는 「항만법」에 따라 항만개발사업 시행허가를 받은 비관리청이나 「신항만건설촉진법」 또는 「사회기반시설에 대한 민간투자법」에 따라 지정된 사업시행자가 설치한 항만시설
· **해양수산부령으로 정하는 품목에 해당하는 화물** : 컨테이너 전용 부두에서 취급하는 컨테이너 화물

③ 검수사업등 요금의 설정신고 · 변경신고 : 검수사업 · 감정사업 또는 검량사업(이하 "검수사업등"이라 함)의 등록을 한 자는 해양수산부령으로 정하는 바에 따라 요금을 정하여 **관리청**에 **미리** **신고**하여야 한다. 이를 변경할 때에도 또한 같다.

　　검수사업 · 감정사업 또는 검량사업의 등록을 한 자는 ③에 따라 요금의 설정신고 또는 변경신고를 할 때에는 상호, 성명 및 주소, 사업의 종류, 취급화물의 종류, 항만명(검수사업만 해당), 변경 전후의 요금 비교, 변경 사유와 변경 예정일(요금을 변경하는 경우만 해당), 설정하거나 변경하려는 요금의 적용방법 등의 사항을 기재한 서류(전자문서를 포함)를 해양수산부장관, 지방해양수산청장 또는 시 · 도지사에게 제출하여야 한다(규칙 제15조 제3항).

　　주의 검수사업의 등록을 한 자는 해양수산부령으로 정하는 바에 따라 요금을 정하여 해양수산부장관의 인가를 받아야 한다. (×) [기출 15]

④ **신고수리 여부의 통지** : **관리청**은 ②에 따른 신고를 받은 경우 신고를 받은 날부터 30일 이내에, ③에 따른 신고를 받은 경우 신고를 받은 날부터 14일 이내에 신고수리 여부를 신고인에게 통지하여야 한다.

> **주의** 해양수산부장관으로부터 적법하게 권한을 위임받은 시·도지사는 해양수산부령으로 정하는 품목에 해당하는 화물에 대하여 항만하역사업을 등록한 자로부터 운임 및 요금의 설정 신고를 받은 경우 신고를 받은 날부터 14일 이내에 신고수리 여부를 신고인에게 통지하여야 한다. (×) [기출 19]

⑤ **신고수리 기한의 연장 등** : **관리청**이 ④에서 정한 기간 내에 신고수리 여부 또는 민원 처리 관련 법령에 따른 **처리기간의 연장을 신고인에게 통지하지 아니하면** 그 기간(민원 처리 관련 법령에 따라 처리기간이 연장 또는 재연장된 경우에는 해당 처리기간을 말함)이 끝난 날의 **다음 날**에 신고를 수리한 것으로 본다.

> **주의** 해양수산부장관이 운임 및 요금의 신고인에게 신고수리 여부 통지기간 내에 신고수리 여부를 통지하지 아니하면 그 기간이 끝난 날에 신고를 수리한 것으로 본다. (×) [기출 19]

⑥ **표준운임 산출 등을 위한 협의체의 구성 및 운영** : 관리청은 ①에 따른 인가에 필요한 경우 **표준운임 산출 및 표준요금의 산정**을 위하여 선박운항업자, 부두운영회사 등 이해 관계자들이 참여하는 **협의체**를 구성·운영할 수 있다.

⑦ **신고된 운임 및 요금에 대한 조치 명령** : 관리청은 ② 또는 ③에 따라 신고된 운임 및 요금에 대하여 항만운송사업의 건전한 발전과 공공복리의 증진을 위하여 필요하다고 인정할 때에는 이 운임 및 요금의 변경 또는 조정에 필요한 조치를 명할 수 있다.

※ 제11조부터 제22조까지 【삭제】〈1999. 2. 8.〉

제23조 【권리·의무의 승계】 ★☆☆

① 다음 각 호의 어느 하나에 해당하는 자는 제4조에 따라 <u>항만운송사업의 등록을 한 자</u>(이하 "항만운송사업자"라 함)의 등록에 따른 권리·의무를 승계한다.
  1. 항만운송사업자가 사망한 경우 그 상속인
  2. 항만운송사업자가 그 사업을 양도한 경우 그 양수인
  3. 법인인 항만운송사업자가 합병한 경우 합병 후 존속하는 법인이나 합병으로 설립되는 법인

> **주의** 자연인인 항만운송관련사업자가 폐업한 후 그의 직계비속 (×) [기출 10]

② 다음 각 호의 어느 하나에 해당하는 절차에 따라 <u>항만운송사업의 시설·장비 전부를 인수한 자</u>는 종전의 항만운송사업자의 권리·의무를 승계한다.
  1. 「민사집행법」에 따른 경매
  2. 「채무자 회생 및 파산에 관한 법률」에 따른 환가(換價)
  3. 「국세징수법」, 「관세법」 또는 「지방세징수법」에 따른 압류재산의 매각
  4. 그 밖에 제1호부터 제3호까지의 규정에 준하는 절차

> **주의** 「민사집행법」에 따른 경매절차에 따라 항만운송사업의 시설·장비 전부를 인수한 자는 종전의 항만운송사업자의 권리·의무를 승계한다. (○) [기출 15]

제26조【사업의 정지 및 등록의 취소】★☆☆

① 관리청은 항만운송사업자가 다음 각 호의 어느 하나에 해당하면 그 등록을 취소하거나 6개월 이내의 기간을 정하여 그 항만운송사업의 정지를 명할 수 있다. 다만, **제5호 또는 제6호**에 해당하는 경우에는 그 등록을 취소하여야 한다.

1. 정당한 사유 없이 운임 및 요금을 인가·신고된 운임 및 요금과 다르게 받은 경우
2. 제6조에 따른 등록기준에 미달하게 된 경우
3. 항만운송사업자 또는 그 대표자가 「관세법」 제269조부터 제271조까지에 규정된 죄[밀수출입죄 및 관세포탈죄(미수범 포함)] 중 어느 하나의 죄를 범하여 공소가 제기되거나 통고처분을 받은 경우
4. 사업 수행 실적이 1년 이상 없는 경우
5. <u>부정한 방법으로 사업을 등록한 경우</u>
6. <u>사업정지명령을 위반하여 그 정지기간에 사업을 계속한 경우</u>

> **주의** 관리청은 법령으로 정한 등록 및 신고에 필요한 자본금, 시설, 장비 등에 관한 기준에 미달하게 된 경우 또는 사업 수행 실적이 1년 이상 없는 경우에는 그 등록을 취소하여야 한다. (×) [기출 13]

> **주의** 관리청은 항만운송사업자가 사업정지명령을 위반하여 그 정지기간에 사업을 계속한 경우, 사업의 재정지를 명하여야 한다. (×) [기출 11]

② ①에 따른 처분의 기준·절차와 그 밖에 필요한 사항은 대통령령(영 제11조)으로 정한다.

출제 POINT 빈칸 문제

··· 항만운송사업을 하려는 자는 항만하역사업, 감정사업, 검수사업, 검량사업의 (❶)로 관리청에 등록하여야 하며, 항만하역사업과 (❷)은 항만별로 등록한다.

··· 관리청은 (❸)에 대하여는 그 등록기준을 완화할 수 있다.

··· 해양수산부장관은 검수사등의 자격시험에서 부정행위를 한 응시자에 대하여 그 시험을 정지 또는 무효로 하고, 그 시험을 정지하거나 무효로 한 날부터 (❹)년간 같은 종류의 자격시험 응시자격을 정지한다.

··· 검수사등의 자격이 취소된 날부터 (❺)년이 지나지 아니한 사람은 검수사등의 자격을 취득할 수 없다.

··· 검수사업등의 등록을 한 자는 해양수산부령으로 정하는 바에 따라 요금을 정하여 관리청에 미리 (❻)하여야 한다. 이를 변경할 때에도 또한 같다.

··· 항만하역사업의 등록을 한 자는 해양수산부령으로 정하는 바에 따라 운임과 요금을 정하여 관리청의 (❼)를 받아야 한다. 이를 변경할 때에도 또한 같다.

··· 해양수산부장관으로부터 적법하게 권한을 위임받은 시·도지사는 해양수산부령으로 정하는 품목에 해당하는 화물에 대하여 항만하역사업을 등록한 자로부터 운임 및 요금의 설정신고를 받은 경우 신고를 받은 날부터 (❽)일 이내에 신고수리 여부를 신고인에게 통지하여야 한다.

··· (❾)은 항만운송사업자가 사업정지명령을 위반하여 그 정지기간에 사업을 계속한 경우에는 그 등록을 취소하여야 한다.

❶ 종류별 ❷ 검수사업 ❸ 한정하역사업 ❹ 3(년) ❺ 2(년) ❻ 신고 ❼ 인가 ❽ 30(일) ❾ 관리청 **정답**

제2장의2 항만운송관련사업

제26조의3 【사업의 등록 등】 ★★☆

① 사업의 등록·신고 : 항만운송관련사업을 하려는 자는 항만별·업종별로 해양수산부령으로 정하는 바에 따라 관리청에 **등록**하여야 한다. 다만, **선용품공급업**을 하려는 자는 해양수산부령으로 정하는 바에 따라 **해양수산부장관**에게 **신고**하여야 한다.

> **주의** 선용품공급업을 하려는 자는 해양수산부장관에게 등록하여야 한다. (×) [기출 18]

② 사업의 등록신청 방법 : ①의 본문에 따라 항만운송관련사업의 등록을 하려는 자는 해양수산부령으로 정하는 바에 따라 등록신청서에 사용하려는 장비의 목록이 포함된 사업계획서 등을 첨부하여 관리청에 **제출**하여야 한다.

> ①에 따라 항만운송관련사업의 등록을 신청하거나 신고를 하려는 자는 항만운송관련사업(항만용역업·선박연료공급업·선박수리업·컨테이너수리업) 등록신청서(전자문서로 된 신청서를 포함) 또는 선용품공급업 신고서(전자문서로 된 신고서를 포함)에 사업계획서(물품공급업은 제외)와 다음 각 호의 서류를 첨부하여 지방해양수산청장 또는 시·도지사에게 제출하여야 한다(규칙 제26조 제1항).
> 1. 정관(법인인 경우에만 제출한다)
> 2. 삭제 〈2018. 5. 1.〉
> 3. 재산 상태를 기재한 서류
> 4. <u>부두시설 등 항만시설을 사용하는 경우에는 해당 항만시설의 사용허가서 사본(**선박수리업 및 컨테이너수리업의 경우에만 제출한다**)</u>

③ 선박연료공급업의 변경신고 : ①의 본문에 따라 항만운송관련사업 중 **선박연료공급업**을 등록한 자는 사용하려는 장비를 추가하거나 그 밖에 사업계획 중 해양수산부령으로 정하는 사항을 변경하려는 경우 해양수산부령으로 정하는 바에 따라 관리청에 사업계획 변경신고를 하여야 한다.

> **주의** 선박연료공급업을 등록한 자가 사용 장비를 추가하려는 경우에는 사업계획 변경신고를 하지 않아도 된다. (×) [기출 21]

④ 신고수리 여부의 통지 : 관리청은 ①의 단서에 따른 선용품공급업의 신고를 받은 경우 신고를 받은 날부터 6일 이내에, ③에 따른 변경신고를 받은 경우 신고를 받은 날부터 5일 이내에 신고수리 여부를 신고인에게 통지하여야 한다.

⑤ 신고수리 기한의 연장 등 : 관리청이 ④에서 정한 기간 내에 신고수리 여부 또는 민원 처리 관련 법령에 따른 처리기간의 연장을 신고인에게 통지하지 아니하면 그 기간(민원 처리 관련 법령에 따라 처리기간이 연장 또는 재연장된 경우에는 해당 처리기간을 함)이 끝난 날의 **다음 날**에 신고를 수리한 것으로 본다.

⑥ 영업구역 : ①에 따른 선박수리업과 선용품공급업의 영업구역은 제2조 제3항 각 호의 항만시설로 하고, 「해운법」에 따라 내항 화물운송사업 등록을 한 선박연료공급선(운항구간의 제한을 받지 아니하는 선박에 한정)은 영업구역의 제한을 받지 아니한다.

> **주의** 항만운송관련사업 중 선박수리업과 선용품공급업은 영업구역의 제한을 받지 아니한다. (×)

⑦ 자본금 등의 기준 : ①에 따른 등록 및 신고에 필요한 자본금, 시설, 장비 등에 관한 기준은 대통령령(영 제12조, 별표 6)으로 정한다.

제26조의4 【권리 · 의무의 승계】 ☆☆☆

다음 각 호의 어느 하나에 해당하는 자는 항만운송관련사업의 등록 또는 신고를 한 자(이하 "항만운송관련사업자"라 함)의 등록 또는 신고에 따른 권리 · 의무를 승계한다.

1. 항만운송관련사업자가 사망한 경우 그 상속인
2. 항만운송관련사업자가 그 사업을 양도한 경우 그 양수인
3. 법인인 항만운송관련사업자가 합병한 경우 합병 후 존속하는 법인이나 합병으로 설립되는 법인

제26조의5 【등록의 취소 등】 ☆☆☆

① 관리청은 항만운송관련사업자가 다음 각 호의 어느 하나에 해당하면 그 등록을 취소하거나 6개월 이내의 기간을 정하여 그 사업의 전부 또는 일부의 정지를 명할 수 있다. 다만, **제3호 또는 제5호**에 해당하는 경우에는 그 등록을 취소하여야 한다.

1. 이 법 제26조(항만사업의 정지 및 등록의 취소) ①의 제3호에 해당하게 된 경우
1의2. 선박연료공급업자가 사업계획 변경신고를 하지 아니하고 장비를 추가하거나 그 밖에 사업계획 중 해양수산부령으로 정하는 사항을 변경한 경우
2. 항만관련사업의 등록 또는 신고의 기준에 미달하게 된 경우
3. 부정한 방법으로 사업의 등록 또는 신고를 한 경우
4. 사업 수행 실적이 1년 이상 없는 경우
5. 사업정지명령을 위반하여 그 정지기간에 사업을 계속한 경우

② ①에 따른 처분의 기준 · 절차와 그 밖에 필요한 사항은 대통령령(영 제11조)으로 정한다.

제2장의3 부두운영회사의 운영 등

제26조의6 【부두운영계약의 체결 등】 ★☆☆

① 부두운영계약의 체결 : 항만시설운영자등은 항만 운영의 효율성 및 항만운송사업의 생산성 향상을 위하여 필요한 경우에는 해양수산부령으로 정하는 기준에 적합한 자를 선정하여 부두운영계약을 체결할 수 있다.

> ①에서 해양수산부령으로 정하는 기준이란 다음과 같다. 이 경우 기준의 세부내용에 대해서는 항만시설운영자등이 정할 수 있다(규칙 제27조 제1항).
> 1. 임대료 및 그 밖에 부두운영회사가 「항만법」에 따른 항만시설운영자 또는 「항만공사법」에 따른 항만공사(항만시설운영자등)에 내야 하는 비용의 지급 능력
> 2. 화물의 유치 능력 및 부두운영계약으로 임차 · 사용하려는 항만시설 및 그 밖의 장비 · 부대시설 등에 대한 투자 능력
> 3. 재무구조의 건전성

② 부두운영계약시 포함사항 : ①에 따른 부두운영계약에는 다음의 사항이 포함되어야 한다.

1. 부두운영회사가 부두운영계약으로 임차·사용하려는 항만시설 및 그 밖의 장비·부대시설 등(이하 이 장에서 **"항만시설등"**이라 함)의 범위
2. 부두운영회사가 부두운영계약 기간 동안 항만시설등의 임차·사용을 통하여 달성하려는 **화물유치·투자 계획**과 해당 화물유치·투자 계획을 이행하지 못하는 경우에 부두운영회사가 부담하여야 하는 **위약금**에 관한 사항
3. 해양수산부령으로 정하는 기준에 따른 항만시설등의 **임대료**에 관한 사항
4. **계약기간**
5. 그 밖에 부두운영회사의 항만시설등의 사용 및 운영 등과 관련하여 <u>해양수산부령으로 정하는 사항</u>

> 제5호에서 해양수산부령으로 정하는 사항이란 다음의 사항을 말한다(규칙 제29조).
> 1. 부두운영회사의 항만시설등의 **안전관리**에 관한 사항
> 2. <u>부두운영회사의 항만시설등의 분할 운영 금지 등 **금지행위** 및 위반시 **책임**에 관한 사항</u>
> 3. <u>항만시설등의 효율적인 사용 및 운영 등을 위해 항만시설운영자등과 해양수산부장관이 **협의한**</u>
>   <u>사항</u>

③ 그 밖의 필요한 사항 : ① 및 ②에서 정한 것 외에 부두운영회사의 선정 절차 및 부두운영계약의 갱신 등에 필요한 사항은 해양수산부령으로 정한다.

제26조의7 【화물유치 계획 등의 미이행에 따른 위약금 부과】 ☆☆☆

① 항만시설운영자등은 제26조의6 ②의 제2호에 따른 **화물유치 또는 투자 계획**을 이행하지 못한 부두운영회사에 대하여 **위약금**을 부과할 수 있다. 다만, 부두운영회사가 화물유치 또는 투자 계획을 이행하지 못하는 데 **귀책사유가 없는 경우**에는 위약금을 부과하지 아니한다.

② ①에 따른 위약금의 부과 대상·기간, 산정 방법 및 납부에 필요한 사항은 해양수산부령으로 정한다.

제26조의8 【부두운영회사 운영성과의 평가】 ☆☆☆

① 해양수산부장관은 항만 운영의 효율성을 높이기 위하여 매년 부두운영회사의 운영성과에 대하여 평가를 실시할 수 있다.

② 항만시설운영자등은 ①에 따른 평가 결과에 따라 부두운영회사에 대하여 항만시설등의 임대료를 감면하거나 그 밖에 필요한 조치를 할 수 있다.

③ ①에 따른 평가의 대상·항목·방법 및 절차 등에 관하여 필요한 사항은 해양수산부장관이 정하여 고시한다.

제26조의9 【부두운영계약의 해지】 ★★☆

① 항만시설운영자등은 다음 각 호의 어느 하나에 해당하는 사유가 있으면 부두운영계약을 해지할 수 있다.
1. 「항만 재개발 및 주변지역 발전에 관한 법률」에 따른 항만재개발사업의 시행 등 공공의 목적을 위하여 항만시설등을 부두운영회사에 **계속 임대**하기 어려운 경우
2. 부두운영회사가 항만시설등의 **임대료**를 **3개월 이상 연체**한 경우

3. 항만시설등이 **멸실**되거나 그 밖에 해양수산부령으로 정하는 사유로 부두운영계약을 계속 유지할 수 없는 경우

> 제3호에서 해양수산부령으로 정하는 사유란 다음의 사항을 말한다(규칙 제29조의5).
> 1. 부두운영회사가 부두운영계약 기간 동안 자기의 귀책사유로 법 제26조의6 제2항 제2호에 따른 투자 계획을 이행하지 못한 경우
> 2. 부두운영회사가 규칙 제29조 제2호에 따른 항만시설등의 분할 운영 금지 등 금지행위를 한 경우
> 3. 정당한 사유 없이 부두운영회사가 규칙 제29조 제3호에 따른 사항을 이행하지 아니한 경우

> **주의** 항만시설운영자등은 부두운영회사가 항만시설 등의 임대료를 2개월 이상 연체한 경우에는 부두운영계약을 해지할 수 있다. (×) [기출 19]

> **주의** 항만시설운영자등은 부두운영회사가 항만시설 등의 효율적인 사용 및 운영 등을 위하여 항만시설운영자등과 해양수산부장관이 협의한 사항을 정당한 사유 없이 이행하지 아니하여 부두운영계약을 계속 유지할 수 없는 경우 부두운영계약을 해지할 수 있다. (○) [기출 19]

② 항만시설운영자등은 ①에 따라 부두운영계약을 해지하려면 서면으로 그 뜻을 부두운영회사에 통지하여야 한다.

제26조의10【부두운영회사의 항만시설 사용】 ☆☆☆

「항만운송사업법」에서 정한 것 외에 부두운영회사의 항만시설 사용에 대해서는 「항만법」 또는 「항만공사법」에 따른다.

출제 POINT | **빈칸 문제**

⋯ 항만운송관련사업을 하려는 자는 항만별·(❶)로 해양수산부령으로 정하는 바에 따라 (❷)에 (❸)하여야 한다. 다만, (❹)을 하려는 자는 해양수산부령으로 정하는 바에 따라 (❺)에게 (❻)하여야 한다.

⋯ (❹) 등록신고를 받은 경우에는 신고를 받은 날부터 (❼)일 이내에 그리고 선박연료공급업자의 사업계획 변경신고를 받은 경우에는 신고를 받은 날부터 (❽)일 이내에 신고수리 여부를 신고인에게 통지하여야 한다.

⋯ 항만시설운영자등은 부두운영회사가 항만시설 등의 임대료를 (❾)개월 이상 연체한 경우에는 부두운영계약을 (❿)할 수 있다.

❶ 업종별 ❷ 관리청 ❸ 등록 ❹ 선용품공급업 ❺ 해양수산부장관 ❻ 신고 ❼ 6(일) ❽ 5(일) ❾ 3(개월) **정답**
❿ 해지

제3장 보 칙

제27조의2 【미등록 항만에서의 일시적 영업행위】 ★☆☆

① 미등록 항만에서의 일시적 영업행위 : 항만운송사업자 또는 항만운송관련사업자는 대통령령으로 정하는 부득이한 사유로 등록을 하지 아니한 항만에서 **일시적으로 영업행위를 하려는 경우**에는 **미리** 관리청에 **신고**하여야 한다.

> ①에서 대통령령으로 정하는 부득이한 사유란 다음에 해당하는 경우를 말한다(영 제14조 제1항).
> 1. 같은 사업을 하는 사업자가 해당 항만에 없거나 행정처분 등으로 일시적으로 사업을 할 수 없게 된 경우
> 2. 사업의 성질상 해당 항만의 사업자가 그 사업을 할 수 없는 경우
>
> 항만운송사업자 또는 항만운송관련사업자가 법 제27조의2에 따라 등록하지 아니한 항만에서 일시적 영업행위의 신고를 할 때에는 해양수산부령으로 정하는 바에 따라 영업기간 등을 **구체적으로 밝힌** 서면으로 하여야 한다(영 제14조 제2항).
>
> **주의** 사업의 성질상 해당 항만의 사업자가 그 사업을 할 수 없는 경우에 미등록 항만에서의 일시적 영업행위를 하기 위해서는 해당 항만의 사업자의 사업등록을 취소하여야 한다. (×) [기출 12]
>
> **주의** 항만운송관련사업자가 관련 법령에서 정하는 부득이한 사유로 미등록 항만에서 일시적 영업행위의 신고를 할 때에는 영업기간 등을 서면 또는 구두로 밝혀야 한다. (×) [기출 12]

② 신고수리 여부의 통지 : 관리청은 ①에 따른 신고를 받은 날부터 3일 이내에 신고수리 여부를 신고인에게 통지하여야 한다.

③ 신고수리 기한의 연장 등 : 관리청이 ②에서 정한 기간 내에 신고수리 여부 또는 민원처리 관련 법령에 따른 처리기간의 연장을 신고인에게 통지하지 아니하면 그 기간(민원 처리 관련 법령에 따라 처리기간이 연장 또는 재연장된 경우에는 해당 처리기간을 함)이 끝난 날의 다음 날에 신고를 수리한 것으로 본다.

④ 신고 요건 등 : ①에 따른 일시적 영업행위의 업종별 특성에 따른 신고 요건, 신고 절차 및 신고자의 준수 사항 등에 관하여 필요한 사항은 대통령령으로 정한다.

> ①에 따라 등록을 하지 아니한 항만에서 일시적으로 영업행위를 하기 위하여 신고한 항만운송사업자 또는 항만운송관련사업자는 그 신고한 내용에 맞게 영업행위를 하여야 한다(영 제14조 제3항).
>
> **주의** 미등록 항만에서 일시적으로 영업행위를 하기 위하여 신고한 항만운송관련사업자는 등록된 항만에서 기존 수행하는 영업행위 전부를 할 수 있다. (×) [기출 12]

제27조의3 【항만운송 종사자 등에 대한 교육훈련】 ★★★

① 교육훈련의 대상 : **항만운송사업 또는 항만운송관련사업**에 종사하는 사람 중 해양수산부령으로 정하는 안전사고가 발생할 우려가 높은 작업(**항만하역사업, 줄잡이 항만용역업, 화물 고정 항만용역업을** 말함)에 종사하는 사람은 **해양수산부장관**이 실시하는 **교육훈련**을 받아야 한다.

> **주의** 화물 고정 항만용역작업은 안전사고가 발생할 우려가 높은 작업에 해당되지 않는다. (×) [기출 20]

①에 따른 해양수산부령으로 정하는 안전사고가 발생할 우려가 높은 작업에 종사하는 사람은 교육훈련 기관이 실시하는 교육훈련을 다음의 구분에 따라 받아야 한다(규칙 제30조의2 제2항).

1. 신규자 교육훈련 : 작업에 채용된 날부터 6개월 이내에 실시하는 교육훈련
2. 재직자 교육훈련 : 교육훈련을 받은 연도의 다음 연도 및 그 후 매 2년마다 실시하는 교육훈련

> **주의** 항만운송사업 또는 항만운송관련사업에 종사하는 사람 중 해양수산부령으로 정하는 안전사고가 발생할 우려가 높은 작업에 채용된 사람은 채용된 날부터 6개월 이내에 실시하는 신규자 교육훈련을 받아야 한다. (○) [기출 20]

> **주의** 2020년 6월 화물 고정 항만용역업에 채용된 사람이 2020년 9월에 실시하는 신규자 교육훈련을 받는다면, 2021년에 실시하는 재직자 교육훈련은 면제된다. (×) [기출 20]

② **교육훈련 미수료자에 대한 제재** : 해양수산부장관은 ①에 따른 교육훈련을 받지 아니한 사람에 대하여 해양수산부령으로 정하는 바에 따라 항만운송사업 또는 항만운송관련사업 중 해양수산부령으로 정하는 작업에 **종사하는 것을 제한**하여야 한다. 다만, 해양수산부령으로 정하는 정당한 사유로 교육훈련을 받지 못한 경우에는 그러하지 아니하다.

> ②에서 해양수산부령으로 정하는 정당한 사유란 다음의 어느 하나에 해당하는 사유를 말한다(규칙 제30조의2 제6항).
> 1. 교육훈련 수요의 급격한 증가에 따라 교육훈련기관이 그 **수요를 충족**하지 못하는 경우
> 2. 그 밖에 작업에 종사하는 사람의 **귀책사유 없이** 교육훈련을 받지 못한 경우

> **주의** 교육훈련 미수료자는 귀책사유 없이 교육훈련을 받지 못한 경우에도 화물 고정 항만용역 작업에 종사하는 것이 제한되어야 한다. (×) [기출 20]

③ **교육훈련의 내용·방법 등** : ①에 따른 교육훈련의 내용·방법 및 교육훈련의 유효기간 등에 관하여 필요한 사항은 해양수산부령으로 정한다.

제27조의4【교육훈련기관의 설립 등】 ☆☆☆

① 항만운송사업자 또는 항만운송관련사업자에게 고용되거나 역무를 제공하는 자에 대하여 항만운송·항만안전 등에 관한 교육훈련을 하기 위하여 대통령령으로 정하는 바에 따라 교육훈련기관을 설립할 수 있다.

② 교육훈련기관은 법인으로 한다.

③ ①에 따른 교육훈련기관은 **해양수산부장관의 설립인가**를 받아 그 주된 사무소의 소재지에서 **설립등기**를 함으로써 성립한다.

④ 교육훈련기관의 교육훈련 대상자, 교육훈련 과정, 교육훈련 내용 등에 관하여 필요한 사항은 대통령령으로 정한다.

⑤ 교육훈련기관의 운영에 필요한 경비는 대통령령으로 정하는 바에 따라 항만운송사업자, 항만운송관련사업자 및 해당 교육훈련을 받는 자가 부담한다.

⑥ 교육훈련기관에 관하여 이 법에 규정된 것을 제외하고는 「민법」 중 사단법인에 관한 규정을 준용한다.

⑦ 교육훈련기관의 운영, 정관, 감독 등에 관하여 필요한 사항은 대통령령으로 정한다.

제27조의6 【과징금】 ★★☆

① **과징금 부과 요건 및 금액** : 관리청은 항만운송사업자 또는 항만운송관련사업자가 **사업정지처분**을 하여야 하는 경우로서 그 사업의 정지가 그 사업의 이용자 등에게 심한 불편을 주거나 공익을 해칠 우려가 있는 경우에는 사업정지처분을 갈음하여 **500만원** 이하의 과징금을 부과할 수 있다.

> **주의** 관리청은 항만운송관련사업의 등록을 취소하는 경우 500만원 이하의 과징금을 병과할 수 있다. (×) [기출 18・16]

② **그 밖의 필요한 사항** : 제1항에 따른 과징금을 부과하는 위반행위의 종류, 위반 정도에 따른 과징금의 금액, 그 밖에 필요한 사항은 **대통령령(영 제25조)**으로 정한다.

③ **미납시 처분** : 관리청은 ①에 따른 과징금을 내야 할 자가 납부기한까지 과징금을 내지 아니하면 국세 체납처분의 예 또는 「지방행정제재・부과금의 징수 등에 관한 법률」에 따라 징수한다.

참고 BOX

과징금의 부과 및 납부(영 제25조)

- 해양수산부장관은 과징금을 부과하려는 경우에는 위반행위의 종류와 과징금의 금액 등을 <u>구체적으로 밝혀 이를 낼 것을 서면으로 통지</u>하여야 한다.
- 통지를 받은 자는 통지를 받은 날부터 20일 이내에 과징금을 해양수산부장관이 정하는 수납기관에 내야 한다. 다만, 천재지변이나 그 밖의 부득이한 사유로 그 기간에 과징금을 낼 수 없을 때에는 그 사유가 없어진 날부터 7일 이내에 내야 한다.
- 과징금을 받은 수납기관은 납부자에게 영수증을 발급하여야 한다.
- 과징금의 수납기관은 과징금을 수납하였을 때에는 지체 없이 그 사실을 해양수산부장관에게 통보하여야 한다.

> **주의** 과징금 통지를 받은 자는 천재지변 등 부득이한 사유가 없는 경우에는 통지를 받은 날부터 30일 이내에 과징금을 해양수산부장관이 정하는 수납기관에 내야 한다. (×) [기출 16]

제27조의7 【항만인력 수급관리협의회】 ☆☆☆

① 항만운송사업자 또는 항만운송관련사업자가 구성한 단체(이하 "항만운송사업자 단체"라 함), 항만운송사업자 또는 항만운송관련사업자에게 고용되거나 역무를 제공하는 자가 구성한 단체(이하 "항만운송근로자 단체"라 함) 및 그 밖에 대통령령으로 정하는 자는 항만운송사업 또는 항만운송관련사업에 필요한 적정한 근로자의 수 산정, 근로자의 채용 및 교육훈련에 관한 사항 등 항만운송사업 또는 항만운송관련사업에 종사하는 인력의 원활한 수급과 투명하고 효율적인 관리에 필요한 사항을 협의하기 위하여 항만별로 항만인력 수급관리협의회를 구성・운영할 수 있다.

② ①에 따른 항만인력 수급관리협의회의 구성・운영 및 협의사항 등에 관하여 필요한 사항은 대통령령으로 정한다.

제27조의8 【항만운송 분쟁협의회 등】 ★☆☆

① **분쟁협의회의 구성 및 운영** : 항만운송사업자 단체, 항만운송근로자 단체 및 그 밖에 <u>대통령령으로 정하는 자</u>는 항만운송과 관련된 분쟁의 해소 등에 필요한 사항을 협의하기 위하여 <u>항만별</u>(취급화물별 ✕)로 항만운송 분쟁협의회를 구성·운영할 수 있다.

> ①에서 대통령령으로 정하는 자란 항만운송사업의 분쟁 관련 업무를 담당하는 공무원 중에서 해당 항만을 관할하는 지방해양수산청장 또는 시·도지사가 지명하는 사람을 말한다(영 제26조의5 제1항).

② **분쟁해결의 원활화 촉진** : 항만운송사업자 단체와 항만운송근로자 단체는 항만운송과 관련된 분쟁이 발생한 경우 ①에 따른 항만운송 분쟁협의회를 통하여 분쟁이 원만하게 해결되고, 분쟁기간 동안 항만운송이 원활하게 이루어질 수 있도록 노력하여야 한다.

③ **그 밖의 필요한 사항** : ①에 따른 항만운송 분쟁협의회의 구성·운영 및 협의사항 등에 관하여 필요한 사항은 대통령령(제26조의5)으로 정한다.

 참고 BOX

항만운송 분쟁협의회의 구성·운영 및 협의사항 등(영 제26조의5·6·7)

- **위원회의 구성** : 위원장 1명을 포함하여 7명의 위원으로 구성하되, 분쟁협의회의 위원장은 위원 중에서 호선한다.
- **위원장의 임무** : 분쟁협의회의 위원장은 분쟁협의회를 대표하고, 그 업무를 총괄한다.
- **회의 소집** : 분쟁협의회의 회의는 분쟁협의회의 위원장이 필요하다고 인정하거나 재적위원 과반수의 요청이 있는 경우에 소집한다.
- **의결 정족수** : 분쟁협의회의 회의는 재적위원 3분의 2 이상의 출석으로 개의하고, 출석위원 3분의 2 이상의 찬성으로 의결한다.
- **분쟁당사자의 출석 진술권 및 자료제출권** : 분쟁당사자는 분쟁협의회의 회의에 출석하여 의견을 진술하거나 관계 자료 등을 제출할 수 있다.
- **그 밖에 필요한 사항** : 위에서 규정한 사항 외에 분쟁협의회의 운영에 필요한 사항은 분쟁협의회의 의결을 거쳐 분쟁협의회의 위원장이 정한다.
- **분쟁협의회 심의·의결사항** : 분쟁협의회는 다음의 사항을 심의·의결한다.
  - 항만운송과 관련된 노사 간 분쟁의 해소에 관한 사항
  - 그 밖에 분쟁협의회의 위원장이 항만운송 관련 분쟁의 예방 등에 필요하다고 인정하여 회의에 부치는 사항

제29조 【권한 등의 위임·위탁】 ☆☆☆

① **권한 등의 위임** : 이 법에 따른 해양수산부장관의 권한은 대통령령(영 제27조)으로 정하는 바에 따라 그 일부를 그 소속 기관의 장 또는 시·도지사에게 위임할 수 있다.

② **권한 등의 위탁** : 이 법에 따른 해양수산부장관의 업무는 대통령령으로 정하는 바에 따라 그 일부를 다음 각 호의 어느 하나에 해당하는 단체나 법인에 위탁할 수 있다.

1. 항만운송사업자 단체
2. 검수사업등의 건전한 발전을 목적으로 설립된 법인
3. 자격검정등을 목적으로 설립된 법인
4. 교육훈련기관

③ **위탁 업무에 관한 보고** : ②에 따라 위탁받은 업무를 수행하는 기관은 위탁 업무에 관하여 해양수산부령으로 정하는 바에 따라 해양수산부장관에게 보고하여야 한다.

국토교통부장관이 위임·위탁하는 권한의 범위(영 제27조 제1항 및 제2항)

지방해양수산청장에게 위임하는 사항(제1항)

해양수산부장관은 「항만법」에 따른 국가관리무역항 및 해양수산부령으로 수역을 정하여 지정하는 항만에서의 다음의 권한을 지방해양수산청장에게 위임한다. 다만, 감정사업과 검량사업에 관한 권한은 제외한다.

• 항만운송사업의 등록 • 항만운송사업의 등록신청서 접수 및 등록증 발급 • 한정하역사업 등록기준의 완화 • 검수사 자격증의 발급 • 항만하역사업자에 대한 운임·요금의 인가·변경인가 및 신고수리·변경신고수리, 검수사업자에 대한 요금의 신고수리 및 변경신고수리, 운임·요금의 변경 또는 조정에 필요한 명령 • 항만운송관련사업의 등록, 선용품공급업의 신고수리 • 항만운송관련사업의 등록신청서 등 서류의 접수 및 선박연료공급업의 사업계획 변경신고 수리	• 항만운송사업의 등록취소 또는 정지명령 • 항만운송관련사업의 등록취소 또는 정지명령 • 미등록 항만에서의 일시적 영업행위의 신고수리 • 항만운송사업 또는 항만운송관련사업에의 종사 제한 • 항만운송사업자 또는 항만운송관련사업자에 대한 과징금의 부과 및 징수 • 보고 또는 자료제출의 요구, 출입·검사 또는 질문 • 청문(법 제29조의3 제2호 및 제3호) • 과태료의 부과·징수

시·도지사에게 위임하는 사항(제2항)

해양수산부장관은 「항만법」에 따른 지방관리무역항에서의 항만운송사업 또는 항만운송관련사업에의 종사 제한에 관한 권한을 시·도지사에게 위임한다.

국토교통부장관이 위탁하는 사항(제3항~제5항)

• 해양수산부장관은 검수사 등의 자격시험에 관한 업무를 「한국산업인력공단법」에 따른 한국산업인력공단에 위탁한다.
• 해양수산부장관은 검수사 등의 등록업무를 「민법」에 따라 해양수산부장관의 허가를 받아 설립된 한국검수검정협회에 위탁한다.
• 해양수산부장관은 교육훈련 업무를 교육훈련기관에 위탁한다.

제29조의3 【청문】 ★☆☆

관리청은 다음 각 호의 어느 하나에 해당하는 처분을 하려면 청문을 하여야 한다.
1. 검수사등 자격의 취소
2. 항만운송사업자의 등록의 취소
3. 항만운송관련사업자의 등록의 취소

주의 검수사등에 대한 등록의 말소 (×), 검수사등의 자격증 발급 (×), 과태료 부과 처분 (×) [기출 17]

제29조의4 【벌칙 적용 시의 공무원 의제】 ☆☆☆

제29조 ②에 따라 위탁받은 업무에 종사하는 항만운송사업자 단체 또는 법인의 임직원은 「형법」 제129조부터 제132조까지(수뢰·사전수뢰, 제3자뇌물제공, 수뢰후부정처사·사후수뢰, 알선수뢰)의 규정에 따른 벌칙을 적용할 때에는 공무원으로 본다.

제4장 벌칙

제30조부터 제32조까지 【벌칙】 ☆☆☆

① **1년 이하의 징역 또는 1천만원 이하의 벌금** : 다음의 어느 하나에 해당하는 자는 1년 이하의 징역 또는 1천만원 이하의 벌금에 처한다.
   ㉠ 등록을 하지 아니하고 항만운송사업을 한 자
   ㉡ 다른 사람에게 자기의 성명을 사용하여 검수사 등의 업무를 하게 하거나 검수사 등의 자격증을 양도·대여한 사람, 다른 사람의 검수사등의 자격증을 양수·대여 받은 사람 또는 다른 사람의 검수사등의 자격증의 양도·양수 또는 대여를 알선한 사람
   ㉢ 등록 또는 신고를 하지 아니하고 항만운송관련사업을 한 자

② **500만원 이하의 벌금** : 다음의 어느 하나에 해당하는 자는 500만원 이하의 벌금에 처한다.
   ㉠ 등록 또는 신고한 사항을 위반하여 항만운송사업 또는 항만운송관련사업을 한 자
   ㉡ 변경신고를 하지 아니하고 장비를 추가하거나 그 밖에 사업계획 중 해양수산부령으로 정하는 사항을 변경하여 선박연료공급업을 한 자
   ㉢ 신고를 하지 아니하고 일시적 영업행위를 한 자

③ **300만원 이하의 벌금** : 다음의 어느 하나에 해당하는 자는 300만원 이하의 벌금에 처한다.
   ㉠ 검수사등의 자격 등록을 하지 아니하고 검수·감정 또는 검량 업무에 종사한 자
   ㉡ 거짓이나 그 밖의 부정한 방법으로 검수사등의 자격시험에 합격한 사람
   ㉢ 운임 및 요금에 관한 인가나 변경인가를 받지 아니한 자 또는 신고나 변경신고를 하지 아니하거나 거짓으로 신고를 한 자
   ㉢ 항만운송 또는 항만운송관련사업에 대한 사업정지처분을 위반한 자

제33조 【양벌규정】 ☆☆☆

법인의 대표자나 법인 또는 개인의 대리인, 사용인, 그 밖의 종업원이 그 법인 또는 개인의 업무에 관하여 제30조부터 제32조까지의 어느 하나에 해당하는 위반행위를 하면 그 행위자를 벌하는 외에 그 법인 또는 개인에게도 해당 조문의 벌금형을 과(科)한다. 다만, 법인 또는 개인이 그 위반행위를 방지하기 위하여 해당 업무에 관하여 상당한 주의와 감독을 게을리하지 아니한 경우에는 그러하지 아니하다.

제34조 【과태료】 ★☆☆

① **200만원 이하의 과태료** : 다음 각 호의 어느 하나에 해당하는 자에게는 200만원 이하의 과태료를 부과한다.
   1. 법령에 따른 보고 또는 자료제출을 하지 아니하거나 거짓으로 한 자
   2. 법령에 따른 관계 공무원의 출입, 검사 또는 질문을 거부·방해하거나 기피한 자

② **과태료의 부과·징수권자** : ①에 따른 과태료는 대통령령으로 정하는 바에 따라 관리청이 부과·징수한다.

PART 06

철도사업법

제1장 총 칙

제1조 【목적】 ☆☆☆

이 법은 철도사업에 관한 질서를 확립하고 효율적인 운영 여건을 조성함으로써 철도사업의 건전한 발전과 철도 이용자의 편의를 도모하여 국민경제의 발전에 이바지함을 목적으로 한다.

제2조 【정의】 ★☆☆

이 법에서 사용하는 용어의 뜻은 다음과 같다.

① **철도** : 「철도산업발전기본법」에 따른 시설로 여객 또는 화물을 운송하는 데 필요한 **철도시설**과 **철도차량** 및 이와 관련된 **운영·지원체계**가 유기적으로 구성된 **운송체계**를 말한다.

② **철도시설** : 「철도산업발전기본법」에 따른 철도시설로서 다음의 어느 하나에 해당하는 시설(부지를 포함)을 말한다.

　㉠ 철도의 선로(선로에 부대되는 시설 포함), 역시설(물류시설·환승시설 및 편의시설 등을 포함) 및 철도운영을 위한 건축물·건축설비

　㉡ 선로 및 철도차량을 보수·정비하기 위한 선로보수기지, 차량정비기지 및 차량유치시설

　㉢ 철도의 전철전력설비, 정보통신설비, 신호 및 열차제어설비

　㉣ 철도노선간 또는 다른 교통수단과의 연계운영에 필요한 시설

　㉤ 철도기술의 개발·시험 및 연구를 위한 시설

　㉥ 철도경영연수 및 철도전문인력의 교육훈련을 위한 시설

　㉦ 그 밖에 철도의 건설·유지보수 및 운영을 위한 시설로서 <u>대통령령이 정하는 시설</u>

> ㉦에서 대통령령이 정하는 시설이라 함은 다음 각호의 시설을 말한다(철도산업기본법 영 제2조).
> 1. 철도의 건설 및 유지보수에 필요한 자재를 가공·조립·운반 또는 보관하기 위하여 당해 사업기간 중에 사용되는 시설
> 2. 철도의 건설 및 유지보수를 위한 공사에 사용되는 진입도로·주차장·야적장·토석채취장 및 사토장과 그 설치 또는 운영에 필요한 시설
> 3. 철도의 건설 및 유지보수를 위하여 당해 사업기간 중 사용되는 장비와 그 정비·점검·수리를 위한 시설
> 4. 그 밖에 철도안전관련시설·안내시설 등 철도의 건설·유지보수 및 운영을 위하여 필요한 시설로서 국토교통부장관이 정하는 시설

③ **철도차량** : 「철도산업발전기본법」에 따른 <u>선로</u>를 운행할 목적으로 제작된 <u>동력차·객차·화차 및 특수차</u>

④ 사업용철도 : 철도사업을 목적으로 설치하거나 운영하는 철도

⑤ 전용철도 : 다른 사람의 수요에 따른 영업을 목적으로 하지 아니하고 **자신의 수요**에 따라 **특수목적**을 수행하기 위하여 설치하거나 운영하는 철도

⑥ 철도사업 : **다른 사람의 수요**에 응하여 철도차량을 사용하여 **유상**으로 여객이나 화물을 운송하는 사업

⑦ 철도운수종사자 : 철도운송과 관련하여 **승무**(동력차 운전과 열차 내 승무) 및 **역무**서비스를 제공하는 직원

⑧ 철도사업자 : 「한국철도공사법」에 따라 설립된 한국철도공사 및 「철도사업법」에 따라 철도사업 면허를 받은 자

⑨ 전용철도운영자 : 철도사업법에 따라 전용철도등록을 한 자

제3조【다른 법률과의 관계】☆☆☆

철도사업에 관하여 다른 법률에 특별한 규정이 있는 경우를 제외하고는 이 법에서 정하는 바에 따른다.

제2장 철도사업의 관리

제4조【사업용철도노선의 고시 등】☆☆☆

① 사업용철도노선의 지정·고시 : 국토교통부장관은 사업용철도노선의 노선번호, 노선명, 기점(起點), 종점(終點), 중요 경과지(정차역을 포함)와 그 밖에 필요한 사항을 국토교통부령으로 정하는 바에 따라 지정·고시하여야 한다.

② 사업용철도노선의 구분 : 국토교통부장관은 ①에 따라 사업용철도노선을 지정·고시하는 경우 사업용철도노선을 다음 각 호의 구분에 따라 분류할 수 있다.

  1. 운행지역과 운행거리에 따른 분류

    가. 간선(幹線)철도 : 간선이란 사업용철도노선을 운행거리에 따라 분류한 것으로, 지역 간의 여객과 화물 교통수요를 주로 수송하는 10km 이상의 사업용철도노선 중 **국토교통부장관**이 지정한 노선을 말한다.

    나. 지선(支線)철도 : 지선이란 사업용철도노선을 운행거리에 따라 분류한 것으로 사업용철도노선 중 간선을 **제외**한 노선을 말한다.

  2. 운행속도에 따른 분류 : 고속철도노선, 준고속철도노선, 일반철도노선

③ 그 밖의 필요한 사항 등 : ②에 따른 사업용철도노선 분류의 기준이 되는 운행지역, 운행거리 및 운행속도는 국토교통부령으로 정한다.

제4조의2【철도차량의 유형 분류】☆☆☆

국토교통부장관은 철도 운임 상한의 산정, 철도차량의 효율적인 관리 등을 위하여 철도차량을 국토교통부령으로 정하는 운행속도에 따라 다음 각 호의 구분에 따른 유형으로 분류할 수 있다.

1. 고속철도차량 : 최고속도 300km/h 이상
2. 준고속철도차량 : 최고속도 200km/h 이상 300km/h 미만
3. 일반철도차량 : 최고속도 200km/h 미만

제5조【면허 등】★☆☆

① 면허와 부담(負擔) : 철도사업을 경영하려는 자는 제4조 ①에 따라 지정·고시된 사업용 철도노선을 정하여 **국토교통부장관의 면허**를 받아야 한다. 이 경우 국토교통부장관은 철도의 공공성과 안전을 강화하고 이용자 편의를 증진시키기 위하여 국토교통부령으로 정하는 바에 따라 필요한 **부담**을 붙일 수 있다.

② 철도면허 신청절차 : ①에 따른 면허를 받으려는 자는 **국토교통부령(규칙 제3조)**으로 정하는 바에 따라 사업계획서를 첨부한 면허신청서를 **국토교통부장관에게 제출**하여야 한다.

③ 철도사업법인 : 철도사업의 면허를 받을 수 있는 자는 **법인**으로 한다.

> **주의** 국토교통부장관이 철도사업의 면허를 발급하는 경우에는 철도의 공공성과 안전을 강화하고 이용자 편의를 증진시키기 위하여 필요한 부담을 붙일 수 있다. (○) [기출 18]

> **주의** 법인이 아닌 자도 철도사업의 면허를 받을 수 있다. (×) [기출 11]

 참고 BOX

사업계획서에 포함되어야 할 사항(규칙 제3조 제2항)

1. 운행구간의 기점·종점·정차역
2. 여객운송·화물운송 등 철도서비스의 종류
3. 사용할 철도차량의 대수·형식 및 확보계획
4. 운행횟수, 운행시간계획 및 선로용량 사용계획
5. 당해 철도사업을 위해 필요한 자금의 내역과 조달방법(공익서비스비용 및 철도시설 사용료의 수준을 포함)
6. 철도역·철도차량정비시설 등 운영시설 개요
7. 철도운수종사자의 자격사항 및 확보방안
8. 여객·화물의 취급예정수량 및 그 산출의 기초와 예상 사업수지

제6조【면허의 기준】☆☆☆

철도사업의 면허기준은 다음 각 호와 같다.

1. 해당 사업의 시작으로 철도교통의 안전에 지장을 줄 염려가 없을 것
2. 해당 사업의 운행계획이 그 운행 구간의 철도 수송 수요와 수송력 공급 및 이용자의 편의에 적합할 것
3. 신청자가 해당 사업을 수행할 수 있는 재정적 능력이 있을 것
4. 해당 사업에 사용할 철도차량의 대수(臺數), 사용연한 및 규격이 국토교통부령으로 정하는 기준에 맞을 것

> **주의** 철도사업의 면허기준으로 신청자의 재정적 능력은 포함되지 않는다. (×)

제7조 【철도사업 면허의 결격사유】 ★★☆

다음 각 호의 어느 하나에 해당하는 법인은 철도사업의 면허를 받을 수 없다.

1. 법인의 임원 중 다음 각 목의 어느 하나에 해당하는 사람이 있는 법인

   가. 피성년후견인 또는 피한정후견인

   나. 파산선고를 받고 복권되지 아니한 사람

   다. 이 법 또는 대통령령으로 정하는 철도 관계 법령을 위반하여 금고 이상의 실형을 선고받고 그 집행이 끝나거나(끝난 것으로 보는 경우를 포함) 면제된 날부터 2년이 지나지 아니한 사람

   라. 이 법 또는 대통령령으로 정하는 철도 관계 법령을 위반하여 금고 이상의 형의 집행유예를 선고받고 그 유예 기간 중에 있는 사람

   > 다목과 라목에서 대통령령으로 정하는 철도 관계 법령이란 **「철도산업발전 기본법」**, **「철도안전법」**, **「도시철도법」**, **「한국철도시설공단법」**, **「한국철도공사법」**을 말한다.

2. 이 법에 따라 철도사업의 **면허가 취소**된 후 그 취소일부터 **2년**이 지나지 아니한 법인. 다만, 피성년후견인 또는 피한정후견인, 파산선고를 받고 복권되지 아니한 사람에 해당하여 철도사업의 면허가 취소된 경우는 제외한다.

   > **주의** 「철도물류산업의 육성 및 지원에 관한 법률」을 위반하여 금고 이상의 형의 집행유예를 선고받고 그 유예 기간 중인 임원이 있는 법인은 철도사업의 면허를 받을 수 없다. (×) [기출 19]

   > **주의** 「철도사업법」에 따라 철도사업의 면허가 취소된 후 그 취소일부터 2년이 지난 법인은 철도사업의 면허를 받을 수 없다. (×) [기출 18·17·11]

제8조 【운송 시작의 의무】 ★☆☆

철도사업자는 **국토교통부장관**이 **지정하는 날** 또는 기간에 운송을 시작하여야 한다. 다만, **천재지변**이나 그 밖의 불가피한 사유로 철도사업자가 국토교통부장관이 지정하는 날 또는 기간에 운송을 시작할 수 없는 경우에는 **국토교통부장관**의 승인을 받아 날짜를 연기하거나 기간을 연장할 수 있다.

> **주의** 철도사업자는 천재지변 등 불가피한 사유가 없는 한 국토교통부장관이 지정하는 날 또는 기간에 운송을 시작하여야 할 의무가 있다. (○) [기출 18·12]

제9조 【여객 운임·요금의 신고 등】 ★☆☆

① 여객 운임·요금의 신고·변경신고 : 철도사업자는 여객에 대한 운임(여객운송에 대한 **직접적인 대가**를 말하며, 여객운송과 관련된 설비·용역에 대한 대가는 **제외한다**)·요금(이하 "여객 운임·요금"이라 함)을 **국토교통부장관**에게 **신고**하여야 한다. 이를 변경하려는 경우에도 같다.

> **주의** 철도사업자는 운임·요금을 변경하려는 경우 국토교통부장관에게 인가를 받아야 한다. (×)

> **주의** 여객 운임은 여객운송에 대한 직접적인 대가와 여객운송과 관련된 설비·용역에 대한 대가를 포함한다. (×) [기출 15]

② 여객 운임·요금의 설정 및 변경 시 고려사항 : 철도사업자는 여객 운임·요금을 정하거나 변경하는 경우에는 원가(原價)와 버스 등 다른 교통수단의 여객 운임·요금과의 형평성 등을 고려하여야 한다. 이 경우 여객에 대한 운임은 사업용 철도노선의 분류, 철도차량의 유형 등을 고려하여 국토교통부장관이 지정·고시한 상한을 초과하여서는 아니 된다.

③ 여객 운임의 상한 지정 : 국토교통부장관은 ②에 따라 여객 운임의 상한을 지정하려면 미리 기획재정부장관과 협의하여야 한다.

④ 신고수리 여부의 통지 : 국토교통부장관은 ①에 따른 신고 또는 변경신고를 받은 날부터 3일 이내에 신고수리 여부를 신고인에게 통지하여야 한다.

⑤ 신고·변경신고된 운임·요금의 사전 게시 : 철도사업자는 ①에 따라 신고 또는 변경신고를 한 여객 운임·요금을 그 시행 1주일 이전에 인터넷 홈페이지, 관계 역·영업소 및 사업소 등 일반인이 잘 볼 수 있는 곳에 게시하여야 한다.

> 주의 철도사업자는 국토교통부장관에게 신고 또는 변경신고를 한 운임·요금을 그 시행 31일 이전에 인터넷 홈페이지, 관계 역·영업소 및 사업소 등 이해관계인이 잘 볼 수 있는 곳에 게시하여야 한다. (×) [기출 15]

제9조의2 【여객 운임·요금의 감면】 ★☆☆

① 여객 운임·요금의 감면 : 철도사업자는 재해복구를 위한 긴급지원, 여객 유치를 위한 기념행사, 그 밖에 철도사업의 경영상 필요하다고 인정되는 경우에는 일정한 기간과 대상을 정하여 제9조 ①에 따라 신고한 여객 운임·요금을 감면할 수 있다.

> 주의 철도사업자는 재해복구를 위한 긴급지원의 경우와 달리 여객 유치를 위한 기념행사의 경우에는 여객 운임·요금을 감면할 수 없다. (×) [기출 18]

> 주의 철도사업자는 철도사업의 경영상 필요하다고 인정되는 경우 별도의 신고 없이도 일정한 기간과 대상을 정하여 운임·요금을 감면할 수 있다. (○) [기출 12]

② 감면 사항의 게시 : 철도사업자는 ①에 따라 여객 운임·요금을 감면하는 경우에는 그 시행 3일 이전에 감면 사항을 인터넷 홈페이지, 관계 역·영업소 및 사업소 등 일반인이 잘 볼 수 있는 곳에 게시하여야 한다. 다만, 긴급한 경우에는 미리 게시하지 아니할 수 있다.

제10조 【부가 운임의 징수】 ★☆☆

① 무임승차 : 철도사업자는 열차를 이용하는 여객이 정당한 운임·요금을 지급하지 아니하고 열차를 이용한 경우에는 승차 구간에 해당하는 운임 외에 그의 30배의 범위에서 부가 운임을 징수할 수 있다.

② 운송장 허위기재 : 철도사업자는 송하인(送荷人)이 운송장에 적은 화물의 품명·중량·용적 또는 개수에 따라 계산한 운임이 정당한 사유 없이 정상 운임보다 적은 경우에는 송하인에게 그 부족 운임 외에 그 부족 운임의 5배의 범위에서 부가 운임을 징수할 수 있다.

③ 신고기관 : 철도사업자는 ① 및 ②에 따른 부가 운임을 징수하려는 경우에는 사전에 부가 운임의 징수 대상 행위, 열차의 종류 및 운행 구간 등에 따른 부가 운임 산정기준을 정하고 제11조에 따른 철도사업약관에 포함하여 국토교통부장관에게 신고하여야 한다.

④ 신고수리 여부의 통지 : 국토교통부장관은 ③에 따른 신고를 받은 날부터 3일 이내에 신고수리 여부를 신고인에게 통지하여야 한다.

⑤ 성실납부의무 : ① 및 ②에 따른 부가 운임의 징수 대상자는 이를 성실하게 납부하여야 한다.

> **주의** 철도사업자는 부가 운임을 징수하려는 경우에는 사전에 부가 운임의 징수대상행위, 열차의 종류 및 운행구간 등에 따른 부가 운임 산정기준을 정하고 철도사업약관에 포함하여 공정거래위원회 위원장에게 신고하여야 한다. (×) [기출 09]

> **주의** 철도사업자는 열차를 이용하는 여객이 정당한 승차권을 소지하지 아니하고 열차를 이용한 경우에는 승차 구간에 상당하는 운임 외에 그의 20배의 범위에서 부가 운임을 징수할 수 있으며, 송하인이 운송장에 기재한 화물의 품명·중량·용적 또는 개수에 따라 계산한 운임이 정당한 사유없이 정상 운임보다 적은 경우에는 송하인에게 그 부족 운임 외에 그 부족 운임의 15배의 범위에서 부가 운임을 징수할 수 있다. (×) [기출 15·11]

제10조의2 【승차권 등 부정판매의 금지】 ☆☆☆

철도사업자 또는 철도사업자로부터 승차권 판매위탁을 받은 자가 아닌 자는 철도사업자가 발행한 승차권 또는 할인권·교환권 등 승차권에 준하는 증서를 상습 또는 영업으로 자신이 구입한 가격을 초과한 금액으로 다른 사람에게 판매하거나 이를 알선하여서는 아니 된다.

출제 POINT 빈칸 문제

···› 철도사업을 경영하려는 자는 지정·고시된 사업용철도노선을 정하여 (❶)의 면허를 받아야 한다. 이 경우 국토교통부장관은 철도의 공공성과 안전을 강화하고 이용자 편의를 증진시키기 위하여 국토교통부령으로 정하는 바에 따라 필요한 (❷)을 붙일 수 있다.

···› 철도사업의 면허를 받을 수 있는 자는 (❸)으로 한다.

···› 「(❹)」 또는 대통령령으로 정하는 철도 관계 법령(「철도산업발전 기본법」, 「(❺)」, 「(❻)」, 「한국철도시설공단법」, 「한국철도공사법」)을 위반한 법인의 임원이 금고 이상의 형의 집행유예를 선고받고 그 유예 기간 중에 있는 사람은 철도사업의 면허를 받을 수 없다.

···› 국토교통부장관은 여객 운임의 상한을 지정하려면 미리 (❼)과 협의하여야 한다.

···› 철도사업자는 관련 법령에 따라 신고 또는 변경신고를 한 여객 운임·요금을 그 시행 (❽) 이전에 인터넷 홈페이지, 관계 역·영업소 및 사업소 등 일반인이 잘 볼 수 있는 곳에 게시하여야 한다.

···› 철도사업자는 재해복구를 위한 긴급지원, 여객 유치를 위한 (❾), 그 밖에 철도사업의 경영상 필요하다고 인정되는 경우에는 일정한 기간과 대상을 정하여 법령에 따라 신고한 여객 운임·요금을 감면할 수 있다.

···› 철도사업자는 여객 운임·요금을 감면하는 경우에는 그 시행 (❿) 이전에 감면 사항을 인터넷 홈페이지, 관계 역·영업소 및 사업소 등 일반인이 잘 볼 수 있는 곳에 게시하여야 한다. 다만, 긴급한 경우에는 미리 게시하지 아니할 수 있다.

❶ 국토교통부장관 ❷ 부담 ❸ 법인 ❹ 철도산업법 ❺ 철도안전법 ❻ 도시철도법 ❼ 기획재정부장관 **정답**
❽ 1주일 ❾ 기념행사 ❿ 3일

제11조 【철도사업약관】 ★★☆

① 철도사업자는 철도사업약관을 정하여 **국토교통부장관**에게 **신고**하여야 한다. 이를 변경하려는 경우에도 같다.

> ①에 따라 철도사업자가 철도사업약관을 신고 또는 변경신고를 하고자 하는 때에는 철도사업약관 신고·변경신고서에 다음의 서류를 첨부하여 국토교통부장관에게 제출하여야 한다(규칙 제7조 제1항).
> 1. 철도사업약관
> 2. 철도사업약관 신·구대비표 및 변경사유서(변경신고의 경우에 한함)

> **주의** 철도사업자는 철도사업약관을 설정 또는 변경하려는 경우에는 국토교통부장관의 인가를 받아야 한다. (×) [기출 18·14·12]

② 철도사업약관의 기재 사항 등에 필요한 사항은 **국토교통부령(규칙 제7조)**으로 정한다.

 참고 BOX

철도사업약관의 신고 등(규칙 제7조 제2항·제3항)

① **철도사업약관의 기재사항** : 철도사업약관에는 다음의 사항을 기재하여야 한다.
1. 철도사업약관의 적용범위
2. 여객운임·요금의 수수 또는 환급에 관한 사항
3. 부가운임에 관한 사항
4. 운송책임 및 배상에 관한 사항
5. 면책에 관한 사항
6. 여객의 금지행위에 관한 사항
7. 화물의 인도·인수·보관 및 취급에 관한 사항
8. 그 밖에 이용자의 보호 등을 위하여 필요한 사항

② **철도사업약관의 비치·열람** : 철도사업자는 철도사업약관을 신고하거나 변경신고를 한 때에는 그 철도사업약관을 인터넷 홈페이지, 관계 역·영업소 및 사업소 등의 이용자가 보기 쉬운 장소에 비치하고, 이용자가 이를 열람할 수 있도록 하여야 한다.

> **주의** 철도사업경영의 수지균형에 관한 사항은 관련 법령에 따라 철도사업자가 명시적으로 철도사업약관에 기재하여 신고하여야 할 사항에 해당한다. (×) [기출 15]

③ 국토교통부장관은 ①에 따른 신고 또는 변경신고를 받은 날부터 **3일** 이내에 신고수리 여부를 신고인에게 통지하여야 한다.

제12조 【사업계획의 변경】 ★★★

① **사업계획의 변경신고(원칙)·변경인가(예외)** : 철도사업자는 사업계획을 변경하려는 경우에는 **국토교통부장관**에게 **신고**하여야 한다. 다만, 대통령령으로 정하는 중요 사항을 변경하려는 경우에는 **국토교통부장관**의 **인가**를 받아야 한다.

> ①의 단서에서 대통령령으로 정하는 중요 사항을 변경하려는 경우란 다음 각 호의 어느 하나에 해당하는 경우를 말한다(영 제5조).
> 1. 철도이용수요가 적어 수지균형의 확보가 극히 곤란한 벽지 노선으로서 「철도산업발전기본법」에 따라 공익서비스비용의 보상에 관한 계약이 체결된 노선의 **철도운송서비스**(철도여객운송서비스 또는 철도화물운송서비스를 말함)**의 종류를 변경**하거나 **다른 종류의 철도운송서비스를 추가**하는 경우
> 2. 여객열차 운행구간의 변경
> 3. 사업용철도노선별로 **여객열차의 정차역을 신설 또는 폐지**하거나 **10분의 2 이상 변경**하는 경우
> 4. 사업용철도노선별로 **10분의 1 이상의 운행횟수의 변경**(여객열차의 경우에 한함), 다만 공휴일·방학 기간 그 밖의 수송수요와 열차운행계획상의 수송력과 현저한 차이가 있는 경우로서 3개월 이내의 기간 동안 운행횟수를 변경하는 경우를 **제외한다.**

주의 철도사업자는 사업계획의 중요 사항을 변경하려는 경우에는 국토교통부장관의 인가를 받아야 한다. (○) [기출 19 · 18]

주의 철도사업자는 관련 법령에 따라 철도사업약관을 변경하려는 경우에는 국토교통부장관의 인가를 받아야 한다. (×) [기출 14 · 12]

주의 철도사업자는 여객열차의 운행구간을 변경하려는 경우에는 국토교통부장관에게 신고하여야 한다. (×) [기출 20 · 10]

주의 철도사업자는 사업용철도노선별로 여객열차의 정차역을 10분의 1 이상 변경하려는 경우에는 국토교통부장관의 인가를 받아야 한다. (×) [기출 20]

주의 철도사업자는 공휴일 · 방학기간 그 밖의 수송수요와 열차 운행계획상의 수송력과 현저한 차이가 있는 경우로서 3월 이내의 기간 동안 운행횟수를 변경하는 경우에는 국토교통부장관의 인가를 받아야 한다. (×) [기출 11]

② **사업계획 변경의 제한 : 국토교통부장관**은 철도사업자가 다음 각 호의 어느 하나에 해당하는 경우에는 ①에 따른 사업계획의 변경을 **제한할 수 있다.**

1. 국토교통부장관이 지정한 날 또는 기간에 운송을 **시작**하지 아니한 경우
2. 노선 운행중지, 운행제한, 감차(減車) 등을 수반하는 사업계획 **변경명령**을 받은 후 **1년**이 지나지 아니한 경우
3. **개선명령**을 받고 이행하지 아니한 경우
4. 철도사고(「철도안전법」에 따른 철도사고를 말함)의 규모 또는 발생 빈도가 <u>대통령령으로 정하는 기준</u> 이상인 경우

> 제4호에서 대통령령으로 정하는 기준 이상인 경우란 사업계획의 변경을 신청한 날이 포함된 연도의 직전 연도의 열차운행거리 100만km 당 철도사고(철도사업자 또는 그 소속종사자의 **고의 또는 과실**에 의한 철도사고)로 인한 **사망자수 또는 철도사고의 발생횟수**가 최근(직전연도를 제외) 5년간 평균보다 10분의 2 이상 증가한 경우를 말한다(영 제6조).

> **주의** 국토교통부장관은 노선 운행중지, 운행제한, 감차(減車) 등을 수반하는 사업계획 변경명령을 받은 후 1년이 지난 경우에는 철도사업자의 사업계획변경을 제한할 수 있다. (×) [기출 20]

> **주의** 국토교통부장관은 지정한 날 또는 기간에 운송을 시작하지 아니한 철도사업자의 사업계획변경을 제한해야 한다. (×) [기출 10]

③ ①과 ②에 따른 사업계획 변경의 절차 · 기준과 그 밖에 필요한 사항은 국토교통부령으로 정한다.

④ 국토교통부장관은 ①의 본문에 따른 신고를 받은 날부터 **3일** 이내에 신고수리 여부를 신고인에게 통지하여야 한다.

제13조【공동운수협정】★☆☆

① **공동운수협정의 체결 · 변경인가(원칙), 변경신고(예외) :** 철도사업자는 다른 철도사업자와 공동경영에 관한 계약이나 그 밖의 운수에 관한 협정(이하 **"공동운수협정"**이라 함)을 체결하거나 변경하려는 경우에는 국토교통부령으로 정하는 바에 따라 **국토교통부장관의 인가**를 받아야 한다. 다만, 국토교통부령으로 정하는 경미한 사항을 변경하려는 경우에는 국토교통부령으로 정하는 바에 따라 **국토교통부장관**에게 **신고**하여야 한다.

①의 단서에서 국토교통부령으로 정하는 경미한 사항이란 다음 각 호의 어느 하나에 해당되는 사항을 말한다(규칙 제9조 제3항).

1. 철도사업자가 여객 운임·요금의 변경신고를 한 경우 이를 반영하기 위한 사항
2. 철도사업자가 법 제12조의 규정에 의하여 사업계획변경을 신고하거나 사업계획변경의 인가를 받은 때에는 이를 반영하기 위한 사항
3. 공동운수협정에 따른 운행구간별 열차 운행횟수의 10분의 1 이내(5분의 1 이내 ×)에서의 변경
4. 그 밖에 법에 의하여 신고 또는 인가·허가 등을 받은 사항을 반영하기 위한 사항

철도사업자는 공동운수협정을 **체결**하거나 인가받은 사항을 **변경**하고자 하는 때 또는 공동운수협정의 **변경**을 **신고**하고자 하는 때에는 다른 철도사업자와 **공동**으로 각각의 신청서 또는 신고서에 법정 서류를 첨부하여 국토교통부장관에게 제출하여야 한다(규칙 제9조 제1항 및 4항).

> **주의** 철도사업자는 다른 철도사업자와 공동경영에 관한 계약이나 그 밖의 운수에 관한 협정을 체결하려는 경우에는 국토교통부령으로 정하는 바에 따라 국토교통부장관에게 신고하여야 한다. (×) [기출 14]

> **주의** 공동운수협정에 따른 운행구간별 열차운행횟수의 10분의 1 이내에서의 변경은 국토교통부장관의 인가를 받아야 한다. (×) [기출 19·10]

> **주의** 공동운수협정을 체결하고자 하는 철도사업자들은 개별적으로 필요한 서류를 국토교통부장관에게 제출하여야 한다. (×) [기출 10]

② 인가 전 타 기관과의 사전 협의 : 국토교통부장관은 ① 본문에 따라 공동운수협정을 인가하려면 미리 **공정거래위원회**와 협의하여야 한다.

> **주의** 철도사업자는 공동운수협정을 체결하려는 경우에는 미리 공정거래위원회와의 협의를 거쳐야 한다. (×) [기출 10]

🖐 참고 BOX

공동운수협정 인가시 검토사항(규칙 제9조 제2항)

국토교통부장관은 공동운수협정에 대한 인가신청 또는 변경인가신청을 받은 경우에는 <u>다음의 사항을 검토한 후 인가 또는 변경인가여부를 결정하여야 한다.</u>

1. 공동운수협정의 체결 또는 변경으로 인하여 철도서비스의 질적 저하가 발생하는지의 여부
2. 공동운수협정의 체결 또는 변경으로 인하여 철도수송수요와 수송력 공급 및 이용자의 편의에 지장을 초래하는 지의 여부
3. 공동운수협정의 체결 또는 변경내용에 선로·역시설·물류시설·차량정비기지 및 차량유치시설 등 운송시설의 공동사용에 관한 내용이 있는 경우에는 당해 운송시설의 공동사용으로 인하여 철도사업의 원활한 운영과 여객의 이용편의에 지장을 초래하는 지의 여부
4. 공동운수협정의 체결 또는 변경이 수송력공급의 증가를 목적으로 하는 경우에는 주말·연휴 등 일시적으로 유발되는 수송수요에 효율적으로 대응할 수 있는 지의 여부
5. 공동운수협정의 체결 또는 변경에 따른 운임·요금이 적정한 지의 여부
6. 공동운수협정을 체결 또는 변경하는 <u>철도사업자간 수입·비용의 배분이 적정한 지의 여부</u>
7. 공동운수협정의 체결 또는 변경으로 인하여 철도안전에 지장을 초래하는 지의 여부

> **주의** 철도사업자로부터 인가신청을 받은 국토교통부장관이 인가여부를 결정하기 위해서 철도사업자간 수입·비용의 배분이 적정한 지를 검토할 필요는 없다. (×) [기출 10]

③ 신고수리 여부의 통지 : 국토교통부장관은 ①의 단서에 따른 신고를 받은 날부터 **3일** 이내에 신고수리 여부를 신고인에게 통지하여야 한다.

제14조 【사업의 양도·양수 등】 ★☆☆

① **양도·양수인가** : 철도사업자는 그 철도사업을 양도·양수하려는 경우에는 **국토교통부장관의 인가**를 받아야 한다.

② **합병인가** : 철도사업자는 다른 철도사업자 또는 철도사업 외의 사업을 경영하는 자와 합병하려는 경우에는 **국토교통부장관의 인가**를 받아야 한다.

③ **양도·양수 및 합병인가의 효력** : ①이나 ②에 따른 인가를 받은 경우 철도사업을 양수한 자는 철도사업을 양도한 자의 철도사업자로서의 지위를 승계하며, 합병으로 설립되거나 존속하는 법인은 합병으로 소멸되는 법인의 철도사업자로서의 지위를 승계한다.

④ **타 규정의 준용** : ①과 ②의 인가에 관하여는 법 제7조(철도사업 면허의 결격사유)를 준용한다.

> **주의** 국토교통부장관의 인가를 받아 철도사업을 양수한 자는 철도사업을 양도한 자의 철도사업자로서의 지위를 승계한다. (○) [기출 18·12]

제15조 【사업의 휴업·폐업】 ★☆☆

① **휴업·폐업의 허가(원칙) 및 신고(예외)** : 철도사업자가 그 사업의 전부 또는 일부를 휴업 또는 폐업하려는 경우에는 국토교통부령으로 정하는 바에 따라 **국토교통부장관의 허가**를 받아야 한다. 다만, <u>선로 또는 교량의 파괴, 철도시설의 개량, 그 밖의 정당한 사유</u>로 휴업하는 경우에는 국토교통부령으로 정하는 바에 따라 **국토교통부장관**에게 신고하여야 한다.

② **휴업기간의 제한** : ①에 따른 휴업기간은 **6개월**을 넘을 수 없다. 다만, ① 단서에 따른 휴업의 경우에는 예외로 한다.

③ **철도사업의 재개 신고** : ①에 따라 허가를 받거나 신고한 휴업기간 중이라도 휴업 사유가 소멸된 경우에는 **국토교통부장관**에게 **신고**하고 사업을 재개(再開)할 수 있다.

④ **신고수리 여부의 통지** : 국토교통부장관은 ①의 단서 및 ③에 따른 신고를 받은 날부터 **60일 이내**에 신고수리 여부를 신고인에게 통지하여야 한다.

⑤ **휴업·폐업 사실의 게시** : 철도사업자는 철도사업의 전부 또는 일부를 휴업 또는 폐업하려는 경우에는 **대통령령**으로 정하는 바에 따라 휴업 또는 폐업하는 사업의 내용과 그 기간 등을 인터넷 홈페이지, 관계 역·영업소 및 사업소 등 일반인이 잘 볼 수 있는 곳에 게시하여야 한다.

> ④에 따라 철도사업자는 철도사업의 휴업 또는 폐업의 허가를 받은 때에는 그 허가를 받은 날부터 7일 이내에 철도사업자의 인터넷 홈페이지, 관계 역·영업소 및 사업소 등 일반인이 잘 볼 수 있는 곳에 게시하여야 한다. 다만, 휴업을 신고하는 경우에는 해당 사유가 발생한 때에 즉시 게시하여야 한다(영 제7조).

> **주의** 철도사업자의 휴업기간은 선로 또는 교량의 파괴, 철도시설의 개량, 그 밖의 정당한 사유로 휴업하는 경우를 제외하고는 3개월을 넘을 수 없다. (×) [기출 14]

> **주의** 철도사업자가 그 사업의 전부 또는 일부를 폐업하려는 경우에는 국토교통부장관에게 신고하여야 한다. (×) [기출 12]

면허, 신고, 인·허가 등 사항의 정리

면허를 받아야 하는 경우	
관계 법령에 따라 철도사업을 경영하려는 경우	

신고하여야 하는 경우	인·허가를 받아야 하는 경우
1. 여객 운임·요금의 설정 및 변경	1. 철도사업계획의 중요 사항의 변경(예외)
2. 철도사업약관 설정 및 변경	2. 철도 공동운수협정의 체결·변경(원칙)
3. 철도사업계획의 변경(원칙)	3. 철도사업의 양도·양수 및 합병
4. 철도 공동운수협정의 경미한 사항의 변경(예외)	Cf 전용철도운영의 양도·양수 등의 경우 신고사항
5. 철도사업의 휴업(예외)	4. 철도사업의 휴업·폐업 허가(원칙)

제16조【면허취소 등】★★★

① 면허취소 등 사유 : 국토교통부장관은 철도사업자가 다음 각 호의 어느 하나에 해당하는 경우에는 면허를 **취소**하거나, **6개월 이내**의 기간을 정하여 사업의 **전부 또는 일부**의 **정지**를 명하거나, 노선 운행중지·운행제한·감차 등을 수반하는 사업계획의 **변경**을 명할 수 있다. 다만, **제4호 및 제7호**의 경우에는 면허를 **취소**하여야 한다.

1. 면허받은 사항을 정당한 사유 없이 시행하지 아니한 경우

2. 사업 **경영의 불확실** 또는 자산상태의 **현저한 불량**이나 그 밖의 사유로 사업을 계속하는 것이 적합하지 아니할 경우

3. **고의 또는 중대한 과실**에 의한 철도사고로 대통령령으로 정하는 **다수의 사상자**(死傷者)가 발생한 경우

   제3호에서 대통령령으로 정하는 다수의 사상자(死傷者)가 발생한 경우란 1회 철도사고로 사망자 5명 이상이 발생하게 된 경우를 말한다(영 제8조).

4. 거짓이나 그 밖의 부정한 방법으로 법 제5조에 따른 철도사업의 면허를 받은 경우

5. 법 제5조 ① 후단에 따라 **면허에 붙인 부담**을 위반한 경우

6. 법 제6조에 따른 철도사업의 **면허기준에 미달**하게 된 경우. 다만, 3개월 이내에 그 기준을 충족시킨 경우에는 예외로 한다.

7. 철도사업자의 임원 중 제7조 ①의 각 목의 어느 하나의 **결격사유**에 해당하게 된 사람이 있는 경우. 다만, 3개월 이내에 그 임원을 바꾸어 임명한 경우에는 예외로 한다.

8. 국토교통부장관이 지정한 날 또는 기간에 운송을 시작하지 아니한 경우

9. 법 제15조에 따른 **휴업 또는 폐업**의 **허가**를 받지 아니하거나 **신고**를 하지 아니하고 영업을 하지 아니한 경우

10. 법 제20조 ①에 따른 준수사항을 **1년 이내에 3회 이상** 위반한 경우

    법 제20조(철도사업자의 준수사항) 제1항 : 철도사업자는 「철도안전법」 제21조에 따른 요건을 갖추지 아니한 사람을 운전업무에 종사하게 하여서는 아니 된다.

11. 법 제21조에 따른 **개선명령**을 위반한 경우

12. 법 제23조에 따른 **명의 대여 금지**를 위반한 경우

> 주의 중대한 과실에 의한 1회의 철도사고로 3명의 사망자가 발생한 경우에는 국토교통부장관은 해당 철도사업자에 대하여 사업의 일부정지를 명할 수 있다. (×) [기출 19]

> 주의 철도사업자의 임원 중 결격사유에 해당하게 된 사람이 있는 경우 이는 국토교통부장관이 철도사업자의 면허를 반드시 취소하여야 하는 경우에 해당한다. (○) [기출 14]

> 주의 국토교통부장관은 철도사업자가 사업면허에 부가된 부담을 위반한 경우, 사업면허를 취소하여야 한다. (×) [기출 12]

> 주의 철도사업자는 천재지변 등 불가피한 사유가 없는 한 국토교통부장관이 지정하는 날 또는 기간에 운송을 시작하여야 할 의무가 있으며, 이를 위반할 경우에는 국토교통부장관은 해당 철도사업자에 대하여 면허취소처분을 할 수 있다. (○) [기출 11]

② 처분의 기준 및 절차 등 : ①에 따른 처분의 기준 및 절차와 그 밖에 필요한 사항은 국토교통부령(규칙 제12조 별표 2)으로 정한다.

③ 청문 : 국토교통부장관은 ①에 따라 철도사업의 **면허를 취소**하려면 **청문**을 하여야 한다.

제17조 【과징금처분】 ★★☆

① 과징금 부과 요건 및 금액 : 국토교통부장관은 철도사업자에게 **사업정지처분**을 하여야 하는 경우로서 그 사업정지처분이 그 철도사업자가 제공하는 철도서비스의 이용자에게 **심한 불편**을 주거나 그 밖에 **공익을 해칠** 우려가 있을 때에는 그 사업정지처분을 갈음하여 **1억원 이하의 과징금**을 부과·징수할 수 있다.

② 위반행위의 종류·정도 등 : ①에 따라 과징금을 부과하는 위반행위의 종류, 과징금의 부과기준·징수방법 등 필요한 사항은 **대통령령(영 제9조 및 제10조)**으로 정한다.

참고 BOX

과징금을 부과하는 위반행위의 종류, 과징금의 부과기준 · 징수방법 등(영 제9조 및 제10조)

① **과징금의 부과기준** : 사업정지처분에 갈음하여 과징금을 부과하는 위반행위의 종류와 정도에 따른 과징금의 금액은 별표 1과 같다.

② **과징금 부과의 서면 통지** : 국토교통부장관은 과징금을 부과하고자 하는 때에는 그 위반행위의 종별과 해당 과징금의 금액 등을 명시하여 이를 납부할 것을 서면으로 통지하여야 한다.

③ **과징금 납부 기한** : ②의 규정에 의하여 통지를 받은 자는 20일 이내에 과징금을 국토교통부장관이 지정한 수납기관에 납부하여야 한다. 다만, 천재·지변 그 밖의 부득이한 사유로 인하여 그 기간 내에 과징금을 납부할 수 없는 때에는 그 사유가 없어진 날부터 7일 이내에 납부하여야 한다.

④ **과징금 수납 통보** : ③의 규정에 의하여 과징금의 납부를 받은 수납기관은 납부자에게 영수증을 교부하여야 하며, 과징금의 수납기관은 ③의 규정에 의하여 과징금을 수납한 때에는 지체 없이 그 사실을 국토교통부장관에게 통보하여야 한다.

③ **과징금 미납시 처리** : 국토교통부장관은 ①에 따라 과징금 부과처분을 받은 자가 납부기한까지 과징금을 내지 아니하면 **국세 체납처분의 예**에 따라 징수한다.

④ **징수된 과징금의 사용** : ①에 따라 징수한 과징금은 다음 각 호 외의 용도로는 사용할 수 없다.

1. 철도사업 종사자의 양성·교육훈련이나 그 밖의 자질향상을 위한 시설 및 철도사업 종사자에 대한 지도업무의 수행을 위한 시설의 건설·운영

2. 철도사업의 경영개선이나 그 밖에 철도사업의 발전을 위하여 필요한 사업

3. 제1호 및 제2호의 목적을 위한 보조 또는 융자

> **주의** 징수한 과징금은 철도사업 종사자의 양성을 위한 시설 운영의 용도로 사용할 수 있다. (○) [기출 21]

⑤ **과징금 운용계획 수립 등** : 국토교통부장관은 과징금으로 징수한 금액의 운용계획을 수립하여 시행하여야 한다.

⑥ **그 밖의 필요한 사항** : ④와 ⑤에 따른 과징금 사용의 절차, 운용계획의 수립·시행에 관한 사항과 그 밖에 필요한 사항은 국토교통부령(규칙 제13조)으로 정한다.

제18조【철도차량 표시】★☆☆

철도사업자는 철도사업에 사용되는 철도차량에 철도사업자의 명칭과 그 밖에 <u>국토교통부령(규칙 제14조)</u>으로 정하는 사항을 표시하여야 한다.

> ※ 법 제18조에서 국토교통부령이 정하는 사항이란 철도차량 외부에서 철도사업자를 식별할 수 있는 도안 또는 문자를 말한다.
> ※ 철도사업자는 법 제18조의 규정에 의한 철도차량의 표시를 함에 있어 차체 면에 인쇄하거나 도색하는 등의 방법으로 외부에서 용이하게 알아볼 수 있도록 하여야 한다.

제19조【우편물 등의 운송】★☆☆

철도사업자는 여객 또는 화물 운송에 **부수(附隨)**하여 우편물과 신문 등을 **운송할 수 있다.**

> **주의** 철도사업자는 여객 또는 화물 운송에 부수(附隨)하여 우편물과 신문 등을 운송하여서는 아니 된다. (×) [기출 17·12]

제20조【철도사업자의 준수사항】★☆☆

① 철도사업자는 「철도안전법」 제21조에 따른 요건(운전업무 실무수습)을 갖추지 아니한 사람을 운전업무에 **종사**하게 하여서는 아니 된다.

② 철도사업자는 사업계획을 성실하게 이행하여야 하며, 부당한 운송 조건을 제시하거나 정당한 사유 없이 운송계약의 체결을 거부하는 등 **철도운송 질서**를 해치는 행위를 하여서는 아니 된다.

③ 철도사업자는 **여객 운임표, 여객 요금표, 감면 사항 및 철도사업약관**을 인터넷 홈페이지에 게시하고 관계 역·영업소 및 사업소 등에 갖추어 두어야 하며, 이용자가 요구하는 경우에는 **제시**하여야 한다.

④ ①부터 ③까지에 따른 준수사항 외에 운송의 안전과 여객 및 화주(貨主)의 편의를 위하여 철도사업자가 준수하여야 할 사항은 국토교통부령(규칙 제15조 별표 3)으로 정한다.

제21조【사업의 개선명령】 ★☆☆

국토교통부장관은 원활한 철도운송, 서비스의 개선 및 운송의 안전과 그 밖에 공공복리의 증진을 위하여 필요하다고 인정하는 경우에는 철도사업자에게 다음의 사항을 명할 수 있다.

1. 사업계획의 변경
2. 철도차량 및 운송 관련 장비·시설의 개선
3. 운임·요금 징수 방식의 개선
4. 철도사업약관의 변경
5. 공동운수협정의 체결
6. 철도차량 및 철도사고에 관한 손해배상을 위한 보험에의 가입
7. 안전운송의 확보 및 서비스의 향상을 위하여 필요한 조치
8. 철도운수종사자의 양성 및 자질향상을 위한 교육

주의 운임·요금의 인하 (×) [기출 12]

제22조【철도운수종사자의 준수사항】 ☆☆☆

철도사업에 종사하는 철도운수종사자는 다음 각 호의 어느 하나에 해당하는 행위를 하여서는 아니 된다.

1. 정당한 사유 없이 여객 또는 화물의 운송을 거부하거나 여객 또는 화물을 중도에서 내리게 하는 행위
2. 부당한 운임 또는 요금을 요구하거나 받는 행위
3. 그 밖에 안전운행과 여객 및 화주의 편의를 위하여 철도운수종사자가 준수하여야 할 사항으로서 국토교통부령(규칙 제16조 별표 4)으로 정하는 사항을 위반하는 행위

제23조【명의 대여의 금지】 ☆☆☆

철도사업자는 타인에게 자기의 성명 또는 상호를 사용하여 철도사업을 경영하게 하여서는 아니 된다.

제24조【철도화물 운송에 관한 책임】 ☆☆☆

① 철도사업자의 화물의 멸실·훼손 또는 인도(引導)의 지연에 대한 **손해배상책임**에 관하여는 「**상법**」 제135조를 준용한다.

> ※ 운송인은 자기 또는 운송주선인이나 사용인, 그 밖에 운송을 위하여 사용한 자가 운송물의 수령, 인도, 보관 및 운송에 관하여 주의를 게을리하지 아니하였음을 증명하지 아니하면 운송물의 멸실, 훼손 또는 연착으로 인한 손해를 배상할 책임이 있다(상법 제135조).

주의 철도사업자의 화물의 멸실·훼손에 대한 손해배상책임에 관하여는 「상법」 제135조(손해배상책임)를 준용하지 않는다. (×) [기출 21]

주의 철도사업자의 사용인이 화물의 보관에 관한 주의를 게을리하여 화물이 훼손된 경우에 철도사업자는 그에 대한 손해를 배상할 책임이 없다. (×) [기출 17]

② ①을 적용할 때에 화물이 인도 기한을 지난 후 **3개월** 이내에 인도되지 아니한 경우에는 그 화물은 **멸실**된 것으로 본다.

⋯ 철도사업자는 열차를 이용하는 여객이 정당한 승차권을 소지하지 아니하고 열차를 이용한 경우에는 승차 구간에 상당하는 운임 외에 그의 (❶)배의 범위에서 부가 운임을 징수할 수 있으며, 송하인이 운송장에 기재한 화물의 품명·중량·용적 또는 개수에 따라 계산한 운임이 정당한 사유 없이 정상 운임보다 적은 경우에는 송하인에게 그 부족 운임 외에 그 부족 운임의 (❷)배의 범위에서 부가운임을 징수할 수 있다.

⋯ 철도사업약관철도사업자는 철도사업약관을 정하여 국토교통부장관에게 (❸)하여야 한다. 이를 변경하려는 경우에도 같다.

⋯ 철도사업자는 사업용철도노선별로 여객열차의 정차역을 신설 또는 폐지하거나 (❹) 이상 변경하는 경우 경우에는 국토교통부장관의 인가를 받아야 한다.

⋯ 철도사업자가 여객열차의 (❺)을 변경하려는 경우에는 국토교통부장관의 인가를 받아야 한다.

⋯ 철도사업자는 변경하려는 사항이 인가사항인 경우에는 (❻)개월 전까지 사업계획변경신고서 또는 사업계획변경인가신청서에 관련 서류를 첨부하여 국토교통부장관에게 제출하여야 한다.

⋯ 철도사업자는 다른 철도사업자와 공동경영에 관한 계약이나 그 밖의 운수에 관한 협정(이하 "공동운수협정"이라 함)을 체결하거나 변경하려는 경우에는 국토교통부령으로 정하는 바에 따라 국토교통부장관의 (❼)를 받아야 한다.

⋯ 공동운수협정에 따른 운행구간별 열차 운행횟수의 (❽) 이내에서의 변경은 국토교통부장관에게 이를 신고하여야 하는 경미한 사항의 변경에 해당한다.

⋯ 공동운수협정을 체결하고자 하는 철도사업자들은 다른 철도사업자와 (❾)으로 필요한 서류를 국토교통부장관에게 제출하여야 한다.

⋯ 철도사업자가 그 사업의 전부 또는 일부를 휴업 또는 폐업하려는 경우에는 국토교통부령으로 정하는 바에 따라 국토교통부장관의 (❿)를 받아야 한다. 다만, 선로 또는 교량의 파괴, 철도시설의 개량, 그 밖의 정당한 사유로 휴업하는 경우에는 국토교통부령(규칙 제11조)으로 정하는 바에 따라 국토교통부장관에게 신고하여야 한다.

⋯ 국토교통부장관은 공동운수협정을 인가하려면 미리 (⓫)와 협의하여야 한다.

⋯ 국토교통부장관은 철도사업자가 고의 또는 중대한 과실에 의한 1회 철도사고로 사망자 (⓬)명 이상이 발생하게 된 경우 반드시 면허를 취소하여야 한다.

❶ 30(배) ❷ 5(배) ❸ 신고 ❹ 10분의2 ❺ 운행구간 ❻ 2(개월) ❼ 인가 ❽ 10분의1 ❾ 공동 ❿ 허가 **정답**
⓫ 공정거래위원회 ⓬ 5(명)

제3장 철도서비스 향상 등

제26조【철도서비스의 품질평가 등】 ★☆☆

① 국토교통부장관은 공공복리의 증진과 철도서비스 이용자의 권익보호를 위하여 철도사업자가 제공하는 철도서비스에 대하여 적정한 철도서비스 기준을 정하고, 그에 따라 철도사업자가 제공하는 철도서비스의 품질을 평가하여야 한다.

② ①에 따른 철도서비스의 기준, 품질평가의 항목·절차 등에 필요한 사항은 **국토교통부령(규칙 제19조)**으로 정한다.

철도서비스의 기준, 품질평가의 항목 · 절차 등에 필요한 사항(규칙 제19조)

① 철도서비스의 기준은 다음과 같다.
  1. 철도의 시설 · 환경관리 등이 이용자의 편의와 공익적 목적에 부합할 것
  2. 열차가 정시에 목적지까지 도착하도록 하는 등 철도이용자의 편의를 도모할 수 있도록 할 것
  3. 예 · 매표의 이용편리성, 역 시설의 이용편리성, 고객을 상대로 승무 또는 역무서비스를 제공하는 종사원의
    친절도, 열차의 쾌적성 등을 제고하여 철도이용자의 만족도를 높일 수 있을 것
  4. 철도사고와 운행장애를 최소화하는 등 철도에서의 안전이 확보되도록 할 것
② 국토교통부장관은 철도사업자에 대하여 <u>2년마다 철도서비스의 품질평가를 실시하여야 한다.</u> 다만, 국토교통
  부장관이 필요하다고 인정하는 경우에는 수시로 품질평가를 실시할 수 있다.
③ 국토교통부장관은 품질평가를 실시하고자 하는 때에는 철도서비스 기준의 세부내역, 품질평가의 항목 등이
  포함된 철도서비스품질평가실시계획을 수립하여야 한다.
④ 국토교통부장관은 품질평가를 하고자 하는 경우 품질평가를 <u>개시하는 날 2주 전까지</u> 철도사업자에게 품질평
  가실시계획, 품질평가의 기간 등을 통보하여야 한다.
⑤ 국토교통부장관은 품질평가의 공정하고 객관적인 실시를 위하여 서비스 평가 등에 관한 전문지식과 경험이
  풍부한 자가 포함된 품질평가단을 구성 · 운영할 수 있다.

주의 국토교통부장관은 철도사업자에 대하여 3년마다 철도서비스의 품질평가를 실시하여야 하나, 국토교통부
    장관이 필요하다고 인정하는 경우에는 수시로 품질평가를 실시할 수 있다. (×) [기출 17]

제27조 【평가 결과의 공표 및 활용】 ☆☆☆

① 국토교통부장관은 법 제26조에 따른 철도서비스의 품질을 평가한 경우에는 그 평가
  결과를 대통령령(영 제11조)으로 정하는 바에 따라 신문 등 대중매체를 통하여 공표하
  여야 한다.
② 국토교통부장관은 철도서비스의 품질평가 결과에 따라 제21조에 따른 사업 개선명령
  등 필요한 조치를 할 수 있다.

제28조 【우수 철도서비스 인증】 ★★☆

① 인증의 목적과 범위 : 국토교통부장관은 공정거래위원회와 협의하여 철도사업자 간
  경쟁을 제한하지 아니하는 범위에서 철도서비스의 질적 향상을 촉진하기 위하여 우수
  철도서비스에 대한 인증을 할 수 있다.

    주의 공정거래위원회는 국토교통부장관과 협의하여 철도사업자 간 경쟁을 제한하지 아니하는 범위에서 철도서
      비스의 질적 향상을 촉진하기 위하여 우수 철도서비스에 대한 인증을 할 수 있다. (×) [기출 13]

② 인증 사실의 홍보 : ①에 따라 인증을 받은 철도사업자는 그 인증의 내용을 나타내는
  표지(이하 "우수서비스마크"라 함)를 철도차량, 역 시설 또는 철도 용품 등에 붙이거나
  인증 사실을 홍보할 수 있다.

    주의 국토교통부장관으로부터 우수 철도서비스에 대한 인증을 받은 자가 아니면 우수서비스마크 또는
      이와 유사한 표지를 철도차량, 역 시설 또는 철도 용품 등에 붙이거나 인증 사실을 홍보하여서는
      아니 된다. (×) [기출 17]

③ 인증 도용의 금지 : ①에 따라 인증을 받은 자가 아니면 우수서비스마크 또는 이와
유사한 표지를 철도차량, 역 시설 또는 철도 용품 등에 붙이거나 인증 사실을 홍보해서
는 아니 된다.

④ 그 밖의 필요한 사항 : 우수 철도서비스 인증의 절차, 인증기준, 우수서비스마크, 인증
의 사후관리에 관한 사항과 그 밖에 인증에 필요한 사항은 **국토교통부령(규칙 제20조부
터 제22조까지)**으로 정한다.

참고 BOX

우수철도서비스 인증절차 등(규칙 제20조부터 제22조까지)

① **우수철도서비스 인증** : 국토교통부장관은 품질평가결과가 우수한 철도서비스에 대하여 **직권으로** 또는 철도사
업자의 **신청**에 의하여 우수철도서비스에 대한 인증을 할 수 있다.

② **신청서류의 제출** : 우수철도서비스인증을 받고자 하는 철도사업자는 우수철도서비스인증신청서에 당해 철도서
비스가 우수철도서비스임을 입증 또는 설명할 수 있는 자료를 첨부하여 **국토교통부장관**에게 제출하여야 한다.

③ **소요 비용의 부담** : 철도사업자의 신청에 의하여 우수철도서비스인증을 하는 경우에는 그에 소요되는 비용은
당해 **철도사업자**가 **부담**한다.

④ **우수서비스마크** : 우수서비스마크는 우수철도서비스의 종류 및 내용에 따라 그 모양, 표시방법 등을 달리 정할
수 있으며, 우수서비스마크의 모양 등에 관하여 필요한 세부적인 사항은 **국토교통부장관**이 따로 정한다.

⑤ **보완의 요구 등** : 국토교통부장관은 우수철도서비스인증을 받은 철도사업자에 대한 사후관리 결과 당해 철도
서비스의 제공 및 관리실태가 미흡하거나 당해 철도서비스가 우수철도서비스인증기준에 미달되는 경우에는
이의 시정·보완의 요구 등 필요한 조치를 할 수 있다.

주의 철도사업자의 신청에 의하여 우수철도서비스인증을 하는 경우에 그에 소요되는 비용은 예산의 범위 안에서
국토교통부가 부담한다. (×) [기출 20·16]

제29조【평가업무 등의 위탁】☆☆☆

국토교통부장관은 효율적인 철도 서비스 품질평가 체제를 구축하기 위하여 필요한 경우에
는 관계 전문기관 등에 철도서비스 품질에 대한 조사·평가·연구 등의 업무와 법 제28조
①에 따른 우수 철도서비스 인증에 필요한 심사업무를 위탁할 수 있다.

제30조【자료 등의 요청】☆☆☆

① 국토교통부장관이나 법 제29조에 따라 평가업무 등을 위탁받은 자는 철도서비스의
평가 등을 할 때 철도사업자에게 관련 자료 또는 의견 제출 등을 요구하거나 철도서비
스에 대한 실지조사(實地調査)를 할 수 있다.

② ①에 따라 자료 또는 의견 제출 등을 요구받은 관련 철도사업자는 특별한 사유가 없으
면 이에 따라야 한다.

제31조【철도시설의 공동 활용】☆☆☆

공공교통을 목적으로 하는 선로 및 다음 각 호의 공동 사용시설을 관리하는 자는 철도사업
자가 그 시설의 공동 활용에 관한 요청을 하는 경우 협정을 체결하여 이용할 수 있게
하여야 한다.

1. 철도역 및 역 시설(물류시설, 환승시설 및 편의시설 등을 포함)
2. 철도차량의 정비·검사·점검·보관 등 유지관리를 위한 시설
3. 사고의 복구 및 구조·피난을 위한 설비
4. 열차의 조성 또는 분리 등을 위한 시설
5. 철도 운영에 필요한 정보통신 설비

제32조 【회계의 구분】 ★☆☆

① 철도사업자는 철도사업 외의 사업을 경영하는 경우에는 **철도사업에 관한 회계**와 **철도사업 외의 사업에 관한 회계**를 **구분하여 경리**하여야 한다.

② 철도사업자는 철도운영의 효율화와 회계처리의 투명성을 제고하기 위하여 국토교통부령으로 정하는 바에 따라 **철도사업의 종류별·노선별로 회계**를 **구분하여 경리**하여야 한다.

> **주의** 철도사업자는 철도사업 외의 사업을 경영하는 경우에는 철도사업에 관한 회계와 철도사업 외의 사업에 관한 회계를 통합하여 경리하여야 한다. (×) [기출 20·16·13]

제33조 【벌칙 적용 시의 공무원 의제】 ☆☆☆

법 제29조에 따라 위탁받은 업무에 종사하는 관계 전문기관 등의 임원 및 직원은 「형법」 제129조부터 제132조까지(수뢰·사전수뢰, 제3자뇌물제공, 수뢰후부정처사·사후수뢰, 알선수뢰)의 규정을 적용할 때에는 공무원으로 본다.

제4장 전용철도

제34조 【전용철도의 등록】 ★★☆

① 전용철도의 등록·변경등록 : 전용철도를 운영하려는 자는 국토교통부령으로 정하는 바에 따라 전용철도의 건설·운전·보안 및 운송에 관한 사항이 포함된 운영계획서를 첨부하여 **국토교통부장관**에게 **등록**을 하여야 한다. 등록사항을 변경하려는 경우에도 같다. 다만 대통령령으로 정하는 **경미한 변경**의 경우에는 **예외로 한다.**

> ①의 단서에서 대통령령으로 정하는 경미한 변경의 경우란 다음 각 호의 어느 하나에 해당하는 경우를 말한다(영 제12조 제1항).
> 1. 운행시간을 연장 또는 단축한 경우
> 2. 배차간격 또는 운행횟수를 단축 또는 연장한 경우
> 3. 10분의 1의 범위 안에서 철도차량 대수를 변경한 경우
> 4. 주사무소·철도차량기지를 제외한 운송관련 부대시설을 변경한 경우
> 5. 임원을 변경한 경우(법인에 한한다)
> 6. 6월의 범위 안에서 전용철도 건설기간을 조정한 경우

> **주의** 전용철도를 운영하려는 자는 전용철도 건설기간을 1년 연장한 경우 국토교통부장관에게 등록을 하여야 한다. (○) [기출 21]

> **주의** 전용철도를 운영하는 자가 전용철도 건설기간을 4월 조정한 경우에는 이에 따른 별도의 등록을 요하지 아니한다. (○) [기출 20]

> **주의** 주사무소·철도차량기지를 포함한 운송관련 부대시설을 변경한 경우 (×)

주의 전용철도를 운영하려는 자는 전용철도의 건설·운전·보안 및 운송에 관한 사항이 포함된 운영계획 서를 첨부하여 국토교통부장관의 면허를 받아야 한다. (×) [기출 18]

② **등록 기준 및 절차 등** : 전용철도의 등록기준과 등록절차 등에 관하여 필요한 사항은 국토교통부령(규칙 제23조)으로 정한다.

③ **등록의 제한 및 부담** : 국토교통부장관은 ②에 따른 등록기준을 적용할 때에 환경오염, 주변 여건 등 지역적 특성을 고려할 필요가 있거나 그 밖에 공익상 필요하다고 인정하는 경우에는 **등록을 제한**하거나 **부담**을 붙일 수 있다.

주의 국토교통부장관은 등록기준을 적용할 때에 환경오염, 주변 여건 등 지역적 특성을 이유로 등록을 제한하거나 부담을 붙일 수 없다. (×) [기출 13]

제35조【전용철도 등록의 결격사유】★☆☆

다음 각 호의 어느 하나에 해당하는 자는 전용철도를 등록할 수 없다. 법인인 경우 그 임원 중에 다음 각 호의 어느 하나에 해당하는 자가 있는 경우에도 같다.

1. 법 제7조(철도사업 면허의 결격사유) 제1호 각 목의 어느 하나에 해당하는 사람

   가. 피성년후견인 또는 피한정후견인
   나. 파산선고를 받고 복권되지 아니한 사람
   다. 이 법 또는 대통령령으로 정하는 철도 관계 법령을 위반하여 금고 이상의 실형을 선고받고 그 집행 이 끝나거나(끝난 것으로 보는 경우를 포함) 면제된 날부터 2년이 지나지 아니한 사람
   라. 이 법 또는 대통령령으로 정하는 철도 관계 법령을 위반하여 금고 이상의 형의 집행유예를 선고받고 그 유예 기간 중에 있는 사람

2. 이 법에 따라 전용철도의 **등록이 취소**된 후 그 취소일부터 **1년**이 지나지 아니한 자

주의 이 법에 따라 전용철도 등록이 취소된 자는 취소일부터 6개월 이내에 전용철도를 등록할 수 있다. (×) [기출 18]

주의 「철도사업법」에 따라 전용철도의 등록이 취소된 후 그 취소일부터 2년이 지나지 아니한 자는 전용철도를 등록할 수 없다. (×) [기출 13]

제36조【전용철도 운영의 양도·양수 등】★★☆

① **양도·양수의 신고** : 전용철도의 운영을 양도·양수하려는 자는 국토교통부령(규칙 제24조)으로 정하는 바에 따라 **국토교통부장관**에게 **신고**하여야 한다.

② **법인의 합병 신고** : 전용철도의 등록을 한 법인이 합병하려는 경우에는 국토교통부령으로 정하는 바에 따라 **국토교통부장관**에게 **신고**하여야 한다.

③ **신고수리 여부의 통지** : 국토교통부장관은 ① 및 ②에 따른 신고를 받은 날부터 **30일** 이내에 신고수리 여부를 신고인에게 통지하여야 한다.

④ **양도·양수 및 합병 신고의 효력** : ① 또는 ②에 따른 신고를 한 경우 전용철도의 운영을 양수한 자는 전용철도의 운영을 양도한 자의 **전용철도운영자**로서의 지위를 승계하며, 합병으로 설립되거나 존속하는 법인은 합병으로 소멸되는 법인의 전용철도운영자로 서의 지위를 승계한다.

⑤ **결격사유에 관한 타 규정의 준용** : ①과 ②의 신고에 관하여는 이 법 제35조(전용철도 등록의 결격사유)를 준용한다.

전용철도의 운영을 양도·양수하려는 자는 국토교통부령으로 정하는 바에 따라 양도·양수한 날부터 3개월 이내에 국토교통부장관의 허가를 받아야 한다. (×) [기출 18·15·14·13]

전용철도의 등록을 한 법인이 합병하려는 경우 국토교통부장관의 인가를 받아야 한다. (×) [기출 19]

제37조【전용철도 운영의 상속】★☆☆

① 상속신고 및 기한 : 전용철도운영자가 사망한 경우 상속인이 그 전용철도의 운영을 계속하려는 경우에는 피상속인이 사망한 날부터 3개월 이내에 국토교통부장관에게 신고하여야 한다.

② 상속신고수리 여부의 통지 : 국토교통부장관은 ①에 따른 신고를 받은 날부터 10일 이내에 신고수리 여부를 신고인에게 통지하여야 한다.

③ 상속신고의 효력 : 상속인이 ①의 신고를 한 경우 피상속인이 사망한 날부터 신고를 한 날까지의 기간에 있어서 피상속인의 전용철도 등록은 상속인의 등록으로 보며, 신고를 한 상속인은 피상속인의 전용철도운영자로서의 지위를 승계한다.

④ 결격사유에 관한 타 규정의 준용 : ①의 신고에 관하여는 제35조(전용철도 등록의 결격사유)를 준용한다. 다만, 제35조 각 호의 어느 하나에 해당하는 상속인이 피상속인이 사망한 날부터 3개월 이내에 그 전용철도의 운영을 다른 사람에게 양도한 경우 피상속인이 사망일부터 양도일까지의 기간에 있어서 피상속인의 전용철도 등록은 상속인의 등록으로 본다.

전용철도운영자가 사망한 경우 상속인이 그 전용철도의 운영을 계속하려는 경우에는 피상속인이 사망한 날부터 2개월 이내에 국토교통부장관에게 등록하여야 한다. (×) [기출 18·15]

제38조【전용철도 운영의 휴업·폐업】★☆☆

전용철도운영자가 그 운영의 전부 또는 일부를 휴업 또는 폐업한 경우에는 1개월 이내에 국토교통부장관에게 신고하여야 한다.

전용철도운영자가 그 운영의 일부를 폐업한 경우에는 3개월 이내에 국토교통부장관에게 신고하여야 한다. (×) [기출 18·15·13]

제39조【전용철도 운영의 개선명령】★☆☆

국토교통부장관은 전용철도 운영의 건전한 발전을 위하여 필요하다고 인정하는 경우에는 전용철도운영자에게 다음 각 호의 사항을 명할 수 있다.

1. 사업장의 이전
2. 시설 또는 운영의 개선

국토교통부장관은 전용철도 운영의 건전한 발전을 위하여 필요하다고 인정하는 경우에는 전용철도운영자에게 사업장의 이전, 시설 및 운영의 개선을 권고하여야 한다. (×) [기출 15]

제40조【등록의 취소·정지】☆☆☆

국토교통부장관은 전용철도운영자가 다음 각 호의 어느 하나에 해당하는 경우에는 그 등록을 취소하거나 1년 이내의 기간을 정하여 그 운영의 전부 또는 일부의 정지를 명할 수 있다. 다만, 제1호에 해당하는 경우에는 등록을 취소하여야 한다.

1. 거짓이나 그 밖의 부정한 방법으로 전용철도의 등록을 한 경우

2. 법령에 따른 전용철도 등록기준에 미달하거나 부담을 이행하지 아니한 경우

3. 휴업신고나 폐업신고를 하지 아니하고 3개월 이상 전용철도를 운영하지 아니한 경우

제41조【준용규정】 ☆☆☆

전용철도에 관하여는 제16조 ③(면허취소에 대한 청문 규정)과 제23조(명의 대여 금지 규정)를 준용한다. 이 경우 "철도사업의 면허"는 "전용철도의 등록"으로, "철도사업자"는 "전용철도운영자"로, "철도사업"은 "전용철도의 운영"으로 본다.

출제 POINT   빈칸 문제

⋯ 전용철도를 운영하려는 자는 국토교통부령으로 정하는 바에 따라 전용철도의 건설·운전·보안 및 운송에 관한 사항이 포함된 (❶)를 첨부하여 국토교통부장관에게 (❷)을 하여야 한다. 이를 (❸)하려는 경우에도 같다.

⋯ 철도사업자는 다른 철도사업자와 (❹)에 관한 계약이나 그 밖의 운수에 관한 협정을 체결하거나 변경하려는 경우에는 국토교통부령으로 정하는 바에 따라 국토교통부장관의 (❺)를 받아야 한다.

⋯ 전용철도운영자가 그 운영의 전부 또는 일부를 휴업한 경우에는 (❻)개월 이내에 국토교통부장관에게 (❼)하여야 한다.

⋯ 국토교통부장관은 등록을 한 전용철도운영자가 휴업신고나 폐업신고를 하지 아니하고 (❽) 이상 전용철도를 운영하지 아니한 경우에는 그 등록을 취소하거나 (❾) 이내의 기간을 정하여 그 운영의 전부 또는 일부의 정지를 명할 수 있다.

❶ 운영계획서 ❷ 등록 ❸ 변경 ❹ 공동경영 ❺ 인가 ❻ 1개월 ❼ 신고 ❽ 3개월 ❾ 1년 **정답**

제5장 국유철도시설의 활용 · 지원 등

제42조【점용허가】 ★☆☆

① **점용허가 등** : 국토교통부장관은 국가가 소유·관리하는 철도시설에 건물이나 그 밖의 시설물을 설치하려는 자에게 「국유재산법」에도 불구하고 대통령령(영 제13조)으로 정하는 바에 따라 시설물의 종류 및 기간 등을 정하여 점용허가를 할 수 있다.

② **점용허가의 적격 및 제한** : ①에 따른 점용허가는 철도사업자와 철도사업자가 출자·보조 또는 출연한 사업을 경영하는 자에게만 하며, 시설물의 종류와 경영하려는 사업이 철도사업에 지장을 주지 아니하여야 한다.

🍯 **참고 BOX**

점용허가의 신청 및 점용허가기간(영 제13조)

① **점용허가의 신청** : 국가가 소유·관리하는 철도시설의 점용허가를 받고자 하는 자는 국토교통부령이 정하는 점용허가신청서에 법령에 따른 서류를 첨부하여 국토교통부장관에게 제출하여야 한다. 이 경우 국토교통부장관은 행정정보의 공동이용을 통하여 법인 등기사항증명서(법인인 경우로 한정)를 확인하여야 한다.

② **시설물의 종류 및 점용허가기간** : 국토교통부장관은 국가가 소유·관리하는 철도시설에 대한 점용허가를 하고자 하는 때에는 다음의 기간을 초과하여서는 아니 된다. 다만, 건물 그 밖의 시설물을 설치하는 경우 그 <u>공사에 소요되는 기간은 이를 산입하지 아니한다.</u>

1. 철골조·철근콘크리트조·석조 또는 이와 유사한 견고한 건물의 축조를 목적으로 하는 경우 : 30년
2. 제1호 외의 건물의 축조를 목적으로 하는 경우 : 15년
3. 건물 외의 공작물의 축조를 목적으로 하는 경우 : 5년

③ **점용허가기간의 연장** : 허가를 받은 철도시설의 점용허가기간은 연장할 수 있다. 이 경우 연장기간은 연장할 때마다 ②의 시설물 종류에 따른 기간을 초과할 수 없다.

> ③에 따라 점용허가를 받은 자가 점용허가기간의 연장을 받기 위하여 다시 점용허가를 신청하고자 하는 때에는 <u>종전의 점용허가기간 만료예정일 3월 전까지</u> 점용허가신청서를 국토교통부장관에게 제출하여야 한다(규칙 제28조 제2항).

제42조의2 【점용허가의 취소】 ☆☆☆

① 국토교통부장관은 점용허가를 받은 자가 다음 각 호의 어느 하나에 해당하면 그 점용허가를 취소할 수 있다.

1. 점용허가 목적과 다른 목적으로 철도시설을 점용한 경우
2. 법령을 위반하여 시설물의 종류와 경영하는 사업이 철도사업에 지장을 주게 된 경우
3. 점용허가를 받은 날부터 1년 이내에 해당 점용허가의 목적이 된 공사에 착수하지 아니한 경우. 다만, 정당한 사유가 있는 경우에는 1년의 범위에서 공사의 착수기간을 연장할 수 있다.
4. 점용료를 납부하지 아니하는 경우
5. 점용허가를 받은 자가 스스로 점용허가의 취소를 신청하는 경우

② ①에 따른 점용허가 취소의 절차 및 방법은 국토교통부령으로 정한다.

제43조 【시설물 설치의 대행】 ☆☆☆

국토교통부장관은 점용허가를 받은 자가 설치하려는 시설물의 전부 또는 일부가 **철도시설 관리에 관계되는 경우**에는 점용허가를 받은 자의 부담으로 그의 위탁을 받아 시설물을 <u>직접 설치</u>하거나「국가철도공단법」에 따라 설립된 <u>국가철도공단</u>으로 하여금 설치하게 할 수 있다.

제44조 【점용료】 ★☆☆

① **점용료의 부과** : 국토교통부장관은 대통령령(영 제14조)으로 정하는 바에 따라 **점용허가를 받은 자**에게 점용료를 부과한다.

> ①에 따라 점용허가를 할 철도시설의 기액은「국유재산법 시행령」을 준용하여 산출하되, 당해 철도시설의 가액은 산출 후 3년 이내에 한하여 적용하며, 점용료는 매년 1월말까지 당해연도 해당분을 선납하여야 한다. 다만, 국토교통부장관은 **부득이한 사유로 선납이 곤란하다고 인정하는 경우**에는 그 납부기한을 따로 정할 수 있다(영 제14조 제2항 및 제4항).

> **주의** 점용허가를 받은 자는 국토교통부장관에게 점용료를 내야 한다. (O) [기출 16]

주의 점용허가를 할 철도시설의 가액은 「국유재산법 시행령」을 준용하여 산출하되, 당해 철도시설의 가액은 산출 후 1년 이내에 한하여 적용한다. (×) [기출 18 · 16]

② **점용료의 감면** : ①에도 불구하고 점용허가를 받은 자가 다음 각 호에 해당하는 경우에 는 대통령령(영 제14조 제3항)으로 정하는 바에 따라 점용료를 감면할 수 있다.

  1. 국가에 무상으로 양도하거나 제공하기 위한 시설물을 설치하기 위하여 점용허가를 받은 경우
  2. 제1호의 시설물을 설치하기 위한 경우로서 공사기간 중에 점용허가를 받거나 임시 시설물을 설치하기 위하여 점용허가를 받은 경우
  3. 「공공주택 특별법」에 따른 공공주택을 건설하기 위하여 점용허가를 받은 경우
  4. 재해, 그 밖의 특별한 사정으로 본래의 철도 점용 목적을 달성할 수 없는 경우
  5. 국민경제에 중대한 영향을 미치는 공익사업으로서 대통령령으로 정하는 사업을 위하여 점용허가를 받은 경우

③ **점용료 징수의 위탁** : 국토교통부장관이 「철도산업발전기본법」에 따라 철도시설의 건설 및 관리 등에 관한 업무의 일부를 「국가철도공단법」에 따른 **국가철도공단**으로 하여금 대행하게 한 경우 ①에 따른 점용료 징수에 관한 업무를 **위탁**할 수 있다.

④ **점용료 미납시 처리** : 국토교통부장관은 점용허가를 받은 자가 ①에 따른 점용료를 내지 아니하면 **국세 체납처분의 예**에 따라 징수한다.

제44조의2 【변상금의 징수】 ☆☆☆

국토교통부장관은 법 제42조 ①에 따른 **점용허가를 받지 아니하고 철도시설을 점용한 자**에 대하여 점용료의 **100분의 120**에 해당하는 금액을 **변상금**으로 징수할 수 있다. 이 경우 변상금의 징수에 관하여는 점용료 징수의 위탁 규정을 준용한다.

제45조 【권리와 의무의 이전】 ★☆☆

법 제42조에 따른 점용허가로 인하여 발생한 **권리와 의무를 이전**하려는 경우에는 **대통령령** (영 제15조)으로 정하는 바에 따라 **국토교통부장관의 인가**를 받아야 한다.

주의 국가가 소유 · 관리하는 철도시설에 건물을 설치하기 위해 국토교통부장관으로부터 점용허가를 받은 자가 그 점용허가로 인하여 발생한 권리와 의무를 이전하려는 경우에는 한국철도공사 사장의 허가를 받아야 한다. (×) [기출 19 · 18]

 참고 BOX

권리와 의무의 이전(영 제15조)

① 점용허가를 받은 자가 그 권리와 의무의 이전에 대하여 인가를 받고자 하는 때에는 국토교통부령이 정하는 신청서에 이전계약서 사본 및 이전가격의 명세서를 첨부하여 권리와 의무를 이전하고자 하는 날 3월 전까지 국토교통부장관에게 제출하여야 한다.
② 국토교통부장관의 인가를 받아 철도시설의 점용허가로 인하여 발생한 권리와 의무를 이전한 경우 당해 권리와 의무를 이전받은 자의 점용허가기간은 권리와 의무를 이전한 자가 받은 점용허가기간의 잔여기간으로 한다.

제46조 【원상회복의무】 ★☆☆

① **원상회복의무 및 면제** : 점용허가를 받은 자는 점용허가기간이 <u>만료</u>되거나 점용허가가 <u>취소</u>된 경우에는 점용허가된 철도 재산을 <u>원상(原狀)</u>으로 회복하여야 한다. 다만, 국토교통부장관은 원상으로 회복할 수 없거나 원상회복이 부적당하다고 인정하는 경우에는 원상회복의무를 <u>면제</u>할 수 있다.

② **의무 위반 시 조치** : 국토교통부장관은 점용허가를 받은 자가 ①의 본문에 따른 원상회복을 하지 아니하는 경우에는 「<u>행정대집행법</u>」에 따라 시설물을 철거하거나 그 밖에 필요한 조치를 할 수 있다.

③ **무상 국가귀속을 조건** : 국토교통부장관은 ①의 단서에 따라 원상회복의무를 면제하는 경우에는 해당 철도 재산에 설치된 시설물 등의 **무상 국가귀속**을 <u>조건</u>으로 할 수 있다.

> **주의** 국유철도시설의 점용허가를 받은 자의 점용이 폐지된 경우 예외 없이 원상회복의무가 면제된다. (×)

> **주의** 점용허가를 받은 자가 점용허가의 기간만료에 따른 원상회복을 하지 아니하는 경우에는 「민사집행법」에 따라 시설물을 철거할 수 있다. (×) [기출 18]

제46조의2 【국가귀속 시설물의 사용허가기간 등에 관한 특례】 ☆☆☆

① **국가귀속 시설물의 사용허가** : 제46조 ③에 따라 국가귀속된 시설물을 「국유재산법」에 따라 사용허가하려는 경우 그 허가의 기간은 같은 법 제35조에도 불구하고 <u>10년 이내</u>로 한다.

② **사용허가 기간의 갱신** : ①에 따른 허가기간이 끝난 시설물에 대해서는 **10년을 초과하지 아니하는** 범위에서 1회에 한하여 종전의 사용허가를 갱신할 수 있다.

③ **제3자에 의한 사용·수익** : ①에 따른 사용허가를 받은 자는 「국유재산법」 제30조 ②에도 불구하고 **그 사용허가의 용도나 목적에 위배되지 않는 범위**에서 <u>국토교통부장관</u>의 승인을 받아 해당 시설물의 일부를 <u>다른 사람</u>에게 사용·수익하게 할 수 있다.

출제 POINT **빈칸 문제**

⟶ 국토교통부장관은 국가가 소유·관리하는 철도시설에 건물이나 그 밖의 시설물을 설치하려는 자에게 (❶)으로 정하는 바에 따라 점용허가를 할 수 있다.

⟶ 점용허가를 할 철도시설의 가액은 「국유재산법 시행령」을 준용하여 산출하되, 당해 철도시설의 가액은 산출 후 (❷) 이내에 한하여 적용한다.

⟶ 점용허가로 인하여 발생한 권리와 의무를 이전하려는 경우에는 국토교통부장관의 (❸)를 받아야 한다.

⟶ 점용허가를 받은 자는 점용을 (❹)한 때에는 점용허가된 철도 재산을 원상(原狀)으로 회복하여야 한다. 만약 점용허가를 받은 자가 이를 이행하지 아니하는 경우에는 국토교통부장관은 「(❺)」에 따라 시설물을 철거하거나 그 밖에 필요한 조치를 할 수 있다

⟶ 원상회복의무를 (❻)하는 경우에는 해당 철도 재산에 설치된 시설물 등의 무상 (❼)을 조건으로 할 수 있다.

❶ 대통령령 ❷ 3년 ❸ 인가 ❹ 폐지 ❺ 행정대집행법 ❻ 면제 ❼ 국가귀속 **정답**

제6장 및 제7장 보칙 및 벌칙

제47조 【보고·검사 등】 ☆☆☆

① 국토교통부장관은 필요하다고 인정하면 철도사업자와 전용철도운영자에게 해당 철도 사업 또는 전용철도의 운영에 관한 사항이나 철도차량의 소유 또는 사용에 관한 사항에 대하여 보고나 서류 제출을 명할 수 있다.

② 국토교통부장관은 필요하다고 인정하면 소속 공무원으로 하여금 철도사업자 및 전용 철도운영자의 장부, 서류, 시설 또는 그 밖의 물건을 검사하게 할 수 있다.

③ ②에 따라 검사를 하는 공무원은 그 권한을 표시하는 증표를 지니고 이를 관계인에게 보여 주어야 한다.

④ ③에 따른 증표에 관하여 필요한 사항은 국토교통부령으로 정한다.

제48조 【수수료】 ☆☆☆

이 법에 따른 면허·인가를 받으려는 자, 등록·신고를 하려는 자, 면허증·인가서·등록증 ·인증서 또는 허가서의 재발급을 신청하는 자는 국토교통부령으로 정하는 수수료를 내야 한다.

제48조의2 【규제의 재검토】 ☆☆☆

국토교통부장관은 다음 각 호의 사항에 대하여 **2014년 1월 1일을 기준**으로 **3년마다**(매 3년이 되는 해의 기준일과 같은 날 전까지를 말함) 그 **타당성**을 검토하여 개선 등의 조치를 하여야 한다.

1. 법 제9조에 따른 여객 운임·요금의 신고 등
2. 법 제10조 ① 및 ②에 따른 부가 운임의 상한
3. 법 제21조에 따른 사업의 개선명령
4. 법 제39조에 따른 전용철도 운영의 개선명령

> **주의** 국토교통부장관은 법 제9조에 따른 여객 운임·요금의 신고 등에 관한 사항에 대하여 2014년 1월 1일을 기준으로 5년마다 그 타당성을 검토하여 개선 등의 조치를 하여야 한다. (×)

제49조 【벌칙】 ★☆☆

① 2년 이하의 징역 또는 2천만원 이하의 벌금 : 다음의 어느 하나에 해당하는 자는 2년 이하의 징역 또는 2천만원 이하의 벌금에 처한다.

㉠ 철도사업 면허를 받지 아니하고 철도사업을 경영한 자

㉡ 거짓이나 그 밖의 부정한 방법으로 철도사업의 면허를 받은 자

㉢ 사업정지처분기간 중에 철도사업을 경영한 자

㉣ 사업계획의 변경명령을 위반한 자

㉤ 타인에게 자기의 성명 또는 상호를 대여하여 철도사업을 경영하게 한 자

㉥ 철도사업자의 공동 활용에 관한 요청을 정당한 사유 없이 거부한 자

> **주의** 철도사업 면허를 받지 아니하고 철도사업을 경영한 자는 1년 이하의 징역 또는 1천만원 이하의 벌금에 처한다. (×)

② **1년 이하의 징역 또는 1천만원 이하의 벌금** : 다음의 어느 하나에 해당하는 자는 1년 이하의 징역 또는 1천만원 이하의 벌금에 처한다.

   ㉠ 등록을 하지 아니하고 전용철도를 운영한 자

   ㉡ 거짓이나 그 밖의 부정한 방법으로 전용철도의 등록을 한 자

③ **1천만원 이하의 벌금** : 다음의 어느 하나에 해당하는 자는 1천만원 이하의 벌금에 처한다.

   ㉠ 국토교통부장관의 인가를 받지 아니하고 공동운수협정을 체결하거나 변경한 자

   ㉡ 법령에 따른 인증을 받지 아니하고 우수서비스마크 또는 이와 유사한 표지를 철도차량 등에 붙이거나 인증 사실을 홍보한 자

> **주의** 국토교통부장관의 인가를 받지 아니하고 공동운수협정을 체결하거나 변경한 자는 1년 이하의 징역 또는 1천만원 이하의 벌금에 처한다. (×)

> **주의** 등록을 하지 아니하고 전용철도를 운영한 자는 1천만원 이하의 벌금에 처한다. (×)

제50조 【양벌규정】 ☆☆☆

법인의 대표자나 법인 또는 개인의 대리인, 사용인, 그 밖의 종업원이 그 법인 또는 개인의 업무에 관하여 법 제49조의 위반행위를 하면 그 행위자를 벌하는 외에 그 법인 또는 개인에게도 해당 조문의 **벌금형**(형벌 ×, 징역형 ×)을 과(科)한다. 다만, 법인 또는 개인이 그 위반행위를 방지하기 위하여 해당 업무에 관하여 **상당한 주의**와 **감독**을 게을리하지 아니한 경우에는 그러하지 아니하다.

제51조 【과태료】 ★☆☆

처분행위	과태료 기준금액
① 여객 운임·요금의 신고를 하지 아니한 자 ② 철도사업약관을 신고하지 아니하거나 신고한 철도사업약관을 이행하지 아니한 자 ③ 인가를 받지 아니하거나 신고를 하지 아니하고 사업계획을 변경한 자 ④ 상습 또는 영업으로 승차권 또는 이에 준하는 증서를 자신이 구입한 가격을 초과한 금액으로 다른 사람에게 판매하거나 알선한 자	1천만원 이하의 과태료
① 사업용 철도차량의 표시를 하지 아니한 철도사업자 ② 회계를 구분하여 경리하지 아니한 자 ③ 정당한 사유 없이 명령을 이행하지 아니하거나 검사를 거부·방해 또는 기피한 자	500만원 이하의 과태료
① 철도사업자의 준수사항을 위반한 자 ② 〈삭제〉	100만원 이하의 과태료
① 철도운수종사자의 준수사항을 위반한 철도운수종사자 및 그가 소속된 철도사업자 ② 〈삭제〉	50만원 이하의 과태료

※ 위 규정에 따른 과태료는 대통령령으로 정하는 바에 따라 국토교통부장관이 부과·징수한다.

PART 07

농수산물 유통 및 가격안정에 관한 법률

제1장 총 칙

제1조 【목적】 ☆☆☆

이 법은 농수산물의 유통을 원활하게 하고 적정한 가격을 유지하게 함으로써 생산자와 소비자의 이익을 보호하고 국민생활의 안정에 이바지함을 목적으로 한다.

제2조 【정의】 ★☆☆

이 법에서 사용하는 용어의 뜻은 다음과 같다.

① 농수산물 : 농산물·축산물·수산물 및 임산물 중 **농림축산식품부령** 또는 **해양수산부령**으로 정하는 것

② 농수산물도매시장 : **특별시·광역시·특별자치시·특별자치도 또는 시**가 양곡류·청과류·화훼류·조수육류·어류·조개류·갑각류·해조류 및 임산물 등 대통령령으로 정하는 품목의 전부 또는 일부를 도매하게 하기 위하여 <u>관할구역에 개설하는 시장</u>

③ 중앙도매시장 : 특별시·광역시·특별자치시 또는 특별자치도가 개설한 농수산물도매시장 중 해당 관할구역 및 그 인접지역에서 도매의 중심이 되는 농수산물도매시장으로서 농림축산식품부령 또는 해양수산부령으로 정하는 것

④ 지방도매시장 : 중앙도매시장 외의 농수산물도매시장

⑤ 농수산물공판장 : 지역농업협동조합, 지역축산업협동조합, 품목별·업종별 협동조합, 조합공동사업법인, 품목조합연합회, 산림조합 및 수산업협동조합과 그 중앙회(농협경제지주회사 포함. 이하 "농림수협등"이라 함), 그 밖에 **대통령령으로 정하는 생산자 관련 단체**와 공익상 필요하다고 인정되는 법인(이하 "공익법인"이라 함)으로서 **대통령령으로 정하는 법인**이 농수산물을 도매하기 위하여 특별시장·광역시장·특별자치시장·도지사 또는 특별자치도지사(이하 "**시·도지사**"라 함)의 승인을 받아 개설·운영하는 사업장

> ⑤에서 "대통령령으로 정하는 생산자 관련 단체"란 「농어업경영체 육성 및 지원에 관한 법률」에 따른 영농조합법인 및 영어조합법인과 농업회사법인 및 어업회사법인, 그리고 「노동협동조합법」에 따른 농협경제지주회사의 자회사를 말한다. 또한 동항에서 "대통령령으로 정하는 법인"이란 「한국농수산식품유통공사법」에 따른 한국농수산식품유통공사를 말한다(영 제3조).

⑥ 민영농수산물도매시장 : <u>농수산물공판장을 개설할 수 있는 자 외의 자</u>(이하 "민간인등")가 농수산물을 도매하기 위해 **시·도지사의 허가**를 받아 특별시·광역시·특별자치시·특별자치도 또는 시 지역에 개설하는 시장

⑦ **도매시장법인** : 농수산물도매시장의 개설자로부터 **지정**을 받고 농수산물을 위탁받아 상장(上場)하여 도매하거나 이를 매수(買受)하여 도매하는 법인(도매시장법인의 지정을 받은 것으로 보는 공공출자법인을 포함)

⑧ **시장도매인** : 농수산물도매시장 또는 민영농수산물도매시장의 개설자로부터 **지정**을 받고 농수산물을 매수 또는 위탁받아 도매하거나 매매를 중개하는 영업을 하는 법인

> **주의** 시장도매인은 도매시장에서 농수산물을 매수 또는 위탁받아 도매할 수 있으나, 매매를 중개하는 것은 금지된다. (×) [기출 12]

⑨ **중도매인(仲都賣人)** : 농수산물도매시장·농수산물공판장 또는 민영농수산물도매시장의 개설자의 **허가** 또는 **지정**을 받아 다음의 영업을 하는 자

ㄱ 농수산물도매시장·농수산물공판장 또는 민영농수산물도매시장에 **상장된 농수산물**을 매수하여 도매하거나 매매를 중개하는 영업

ㄴ 농수산물도매시장·농수산물공판장 또는 민영농수산물도매시장의 개설자로부터 허가를 받은 **비상장 농수산물**을 매수 또는 위탁받아 도매하거나 매매를 중개하는 영업

> **주의** 중도매인은 농수산물도매시장·농수산물공판장 또는 민영농수산물도매시장에서 도매시장법인이 상장한 농수산물은 거래할 수 없다. (×)

⑩ **매매참가인** : 농수산물도매시장·농수산물공판장 또는 민영농수산물도매시장의 개설자에게 **신고**를 하고, 농수산물도매시장·농수산물공판장 또는 민영농수산물도매시장에 상장된 농수산물을 **직접 매수하는 자**로서 중도매인이 아닌 가공업자·소매업자·수출업자 및 소비자단체 등 농수산물의 수요자

⑪ **산지유통인** : 농수산물도매시장·농수산물공판장 또는 민영농수산물도매시장의 개설자에게 **등록**하고, 농수산물을 수집하여 농수산물도매시장·농수산물공판장 또는 민영농수산물도매시장에 **출하(出荷)하는 영업을 하는 자**(법인을 포함)

⑫ **농수산물종합유통센터** : 국가 또는 지방자치단체가 설치하거나 국가 또는 지방자치단체의 지원을 받아 설치된 것으로 농수산물 출하경로를 다원화하고 물류비용을 절감하기 위해 농수산물의 수집·포장·가공·보관·수송·판매 및 그 정보처리 등 농수산물의 물류활동에 필요한 시설과 이와 관련된 업무시설을 갖춘 사업장

⑬ **경매사(競賣士)** : 도매시장법인의 **임명**을 받거나 농수산물공판장·민영농수산물도매시장 개설자의 **임명**을 받아, **상장된 농수산물의 가격평가 및 경락자 결정 등**의 업무를 수행하는 자

⑭ **농수산물 전자거래** : 농수산물의 유통단계를 단축하고 유통비용을 절감하기 위하여 「전자문서 및 전자거래 기본법」에 따른 전자거래의 방식으로 농수산물을 거래하는 것

제3조【다른 법률의 적용 배제】 ☆☆☆

이 법에 따른 농수산물도매시장(이하 "도매시장"이라 함), 농수산물공판장(이하 "공판장"이라 함), 민영농수산물도매시장(이하 "민영도매시장"이라 함) 및 농수산물종합유통센터(이하 "종합유통센터"라 함)에 대하여는 「유통산업발전법」의 규정을 **적용하지 아니한다.**

제2장 농수산물의 생산조정 및 출하조절

제4조 【주산지의 지정 및 해제 등】 ★☆☆

① 주산지의 지정 : **시 · 도지사**는 농수산물의 경쟁력 제고 또는 수급(需給)을 조절하기 위하여 생산 및 출하를 촉진 또는 조절할 필요가 있다고 인정할 때에는 주요 농수산물의 **생산지역**이나 생산수면(이하 "주산지"라 함)을 **지정**하고 그 주산지에서 주요 농수산물을 생산하는 자에 대하여 생산자금의 융자 및 **기술지도** 등 필요한 지원을 할 수 있다.

> ①에서 주산지(주요 농수산물의 생산지역이나 생산수면)의 지정은 **읍 · 면 · 동 또는 시 · 군 · 구 단위**로 하며, 시 · 도지사는 주산지를 지정하였을 때에는 이를 고시하고 농림축산식품부장관 또는 해양수산부장관에게 통지하여야 한다(영 제4조).

> **주의** 주산지의 지정은 시 · 도 단위로 한다. (×) [기출 15]

② 주요 농수산물 품목의 지정지정 : ①에 따른 주요 농수산물은 국내 농수산물의 생산에서 차지하는 비중이 크거나 생산 · 출하의 조절이 필요한 것으로서 **농림축산식품부장관 또는 해양수산부장관이** 지정하는 품목으로 한다.

③ 주산지의 지정 요건 : 주산지는 다음 각 호의 요건을 갖춘 지역 또는 수면(水面) 중에서 구역을 정하여 지정한다.

1. 주요 농수산물의 **재배면적** 또는 **양식면적**이 농림축산식품부장관 또는 해양수산부장관이 고시하는 면적 이상일 것

2. 주요 농수산물의 **출하량**이 농림축산식품부장관 또는 해양수산부장관이 고시하는 수량 이상일 것

④ 주산지의 변경 · 해제 : 시 · 도지사는 ①에 따라 지정된 주산지가 ③에 따른 지정요건에 적합하지 아니하게 되었을 때에는 그 지정을 변경하거나 해제할 수 있다.

> **주의** 시 · 도지사는 지정된 주산지가 지정요건에 적합하지 아니하게 되었을 때에는 그 지정을 취소하거나 해제하여야 한다. (×) [기출 15 · 14]

⑤ 그 밖의 필요한 사항 등 : 주산지의 지정, 주요 농수산물 품목의 지정 및 주산지의 변경 · 해제에 필요한 사항은 대통령령으로 정한다.

제4조의2 【주산지협의체의 구성 등】 ☆☆☆

① 주산지협의체의 설치 : 제4조 ①에 따라 지정된 주산지의 **시 · 도지사**는 주산지의 지정목적 달성 및 주요 농수산물 경영체 육성을 위하여 생산자 등으로 구성된 주산지협의체(이하 "협의체"라 함)를 설치할 수 있다.

② 중앙협의회의 구성 · 운영 : 협의체는 주산지 간 정보 교환 및 농수산물 수급조절 과정에의 참여 등을 위하여 **공동으로** 품목별 중앙주산지협의회(이하 "중앙협의회"라 함)를 구성 · 운영할 수 있다.

③ 협의체의 설치 및 중앙협의회의 구성 · 운영 등에 관하여 필요한 사항은 대통령령으로 정한다.

④ **국가 또는 지방자치단체**는 협의체 및 중앙협의회의 원활한 운영을 위하여 필요한 경비의 일부를 지원할 수 있다.

제8조【가격 예시】★☆☆

① 예시가격(豫示價格) : **농림축산식품부장관 또는 해양수산부장관**은 농림축산식품부령 또는 해양수산부령으로 정하는 주요 농수산물의 수급조절과 가격안정을 위하여 필요하다고 인정할 때에는 해당 농산물의 **파종기 또는 수산물의 종자입식 시기** 이전에 **생산자를 보호**하기 위한 **하한가격**(이하 "예시가격"이라 함)을 예시할 수 있다.

② 예시가격 결정시 고려사항 : **농림축산식품부장관 또는 해양수산부장관**은 ①에 따라 예시가격을 결정할 때에는 해당 농산물의 **농림업관측**, 주요 곡물의 국제곡물관측 또는 「수산물 유통의 관리 및 지원에 관한 법률」에 따른 <u>수산업관측 결과, 예상 경영비,</u> <u>지역별 예상 생산량 및 예상 수급상황 등</u>을 고려하여야 한다.

③ 예시가격 결정 전 협의 : 농림축산식품부장관 또는 해양수산부장관은 ①에 따라 **예시가격**(豫示價格)을 결정할 때에는 미리 **기획재정부장관**과 협의하여야 한다.

④ 예시가격 지지를 위한 시책의 추진 : 농림축산식품부장관 또는 해양수산부장관은 ①에 따라 가격을 예시한 경우에는 예시가격을 지지(支持)하기 위하여 다음 각 호의 사항 등을 연계하여 적절한 시책을 추진하여야 한다.
1. 농림업관측·국제곡물관측 또는 수산업관측의 지속적 실시
2. 계약생산 또는 계약출하의 장려
3. 수매 및 처분
4. 유통협약 및 유통조절명령
5. 비축사업

> **주의** 기획재정부장관은 주요 농수산물의 수급조절과 가격안정을 위하여 필요하다고 인정할 때에는 해당 농산물의 파종기 이전에 예시가격을 결정할 수 있고, 이 경우 미리 농림축산식품부장관과 협의하여야 한다. (×) [기출 18·15]

> **주의** 농림축산식품부장관은 예시가격 결정시 해당 농산물의 농림업관측은 고려하지 아니 한다. (×) [기출 14]

제9조【과잉생산 시의 생산자 보호】☆☆☆

① 농산물의 수매 : **농림축산식품부장관**은 채소류 등 저장성이 없는 농산물의 가격안정을 위하여 필요하다고 인정할 때에는 그 **생산자 또는 생산자단체**로부터 법 제54조에 따른 **농산물가격안정기금**으로 해당 **농산물**을 **수매**할 수 있다. 다만, 가격안정을 위하여 특히 필요하다고 인정할 때에는 **도매시장 또는 공판장**에서 해당 농산물을 수매할 수 있다.

② 수매한 농산물의 처분 : ①에 따라 수매한 농산물은 **판매** 또는 **수출**하거나 **사회복지단체**에 **기증**하거나 그 밖에 필요한 처분을 할 수 있다.

③ 위탁 : 농림축산식품부장관은 ①과 ②에 따른 수매 및 처분에 관한 업무를 농업협동조합중앙회·산림조합중앙회(이하 "**농림협중앙회**"라 함) 또는 「한국농수산식품유통공사법」에 따른 한국농수산식품유통공사(이하 "**한국농수산식품유통공사**"라 함)에 위탁할 수 있다.

④ 수급 안정을 위한 업무의 추진 : 농림축산식품부장관은 채소류 등의 수급 안정을 위하여 생산·출하 안정 등 필요한 사업을 추진할 수 있다.

⑤ 그 밖의 필요한 사항 : 위 사항 외의 수매·처분 등에 필요한 사항은 대통령령으로 정한다.

제9조의2 【몰수농산물등의 이관】 ★☆☆

① **농림축산식품부장관**은 국내 농산물 시장의 수급안정 및 거래질서 확립을 위하여 「**관세법**」 및 「**검찰청법**」에 따라 몰수되거나 국고에 귀속된 농산물(이하 "**몰수농산물등**"이라 함)을 이관받을 수 있다.

② 농림축산식품부장관은 ①에 따라 이관받은 몰수농산물등을 매각·공매·기부 또는 소각하거나 그 밖의 방법으로 처분할 수 있다.

③ ②에 따른 몰수농산물등의 처분으로 발생하는 비용 또는 매각·공매 대금은 법 제54조에 따른 **농산물가격안정기금**으로 지출 또는 납입하여야 한다.

④ 농림축산식품부장관은 ②에 따른 **몰수농산물등의** 처분업무를 법 제9조 ③의 **농업협동조합중앙회** 또는 **한국농수산식품유통공사** 중에서 지정하여 대행하게 할 수 있다.

⑤ 몰수농산물등의 처분절차 등에 관하여 필요한 사항은 농림축산식품부령으로 정한다.

> **주의** 농림축산식품부장관은 몰수농산물등의 처분업무를 농업협동조합중앙회 또는 한국농수산식품유통공사 중에서 지정하여 대행하게 하여야 한다. (×) [기출 15]

> **주의** 농림축산식품부장관은 국내 농산물 시장의 수급안정 및 거래질서 확립을 위하여 「관세법」에 따라 몰수되거나 국고에 귀속된 농산물을 이관받을 수 있다. (○) [기출 18]

제10조 【유통협약 및 유통조절명령】 ★☆☆

① 유통협약의 체결 : 주요 농수산물의 생산자, 산지유통인, 저장업자, 도매업자·소매업자 및 소비자 등(이하 "생산자등"이라 함)의 대표는 해당 농수산물의 자율적인 수급조절과 품질향상을 위하여 생산조정 또는 출하조절을 위한 협약(이하 "유통협약"이라 함)을 체결할 수 있다.

② 유통명령 : **농림축산식품부장관 또는 해양수산부장관**은 부패하거나 변질되기 쉬운 농수산물로서 농림축산식품부령 또는 해양수산부령으로 정하는 농수산물에 대하여 현저한 수급 불안정을 해소하기 위하여 특히 필요하다고 인정되고 농림축산식품부령 또는 해양수산부령으로 정하는 **생산자등 또는 생산자단체가 요청할 때**에는 공정거래위원회와 **협의**를 거쳐 일정 기간 동안 일정 지역의 해당 농수산물의 생산자등에게 생산조정 또는 출하조절을 하도록 하는 **유통조절명령**(이하 "유통명령"이라 함)을 할 수 있다.

> ②에 따라 유통조절명령 요청자가 유통명령을 요청하는 경우에는 유통명령 요청서를 해당 지역에서 발행되는 일간지에 공고하거나 이해관계자 대표 등에게 발송하여 10일 이상 의견조회를 하여야 한다.

> **주의** 농림축산식품부장관 또는 해양수산부장관은 시·도지사와 협의를 거쳐 일정 기간 동안 일정 지역의 해당 농수산물의 생산자등에게 생산조정 또는 출하조절을 하도록 하는 유통조절명령을 할 수 있다. (×) [기출 17]

③ 유통명령의 포함사항 : 유통명령에는 유통명령을 하는 이유, 대상 품목, 대상자, 유통 조절방법 등 <u>대통령령으로 정하는 사항</u>이 포함되어야 한다.

> ③에 따른 유통조절명령에는 ❶ 명령의 이유(수급·가격·소득의 분석 자료를 포함), ❷ 대상 품목, ❸ 기간, ❹ 지역, ❺ 대상자, ❻ 생산조정 또는 출하조절의 방안, ❼ 명령이행 확인의 방법 및 명령 위반자에 대한 제재조치, ❽ 사후관리와 그 밖에 농림축산식품부장관 또는 해양수산부장관이 유통조절에 관하여 필요하다고 인정하는 사항이 포함되어야 한다(영 제11조).

④ 유통명령의 요청 절차 : ②에 따라 생산자등 또는 생산자단체가 유통명령을 요청하려는 경우에는 ③에 따른 내용이 포함된 요청서를 작성하여 이해관계인·유통전문가의 <u>의견수렴</u> 절차를 거치고 해당 농수산물의 생산자등의 대표나 해당 생산자단체의 재적회원 <u>3분의 2</u> 이상의 찬성을 받아야 한다.

⑤ 그 밖의 필요한 사항 : ②에 따른 유통명령을 하기 위한 기준과 구체적 절차, 유통명령을 요청할 수 있는 생산자등의 조직과 구성 및 운영방법 등에 관하여 필요한 사항은 농림축산식품부령 또는 해양수산부령으로 정한다.

제11조【유통명령의 집행】☆☆☆

① 유통명령 집행업무 : **농림축산식품부장관 또는 해양수산부장관**은 유통명령이 이행될 수 있도록 유통명령의 내용에 관한 홍보, 유통명령 위반자에 대한 제재 등 필요한 조치를 하여야 한다.

② 유통명령 집행업무의 대행 : 농림축산식품부장관 또는 해양수산부장관은 필요하다고 인정하는 경우에는 <u>지방자치단체의 장, 해당 농수산물의 생산자등의 조직 또는 생산자단체</u>로 하여금 ①에 따른 유통명령 집행업무의 일부를 수행하게 할 수 있다.

제12조【유통명령 이행자에 대한 지원 등】☆☆☆

① 생산자등에 대한 손실보전 : 농림축산식품부장관 또는 해양수산부장관은 유통협약 또는 유통명령을 이행한 생산자등이 그 유통협약이나 유통명령을 이행함에 따라 발생하는 손실에 대하여는 법 제54조에 따른 <u>농산물가격안정기금</u> 또는 「수산업·어촌 발전 기본법」에 따른 <u>수산발전기금</u>으로 그 손실을 보전(補塡)하게 할 수 있다.

② 유통명령 집행업무 대행자에 대한 지원 : 농림축산식품부장관 또는 해양수산부장관은 법 제11조 ②에 따라 유통명령 집행업무의 일부를 수행하는 생산자등의 조직이나 생산자단체에 필요한 지원을 할 수 있다.

제13조【비축사업 등】★★☆

① 비축사업 및 출하조절사업 : **농림축산식품부장관**은 농산물(쌀과 보리는 제외)의 수급조절과 가격안정을 위하여 필요하다고 인정할 때에는 <u>농산물가격안정기금</u>으로 농산물을 비축하거나 농산물의 출하를 약정하는 생산자에게 그 **대금의 일부**를 **미리 지급**하여 출하를 조절할 수 있다.

> 주의 그 대금의 전부를 미리 지급하여 출하를 조절할 수 있다. (×)

> 주의 농림축산식품부장관은 쌀과 보리를 포함한 농산물의 수급조절과 가격안정을 위하여 필요하다고 인정할 때에는 농산물가격안정기금으로 농산물을 비축할 수 있다. (×) [기출 18·13]

② 비축용 농산물의 수매 등 : ①에 따른 비축용 농산물은 **생산자** 및 **생산자단체**로부터 수매하여야 한다(원칙). 다만, 가격안정을 위하여 특히 필요하다고 인정할 때에는 **도매시장** 또는 **공판장**에서 수매하거나 수입할 수 있다(예외).

> **주의** 농림축산식품부장관은 비축용 농산물을 도매시장 및 공판장에서 수매하여야 한다. (×) [기출 14]

③ 선물거래(先物去來) : 농림축산식품부장관은 ② 단서에 따라 비축용 농산물을 수입하는 경우 국제가격의 급격한 변동에 대비하여야 할 필요가 있다고 인정할 때에는 **선물거래**를 할 수 있다.

④ 비축사업의 위탁 : 농림축산식품부장관은 ①에 따른 사업을 농림협중앙회 또는 한국농수산식품유통공사에 위탁할 수 있다.

> ④에 따라 농림축산식품부장관은 다음에 해당하는 농산물의 비축사업 또는 출하조절사업을 ❶ 농업협동조합중앙회 · ❷ 농협경제지주회사 · ❸ 산림조합중앙회 또는 ❹ 한국농수산식품유통공사에 위탁하여 실시한다(영 제12조 제1항).
> 1. 비축용 농산물의 수매 · 수입 · 포장 · 수송 · 보관 및 판매
> 2. 비축용 농산물을 확보하기 위한 재배 · 양식 · 선매 계약의 체결
> 3. 농산물의 출하약정 및 선급금(先給金)의 지급
> 4. 위의 규정에 따른 사업의 정산
>
> > **주의** 축산업협동조합중앙회(×), 영농조합법인(×) [기출 17]

제14조 【과잉생산 시의 생산자 보호 등 사업의 손실처리】 ★☆☆

농림축산식품부장관은 법 제9조에 따른 수매와 법 제13조에 따른 비축사업의 시행에 따라 생기는 감모(減耗), 가격 하락, 판매 · 수출 · 기증과 그 밖의 처분으로 인한 원가 손실 및 수송 · 포장 · 방제(防除)등 사업실시에 필요한 관리비를 대통령령(영 제14조)으로 정하는 바에 따라 **그 사업의 비용**으로 처리한다.

> **주의** 비축사업 등의 실시과정에서 발생한 농산물의 감모(減耗)에 대해서는 농림축산식품부장관이 정하는 한도에서 수익으로 처리한다. (×) [기출 18]

제15조 【농산물의 수입 추천 등】 ☆☆☆

① 수입 추천 : 「세계무역기구 설립을 위한 마라케쉬협정」에 따른 대한민국 양허표(讓許表)상의 시장접근물량에 적용되는 양허세율(讓許稅率)로 수입하는 농산물 중 **다른 법률에서 달리 정하지 아니한 농산물**을 수입하려는 자는 **농림축산식품부장관의 추천**을 받아야 한다.

> **주의** 양허세율로 수입하는 농산물 중 다른 법률에서 달리 정하는 농산물을 수입하려는 자 (×)

② 추천업무의 대행 : 농림축산식품부장관은 ①에 따른 농산물의 수입에 대한 추천업무를 농림축산식품부장관이 지정하는 **비영리법인**으로 하여금 대행하게 할 수 있다. 이 경우 품목별 추천물량 및 추천기준과 그 밖에 필요한 사항은 **농림축산식품부장관**이 정한다.

③ 추천신청 : ①에 따라 농산물을 수입하려는 자는 사용용도와 그 밖에 농림축산식품부령으로 정하는 사항을 적어 수입 추천신청을 하여야 한다.

④ 추천 대상 농산물의 수입·판매 : 농림축산식품부장관은 필요하다고 인정할 때에는 ①에 따른 추천 대상 농산물 중 농림축산식품부령으로 정하는 품목의 농산물을 비축용 농산물로 수입하거나 생산자단체를 지정하여 수입하여 판매하게 할 수 있다.

제16조【수입이익금의 징수 등】☆☆☆

① 수입이익금의 부과·징수 : **농림축산식품부장관**은 법 제15조 ①에 따른 추천을 받아 농산물을 수입하는 자 중 농림축산식품부령으로 정하는 품목의 농산물을 수입하는 자에 대하여 농림축산식품부령으로 정하는 바에 따라 국내가격과 수입가격 간의 차액의 범위에서 **수입이익금**을 **부과·징수할 수 있다.**

② 수입이익금의 징수 등 : ①에 따른 수입이익금은 농림축산식품부령(규칙 제14조)으로 정하는 바에 따라 법 제54조에 따른 **농산물가격안정기금**에 **납입**하여야 한다.

> 수입이익금을 납부하여야 하는 자는 농림축산식품부장관이 고지하는 기한까지 기금에 납입하여야 한다. 이 경우 수입이익금이 1천만원 이하인 경우 신용카드, 직불카드 등으로 납입할 수 있다.

③ 미납시 처리 : ①에 따른 수입이익금을 정하여진 기한까지 내지 아니하면 국세 체납처분의 예에 따라 징수할 수 있다.

④ 환급 : 농림축산식품부장관은 ①에 따라 징수한 수입이익금이 과오납되는 등의 사유로 환급이 필요한 경우에는 농림축산식품부령으로 정하는 바에 따라 환급하여야 한다.

제3장 농수산물도매시장

제17조【도매시장의 개설 등】★★☆

① 도매시장의 개설 : 도매시장은 대통령령으로 정하는 바에 따라 부류(部類)별로 또는 둘 이상의 부류를 종합하여 개설한다.

ㄱ 중앙도매시장의 경우 : 특별시·광역시·특별자치시 또는 특별자치도가 개설

ㄴ 지방도매시장의 경우 : 특별시·광역시·특별자치시·특별자치도 또는 시가 개설 다만, **시(市)**가 지방도매시장을 개설하려면 **도지사**의 **허가**를 받아야 한다.

> **주의** 시가 지방도매시장을 개설하려면 도지사에게 신고하여야 한다. (×) [기출 21]

> **주의** 특별시·광역시·특별자치시·특별자치도 또는 시가 도매시장을 개설하려는 경우에는 미리 농림축산식품부장관의 허가를 받아야 한다. (×) [기출 19·18·11·10]

② 도매시장의 개설허가 또는 개설승인

ㄱ 중앙도매시장의 개설 : 특별시·광역시·특별자치시 또는 특별자치도가 ①의 ㄱ에 따라 도매시장을 개설하려면 미리 업무규정과 운영관리계획서를 작성해야 한다. **중앙도매시장의 업무규정**은 **농림축산식품부장관** 또는 **해양수산부장관의 승인**을 받아야 한다.

ㄴ 지방도매시장의 개설허가 : 시가 ①의 ㄴ 단서에 따라 지방도매시장의 개설허가를 받으려면 농림축산식품부령 또는 해양수산부령으로 정하는 바에 따라 지방도매시장 개설허가 신청서에 업무규정과 운영관리계획서를 첨부하여 **도지사**에게 **제출**하여야 한다.

③ 업무규정의 변경승인
  ⊙ 중앙도매시장의 개설자가 업무규정을 변경하는 때에는 농림축산식품부장관 또는
    해양수산부장관의 승인을 받아야 한다.
  ⓛ 지방도매시장의 개설자(시가 개설자인 경우만 해당)가 업무규정을 변경하는 때에
    는 도지사의 승인을 받아야 한다.
④ 도매시장의 폐쇄 : 시(市)가 **지방도매시장**을 폐쇄하려면 그 3개월 전에 **도지사의 허가**를
  받아야 한다. 다만, **특별시·광역시·특별자치시 및 특별자치도**가 도매시장을 폐쇄하
  는 경우에는 그 **3개월 전**에 이를 **공고**하여야 한다.

🎓 참고 BOX

도매시장의 개설 정리(법 제17조)

구 분	중앙도매시장	지방도매시장
개설권자	특별시·광역시·특별자치시 또는 특별자치도	중앙도매시장의 개설권자 또는 시(市)
허가권자	〈삭 제〉	도지사(시가 개설자인 경우만 해당)
업무규정	농림축산식품부장관·해양수산부장관의 승인	도지사에게 제출 (시가 개설자인 경우만 해당)
업무규정의 변경	농림축산식품부장관·해양수산부장관의 승인	도지사의 승인 (시가 개설자인 경우만 해당)
도매시장의 폐쇄	3개월 전 공고	3개월 전에 도지사의 허가 (시가 개설자인 경우만 해당)
		3개월 전에 공고

※ 비고 : 특별시·광역시·특별자치시 또는 특별자치도가 지방도매시장의 개설자인 경우 별도의 허가를 요하
지 않으며, 업무규정 등의 작성, 업무규정의 변경에 관해서는 직접 이를 행함

주의 중앙도매시장을 폐쇄하고자 하는 때에는 그 3월 전에 이를 공고하여야 한다. (O) [기출 11]

제18조 【개설구역】 ☆☆☆
① 개설구역 : 도매시장의 개설구역은 도매시장이 개설되는 특별시·광역시·특별자치
  시·특별자치도 또는 시의 관할구역으로 한다.
② 개설구역의 편입 : 농림축산식품부장관 또는 해양수산부장관은 해당 지역에서의 농수산
  물의 원활한 유통을 위하여 필요하다고 인정할 때에는 도매시장의 개설구역에 **인접한**
  일정 구역을 그 도매시장의 개설구역으로 편입하게 할 수 있다. 다만, 시(市)가 개설하
  는 지방도매시장의 개설구역에 인접한 구역으로서 그 지방도매시장이 속한 도의 일정
  구역에 대하여는 해당 도지사가 그 지방도매시장의 개설구역으로 편입하게 할 수 있다.

제19조 【허가기준 등】 ★☆☆

① 도매시장의 허가기준 : 도지사는 법 제17조 ②에 따른 허가신청의 내용이 다음 각 호의 요건을 갖춘 경우에는 이를 허가한다.
  1. 도매시장을 개설하려는 장소가 농수산물 거래의 중심지로서 적절한 위치에 있을 것
  2. 도매시장이 보유하여야 하는 시설의 기준에 적합한 시설을 갖추고 있을 것
  3. 운영관리계획서의 내용이 충실하고 그 실현이 확실하다고 인정되는 것일 것

② 조건부 개설허가 : 도지사는 ①의 제2호에 따라 요구되는 시설이 갖추어지지 아니한 경우에는 일정한 기간 내에 해당 시설을 갖출 것을 조건으로 개설허가를 할 수 있다.

> **주의** 도매시장은 조건부로 개설허가를 받을 수 없다. (×) [기출 10]

③ 도매시장의 직접개설 : 특별시·광역시·특별자치시 또는 특별자치도가 도매시장을 개설하려면 ①의 각 호의 요건을 모두 갖추어 개설하여야 한다.

제20조 【도매시장 개설자의 의무】 ☆☆☆

① 도매시장 개설자는 거래 관계자의 편익과 소비자 보호를 위하여 다음 각 호의 사항을 이행하여야 한다.
  1. 도매시장 시설의 정비·개선과 합리적인 관리
  2. 경쟁 촉진과 공정한 거래질서의 확립 및 환경 개선
  3. 상품성 향상을 위한 규격화, 포장 개선 및 선도(鮮度)유지의 촉진

> **주의** 농수산물의 가격안정을 위한 비축용 농수산물의 수매 (×) [기출 09]

② 도매시장 개설자는 ① 각 호의 사항을 효과적으로 이행하기 위하여 이에 대한 투자계획 및 거래제도 개선방안 등을 포함한 대책을 수립·시행하여야 한다.

제21조 【도매시장의 관리】 ★★☆

① **도매시장 개설자**는 소속 공무원으로 구성된 도매시장 **관리사무소**(이하 "관리사무소"라 함)를 두거나 「지방공기업법」에 따른 지방공사(이하 "관리공사"라 함), 법 제24조의 공공출자법인 또는 한국농수산식품유통공사 중에서 **시장관리자**를 지정할 수 있다.

> **주의** 도매시장 개설자는 소속 공무원으로 구성된 도매시장 관리사무소를 두거나 농림수협중앙회를 시장 관리자로 지정하여야 한다. (×) [기출 15]

② **도매시장 개설자**는 **관리사무소 또는 시장관리자**로 하여금 시설물관리, 거래질서 유지, 유통 종사자에 대한 지도·감독 등에 관한 업무 범위를 정하여 해당 도매시장 또는 그 개설구역에 있는 도매시장의 **관리업무**를 수행하게 할 수 있다.

제22조 【도매시장의 운영 등】 ☆☆☆

도매시장 개설자는 도매시장에 그 시설규모·거래액 등을 고려하여 적정 수의 도매시장법인·시장도매인 또는 중도매인을 두어 이를 운영하게 해 한다. 다만, **중앙도매시장의 개설자**는 농림축산식품부령 또는 해양수산부령으로 정하는 부류에 대하여는 도매시장법인을 두어야 한다.

제23조 【도매시장법인의 지정】 ★★☆

① 도매시장법인의 지정 및 유효기간의 설정 : **도매시장법인**은 도매시장 개설자가 **부류별로** 지정하되, **중앙도매시장에 두는 도매시장법인의 경우**에는 **농림축산식품부장관 또는 해양수산부장관과 협의**하여 지정한다. 이 경우 **5년 이상 10년** 이하의 범위에서 지정 유효기간을 설정할 수 있다.

> **주의** 도매시장법인은 도매시장의 개설허가권자가 부류별로 이를 지정한다. (×) [기출 10]

> **주의** 중앙도매시장에 두는 도매시장법인은 농림축산식품부장관 또는 해양수산부장관이 도매시장 개설자와 협의하여 지정한다. (×) [기출 19 · 15]

② 도매시장법인의 주주 및 임직원의 사업제한 : 도매시장법인의 **주주 및 임직원**은 해당 도매시장법인의 업무와 **경합**되는 **도매업 또는 중도매업(仲都賣業)**을 하여서는 아니 된다. 다만, 도매시장법인이 다른 도매시장법인의 주식 또는 지분을 과반수 이상 양수(이하 "인수"라 함)하고 양수법인의 주주 또는 임직원이 양도법인의 주주 또는 임직원의 지위를 겸하게 된 경우에는 그러하지 아니하다.

③ 도매시장법인의 요건 : ①에 따른 도매시장법인이 될 수 있는 자는 다음 각 호의 요건을 갖춘 법인이어야 한다.

1. 해당 부류의 도매업무를 효과적으로 수행할 수 있는 지식과 도매시장 또는 공판장 업무에 **2년 이상** 종사한 경험이 있는 업무집행 담당 임원이 **2명 이상** 있을 것

2. 임원 중 이 법을 위반하여 **금고 이상의 실형**을 선고받고 그 형의 집행이 끝나거나(집행이 끝난 것으로 보는 경우를 포함)집행이 면제된 후 **2년**이 지나지 아니한 사람이 없을 것

3. 임원 중 **파산선고**를 받고 복권되지 아니한 사람이나 **피성년후견인 또는 피한정후견인**이 없을 것

4. 임원 중 도매시장법인의 **지정취소처분**의 원인이 되는 사항에 관련된 사람이 없을 것

5. 거래규모, 순자산액 비율 및 거래보증금 등 도매시장 개설자가 업무규정으로 정하는 **일정 요건**을 갖출 것

④ 일부 요건 미비시 유예기간 : 도매시장법인이 지정된 후 ③의 제1호의 요건을 갖추지 아니하게 되었을 때에는 **3개월 이내**에 해당 요건을 갖추어야 한다.

⑤ 임원의 해임 : 도매시장법인은 해당 임원이 ③의 제2호부터 제4호까지의 어느 하나에 해당하는 요건을 갖추지 아니하게 되었을 때에는 그 임원을 **지체 없이** 해임하여야 한다.

제23조의2 【도매시장법인의 인수 · 합병】 ☆☆☆

① 도매시장법인의 인수 · 합병 승인 : 도매시장법인이 다른 도매시장법인을 인수하거나 합병하는 경우에는 해당 **도매시장 개설자의 승인**을 받아야 한다.

② 도매시장 개설자는 다음 각 호의 어느 하나에 해당하는 경우를 **제외하고는** ①에 따라 **인수 또는 합병을 승인**하여야 한다.

1. 인수 또는 합병의 당사자인 도매시장법인이 제23조 ③의 **요건**을 갖추지 못한 경우

2. 그 밖에 이 법 또는 다른 법령에 따른 제한에 **위반**되는 경우

③ ①에 따라 합병을 승인하는 경우 합병을 하는 도매시장법인은 합병이 되는 도매시장법인의 지위를 승계한다.

④ 도매시장법인의 인수·합병승인절차 등에 관하여 필요한 사항은 농림축산식품부령 또는 해양수산부령으로 정한다.

제24조【공공출자법인】 ☆☆☆

① 도매시장 개설자는 도매시장을 효율적으로 관리·운영하기 위하여 필요하다고 인정하는 경우 도매시장법인을 갈음하여 그 업무를 수행하게 할 법인(공공출자법인)을 설립할 수 있다.

② 공공출자법인에 대한 출자는 ㉠ 지방자치단체, ㉡ 관리공사, ㉢ 농림수협등, ㉣ 해당 도매시장 또는 그 도매시장으로 이전되는 시장에서 농수산물을 거래하는 상인과 그 상인단체, ㉤ 도매시장법인, ㉥ 그 밖에 도매시장 개설자가 도매시장의 관리·운영을 위하여 특히 필요하다고 인정하는 자 중 어느 하나에 해당하는 자로 한정한다. 이 경우 ㉠부터 ㉢까지에 해당하는 자에 의한 출자액의 합계가 총출자액의 100분의 50을 초과하여야 한다.

③ 공공출자법인에 관하여 이 법에서 규정한 사항을 제외하고는 「상법」의 주식회사에 관한 규정을 적용한다.

④ 공공출자법인은 「상법」에 따른 설립등기를 한 날 도매시장법인의 지정을 받은 것으로 본다.

출제 POINT │ 빈칸 문제

⋯ 중도매인은 상장 또는 비상장 농수산물을 매수하여 도매하거나 매매를 (❶)하는 영업을 할 수 있다.

⋯ (❷)이란 농수산물도매시장 또는 민영농수산물도매시장의 개설자로부터 지정을 받고 농수산물을 매수 또는 위탁받아 도매하거나 매매를 중개하는 영업을 하는 법인을 말한다.

⋯ 농수산물 유통 및 가격안정에 관한 법률에 따른 농수산물도매시장, 농수산물공판장, 민영농수산물도매시장 및 농수산물종합유통센터에 대하여는 「(❸)」의 규정을 적용하지 아니한다.

⋯ 주요 농수산물의 생산지역이나 생산수면(이하 "(❹)"라 한다)의 지정은 읍·면·동 또는 시·군·구 단위로 한다.

⋯ 농림축산식품부장관 또는 해양수산부장관은 예시가격을 결정할 때에는 미리 (❺)과 협의하여야 한다.

⋯ 농림축산식품부장관 또는 해양수산부장관은 (❻)와 협의를 거쳐 일정 기간 동안 일정 지역의 해당 농수산물의 생산자 등에게 생산조정 또는 출하조절을 하도록 하는 유통조절명령을 할 수 있다.

⋯ 유통조절명령에는 명령의 이유(수급·가격·소득의 분석 자료를 포함), 대상 품목, 기간, 지역, 대상자, 생산조정 또는 출하조절의 방안, 명령이행 확인의 방법 및 명령 위반자에 대한 (❼)조치, 사후관리와 그 밖에 농림축산식품부장관 또는 해양수산부장관이 유통조절에 관하여 필요하다고 인정하는 사항이 포함되어야 한다.

⋯ (❽) 농산물은 생산자 및 생산자단체로부터 수매하여야 한다. 다만, 가격안정을 위하여 특히 필요하다고 인정할 때에는 도매시장 또는 공판장에서 수매하거나 수입할 수 있다.

⋯ 시(市)가 지방도매시장을 개설하려면 (❾)의 허가를 받아야 한다.

❶ 중개 ❷ 시장도매인 ❸ 유통산업발전법 ❹ 주산지 ❺ 기획재정부장관 ❻ 공정거래위원회 ❼ 제재 **정답** ❽ 비축용 ❾ 도지사

제25조 【중도매업의 허가】 ★☆☆

① 중도매업의 허가 : 중도매인의 업무를 하려는 자는 **부류별**로 해당 도매시장 개설자의 허가를 받아야 한다.

② 허가 · 갱신허가의 결격사유 : 도매시장 개설자는 다음 각 호의 어느 하나에 해당하는 경우를 제외하고는 허가 및 갱신허가를 하여야 한다.
   1. ③의 각 호의 어느 하나에 해당하는 경우
   2. 그 밖에 이 법 또는 다른 법령에 따른 제한에 위반되는 경우

③ 허가의 결격사유 : 다음의 어느 하나에 해당하는 자는 **중도매업의 허가**를 받을 수 없다.
   1. 파산선고를 받고 복권되지 아니한 사람이나 피성년후견인
   2. 이 법을 위반하여 금고 이상의 실형을 선고받고 그 형의 집행이 끝나거나(집행이 끝난 것으로 보는 경우를 포함한다)면제되지 아니한 사람
   3. 중도매업의 허가가 취소(법 제25조 ③의 제1호에 해당하여 취소된 경우는 제외)된 날부터 2년이 지나지 아니한 자
   4. 도매시장법인의 주주 및 임직원으로서 해당 도매시장법인의 업무와 경합되는 중도매업을 하려는 자
   5. 임원 중에 제1호부터 제4호까지의 어느 하나에 해당하는 사람이 있는 법인
   6. 최저거래금액 및 거래대금의 지급보증을 위한 보증금 등 도매시장 개설자가 업무규정으로 정한 허가조건을 갖추지 못한 자

④ 임원의 해임 : 법인인 중도매인은 임원이 ③의 제5호에 해당하게 되었을 때에는 그 임원을 지체 없이 해임하여야 한다.

⑤ 행위의 제한 : 중도매인은 다음 각 호의 행위를 하여서는 아니 된다.
   1. 다른 중도매인 또는 매매참가인의 거래 참가를 방해하는 행위를 하거나 집단적으로 농수산물의 경매 또는 입찰에 불참하는 행위
   2. 다른 사람에게 자기의 성명이나 상호를 사용하여 중도매업을 하게 하거나 그 허가증을 빌려 주는 행위

⑥ 허가 유효기간의 설정 : **도매시장 개설자**는 ①에 따라 중도매업의 허가를 하는 경우 <u>5년 이상 10년 이하의 범위</u>에서 허가 유효기간을 설정할 수 있다. 다만, <u>법인이 아닌 중도매인</u>은 <u>3년 이상 10년 이하의 범위</u>에서 허가 유효기간을 설정할 수 있다.

> **주의** 도매시장 개설자는 중도매업의 허가를 하는 경우 법인이 아닌 중도매인에 대하여 5년 이상 10년 이하의 범위에서 허가 유효기간을 설정할 수 있다. (×) [기출 20]

⑦ 갱신허가 : ⑥에 따른 허가 유효기간이 만료된 후 계속하여 중도매업을 하려는 자는 농림축산식품부령 또는 해양수산부령(규칙 제19조)으로 정하는 바에 따라 갱신허가를 받아야 한다.

제25조의2 【법인인 중도매인의 인수 · 합병】 ☆☆☆

법인인 중도매인의 인수 · 합병에 대하여는 법 제23조의2를 준용한다. 이 경우 "도매시장법인"은 "법인인 중도매인"으로 본다.

제25조의3 【매매참가인의 신고】 ☆☆☆

매매참가인의 업무를 하려는 자는 농림축산식품부령 또는 해양수산부령으로 정하는 바에 따라 도매시장·공판장 또는 민영도매시장의 개설자에게 매매참가인으로 신고하여야 한다.

제26조 【중도매인의 업무 범위 등의 특례】 ★☆☆

법 제25조에 따라 허가를 받은 중도매인은 도매시장에 설치된 공판장(이하 "도매시장공판 장"이라 함)에서도 그 업무를 할 수 있다.

> **주의** 중도매업의 허가를 받은 중도매인은 도매시장에 설치된 공판장에서는 그 업무를 할 수 없다. (×) [기출 20]

제27조 【경매사의 임면】 ★★☆

① **경매사의 확보** : 도매시장법인은 도매시장에서의 공정하고 신속한 거래를 위하여 농림 축산식품부령 또는 해양수산부령으로 정하는 바에 따라 일정 수 이상의 경매사를 두어 야 한다.

> ①에 따라 도매시장법인이 확보하여야 하는 경매사의 수는 2명 이상으로 하되, 도매시장법인별 연간 거래물량 등을 고려하여 업무규정으로 그 수를 정한다.

② **경매사 임명 및 결격사유** : 경매사는 경매사 자격시험에 합격한 사람으로서 다음 각 호의 어느 하나에 해당하지 아니한 사람 중에서 임명하여야 한다.

1. 피성년후견인 또는 피한정후견인
2. 이 법 또는「형법」제129조부터 제132조까지(수뢰·사전수뢰, 제3자뇌물제공, 수 뢰후부정처사·사후수뢰, 알선수뢰) 중 어느 하나에 해당하는 죄를 범하여 금고 이상의 실형을 선고받고 그 형의 집행이 끝나거나(집행이 끝난 것으로 보는 경우를 포함) 집행이 면제된 후 2년이 지나지 아니한 사람
3. 이 법 또는「형법」제129조부터 제132조까지의 죄 중 어느 하나에 해당하는 죄를 범하여 금고 이상의 형의 집행유예를 선고받거나 선고유예를 받고 그 유예기간 중에 있는 사람
4. 해당 도매시장의 시장도매인, 중도매인, 산지유통인 또는 그 임직원
5. 법 제82조 ④에 따라 면직된 후 2년이 지나지 아니한 사람
6. 법 제82조 ④에 따른 업무정지기간 중에 있는 사람

③ **경매사의 면직** : 도매시장법인은 경매사가 ②의 제1호부터 제4호까지의 어느 하나에 해당하는 경우에는 그 경매사를 면직하여야 한다.

> **주의** 도매시장법인은 경매사가 해당 도매시장의 산지유통인이 된 경우 그 경매사를 면직해야 한다. (○)
> [기출 20]

④ **경매사 임면사실의 신고 및 게시** : 도매시장법인이 경매사를 임면(任免)하였을 때에는 농림축산식품부령 또는 해양수산부령으로 정하는 바에 따라 그 내용을 도매시장 개설 자에게 신고하여야 하며, 도매시장 개설자는 농림축산식품부장관 또는 해양수산부장 관이 지정하여 고시한 인터넷 홈페이지에 그 내용을 게시하여야 한다.

> ④에 따라 도매시장법인이 경매사를 임면(任免)한 경우에는 임면한 날부터 30일 이내에 도매시장 개설 자에게 신고하여야 한다.

제28조 【경매사의 업무 등】 ☆☆☆

① 경매사는 다음 각 호의 업무를 수행한다.

  1. 도매시장법인이 상장한 농수산물에 대한 경매 **우선순위**의 결정

  2. 도매시장법인이 상장한 농수산물에 대한 **가격평가**

  3. 도매시장법인이 상장한 농수산물에 대한 **경락자의 결정**

② 경매사는 「형법」 제129조부터 제132조까지의 규정을 적용할 때에는 **공무원**으로 본다.

제29조 【산지유통인의 등록】 ★☆☆

① 산지유통인의 등록 등 : **농수산물을 수집하여 도매시장에 출하하려는 자**는 농림축산식품 부령 또는 해양수산부령으로 정하는 바에 따라 부류별로 **도매시장 개설자**에게 **등록**하여야 한다. 다만, 다음 각 호의 어느 하나에 해당하는 경우에는 그러하지 아니하다.

  1. **생산자단체**가 구성원의 생산물을 **출하**하는 경우

  2. **도매시장법인**이 매수한 농수산물을 **상장**하는 경우

  3. **중도매인**이 **비상장 농수산물**을 **매매**하는 경우

  4. **시장도매인**이 법 제37조에 따라 **매매**하는 경우

  5. 그 밖에 농림축산식품부령 또는 해양수산부령으로 정하는 경우

② 산지유통인 업무의 금지 : 도매시장법인, 중도매인 및 이들의 주주 또는 임직원은 해당 도매시장에서 산지유통인의 업무를 하여서는 아니 된다.

③ 등록의 결격사유 : 도매시장 개설자는 이 법 또는 다른 법령에 따른 제한에 위반되는 경우를 제외하고는 ①에 따라 등록을 하여주어야 한다.

④ 산지유통인에게 금지되는 업무 : 산지유통인은 등록된 도매시장에서 농수산물의 **출하 업무 외의 판매·매수 또는 중개업무**를 하여서는 아니 된다.

⑤ **미등록자에 대한 조치** : 도매시장 개설자는 ①에 따라 등록을 하여야 하는 자가 등록을 하지 아니하고 산지유통인의 업무를 하는 경우에는 도매시장에의 출입을 금지·제한하거나 그 밖에 필요한 조치를 할 수 있다.

⑥ **공정거래 촉진을 위한 지원** : 국가나 지방자치단체는 산지유통인의 공정한 거래를 촉진하기 위하여 필요한 지원을 할 수 있다.

제30조 【출하자 신고】 ☆☆☆

① 도매시장에 농수산물을 출하하려는 **생산자 및 생산자단체 등**은 농수산물의 거래질서 확립과 수급안정을 위하여 농림축산식품부령 또는 해양수산부령으로 정하는 바에 따라 해당 **도매시장의 개설자**에게 **신고**하여야 한다.

② 도매시장 개설자, 도매시장법인 또는 시장도매인은 ①에 따라 신고한 출하자가 출하예약을 하고 농수산물을 출하하는 경우에는 위탁수수료의 인하 및 경매의 우선 실시 등 우대조치를 할 수 있다.

제31조 【수탁판매의 원칙】 ★☆☆

① 도매시장에서 **도매시장법인이 하는 도매**는 출하자로부터 **위탁**을 받아 하여야 한다. 다만, 농림축산식품부령 또는 해양수산부령으로 정하는 **특별한 사유**가 있는 경우에는 (출하자로부터) **매수**하여 도매할 수 있다.

> **주의** 도매시장에서 도매시장법인이 하는 도매는 법령이 정한 특별한 사유가 없는 한 출하자로부터 매수하여 도매하여야 한다. (×) [기출 12]

② 중도매인은 도매시장법인이 상장한 농수산물 외의 농수산물은 거래할 수 없다. 다만, 농림축산식품부령 또는 해양수산부령(규칙 제27조)으로 정하는 도매시장법인이 상장하기에 적합하지 아니한 농수산물과 그 밖에 이에 준하는 농수산물로서 그 품목과 기간을 정하여 도매시장 개설자로부터 허가를 받은 농수산물의 경우에는 그러하지 아니하다.

> **주의** 원칙적으로 중도매인은 도매시장법인이 상장한 농수산물은 거래할 수 없다. (×) [기출 12]

③ 중도매인이 ②이 단서에 해당하는 물품을 농수산물 전자거래소에서 거래하는 경우에는 그 물품을 도매시장으로 반입하지 아니할 수 있다.

④ 중도매인은 도매시장법인이 상장한 농수산물을 농림축산식품부령 또는 해양수산부령으로 정하는 연간 거래액의 범위에서 해당 도매시장의 다른 중도매인과 거래하는 경우를 제외하고는 다른 중도매인과 농수산물을 거래할 수 없다.

⑤ ④에 따른 중도매인 간 거래액은 최저거래금액 산정 시 포함하지 아니한다.

⑥ ④에 따라 해당 도매시장의 다른 중도매인과 농수산물을 거래한 중도매인은 농림축산식품부령 또는 해양수산부령으로 정하는 바에 따라 그 **거래 내역**을 도매시장 개설자에게 **통보**하여야 한다.

제32조 【매매방법】 ☆☆☆

도매시장법인은 도매시장에서 농수산물을 경매·입찰·정가매매 또는 수의매매(隨意賣買)의 방법으로 매매하여야 한다. 다만, 출하자가 매매방법을 지정하여 요청하는 경우 등 농림축산식품부령 또는 해양수산부령으로 매매방법을 정한 경우에는 그에 따라 매매할 수 있다.

제35조 【도매시장법인의 영업제한】 ☆☆☆

① 도매시장법인은 **도매시장 외의 장소**에서 농수산물의 **판매업무**를 하지 못한다.

② ①에도 불구하고 도매시장법인은 다음 각 호의 어느 하나에 해당하는 경우에는 해당 거래물품을 도매시장으로 **반입**하지 아니할 수 있다.

1. 도매시장 개설자의 **사전승인**을 받아 「전자문서 및 전자거래 기본법」에 따른 **전자거래 방식으로 하는 경우**(온라인에서 경매 방식으로 거래하는 경우를 포함)

2. 농림축산식품부령 또는 해양수산부령으로 정하는 일정 기준 이상의 시설에 보관·
   저장 중인 거래 대상 농수산물의 **견본**을 도매시장에 반입하여 거래하는 것에 대하여
   도매시장 개설자가 **승인**한 경우

③ ②에 따른 전자거래 및 견본거래 방식 등에 관하여 필요한 사항은 농림축산식품부령
   또는 해양수산부령으로 정한다.

④ 도매시장법인은 농수산물 판매업무 외의 사업을 **겸영**(兼營)하지 못한다. 다만, 농수산
   물의 선별·포장·가공·제빙(製氷)·보관·후숙(後熟)·저장·수출입 등의 사업
   은 농림축산식품부령 또는 해양수산부령으로 정하는 바에 따라 겸영할 수 있다.

⑤ 도매시장 개설자는 산지(産地)출하자와의 업무 경합 또는 과도한 겸영사업으로 인하
   여 도매시장법인의 도매업무가 약화될 우려가 있는 경우에는 대통령령으로 정하는
   바에 따라 ④ 단서에 따른 겸영사업을 **1년 이내**의 범위에서 제한할 수 있다.

제35조의2【도매시장법인 등의 공시】★☆☆

① 도매시장법인 또는 시장도매인은 출하자와 소비자의 권익보호를 위하여 거래물량,
   가격정보 및 재무상황 등을 공시(公示)하여야 한다.

② ①에 따른 공시내용, 공시방법 및 공시절차 등에 관하여 필요한 사항은 **농림축산식품부
   령(규칙 제34조의2)** 또는 해양수산부령으로 정한다.

참고 BOX

도매시장법인 등의 공시(규칙 제34조의2)

① 법 제35조의2에 따라 도매시장법인 또는 시장도매인이 공시하여야 할 내용은 다음 각 호와 같다.
   1. 거래일자별·품목별 반입량 및 가격정보
   2. 주주 및 임원의 현황과 그 변동사항
   3. 겸영사업을 하는 경우 그 사업내용
   4. 직전 회계연도의 재무제표
② ①에 따른 공시는 해당 도매시장의 게시판이나 정보통신망에 하여야 한다.

주의 대금결제의 절차에 관한 사항 (×) [기출 09]

제36조【시장도매인의 지정】★☆☆

① **시장도매인의 지정 등** : 시장도매인은 **도매시장 개설자**가 부류별로 **지정**한다. 이 경우
   5년 이상 10년 이하의 범위에서 지정 유효기간을 설정할 수 있다(**Cf** 중도매인).

② **시장도매인의 지정 요건** : ①에 따른 시장도매인이 될 수 있는 자는 다음 각 호의 요건을
   갖춘 **법인**이어야 한다.
   1. 임원 중 이 법을 위반하여 금고 이상의 실형을 선고받고 그 형의 집행이 끝나거나(집
      행이 끝난 것으로 보는 경우를 포함) 집행이 면제된 후 2년이 지나지 아니한 사람이
      없을 것
   2. 임원 중 해당 도매시장에서 시장도매인의 업무와 경합되는 도매업 또는 중도매업을
      하는 사람이 없을 것

3. 임원 중 파산선고를 받고 복권되지 아니한 사람이나 피성년후견인 또는 피한정후견인이 없을 것

4. 임원 중 시장도매인의 지정취소처분의 원인이 되는 사항에 관련된 사람이 없을 것

5. 거래규모, 순자산액 비율 및 거래보증금 등 도매시장 개설자가 업무규정으로 정하는 일정 요건을 갖출 것

> **주의** 도매시장 개설자는 법인이 아닌 자를 시장도매인으로 지정할 수 있다. (×) [기출 19]

③ **임원의 해임** : 시장도매인은 해당 임원이 ② 제1호부터 제4호까지의 어느 하나에 해당하는 요건을 갖추지 아니하게 되었을 때에는 그 임원을 지체 없이 해임하여야 한다.

④ **그 밖의 필요한 사항** : 시장도매인의 지정절차와 그 밖에 지정에 필요한 사항은 대통령령(영 제18조)으로 정한다.

제36조의2 【시장도매인의 인수 · 합병】 ☆☆☆

시장도매인의 인수 · 합병에 대하여는 법 제23조의2를 준용한다. 이 경우 "도매시장법인"은 "시장도매인"으로 본다.

제37조 【시장도매인의 영업】 ★☆☆

① 시장도매인은 도매시장에서 농수산물을 매수 또는 위탁받아 도매하거나 매매를 중개할 수 있다. 다만, 도매시장 개설자는 거래질서의 유지를 위하여 필요하다고 인정하는 경우 등 농림축산식품부령 또는 해양수산부령으로 정하는 경우에는 품목과 기간을 정하여 시장도매인이 농수산물을 위탁받아 도매하는 것을 제한 또는 금지할 수 있다.

② 시장도매인은 해당 도매시장의 도매시장법인 · 중도매인에게 농수산물을 판매하지 못한다.

> **주의** 시장도매인은 해당 도매시장의 도매시장법인 · 중도매인에게 농수산물을 판매할 수 있다. (×) [기출 19]

출제 POINT | 빈칸 문제

⤳ 중도매인의 업무를 하려는 자는 부류별로 해당 도매시장 개설자의 (❶)를 받아야 한다.

⤳ 도매시장 개설자는 법인이 아닌 중도매인에게 중도매업의 허가를 하는 경우 (❷)년 이상 10년 이하의 범위에서 허가 유효기간을 설정할 수 있다.

⤳ 이 법 규정에 따라 허가를 받은 중도매인은 (❸)에서도 그 업무를 할 수 있다.

⤳ 도매시장법인은 (❹)명 이상의 경매사를 두어야 하고, 경매사는 경매사 자격시험에 합격한 자 중에서 임명한다.

⤳ 도매시장법인이 경매사를 임면(任免)하였을 때에는 임면한 날부터 (❺)일 이내에 그 내용을 도매시장 개설자에게 신고하여야 한다.

⤳ 농수산물을 수집하여 도매시장에 출하하려는 자는 농림축산식품부령 또는 해양수산부령으로 정하는 바에 따라 부류별로 도매시장 개설자에게 (❻)하여야 한다

⤳ 산지유통인은 등록된 도매시장에서 농수산물의 출하업무 외의 판매 · 매수 또는 (❼)를 해서는 아니 된다.

⤳ 시장도매인은 도매시장 개설자가 부류별로 지정한다. 이 경우 (❽)년 이상 10년 이하의 범위에서 지정 유효기간을 설정할 수 있다.

⋯ 도매시장에서 도매시장법인이 하는 도매는 출하자로부터 위탁을 받아 하여야 한다. 다만, 농림축산식품부령 또는 해양수산부령으로 정하는 (❾)가 있는 경우에는 매수하여 도매할 수 있다.

⋯ 시장도매인이 될 수 있는 자는 일정한 요건을 갖춘 (❿)이어야 한다.

❶ 허가 ❷ 3(년) ❸ 도매시장공판장 ❹ 2(명) ❺ 30일 ❻ 등록 ❼ 중개업무 ❽ 5(년) ❾ 특별한 사유 **정답**
❿ 법인

제4장 농수산물공판장 및 민영농수산물도매시장 등

제43조 【공판장의 개설】 ☆☆☆

① 공판장 개설승인 : **농림수협등, 생산자단체 또는 공익법인**이 공판장을 개설하려면 시·도지사의 승인을 받아야 한다.

② 서류의 제출 : 농림수협등, 생산자단체 또는 공익법인이 ①에 따라 공판장의 개설승인을 받으려면 농림축산식품부령 또는 해양수산부령으로 정하는 바에 따라 공판장 개설승인 신청서에 업무규정과 운영관리계획서 등 승인에 필요한 서류를 첨부하여 시·도지사에게 제출하여야 한다.

> ②에 따른 공판장 개설승인 신청서에는 공판장의 업무규정(도매시장의 업무규정에서 이를 정하는 도매시장공판장의 경우는 제외), 운영관리계획서의 서류를 첨부하여야 한다(규칙 제40조 제1항).

③ 타 규정의 준용 : ②에 따른 공판장의 업무규정 및 운영관리계획서에 정할 사항에 관하여는 법 제17조(도매시장의 개설) ⑤ 및 ⑦을 준용한다.

④ 개설승인의 결격사유 : 시·도지사는 ②에 따른 신청이 다음 각 호의 어느 하나에 해당하는 경우를 제외하고는 승인을 하여야 한다.
  1. 공판장을 개설하려는 장소가 교통체증을 유발할 수 있는 위치에 있는 경우
  2. 공판장의 시설이 법 제67조 ②에 따른 기준에 적합하지 아니한 경우
  3. ②에 따른 운영관리계획서의 내용이 실현 가능하지 아니한 경우
  4. 그 밖에 이 법 또는 다른 법령에 따른 제한에 위반되는 경우

제44조 【공판장의 거래 관계자】 ☆☆☆

① 공판장에는 **중도매인, 매매참가인, 산지유통인 및 경매사**를 둘 수 있다.

② 공판장의 중도매인은 공판장의 개설자가 지정한다. 이 경우 중도매인의 지정 등에 관하여는 법 제25조 ③ 및 ④를 준용한다.

③ 농수산물을 수집하여 공판장에 출하하려는 자는 공판장의 개설자에게 산지유통인으로 등록하여야 한다. 이 경우 산지유통인의 등록 등에 관하여는 법 제29조 ①의 단서 및 같은 조 ③부터 ⑥까지의 규정을 준용한다.

④ 공판장의 경매사는 공판장의 개설자가 임면한다. 이 경우 경매사의 자격기준 및 업무 등에 관하여는 법 제27조 ②부터 ④까지 및 법 제28조를 준용한다.

제47조 【민영도매시장의 개설】 ★☆☆

① **민영도매시장의 개설허가** : 민간인등이 특별시·광역시·특별자치시·특별자치도 또는 시 지역에 민영도매시장을 개설하려면 **시·도지사의 허가**를 받아야 한다.

② **서류의 제출** : 민간인등이 ①에 따라 민영도매시장의 개설허가를 받으려면 농림축산식품부령 또는 해양수산부령으로 정하는 바에 따라 민영도매시장 개설허가 신청서에 업무규정과 운영관리계획서를 첨부하여 시·도지사에게 제출하여야 한다.

③ **타 규정의 준용** : ②에 따른 업무규정 및 운영관리계획서에 관하여는 법 제17조 ⑤ 및 ⑦을 준용한다.

④ **개설허가의 결격사유** : 시·도지사는 다음 각 호의 어느 하나에 해당하는 경우를 제외하고는 ①에 따라 허가하여야 한다.
   1. 민영도매시장을 개설하려는 장소가 교통체증을 유발할 수 있는 위치에 있는 경우
   2. 민영도매시장의 시설이 법 제67조 ②에 따른 기준에 적합하지 아니한 경우
   3. 운영관리계획서의 내용이 실현 가능하지 아니한 경우
   4. 그 밖에 이 법 또는 다른 법령에 따른 제한에 위반되는 경우

   > **주의** 민영도매시장을 개설하려는 장소가 교통체증을 유발할 수 있는 위치에 있는 경우에는 시·도지사는 허가하지 않을 수 있다. (○) [기출 16]

⑤ **개설허가 처리기한** : 시·도지사는 ②에 따른 민영도매시장 개설허가의 신청을 받은 경우 신청서를 받은 날부터 **30일 이내**에 허가 여부 또는 허가처리 지연 사유를 신청인에게 통보하여야 한다. 이 경우 허가 처리기간에 허가 여부 또는 허가처리 지연 사유를 통보하지 아니하면 <u>허가 처리기간의 마지막 날의 다음 날</u>에 허가를 한 것으로 본다.

⑥ **개설허가 처리기한의 연장** : 시·도지사는 ⑤에 따라 허가처리 지연 사유를 통보하는 경우에는 허가 처리기간을 <u>10일</u> 범위에서 **한 번만 연장**할 수 있다.

제48조 【민영도매시장의 운영 등】 ★☆☆

① 민영도매시장의 개설자는 중도매인, 매매참가인, 산지유통인 및 경매사를 두어 직접 운영하거나 시장도매인을 두어 이를 운영하게 할 수 있다.

② 민영도매시장의 **중도매인**은 민영도매시장의 개설자가 지정한다. 이 경우 중도매인의 지정 등에 관하여는 법 제25조 ③ 및 ④를 준용한다.

③ 농수산물을 수집하여 민영도매시장에 출하하려는 자는 민영도매시장의 개설자에게 **산지유통인**으로 등록하여야 한다. 이 경우 산지유통인의 등록 등에 관하여는 법 제29조 ①의 단서 및 같은 조 ③부터 ⑥까지의 규정을 준용한다.

④ 민영도매시장의 **경매사**는 민영도매시장의 개설자가 임면한다.

⑤ 민영도매시장의 **시장도매인**은 **민영도매시장의 개설자가 지정**한다.

> **주의** 민영도매시장의 시장도매인은 농수산물을 매수 또는 위탁받아 도매하거나 매매를 중개하는 영업을 하는 법인으로 농림축산식품부장관 또는 해양수산부장관이 지정한다. (×) [기출 16]

제49조【산지판매제도의 확립】 ☆☆☆

① 농림수협등 또는 공익법인은 생산지에서 출하되는 주요 품목의 농수산물에 대하여 산지경매제를 실시하거나 계통출하(系統出荷)를 확대하는 등 생산자 보호를 위한 판매대책 및 선별·포장·저장 시설의 확충 등 산지 유통대책을 수립·시행하여야 한다.

② 농림수협등 또는 공익법인은 제33조에 따른 경매 또는 입찰의 방법으로 창고경매, 포전경매(圃田競賣) 또는 선상경매(船上競賣)등을 할 수 있다.

제50조【농수산물집하장의 설치·운영】 ★★☆

① 생산자단체 또는 공익법인은 농수산물을 대량 소비지에 직접 출하할 수 있는 유통체제를 확립하기 위하여 필요한 경우에는 농수산물집하장을 설치·운영할 수 있다.

② 국가와 지방자치단체는 농수산물집하장의 효과적인 운영과 생산자의 출하편의를 도모할 수 있도록 그 입지 선정과 도로망의 개설에 협조하여야 한다.

③ 생산자단체 또는 공익법인은 ①에 따라 운영하고 있는 농수산물집하장 중 공판장의 시설기준을 갖춘 집하장을 시·도지사의 승인을 받아 공판장으로 운영할 수 있다.

> ○ 법 제50조에 따라 지역농업협동조합, 지역축산업협동조합, 품목별·업종별협동조합, 조합공동사업법인, 품목조합연합회, 산림조합 및 수산업협동조합과 그 중앙회(농협경제지주회사를 포함한다)나 생산자 관련 단체 또는 공익법인이 농수산물집하장을 설치·운영하려는 경우에는 농수산물의 출하 및 판매를 위하여 필요한 적정 시설을 갖추어야 한다(영 제20조 제1항).
> ○ 농업협동조합중앙회·산림조합중앙회·수산업협동조합중앙회의 장 및 농협경제지주회사의 대표이사는 농수산물집하장의 설치와 운영에 필요한 기준을 정하여야 한다(동조 제2항).

주의 생산자단체가 운영하고 있는 농수산물집하장 중 공판장의 시설기준을 갖춘 집하장을 공판장으로 운영하고자 하는 경우 시·도지사에게 등록하여야 한다. (×) [기출 14]

주의 농수산물집하장의 설치·운영에 관한 권한은 농림축산식품부장관에게 있다. (×) [기출 18]

제51조【농수산물산지유통센터의 설치·운영 등】 ☆☆☆

① 국가나 지방자치단체는 농수산물의 선별·포장·규격출하·가공·판매 등을 촉진하기 위하여 농수산물산지유통센터를 설치하여 운영하거나 이를 설치하려는 자에게 부지 확보 또는 시설물 설치 등에 필요한 지원을 할 수 있다.

② 국가나 지방자치단체는 농수산물산지유통센터의 운영을 생산자단체 또는 전문유통업체에 위탁할 수 있다.

> **주의** 국가나 지방자치단체는 농수산물산지유통센터의 운영을 생산자단체에 위탁하여야 한다. (×)

③ 농수산물산지유통센터의 운영 등에 필요한 사항은 농림축산식품부령(규칙 제42조의2) 또는 해양수산부령으로 정한다.

> ②에 따라 농수산물산지유통센터의 운영을 위탁한 자는 시설물 및 장비의 유지·관리 등에 소요되는 비용에 충당하기 위하여 농수산물산지유통센터의 운영을 위탁받은 자와 협의하여 매출액의 1천분의 5를 초과하지 아니하는 범위에서 시설물 및 장비의 이용료를 징수할 수 있다(규칙 제42조의2).

제52조 【농수산물 유통시설의 편의제공】 ☆☆☆

국가나 지방자치단체는 그가 설치한 농수산물 유통시설에 대하여 생산자단체, 농업협동조합중앙회, 산림조합중앙회, 수산업협동조합중앙회 또는 공익법인으로부터 이용 요청을 받으면 해당 시설의 이용, 면적 배정 등에서 우선적으로 편의를 제공하여야 한다.

제53조 【포전매매의 계약】 ☆☆☆

① **농림축산식품부장관**이 정하는 채소류 등 **저장성**이 없는 농산물의 포전매매(생산자가 수확하기 이전의 경작상태에서 면적단위 또는 수량단위로 매매하는 것을 함)의 계약은 **서면**에 의한 방식으로 하여야 한다.

② ①에 따른 농산물의 포전매매의 계약은 특약이 없으면 매수인이 그 농산물을 계약서에 적힌 반출 약정일부터 **10일 이내**에 반출하지 아니한 경우에는 그 기간이 **지난 날**에 계약이 해제된 것으로 본다. 다만, 매수인이 반출 약정일이 지나기 전에 반출 지연 사유와 반출 예정일을 서면으로 통지한 경우에는 그러하지 아니하다.

③ 농림축산식품부장관은 ①에 따른 포전매매의 계약에 필요한 **표준계약서**를 정하여 보급하고 그 사용을 권장할 수 있으며, 계약당사자는 표준계약서에 준하여 계약하여야 한다.

④ 농림축산식품부장관과 **지방자치단체**의 장은 생산자 및 소비자의 보호나 농산물의 가격 및 수급의 안정을 위하여 특히 필요하다고 인정할 때에는 대상 품목, 대상 지역 및 신고기간 등을 정하여 계약 당사자에게 포전매매 계약의 내용을 **신고**하도록 할 수 있다.

제5장 농산물가격안정기금

제54조 【기금의 설치】 ☆☆☆

정부는 농산물(축산물 및 임산물을 포함)의 원활한 수급과 가격안정을 도모하고 유통구조의 개선을 촉진하기 위한 재원을 확보하기 위하여 **농산물가격안정기금**(이하 "기금"이라 함)을 설치한다.

제55조 【기금의 조성】 ☆☆☆

① 기금은 정부의 출연금, 기금 운용에 따른 수익금, 몰수농산물 등의 처분으로 발생하는 비용 또는 매각·공매 대금, 수입이익금 및 다른 법률의 규정에 따라 납입되는 금액, 다른 기금으로부터의 출연금의 재원으로 조성한다.

② 농림축산식품부장관은 기금의 운영에 필요하다고 인정할 때에는 기금의 부담으로 한국은행 또는 다른 기금으로부터 자금을 차입할 수 있다.

제56조 【기금의 운용·관리】 ☆☆☆

① 기금은 국가회계원칙에 따라 **농림축산식품부장관**이 운용·관리한다.

② 삭제 〈2004. 12. 31.〉

③ 기금의 운용·관리에 관한 농림축산식품부장관의 업무는 **대통령령**으로 정하는 바에 따라 그 일부를 **국립종자원장**과 **한국농수산식품유통공사의** 장에게 위임 또는 위탁할 수 있다.

④ 기금의 운용·관리에 관하여 이 법에서 규정한 사항 외에 필요한 사항은 대통령령으로 정한다.

제57조【기금의 용도】 ☆☆☆

① 기금은 다음 각 호의 사업을 위하여 필요한 경우에 **융자 또는 대출**할 수 있다.

1. 농산물의 가격조절과 생산·출하의 장려 또는 조절
2. 농산물의 수출 촉진
3. 농산물의 보관·관리 및 가공
4. 도매시장, 공판장, 민영도매시장 및 경매식 집하장(농수산물집하장 중 경매 또는 입찰의 방법으로 농수산물을 판매하는 집하장을 말함)의 출하 촉진·거래대금정산·운영 및 시설설치
5. 농산물의 상품성 향상
6. 그 밖에 농림축산식품부장관이 농산물의 유통구조 개선, 가격안정 및 종자산업의 진흥을 위하여 필요하다고 인정하는 사업

② 기금은 다음 각 호의 사업을 위하여 **지출**한다.

1. 「농수산자조금의 조성 및 운용에 관한 법률」에 따른 농수산자조금에 대한 출연 및 지원
2. 과잉생산 시의 생산자 보호, 몰수농산물 등의 이관, 비축사업 등 및 종자산업법 품종목록 등재품종 등의 종자생산에 따른 사업 및 그 사업의 관리

2의2. 유통명령 이행자에 대한 지원

3. 기금이 관리하는 유통시설의 설치·취득 및 운영
4. 도매시장 시설현대화 사업 지원
5. 그 밖에 **대통령령(영 제23조)**으로 정하는 농산물의 유통구조 개선 및 가격안정과 종자산업의 진흥을 위하여 필요한 사업

참고 BOX

대통령령으로 정하는 기금의 지출대상사업(영 제23조)

그 밖의 대통령령으로 정하는 기금에서 지출할 수 있는 사업은 다음과 같다.

1. 농산물의 가공·포장 및 저장기술의 개발, 브랜드 육성, 저온유통, 유통정보화 및 물류 표준화의 촉진
2. 농산물의 유통구조 개선 및 가격안정사업과 관련된 조사·연구·홍보·지도·교육훈련 및 해외시장개척
3. 종자산업의 진흥과 관련된 우수 종자의 품종육성·개발, 우수 유전자원의 수집 및 조사·연구
4. 식량작물과 축산물을 제외한 농산물의 유통구조 개선을 위한 생산자의 공동이용시설에 대한 지원
5. 농산물 가격안정을 위한 안전성 강화와 관련된 조사·연구·홍보·지도·교육훈련 및 검사·분석시설 지원

주의 식량작물과 축산물을 포함한 농산물의 유통구조 개선을 위한 생산자의 공동이용시설에 대한 지원 (×)

제6장 농수산물 유통기구의 정비 등

제62조 【정비 기본방침 등】 ★★☆

농림축산식품부장관 또는 해양수산부장관은 농수산물의 원활한 수급과 유통질서를 확립하기 위하여 필요한 경우에는 다음 각 호의 사항을 포함한 **농수산물 유통기구 정비기본방침**(이하 "기본방침"이라 함)을 수립하여 고시할 수 있다.

1. 법 제67조 ②에 따른 시설기준에 미달하거나 거래물량에 비하여 시설이 부족하다고 인정되는 도매시장·공판장 및 **민영도매시장**의 **시설 정비**에 관한 사항
2. 도매시장·공판장 및 민영도매시장 **시설의 바꿈 및 이전**에 관한 사항
3. **중도매인** 및 경매사의 **가격조작 방지**에 관한 사항
4. 생산자와 소비자 보호를 위한 **유통기구**의 봉사(奉仕)경쟁체제의 확립과 **유통 경로의 단축**에 관한 사항
5. 운영 실적이 부진하거나 휴업 중인 도매시장의 **정비** 및 도매시장법인이나 시장도매인의 **교체**에 관한 사항
6. **소매상**의 시설 개선에 관한 사항

> 주의 시·도지사는 농수산물의 원활한 수급과 유통질서를 확립하기 위하여 필요한 경우에는 농수산물 유통기구 정비기본방침을 수립하여 고시할 수 있다. (×) [기출 11]

> 주의 유통기구정비기본방침에는 도매상의 시설 개선에 관한 사항이 포함되어야 한다. (×) [기출 13]

제63조 【지역별 정비계획】 ☆☆☆

① **시·도지사**는 기본방침이 고시되었을 때에는 그 기본방침에 따라 지역별 정비계획을 수립하고 농림축산식품부장관 또는 해양수산부장관의 **승인**을 받아 그 계획을 시행하여야 한다.

② 농림축산식품부장관 또는 해양수산부장관은 ①에 따른 지역별 정비계획의 내용이 기본방침에 부합되지 아니하거나 사정의 변경 등으로 실효성이 없다고 인정하는 경우에는 그 일부를 **수정 또는 보완**하여 승인할 수 있다.

제64조 【유사 도매시장의 정비】 ☆☆☆

① **시·도지사**는 농수산물의 공정거래질서 확립을 위하여 필요한 경우에는 농수산물도매시장과 유사(類似)한 형태의 시장을 정비하기 위하여 **유사 도매시장구역**을 **지정**하고, 농림축산식품부령 또는 해양수산부령으로 정하는 바에 따라 그 구역의 농수산물도매업자의 거래방법 개선, 시설 개선, 이전대책 등에 관한 정비계획을 수립·시행할 수 있다.

② 특별시·광역시·특별자치시·특별자치도 또는 시는 ①에 따른 정비계획에 따라 유사 도매시장구역에 도매시장을 개설하고, 그 구역의 농수산물도매업자를 도매시장법인 또는 시장도매인으로 지정하여 운영하게 할 수 있다.

③ 농림축산식품부장관 또는 해양수산부장관은 **시·도지사**로 하여금 ①에 따른 **정비계획의 내용**을 수정 또는 보완하게 할 수 있으며, 정비계획의 추진에 필요한 지원을 할 수 있다.

제65조 【시장의 개설·정비 명령】 ☆☆☆

① 농림축산식품부장관 또는 해양수산부장관은 기본방침을 효과적으로 수행하기 위하여 필요하다고 인정할 때에는 도매시장·공판장 및 민영도매시장의 개설자에 대하여 **대통령령(영 제33조)**으로 정하는 바에 따라 도매시장·공판장 및 민영도매시장의 통합·이전 또는 폐쇄를 명할 수 있다.

② 농림축산식품부장관 또는 해양수산부장관은 농수산물을 원활하게 수급하기 위하여 특정한 지역에 도매시장이나 공판장을 개설하거나 제한할 필요가 있다고 인정할 때에는 그 지역을 관할하는 특별시·광역시·특별자치시·특별자치도 또는 시나 농림수협등 또는 공익법인에 대하여 도매시장이나 공판장을 개설하거나 제한하도록 권고할 수 있다.

③ 정부는 ①에 따른 명령으로 인하여 발생한 도매시장·공판장 및 민영도매시장의 개설자 또는 도매시장법인의 손실에 관하여는 대통령령으로 정하는 바에 따라 정당한 보상을 하여야 한다.

 참고 BOX

시장의 정비명령(영 제33조)

① 농림축산식품부장관 또는 해양수산부장관이 도매시장, 농수산물공판장 및 민영농수산물도매시장의 통합·이전 또는 폐쇄를 명령하려는 경우에는 그에 필요한 적정한 기간을 두어야 하며, 다음 각 호의 사항을 비교·검토하여 조건이 불리한 시장을 통합·이전 또는 폐쇄하도록 해야 한다.
  1. 최근 2년간의 거래 실적과 거래 추세
  2. 입지조건 및 시설현황
  3. 통합·이전 또는 폐쇄로 인하여 당사자가 입게 될 손실의 정도
② 농림축산식품부장관 또는 해양수산부장관은 제1항에 따라 도매시장·공판장 및 민영도매시장의 통합·이전 또는 폐쇄를 명령하려는 경우에는 미리 관계인에게 ①의 각 호의 사항에 대하여 소명을 하거나 의견을 진술할 수 있는 기회를 주어야 한다.
③ 농림축산식품부장관 또는 해양수산부장관은 ①에 따른 명령으로 인하여 발생한 손실에 대한 보상을 하려는 경우에는 미리 관계인과 협의를 하여야 한다.

제66조 【도매시장법인의 대행】 ☆☆☆

① 도매시장 개설자는 도매시장법인이 판매업무를 할 수 없게 되었다고 인정되는 경우에는 기간을 정하여 그 업무를 대행하거나 관리공사, 다른 도매시장법인 또는 도매시장공판장의 개설자로 하여금 대행하게 할 수 있다.

② ①에 따라 도매시장법인의 업무를 대행하는 자에 대한 업무처리기준과 그 밖에 대행에 관하여 필요한 사항은 도매시장 개설자가 정한다.

제67조 【유통시설의 개선 등】 ☆☆☆

① 농림축산식품부장관 또는 해양수산부장관은 농수산물의 원활한 유통을 위하여 도매시장·공판장 및 민영도매시장의 개설자나 도매시장법인에 대하여 농수산물의 판매·수송·보관·저장 시설의 개선 및 정비를 명할 수 있다.

② 도매시장·공판장 및 민영도매시장이 보유하여야 하는 시설의 기준은 부류별로 그 지역의 인구 및 거래물량 등을 고려하여 농림축산식품부령 또는 해양수산부령으로 정한다.

제69조 【종합유통센터의 설치】 ☆☆☆

① 국가나 지방자치단체는 종합유통센터를 설치하여 생산자단체 또는 전문유통업체에 그 운영을 위탁할 수 있다.

② 국가나 지방자치단체는 종합유통센터를 설치하려는 자에게 부지 확보 또는 시설물 설치 등에 필요한 지원을 할 수 있다.

③ 농림축산식품부장관, 해양수산부장관 또는 지방자치단체의 장은 종합유통센터가 효율적으로 그 기능을 수행할 수 있도록 종합유통센터를 운영하는 자 또는 이를 이용하는 자에게 그 운영방법 및 출하 농어가에 대한 서비스의 개선 또는 이용방법의 준수 등 필요한 권고를 할 수 있다.

④ 농림축산식품부장관, 해양수산부장관 또는 지방자치단체의 장은 ①에 따라 종합유통센터를 운영하는 자 및 ②에 따른 지원을 받아 종합유통센터를 운영하는 자가 ③에 따른 권고를 이행하지 아니하는 경우에는 일정한 기간을 정하여 운영방법 및 출하 농어가에 대한 서비스의 개선 등 필요한 조치를 할 것을 명할 수 있다.

⑤ 종합유통센터의 설치, 시설 및 운영에 관하여 필요한 사항은 농림축산식품부령 또는 해양수산부령으로 정한다.

참고 BOX

농수산물종합유통센터의 시설기준(규칙 제46조 제3항 [별표3])

구 분	시설기준	
부 지	20,000m² 이상	
건 물	10,000m² 이상	
시 설	필수시설	편의시설
	① 농수산물 처리를 위한 집하·배송시설 ② 포장·가공시설 ③ 저온저장고 ④ 사무실·전산실 ⑤ 농산물품질관리실 ⑥ 거래처주재원실 및 출하주대기실 ⑦ 오수·폐수시설 ⑧ 주차시설	① 직판장 ② 수출지원실 ③ 휴게실 ④ 식당 ⑤ 금융회사 등의 점포 ⑥ 그 밖에 이용자의 편의를 위하여 필요한 시설

비고 1. 편의시설은 지역 여건에 따라 보유하지 않을 수 있다.
비고 2. 부지 및 건물 면적은 취급 물량과 소비 여건을 고려하여 기준면적에서 50퍼센트까지 낮추어 적용할 수 있다.

주의 주차시설은 농수산물종합유통센터의 시설기준 중 필수시설에 해당한다. (○) [기출 19]

제70조 【유통자회사의 설립】 ☆☆☆

① 농림수협등은 농수산물 유통의 효율화를 도모하기 위하여 필요한 경우에는 종합유통센터·도매시장공판장을 운영하거나 그 밖의 유통사업을 수행하는 별도의 법인(이하 "유통자회사"라 한다)을 설립·운영할 수 있다.

② ①에 따른 유통자회사는 「상법」상의 회사이어야 한다.

③ 국가나 지방자치단체는 유통자회사의 원활한 운영을 위하여 필요한 지원을 할 수 있다.

제70조의2 【농수산물 전자거래의 촉진 등】 ☆☆☆

① 농림축산식품부장관 또는 해양수산부장관은 농수산물 전자거래를 촉진하기 위하여 한국농수산식품유통공사 및 농수산물 거래와 관련된 업무경험 및 전문성을 갖춘 기관으로서 대통령령으로 정하는 기관에 다음의 업무를 수행하게 할 수 있다.

　㉠ 농수산물 전자거래소(농수산물 전자거래장치와 그에 수반되는 물류센터 등의 부대시설을 포함한다)의 설치 및 운영·관리

　㉡ 농수산물 전자거래 참여 판매자 및 구매자의 등록·심사 및 관리

　㉢ 농수산물 전자거래 분쟁조정위원회에 대한 운영 지원

　㉣ 대금결제 지원을 위한 정산소(精算所)의 운영·관리

　㉤ 농수산물 전자거래에 관한 유통정보 서비스 제공

　㉥ 그 밖에 농수산물 전자거래에 필요한 업무

② 농림축산식품부장관 또는 해양수산부장관은 농수산물 전자거래를 활성화하기 위하여 예산의 범위에서 필요한 지원을 할 수 있다.

③ 위에서 규정한 사항 외에 거래품목, 거래수수료 및 결제방법 등 농수산물 전자거래에 필요한 사항은 농림축산식품부령 또는 해양수산부령으로 정한다.

제72조 【유통 정보화의 촉진】 ☆☆☆

① 농림축산식품부장관 또는 해양수산부장관은 유통 정보의 원활한 수집·처리 및 전파를 통하여 농수산물의 유통효율 향상에 이바지할 수 있도록 농수산물 유통 정보화와 관련한 사업을 지원하여야 한다.

② 농림축산식품부장관 또는 해양수산부장관은 ①에 따른 정보화사업을 추진하기 위하여 정보기반의 정비, 정보화를 위한 교육 및 홍보사업을 직접 수행하거나 이에 필요한 지원을 할 수 있다.

제73조 【재정지원】 ☆☆☆

정부는 농수산물 유통구조 개선과 유통기구의 육성을 위하여 도매시장·공판장 및 민영도매시장의 개설자에 대하여 예산의 범위에서 융자하거나 보조금을 지급할 수 있다.

제74조 【거래질서의 유지】 ☆☆☆

① 누구든지 도매시장에서의 정상적인 거래와 도매시장 개설자가 정하여 고시하는 시설물의 사용기준을 위반하거나 적절한 위생·환경의 유지를 저해하여서는 아니 된다.

이 경우 도매시장 개설자는 도매시장에서의 거래질서가 유지되도록 필요한 조치를 하여야 한다.

② 농림축산식품부장관, 해양수산부장관, 도지사 또는 도매시장 개설자는 대통령령으로 정하는 바에 따라 소속 공무원으로 하여금 이 법을 위반하는 자를 단속하게 할 수 있다.

③ ②에 따라 단속을 하는 공무원은 그 권한을 표시하는 증표를 관계인에게 보여주어야 한다.

제75조【교육훈련 등】☆☆☆

① 농림축산식품부장관 또는 해양수산부장관은 농수산물의 유통 개선을 촉진하기 위하여 경매사, 중도매인 등 농림축산식품부령 또는 해양수산부령으로 정하는 유통 종사자에 대하여 교육훈련을 실시할 수 있다.

② 도매시장법인 또는 공판장의 개설자가 임명한 경매사는 농림축산식품부장관 또는 해양수산부장관이 실시하는 교육훈련을 이수하여야 한다.

> **②에 따라 도매시장법인 또는 공판장의 개설자가 임명한 경매사는 2년마다 교육훈련을 받아야 한다.**

③ 농림축산식품부장관 또는 해양수산부장관은 ① 및 ②에 따른 교육훈련을 농림축산식품부령 또는 해양수산부령으로 정하는 기관에 위탁하여 실시할 수 있다.

④ ① 및 ②에 따른 교육훈련의 내용, 절차 및 그 밖의 세부사항은 농림축산식품부령 또는 해양수산부령으로 정한다.

 참고 BOX

교육훈련 대상자(규칙 제50조 제1항)
- 도매시장법인, 공공출자법인, 공판장(도매시장공판장을 포함함) 및 시장도매인의 임직원
- 경매사
- 중도매인(법인을 포함함)
- 산지유통인
- 종합유통센터를 운영하는 자의 임직원
- 농수산물의 출하조직을 구성·운영하고 있는 농어업인
- 농수산물의 저장·가공업에 종사하는 자
- 그 밖에 농림축산식품부장관 또는 해양수산부장관이 필요하다고 인정하는 자

제78조의2【도매시장거래 분쟁조정위원회의 설치 등】☆☆☆

① 도매시장 내 농수산물의 거래 당사자 간의 분쟁에 관한 사항을 조정하기 위하여 도매시장 개설자 소속으로 도매시장거래 분쟁조정위원회(이하 "조정위원회"라 함)를 둘 수 있다.

② 조정위원회는 당사자의 한쪽 또는 양쪽의 신청에 의하여 다음의 분쟁을 심의·조정한다.

1. 낙찰자 결정에 관한 분쟁
2. 낙찰가격에 관한 분쟁
3. 거래대금의 지급에 관한 분쟁
4. 그 밖에 도매시장 개설자가 특히 필요하다고 인정하는 분쟁

제7장 보칙

제79조 【보고】 ☆☆☆

① 농림축산식품부장관, 해양수산부장관 또는 시·도지사는 도매시장·공판장 및 민영도매시장의 개설자로 하여금 그 재산 및 업무집행 상황을 보고하게 할 수 있으며, 농수산물의 가격 및 수급 안정을 위하여 특히 필요하다고 인정할 때에는 도매시장법인·시장도매인 또는 도매시장공판장의 개설자(이하 "도매시장법인등"이라 한다)로 하여금 그 재산 및 업무집행 상황을 보고하게 할 수 있다.

② 도매시장·공판장 및 민영도매시장의 개설자는 도매시장법인등으로 하여금 기장사항, 거래명세 등을 보고하게 할 수 있으며, 농수산물의 가격 및 수급 안정을 위하여 특히 필요하다고 인정할 때에는 중도매인 또는 산지유통인으로 하여금 업무집행 상황을 보고하게 할 수 있다.

제80조 【검사】 ☆☆☆

① 농림축산식품부장관, 해양수산부장관, 도지사 또는 도매시장 개설자는 농림축산식품부령 또는 해양수산부령으로 정하는 바에 따라 소속 공무원으로 하여금 도매시장·공판장·민영도매시장·도매시장법인·시장도매인 및 중도매인의 업무와 이에 관련된 장부 및 재산상태를 검사하게 할 수 있다.

② 도매시장 개설자는 필요하다고 인정하는 경우에는 시장관리자의 소속 직원으로 하여금 도매시장법인, 시장도매인, 도매시장공판장의 개설자 및 중도매인이 갖추어 두고 있는 장부를 검사하게 할 수 있다.

③ ①에 따라 검사를 하는 공무원과 ②에 따라 검사를 하는 직원에 관하여는 제74조 ③을 준용한다.

제81조 【명령】 ☆☆☆

① 농림축산식품부장관, 해양수산부장관 또는 시·도지사는 도매시장·공판장 및 민영도매시장의 적정한 운영을 위하여 필요하다고 인정할 때에는 도매시장·공판장 및 민영도매시장의 개설자에 대하여 업무규정의 변경, 업무처리의 개선, 그 밖에 필요한 조치를 명할 수 있다.

② 농림축산식품부장관, 해양수산부장관 또는 도매시장 개설자는 도매시장법인·시장도매인 및 도매시장공판장의 개설자에 대하여 업무처리의 개선 및 시장질서 유지를 위하여 필요한 조치를 명할 수 있다.

③ 농림축산식품부장관은 기금에서 융자 또는 대출받은 자에 대하여 감독상 필요한 조치를 명할 수 있다.

교육이란 사람이 학교에서 배운 것을
잊어버린 후에 남은 것을 말한다.

-알버트 아인슈타인-

2023 물류관리사 달달달 외우는 물류관련법규 암기노트

개정2판1쇄 발행	2023년 5월 10일(인쇄 2023년 3월 24일)
초 판 발 행	2021년 3월 5일(인쇄 2021년 2월 5일)
발 행 인	박영일
책 임 편 집	이해욱
편 저	물류관리연구소
편 집 진 행	김준일 · 김은영
표지디자인	김도연
편집디자인	하한우 · 김경원
발 행 처	(주)시대고시기획
출 판 등 록	제 10-1521호
주 소	서울시 마포구 큰우물로 75 [도화동 538 성지 B/D] 9F
전 화	1600-3600
팩 스	02-701-8823
홈 페 이 지	www.sidaegosi.com
I S B N	979-11-383-4989-5(13320)
정 가	17,000원

물류관리사

합격을 꿈꾸는 수험생에게

물류관리사 자격시험의 합격을 위해 정성을 다해 만든 물류관리사 도서들을
꿈을 향해 도전하는 수험생 여러분들께 드립니다.

P.S. 단계별 교재를 선택하기 위한 팁!

한권으로 끝내기

이론 파악으로
기본다지기

시험의 중요개념과
핵심이론을 파악하고
기초를 잡고 싶은 수험생

시험에 출제되는 핵심이론
부터 적중예상문제와 최
근에 시행된 기출문제까지
한권에 담았습니다.

동영상 강의 교재

5개년 첨삭식 기출문제해설

기출문제 정복으로
실력다지기

최신 기출문제와 상세한
첨삭식 해설을 통해 학습
내용을 확인하고 실전감
각을 키우고 싶은 수험생

최근 5개년 기출문제를 상세한
첨삭식 해설과 함께 한권에 담
았습니다.

기출동형 최종모의고사

꼼꼼하게
실전마무리

모의고사를 통해
기출문제를 보완하고
시험 전 완벽한 마무리를
원하는 수험생

최신 출제경향이 반
영된 최종모의고사를
통해 합격에 가까이
다가갈 수 있습니다.

동영상 강의 교재

단기완성 핵심요약집

초단기
합격 PROJECT

시험에 출제된 필수 핵심
이론을 테마별로 체계적
으로 정리하여 단기간에
합격하고 싶은 수험생

실제 시험에 출제된 중요이론
을 압축하여 테마별로 수록하
였습니다.

달달달 외우는 물류관련법규 암기노트

과락탈출
필수도서

가장 과락이 많이 나오는 물류
관련법규 과목을 효율적으로
학습하여 과락을 피하고 싶은
수험생

암기용 셀로판지를 이용
하여 시험에 출제된 핵심
문구만 가려서 암기할 수
있습니다.

물류관리사 합격!

SD에듀와 함께라면 문제없습니다.